AI and Copy right

AIと著作権

Tatsuhiro Ueno　Koji Okumura
上野達弘　奥邨弘司　編著

勁草書房

はしがき

今から40年前後昔のことですが，当時テレビで放送されていたアニメや特撮にも，人間と自然な会話ができる高性能なコンピュータ（今から思えばAIでした）がしばしば登場したものです．

例えば，砂漠の砂嵐に隠された「バベルの塔」に設置された大型コンピュータは，高度な科学知識を有し，正義の味方の主人公の質問に的確に答えてくれるばかりか，傷ついた主人公を治療したり，「塔」を敵の攻撃から全自動で守ってくれたりもしました．

また，最高速度500 km/h，弾丸やロケットも跳ね返す高強度ボディのドリームカー「ナイト2000」に搭載されたコンピュータ「K.I.T.T.」は，レベル4以上の自動運転を実現するだけでなく，車に搭載された各種秘密装備を使いこなし，更には主人公とウィットに富む会話をこなしました．

そんな人間とコンピュータのやりとりを，毎週，わくわくしながら見ていましたが，一方で「夢」のような話しであり，それらが現実になるのは，100年もっと先のことだろうと思っていました．

しかし，そのような私の勝手な未来予測は，最近のAI技術の進歩で見事に外れてしまいました．例えば，Microsoftが提供するAIであるCopilotに自分の論文の要約を頼んでみると……

私：インターネット上の論文，タイトルを指定すれば，要約してくれますか．

Copilot：お手伝いできます．論文のタイトルを入力してください．（略）

私：インターネット上の論文「人工知能が生み出したコンテンツと著作権～著作物性を中心に～」を100字程度で要約して．

Copilot：この論文は，人工知能が小説や音楽などのコンテンツを生み出す場合の著作権法上の問題について検討しています．人工知能がツールとして使われる場合と，人間の創作的な寄与がない場合とで，著作物性の有無が異なることを指摘し，後者の場合には，立法的な手当が必要である可能性を示唆しています．（略）

と，瞬時に答えが返ってくるまでになっています．まさに，遠い未来の「夢」

だったはずのものが，身近な現実になろうとしているわけです．しかも，これはまだ通過点にすぎません．AI 技術はこれからも急速に進歩するでしょう．そして，私たちの世界の，科学技術，医療，経済，社会を豊かなものとし，大きく発展させるに違いありません．

もっとも，「夢」には良い夢もあれば，悪い夢もあります．再び，空想作品で例をあげれば，遠い未来の都市国家の政治・行政・司法の全てを人間に代わって統御するマザーコンピューターは，他の都市国家のマザーコンピューターと，それぞれが計算で導き出した政策のどちらが正しいかで争い，ついには，最終戦争をはじめて人類を滅亡させてしまいます（「火の鳥　未来編」）．

空想から現実に戻りましょう．さすがに，今の AI がそこまでのカタストロフィをもたらすことはないでしょう．とは言え，AI によって，人間が活躍する機会やその仕事が奪われるのではないかと憂慮する声は，そこかしこに充満しています．AI が人間を助けるのではなく，人間を置き換えたり，排除したりするのだとすると，それは悪い「夢」の始まりに他なりません．

同じことは，著作権の世界にも言えます．生成 AI の普及で，表現を生み出すための新しい手段が，誰にも身近なものになりつつあります．写真が，映画が，レコードが，放送が，そしてデジタル・インターネット技術が普及する中で，従来にない表現が様々に生み出されるようになり，私たちの文化は豊かになりました．同じことは，生成 AI にも言えそうです．もしかすると，テクニックがなくても，アイデアを表現にすることが可能な，ある意味「革新的」な未来を，生成 AI は実現するかもしれません．

一方で，AI とりわけ生成 AI に対しては，作家，イラストレーター，歌手，俳優などの様々なクリエーターやアーティストから，彼・彼女らの作品を，機械学習の名の下に，実際は「盗んでいる」のではないか，しかも，競合する作品を量産して，彼・彼女らの市場と活躍する機会を奪い，最後には文化を枯渇させてしまうのではないか，そういう強い懸念と批判や反発が示されています．

AI が著作権法制にもたらす，良い夢と悪い夢をめぐる議論は，生成 AI が社会で急速に普及し認知される中で，加速しています．本書の出版企画について，上野達弘先生と勁草書房編集部の中東小百合さんからお話を頂いたのは，去年（2023 年）のゴールデンウィーク明けでしたが，当時，既に，著作権関係者だけでなく，広く世間一般の関心を巻き起こし，様々な議論が活発に行われていました．

一方で，生成 AI の出現と共に登場したとして，盛んに議論されている論点は，著作権法学的には，既視感のあるものがほとんどでした．例えば，学習対象著作物と生成表現が類似している場合の問題については平成 30 年（2018 年）改正の前から，情報解析と著作権の問題については平成 21 年（2009 年）改正の前から，そしてコンピュータが生成する表現の著作物性については 30 年近く前から，研究の蓄積がありました．もちろん，完全な結論は出ていませんが，一定の整理はなされており，世界的にも先駆的と言って良いはずの成果でした．しかし，生成 AI というバズワードを前にして，それらはあまり省みられないままに，様々な議論が進んでいきそうな状況に，個人的には少なからぬ焦燥を覚えていました．

本書の企画を頂いたのはまさにそのようなときであり，これまで学界でなされてきた研究の蓄積を踏まえて，現在の問題状況を整理し，専門家のあいだで，どこまでがコンセンサスが得られており，どこから先が今後の検討対象となるのか，AI と著作権に関する研究の「現在地」を世に示すという企画趣旨は我が意を得たりと思えるもので，力不足ながら，編者をお手伝いさせていただくことを申し出ました．

執筆に当たっては，企画趣旨を反映させるべく，AI と著作権の問題に精通する研究者として広く知られる先生方に，ご参加頂きました．今村哲也先生，愛知靖之先生，前田健先生，横山久芳先生（五十音順）には，タイトなスケジュールで，最先端の内容をおまとめくださったことに，深く感謝しております．また，当初は論文パートの補足として位置づけていた討論は，蓋を開ければ，議論が白熱して，想定の倍近くの時間と分量の充実したものとなりました．執筆者の先生方，ゲストとしてご参加くださった谷川和幸先生（2024 年度の著作権法学会研究大会で，AI と著作権をテーマにしたシンポジウムの企画・統括をご担当）にお礼を申し上げます．そして何よりも，スタートからゴールまで，まるで短距離走のようなスピードで進行する中，企画・編集・校閲を一手にお引き受けくださり，本書が世に出る原動力となったと言っても過言ではない勁草書房 中東小百合さんに，心から感謝いたします．

本書が，AIと著作権に関する研究の「現在地」を示し，研究・教育・実務の各分野での議論，そしてこの問題に関心を持つ社会の多くの方々の間での議論の一助となることを切に願っています．

2024年1月

「はしがき」はいっそのこと生成AIに任せるべきだったかと思いつつ

編者を代表して　奥邨　弘司

目　次

第4章

Part III　AIによる生成の侵害成否

第5章

第6章

Part IV　AI 生成物の著作権保護

第 7 章

第 8 章

Part V　座 談 会

参加者（※五十音順）：今村哲也・上野達弘・愛知靖之・
奥邨弘司・谷川和幸・前田健・横山久芳

Part I
序　論

第1章

「AIと著作権」の過去・現在・未来

上野　達弘

1　AIとは

人工知能（Artificial intelligence: AI）を定義することは難しく，専門家の間でも，「それだけで1冊の本となってしまう」とされるが[1]，本稿ではさしあたり，認識，推論，言語理解，問題解決など人間の知能と同様の知的行動をコンピュータで実現する技術と理解しておく．

AIのうち，何らかのコンテンツを生成するAIは生成AI（Generative AI）と呼ばれるが（例：画像生成AI，作曲AI，文章を生成する大規模言語モデル〔Large Language Models: LLM〕），何らコンテンツを生成するわけではないAIもある（例：自動運転AI，画像認識AI）．

ただ，いずれのAIも機械学習（machine learning）や深層学習（deep learning）といった形でデータの学習が行われるのが一般的である．

2　AIと著作権をめぐる諸論点

そのようなAIと著作権に関する論点は多岐にわたるが，以下では，本書の構成に沿ってその内容を概観する[2].

I AI学習と著作権――Part II

(1) 問題の所在

第一に，他人の著作物等をAI学習のために用いることが著作権等の侵害に当たらないかどうかという問題である.

AIの学習には大量のデータが用いられるのが一般的であり効果的でもあるが，そうしたデータの中に，他人が著作権法上の著作権・著作隣接権（以下「著作権等」という）を有する著作物・実演・レコード・放送・有線放送（以下「著作物等」という）が含まれる場合，これをコンピュータに複製することについて著作権等の問題が生じ得る.

もちろん，データの中には，著作権等の対象にならないフリーのもの（例：著作物性のないコンテンツ，存続期間の満了により著作権等が消滅した著作物）もあり，そのようなものについては，これをAI学習のために複製しても著作権等の侵害にならない.

また，たとえ著作権等の対象になる著作物等であっても，コンピュータに複製することなくAI学習を行うことが可能であれば，その場合は著作権等の問題にならない．著作権法上，複製とは「印刷，写真，複写，録音，録画その他の方法により有形的に再製すること」と定義されており（同法2条1項15号），ハードディスクに蓄積される場合は複製に当たるが，他方で，RAMにおける一時的・過渡的なデータの蓄積は複製に当たらないとされる[3].

さらに，仮にAI学習のための著作物等の利用が複製に当たり，著作権等が及ぶとしても，著作権者等の許諾を得れば著作権等の侵害に当たらない．もっ

1 市瀬龍太郎「教養知識としてのAI〔第1回〕AIってなに？」(https://www.ai-gakkai.or.jp/resource/ai_comics/comic_no1/).

2 なお，筆者による概観として，上野達弘「人工知能と機械学習をめぐる著作権法上の課題」L&T別冊『知的財産紛争の最前線(3)』（民事法研究会，2017年）92頁，同「人工知能と機械学習をめぐる著作権法上の課題――日本とヨーロッパにおける近時の動向」法律時報91巻8号（2019年）33頁も参照.

3 東京地判平成12年5月16日判時1751号128頁〔スターデジオ事件I〕参照.

とも，AI 学習においては，大量のデータを網羅的に学習することが必要ないし効果的な場合が多いと考えられるため，個別に許諾を得た著作物等のみを用いて AI 学習を行うことは必ずしも有用ではない.

そこで，著作権法上の権利制限規定（同法 30 条〜50 条・102 条）が問題になる．権利制限規定は著作権等を制限するものであるから，これに当たると，著作物等を無許諾で利用しても著作権等の侵害に当たらないのである．特に AI 学習に関わるのが情報解析に関する権利制限規定（同法 30 条の 4 第 2 号）である[4]．この規定は，情報解析の用に供する場合は，著作物を「その必要と認められる限度において，いずれの方法によるかを問わず，利用することができる」と定めるものである．そして，ここにいう「情報解析」とは「多数の著作物その他の大量の情報から，当該情報を構成する言語，音，影像その他の要素に係る情報を抽出し，比較，分類その他の解析を行うこと」と定義されている（同号括弧書）．AI 学習も情報解析に当たり得るため，この規定は AI 学習にとって有用な規定と言える．ただ，この規定をどのように解釈すべきか（解釈論），そして，この規定を改正すべきか（立法論）という点が問題になる.

⑵ 本書 Part II の概要

本書 **Part II［AI による学習の侵害成否］**はこうした問題を取り上げる.

第 2 章［日本法における権利制限――著作権法 30 条の 4 を中心に］（愛知靖之）は，著作権法 30 条の 4 に関する諸問題（例：享受目的の併存，但書の適用）を中心としつつ，同法 47 条の 5 にも目配りしながら，すでに激しい議論が展開されている諸々の解釈論に切り込み，独自の観点から新たな方向性を提示するものである.

第 3 章［諸外国における情報解析規定と日本法］（上野達弘）は，諸外国（英国，欧州指令，スイス，シンガポール）における情報解析規定を紹介した上で，それとの比較で日本法の特徴を分析すると共に，国際的な議論を踏まえつつ，情報解析規定の正当化根拠に関する理論的探求を試みるものである.

4　その他，AI 学習のための著作物等の利用が，私的使用のための複製（著作権法 30 条 1 項）や教育機関における授業目的利用（同法 35 条 1 項）に当たる可能性もある.

第4章［アメリカにおけるフェア・ユース該当性］（奥邨弘司）は，明文の情報解析規定を有しないアメリカにおいて，一般条項であるフェア・ユース規定がAI学習に適用されるかどうかについて，豊富な裁判例の動向を踏まえた見通しを明らかにすると共に，画像生成AIに関する現在係属中の訴訟についても最新の状況を紹介する．

Ⅱ　AI出力と著作権—— Part Ⅲ

(1)　問題の所在

第二に，生成AIが出力したコンテンツが著作権等の侵害に当たらないかどうかという問題である．

生成AIはコンテンツ（例：画像，音声，文章）を出力するが，当該コンテンツがまったく新規のものであるならば，他人の著作権等の侵害に当たらない．しかし，生成AIが出力したコンテンツが他人の著作物等（特に当該生成AIが過去に学習した著作物等）と似ている場合，著作権等の侵害に当たらないかどうかが問題となる．

一般に，著作権侵害に当たるためには類似性と依拠性が必要である．

このうち類似性とは，他人の著作物の「表現上の本質的な特徴を直接感得」できるかどうかによって判断され，それが認められるためには，事実やアイディアの共通性にとどまらず，著作権保護の対象となる「創作的表現」の共通性が必要になる[5]．したがって，生成AIが出力したコンテンツが，学習元著作物における事実やアイディア（画風やスタイルも含む）と共通するだけでは類似性が肯定されないが，学習元著作物における創作的表現と共通する場合は類似性が肯定される．

他方，依拠性とは，ある著作物が他人の著作物に依拠して作成されたものであることを意味する[6]．したがって，ある者がある他人の著作物に依拠するこ

5　最一小判平成13年6月28日民集55巻4号837頁〔江差追分事件〕参照．詳しくは，上野達弘＝前田哲男『〈ケース研究〉著作物の類似性判断　ビジュアルアート編』（勁草書房，2021年）参照．

6　依拠性をめぐる諸問題については，上野達弘「著作権侵害訴訟における依拠性に係る要件事実」

となく偶然同一の著作物を創作した場合は著作権侵害に当たらない．もっとも，人間の場合であれば，他人の著作物を過去に見聞きしたことがあっても完全に忘却していれば依拠性が否定されようが，AIの場合，過去に学習した大量の著作物について常に依拠性を肯定すべきかどうか問題になる．

また，生成AIが出力したコンテンツが他人の著作権等の侵害に当たる場合，誰がどのような責任を負うかが問題になる（例：AI開発者，AI提供者，AI利用者）．さらには，AIに関する行為が国境を越えて行われる場合，どこの国の法律が適用されるのかという問題もある．

(2) 本書Part IIIの概要

本書Part III［AIによる生成の侵害成否］はこうした問題を取り上げる．

第5章［依拠・類似］（奥邨弘司）は，依拠性に関する一般的な議論を踏まえた上で，AI操作者による依拠とAIによる依拠を区別した上で，特に後者について独自の見解を提示すると共に，類似性については生成AIに関して特別な取扱いをすべきでないと論じるものである．

第6章［侵害主体と準拠法］（横山久芳）は，行為主体論に関する従来の議論を踏まえた上で，生成AIに関する規範的な利用行為主体について考察を行うと共に，準拠法に関する一般論を踏まえた上で，インターネットにおける生成AIサービスについて具体的なケースを想定した分析を展開するものである．

III AI生成物の保護――Part IV

(1) 問題の所在

第三に，生成AIが出力したコンテンツが著作権等の保護を受けるかどうかという問題である．

生成AIはコンテンツ（例：画像，音声，文章）を出力するが，当該コンテンツは著作物として著作権保護を受けるかどうかが問題になる[7]．著作権法上，

伊藤滋夫編『知的財産法の要件事実』（日本評論社，2016年）131頁も参照．

7　また，生成AIが出力するコンテンツ（例：演奏，舞踊）が，著作権法上の「実演」（同法2条1項3号）に当たるかという問題もある．

著作物とは「思想又は感情を創作的に表現したものであつて，文芸，学術，美術又は音楽の範囲に属するものをいう」と定義されているところ（同法2条1項1号），ここにいう「思想又は感情」は人間のものに限られるという従来の議論に従うならば[8]，AIが自律的に生成した純粋なAI生成物は人間の思想または感情が表現されていないことから著作物に当たらず，著作権はないと考えられる．他方で，人間がAIを道具として，自己の思想または感情を創作的に表現したと評価できる場合，そこで作成されたコンテンツは著作物に当たり，著作権保護が認められよう．

もっとも，① AIが自律的に生成した純粋なAI生成物と，② AIを道具として人間が創作した著作物との境界線は曖昧である．例えば，人間が生成AIにプロンプトを繰り返し入力した上で選択や調整等の試行錯誤をした場合，そこで作成されたコンテンツが著作物に当たるかどうか問題になる（解釈論）．

また，イギリスでは，人間の関与なくコンピュータによって生成されたコンテンツにも著作権保護が認められている．そうすると，日本においても，これにならってAIが自律的に生成した純粋なAI生成物について新たに権利を付与するなど，何らかの法的保護を認めるべきかどうかが問題になる（立法論）．

⑵ 本書 Part IV の概要

本書 Part IV［AI生成物の著作権保護］はこうした問題を取り上げる．

第7章［AI生成物の著作物性］（前田健）は，コンピュータ生成物に関する従来の議論を踏まえた上で，解釈論として，生成AIに関する様々な人間の関与を想定した検討を加えると共に，立法論として，AIが自律的に生成した純粋なAI生成物に関する法的保護の必要性について改めて考察するものである．

第8章［イギリスの著作権法におけるコンピュータ生成物の保護］（今村哲也）は，イギリスにおけるコンピュータ生成物の著作権保護制度について，その沿革や裁判例および学説を詳しく紹介すると共に，イギリス法上のオリジナリティ概念について，EU離脱前後の影響も含めて分析するものである．

8　加戸守行『著作権法逐条講義〔七訂新版〕』（著作権情報センター，2021年）22頁参照．

Ⅳ　総合討論――Part V（座談会）

本書 Part V［座談会］は，執筆者全員にゲスト（谷川和幸）を加えた座談会（全 3 回）の記録である．本書に掲載された各論文の草稿をもとにその時点での各人の見解について議論を行ったが，あえて多様な立場のメンバーを集めた本書の狙い通り，熱い議論が展開されている．

3　展望――生成 AI ブーム？

2023 年以降，日本でも生成 AI が極めて大きな話題になり，それが社会にもたらす便益に対する賞賛や期待も大きい一方で，これがもたらす（可能性のある）負の側面に対する懸念の声も小さくないところである．

もっとも，AI ブームは繰り返している．第一次 AI ブーム（1950 年代後半～1960 年代）においては，コンピュータによる推論や探索が発展したとされ，自然言語処理による機械翻訳等が開発された．第二次 AI ブーム（1980 年代）においては，様々なエキスパートシステムが開発された．そして，第三次 AI ブーム（2000 年代以降）においては，機械学習や深層学習の発展とビッグデータの活用を経て，ある種の生成 AI の飛躍的な発展も見られた．こうした AI ブームにおいては，その各段階において，著作権の問題が指摘され，様々な検討が加えられてきたのである．

例えば，すでに現行著作権法制定（1970 年）の直後である 1972 年には，著作権審議会第 2 小委員会（コンピュータ関係）が設置され，同年 3 月から 1973 年 5 月まで検討が行われたが，そこでは「コンピュータ創作物」も検討課題の一つであった[9]．その後，1985 年 12 月には，驚くべきことに「コンピュータ創作物」のみをテーマとした著作権審議会第 9 小委員会が設置され，1986 年 3 月から 1993 年 10 月まで 8 年近くにもわたって検討が行われた[10]．また，その

9 「著作権審議会第 2 小委員会（コンピューター関係）報告書」（昭和 48 年 6 月）参照．

10 「著作権審議会第 9 小委員会（コンピュータ創作物関係）報告書」（平成 5 年 11 月）参照．

約20年後，内閣府知的財産戦略本部に，次世代知財システム検討委員会（2015年11月～2016年4月）[11]および新たな情報財検討委員会（2016年10月～2017年3月）[12]が設置され，AIと著作権について様々な検討が行われた．

本書で取り上げる論点の多くも，こうした場において盛んに議論されてきたものである．そして，本書脱稿後の2024年1月には，文化審議会著作権分科会において，「AIと著作権に関する考え方」をめぐって激しい議論が行われているが[13]，これも上記のような長い歴史の延長上に位置するものに他ならない．

このように，昨今話題の生成AIも，そして本書が取り上げる「AIと著作権」という問題も，決して“新しい”ものではない．

そう考えると，現在の生成AIブームも，そしてこれに対する期待や懸念も，些か過剰に過ぎるように思われる．というのも，常に時代の流れや技術の変化と共に歩み，「新しい技術」や「新しい時代」に翻弄されやすい運命の著作権制度にとっては，これまで繰り返されてきた様々なブームが“一夜の夢”でなかったことは，むしろ稀のように思われるからである[14]．

おそらく，生成AIも早晩，何ら特別なものではなくなるであろう．むしろ，それはすでに我々の日常の一部であったことが再認識されるのではなかろうか．時を経ても一貫性ある理論を平静に探究する姿勢の重要性を強調して，序論の結びとしたい．

---

11 「次世代知財システム検討委員会報告書～デジタル・ネットワーク化に対応する 次世代知財システム構築に向けて～」（平成28年4月）．

12 「新たな情報財検討委員会報告書——データ・人工知能（AI）の利活用促進による産業競争力強化の基盤となる知財システムの構築に向けて」（平成29年3月）．

13 これは，知的財産戦略本部「知的財産推進計画2023」（2023年6月9日）において「生成AIと著作権との関係について，AI技術の進歩の促進とクリエイターの権利保護等の観点に留意しながら，具体的な事例の把握・分析，法的考え方の整理を進め，必要な方策等を検討する」（32頁）とされたことに基づく．

14 上野達弘「メタバース時代の知的財産法？——生鮮食料品と求道者」法律時報95巻4号（2023年）1頁，同「時代の流れと著作権法」ジュリスト1361号（2008年）56頁も参照．

Part II
AI による学習の侵害成否

第2章

日本法における権利制限――著作権法30条の4を中心に

愛知　靖之

1　はじめに

本稿は，AIによる学習段階における著作権侵害の成否について，日本法の立場について概観し，今後の議論に向けての課題を提示することを目的とする．筆者は，前稿[1]でこの問題を扱っており，本稿もこれをベースにしつつ，その後の議論状況を踏まえた検討を行う．

具体的には，著作物を学習用データとして収集・複製して，学習用データセットを作成した上で，このデータセットを学習に利用して，学習済みモデルを開発するという段階[2]などを対象に，当該複製行為がどのような場合に著作権侵害を構成するのかを考察する．

よく知られているとおり，我が国は，学習段階での著作物利用について，旧47条の7及び基本的に同規定を引き継いだと言われている30条の4第2号という諸外国の例と比べても広範な権利制限規定を有しており，我が国は「機械

1　愛知靖之「AI生成物・機械学習と著作権法」別冊パテント23号（2020年）131-146頁.

2　文化庁著作権課「令和5年度著作権セミナー　AIと著作権」（2023年）30頁 https://www.bunka.go.jp/seisaku/chosakuken/pdf/93903601_01.pdf（2023年8月28日確認），文化庁著作権課「AIと著作権」NBL 1246号（2023年）56-57頁.

学習パラダイス」であると言われることもあった[3]．このように，情報解析のための利用行為を広く許容する権利制限規定も，旧47条の7という固有の個別権利制限規定から30条の4の包括的権利制限規定の1つへと改正されたことで，新たな解釈上の問題が生まれたように思われる[4]．それが，思想・感情の享受目的を併せ持った情報解析（特に生成AI）をどの条文で処理するのかという問題と但書の適用範囲に関する問題である．本稿は，30条の4に係るこれらの問題を中心に検討しつつ，特に，思想・感情の享受目的を併せ持った情報解析は，30条の4の対象ではなく，47条の5の対象となるとする有力な見解が存在するため，その解釈論上の是非について分析を行う中で，47条の5にも併せて触れることとする．47条の5は，コンピュータを用いた情報処理による新たな知見・情報の創出及びその結果提供に付随する軽微な利用行為を必要と認められる限度で，かつ，著作権者の利益を不当に害さない限りにおいて，いずれの方法によるかを問わず広く許容する規定である．インターネット情報検索サービス事業に伴う複製等のみを対象としていた平成30年改正前の47条の6から，権利制限の範囲を拡大している．

なお，30条の4などが適用され得る「情報解析」は，機械学習の場面（LoRAなどによる追加学習のケースも含む）のみならず，機械学習を経た学習済みモデルに著作物等のデータを入力し，コンテンツ等を生成させるという「推論」段階でも行われる．30条の4などの適用の可否は，学習段階・推論段階それぞれ個別に判断されることは言うまでもない．総じて，推論段階の方がAIによるコンテンツ生成により近い場面となるとは言えるが，30条の4など権利制限規定適用の可否については基本的に同様と考えられるため，以下では，原則，両者を区別することなく，かつ，学習段階を主な対象として検討を進める．

3　たとえば，上野達弘「情報解析と著作権――『機械学習パラダイス』としての日本」人工知能36巻6号（2021年）745-749頁．

4　米国もフェア・ユースにより処理されるところ，判断基準は必ずしも明確ではないため，同様の法的課題が存在する．

2　30条の4と旧47条の7との比較

旧47条の7は，情報解析技術の重要性・社会的意義に鑑み，高度情報化社会の根幹となる情報解析技術を発展させるための取組みをより円滑化すべきとの要請の下，平成21年改正で新設された規定であり[5]，非営利目的・研究目的などの限定を付すことなく，情報解析のための複製等を広く許容する規定であった[6].

旧47条の7と現行30条の4を比較すると，下記の通りとなる（下線及び丸囲み数字は筆者による）.

> 旧47条の7
> 著作物は，①電子計算機による情報解析（多数の著作物その他の大量の情報から，当該情報を構成する言語，音，影像その他の要素に係る情報を抽出し，比較，分類②その他の統計的な解析を行うことをいう．以下この条において同じ.）を③行うことを目的とする場合には，必要と認められる限度において，④記録媒体への記録又は翻案（これにより創作した二次的著作物の記録を含む.）を行うことができる．⑤ただし，情報解析を行う者の用に供するために作成されたデータベースの著作物については，この限りでない.

> 30条の4
> 著作物は，⑥次に掲げる場合その他の当該著作物に表現された思想又は感情を自ら享受し又は他人に享受させることを目的としない場合には，その必要と認められる限度において，④いずれの方法によるかを問わず，利用することができる．⑤ただし，当該著作物の種類及び用途並びに当該利用の態様に照らし著作権者の利益を不当に害することとなる場合は，この限りでない.

5　文化庁長官官房著作権課「著作権法の一部を改正する法律（平成21年改正）について」コピライト49巻585号（2010年）24頁.

6　半田正夫＝松田政行編『著作権法コンメンタール2〔第2版〕』（勁草書房，2015年）575頁〔奥邨弘司執筆〕参照.

> 二　①**情報解析**（多数の著作物その他の大量の情報から，当該情報を構成する言語，音，影像その他の要素に係る情報を抽出し，比較，分類②**その他の解析**を行うことをいう．第四十七条の五第一項第二号において同じ．）の③**用に供する場合**

平成30年著作権法改正により新設された30条の4では，①電子計算機を用いない情報解析のための利用も許容されること，②統計的な解析のみならず，ディープラーニングで採用されている代数的・幾何学的な解析なども許容されること，③情報解析を行う本人のみならず，情報解析を行う他者の用に供するための利用も許容されること，④記録・翻案のみならず，譲渡・公衆送信なども許容されることになり，権利制限の範囲が大きく広がり，より利用者の自由が保障されるようになったと言われている[7].

もっとも，旧47条の7との対比で解釈問題となり得る30条の4の要件として，⑤但書と，⑥非享受目的がある．これらは，情報解析が旧47条の7のような固有の個別権利制限規定ではなく，非享受利用一般を対象とする包括的な権利制限規定に取り込まれたことに伴って解釈上の問題を生起させる．以下では，先に「非享受目的」について扱った後，但書問題を検討する．

3　享受目的を併有する情報解析？

(1)　30条の4の規定構造

文化庁の説明によれば，30条の4について，「AI開発のような情報解析等において，著作物に表現された思想又は感情の享受を目的としない利用行為……は，原則として著作権者の許諾なく利用することが可能」とされ，このような利用行為の例として，「例えば，3DCG映像作成のため風景写真から必要な情報を抽出する場合であって，元の風景写真の『表現上の本質的な特徴』を

7　上野達弘「平成30年著作権法改正について」高林龍＝三村量一＝上野達弘編『年報知的財産法2018-2019』（日本評論社，2018年）3-5頁.

感じ取れるような映像の作成を目的として行う場合は，元の風景写真を享受することも目的に含まれていると考えられることから，このような情報抽出のために著作物を利用する行為は，本条の対象とならないと考えられる」[8].

学説においても，「30条の4と47条の5のいずれの問題として考えるかは，学習対象著作物の表現が，AI内部に保存されて，（少なくともその一部が）出力されること（「通貫」と呼ぶ）を目的とするか否かで決定される．目的とする場合……は，学習対象著作物（に表現された思想または感情）の享受目的利用も併存するから，30条の4が適用される余地はなく，47条の5の問題となる」と指摘するものがある[9].

しかしながら，30条の4には，「著作物は，次に掲げる場合その他の当該著作物に表現された思想又は感情を自ら享受し又は他人に享受させることを目的としない場合には」と規定されている（傍点筆者）．法令用語として，「その他の」という文言は，その前に置かれている用語がその後に置かれている用語の例示であることを示すものであるから，「次に掲げる場合」すなわち，同条1号から3号は，非享受利用の例示にほかならないことになる[10]．そうすると，1号から3号の要件を充足するにもかかわらず，非享受利用に該当しないという解釈は，「その他の」という同条の文言解釈としては妥当なものではないということになる．換言すれば，被疑侵害者としては，抗弁として1号から3号のいずれかに該当し，かつ，「必要と認められる限度」であるという事実さえ立証すれば，著作権者側が但書に該当する事実を再抗弁として立証しない限り，

8　文化審議会著作権分科会（第68回）参考資料4「AIと著作権の関係等について」（2023年）https://www.bunka.go.jp/seisaku/bunkashingikai/chosakuken/bunkakai/68/pdf/93906201_09.pdf（2023年8月28日確認）.

9　奥邨弘司「生成AIと著作権に関する米国の動き——AI生成表現の著作物性に関する著作権局の考え方と生成AIに関する訴訟の概要」コピライト63巻747号（2023年）46頁．前田健「柔軟な権利制限規定の設計思想と著作権者の利益の意義」田村善之編著『知財とパブリック・ドメイン第2巻　著作権法篇』（勁草書房，2023年）206頁〔初出：同志社大学知的財産法研究会編『知的財産法の挑戦II』（弘文堂，2020年）236頁〕も，旧47条の7但書に規定されていた「情報解析を行う者の用に供するために作成されたデータベースの著作物」を情報解析に供することを目的とする場合について，30条の4の下では，但書の適用ではなく，享受目的に当たることを理由に同条の適用が否定されると論じている（同207-208頁〔初出論文238頁〕も参照）.

10　前田・前掲（注9）199頁〔初出論文229-230頁〕.

権利制限という法律効果の発生が根拠付けられることになる．「1号から3号のいずれかに該当すること」とは別に，「思想・感情を享受させることを目的としていないこと」が固有の要件事実となるわけではない．実際，文化庁も，当初は，「第30条の4各号（次に掲げる場合）は，同条により権利制限の対象となる行為について法の予測可能性を高めるため，柱書の『(その他の）当該著作物に表現された思想又は感情を自ら享受し又は他人に享受させることを目的としない場合』に当たる場合の典型的な例を示したものである」と明言していた[11]．30条の4について通常の文言解釈を行う限り，2号は非享受利用の例とされている以上，同号に該当すればそのまま常に非享受利用に該当するということになるはずである[12]．

11　文化庁著作権課「デジタル化・ネットワーク化の進展に対応した柔軟な権利制限規定に関する基本的な考え方（著作権法第30条の4，第47条の4及び第47条の5関係）」8頁「問8」（2019年）https://www.bunka.go.jp/seisaku/chosakuken/hokaisei/h30_hokaisei/pdf/r1406693_17.pdf（2023年8月28日確認）．

12　なお，文化審議会著作権分科会・前掲（注8）に，情報解析でありながら，非享受利用に当たる例として挙げられている「3DCG映像作成のため風景写真から必要な情報を抽出する場合」（文化庁著作権課・前掲（注2）NBL 59頁も参照）というのは，文化庁著作権課・前掲（注11）13頁「問15」に取り上げられていた事例である（愛知靖之「著作権の効力制限（6）――柔軟な権利制限規定」小谷悦司＝小松陽一郎＝伊原友己編『意匠・デザインの法律相談Ⅱ』（青林書院，2021年）83-90頁〔愛知靖之執筆〕も参照）．しかし，少なくとも，後者で取り上げられた段階では，もともと，実際の風景写真からそれを構成する建物の外観などの情報を抽出し，これをそのまま3DCG映像として再現する（3DCG映像にそのまま貼り付ける）といった行為が想定されていたのではないだろうか．仮に，そうだとした場合，確かに情報の「抽出」は行われているものの，それをそのまま3DCG映像に用いているということになり，「抽出」に加えて「比較，分類その他の解析」（「情報解析」）が行われている（2号に該当する）事例と位置付けることに疑問の余地が生まれる．実際，享受目的が肯定されるケースとして，「当該写真などの著作物の表現上の本質的特徴を感得することができる態様でCG映像が作成されることとなる場合には，当該CG映像に含まれる写真などの著作物について，その視聴等を通じて，視聴者等の知的・精神的欲求を満たすという効用を得ることに向けた利用がされることが想定されることから，当該写真などの著作物の当該CG映像への複製行為は権利制限の対象とならないものと考えられる」（文化庁著作権課・前掲（注11）13頁「問15」．下線筆者）と指摘されていた．ここで，享受目的が肯定されるケースとして想定されているのは，「情報解析」行為というよりも，写真著作物をそのまま3DCG映像として複製する行為（写真著作物をそのまま貼り付けた3DCG映像を出力する行為）のようにも見える．すなわち，この3DCGのケースはもともと「情報解析」とは異なる場面として想定されていたケースを，文化審議会著作権分科会・前掲（注8）では「情報解析」の一事例と位置付け直したと捉えることもできそうではある．もちろん，この3DCG化もっとも，平成 21 年改正により旧 47 条の 7 が新設された際には，「情報解析は，著作物を構成する断片的な情報を利用するものにすぎず，著作物の表現そのものの効用を享受するという実質を備えるものではなく，また，情報解析を行った後に，その著作物が外部に提供等されることも予定されていないため，著作権者の利益が害される程度が低いと考えられる」と説明されており[13]，情報解析が最初に権利制限規定に導入された折には，そもそも著作物の表現の効用が享受されることは想定されていなかった．あくまで，情報解析そのものに焦点が当てられており，解析後に著作物の表現がアウトプットされ，それが何らかの形で利用されるという態様は想定されていなかったように思われる．確かに，画像認識 AI などの識別系 AI や需要予測 AI などの予測系 AI を主に念頭に置いて議論が行われていたのであれば，著作物に表現された思想・感情を享受させるようなコンテンツの生成目的を併有する情報解析行為は，さほど意識されていなかったと考えられるかもしれない．しかしながら，少なくとも，30 条の 4 を導入する平成 30 年改正に向けた議論の中では，既に著作物の入力段階と出力段階を区別した検討の必要性が認識された上で（すなわち，著作物の表現がアウトプットされ得ることが認識された上で），入力段階では著作物の表現を享受しない利用であることから，原則として著作権者の利益が害されないのではないかといった検討が行われていた[14]．このように，たとえ事後的に出

にも，実際には多様なプロセスがあり得るのであって，「情報解析」に該当する（すなわち，情報の抽出のみならず「比較，分類その他の解析」が介在する）ケースも存在するであろうから，この事例を情報解析の一事例とすることが直ちに不当であるとまでは断言できない．いずれにしても，仮に 3DCG のようなケースが 2 号の事例ではないとすれば，30 条の 4 柱書本文の事例となる以上，それが非享受利用であることを正面から立証する必要性が出てくるのは言うまでもない．

13　文化庁長官官房著作権課・前掲（注 5）36 頁．

14　文化庁著作権課・前掲（注 2）セミナー資料 34 頁，同・前掲（注 2）NBL 58 頁．たとえば，文化審議会著作権分科会　法制・基本問題小委員会「新たな時代のニーズに的確に対応した制度等の整備に関するワーキングチーム」（第 2 回）資料 2「富士通株式会社提出資料」https://www.bunka.go.jp/seisaku/bunkashingikai/chosakuken/needs_working_team/h27_02/pdf/shiryo_2.pdf（2023 年 8 月 28 日確認）．では，新たな時代のニーズに関するヒアリングにおいても，「機械翻訳」など「様々な目的での著作物の取り込み・蓄積及び一定の出力（プッシュ型の出力を含む）」を伴うサービスが紹介され（同 8 頁以下），「CPS に著作物が取り込まれる（複製・翻案され，送信可能化される）段階では，そのこと自体によって，取り込まれる著作物の正規のビジネスとは衝突しないケースが多いものと考えられる（非享受型利用）．また，ライセンスに馴染み

力段階が存在しアウトプットが想定されるケースについても，こと情報解析のための入力段階（著作物の複製）それ自体に焦点を合わせると，当該利用行為は非享受目的にほかならないと理解されていたことが窺える．

あくまで入力段階では，情報解析に供するために著作物をAIに入力（複製）する行為が行われるのみである以上，このプロセスだけを切り出せば，入力の対象はAIであって，人が著作物に表現された思想・感情を享受するものではない[15]．そもそも，この段階では，人間が著作物の表現を知覚しないのである．確かに，AI開発・学習段階における入力行為（複製）の際に，事後的に学習済みモデルを利用したコンテンツの生成が行われることを想定していたのであれば，享受目的の併存が認められるというのは自然な考え方もしれない．しかしそうであれば，30条の4柱書に「次に掲げる場合その他の」非享受利用として，「情報解析」を包括的に非享受利用の例とするような文言にはならなかったのではないかと思われる．上述のように，改正当時の議論でもコンテンツ

にくい例も多い．」「CPSでは，取り込まれた著作物の出力により価値が高まるサービスも想定されるところ，その著作物を出力する段階においては，著作物の表現を利用者が享受することとなり，場合によっては著作権者等の既存の正規ビジネスとの衝突をする場合も考えられるが，一方で，著作物の利用が軽微で，著作権者等の利益を不当に害するとは言えない場合もあるのではないか．」といったことが指摘されていた．

15　文化庁著作権課・前掲（注11）10頁「問11」も，「法第30条の4における『享受』は人が主体となることを念頭に置いて規定しており，人工知能が学習するために著作物を読む等することは，法第30条の4の『著作物に表現された思想又は感情を享受』することには当たらないことを前提としている」と述べている．さらに，収集した学習用データを第三者に提供する行為も，「当該学習用データの利用が人工知能の開発という目的に限定されている限りは」非享受利用に該当するとし，その先に人工知能が著作物の表現を享受させるような出力を伴うか否かを考慮せず，一律に非享受利用に当たるとするかのような説明を行っている．

もっとも，同14頁「問16」では，電子計算機による情報検索の結果提供に際して，著作物が併せて提供される場合には，当該著作物提供行為は思想・感情の享受目的が認められるため，そのような利用に供する目的で書籍や資料などを複製する行為（電子計算機への入力行為を意味するものと解される）も，享受目的が肯定され，30条の4は適用されず，47条の5の適用対象となると論じている．必ずしも上記の説明と整合的ではないようにも思えるが，少なくとも，ここでは，47条の5第1項2号の「情報解析」ではなく，同項1号の情報検索の例が挙げられているにすぎず，AIによる情報解析（「人工知能が学習するために著作物を読む」といったケース）を想定していない説明と捉えることもできそうである．もっとも，1号の情報検索の一部は2号の情報解析に含まれる場合がある（小泉直樹・茶園成樹ほか『条解著作権法』（弘文堂，2023年）553頁〔奥邨弘司執筆〕）ため，このような区別をすることは困難かもしれない．

の出力段階は想定されていたのである．そうすると，あくまで，コンテンツの生成段階は，情報解析が行われるAI開発・学習段階とは異なるプロセスであって，情報解析の結果にすぎず，著作物の入力自体はAIという機械に対して行われる行為である以上，人による享受はおよそ起こりえないという発想の下，30条の4が出来上がっていると評価せざるを得ない．「次に掲げるその他の」という文言を前提とする限り，2号の「情報解析……の用に供する場合」の著作物利用（AIへの入力行為）は，常に非享受利用に該当するというのが，その条文に忠実な解釈であり，同条の要件事実の正確な理解となろう．学習・推論段階での入力行為それ自体に対する判断に際して，事後的にコンテンツの生成を目的としているという事情は，但書適用の可否において斟酌される．仮に，被疑侵害者が30条の4の適用を受けるために，非享受目的であることを立証しなければならないとすると，なぜ，それに加えて「情報解析」に該当するという事実が要件とされ，立証を要するとされているのか説明できなくなる．情報解析に該当しようがしまいが，非享受目的であって享受目的を伴わないのであれば，（必要と認められる限度である限り）30条の4の適用には十分なはずである．常に非享受利用であることを立証しなければならないとすると，1号から3号の存在理由が没却されるのである．

これに対して，学習済みモデルを利用して実際にコンテンツ生成を行う行為自体（生成・利用段階での出力行為）については，享受目的が含まれる（非享受利用に該当しない）として30条の4柱書本文により同条の適用が否定されることになる．同条の適用に関しては，学習・推論段階と生成・利用段階を区別しなければならない．

後述する但書問題も含め，もともと旧47条の7として情報解析固有の独立した個別権利制限規定であったものを，非享受利用という包括的な権利制限規定に取り込んでしまったところに，このような解釈論上の課題が生じてしまった一因がある．

⑵　学習対象著作物の表現自体のAIへの保存・出力と但書

「学習対象著作物の表現が，AI内部に保存されて，（少なくともその一部が）出力されること」（「通貫」）[16]を目的としている場合には，30条の4の適用を否定し，後は47条の5適用の可否が問題となるにすぎないという見解は，確かに，47条の5にもスポットライトを当てた上で，両条の役割分担を意識し，適用範囲の明確化を図りつつ，両規定によって総合的に適切な権利制限を実現しようとする優れた立論であるとは思われる．

もっとも，出力段階での事情を非享受目的の有無として検討するのではなく，但書の中で検討すべきという本稿の考え方は，(1) で述べた「その他の」という柱書の文言を初めとする30条の4の規定構造を前提とした条文に忠実な解釈であるという形式的論拠のみならず，以下のような実質的な理由にも基づいている．

但書での処理は，具体的には，被疑侵害者により実施されている機械学習のための著作物の利用が，「通貫」により学習対象著作物の表現を含む形でコンテンツを生成するという態様で行われている場合には，当該コンテンツが著作物と市場競合するとして，著作物の「利用の対象に照らし著作権者の利益を不当に害することとなる」旨を著作権者が立証することにより，侵害が肯定されるという形で実現される[17]．もっとも，4で詳述するように，但書が適用されるのは，「通貫」のケースには限定されないと考える．但書は，著作物利用の態様等に鑑みて，既存著作物との潜在的な市場競合をもたらすことにより，著作権者の利益を不当に害することとなる場合に適用されるのであって，学習対象著作物と出力されたコンテンツの間に，4で述べる意味での「作風」・「画風」の共通性が認められることにより市場競合が惹起されるケースについても適用されると考えている．したがって，「通貫」のケースに該当するか否かを特に区別することなく，但書によって一元的に処理すれば足りることになる．論者自身が認識しているように，「学習対象著作物の表現が保存されていると言えるのかどうか」[18]は，「詳細な技術的な検証に，法的な評価を加えて初めて

16　奥邨・前掲（注9）46頁．

17　平嶋竜太「Generative AIによる生成物をめぐる知的財産法上の課題」L&T別冊9号（2023年）67頁も，「たとえば，学習データとして取り入れられた既存の著作物の表現が学習モデル内にそのまま『温存』され，出力に用いられていた，などという極めて異例な状況」については，例外的に享受目的ありと認められ得るとして奥邨説と同様の立場があり得るとしつつも，但書に該当するものと解する余地があるとも論じている．

18　奥邨・前掲（注9）47頁．

結論が得られる」[19]難問であり，その判断を回避できることの意義は実務的にも大きい.

さらに，表現自体のAIへの保存・出力（「通貫」）が目的とされている場合には享受利用に該当し，30条の4の適用を否定する見解に立つ場合，30条の4柱書本文の非享受目的の証明責任が被疑侵害者に課されるため，被疑侵害者が「通貫」を目的としたものではない旨を主張立証して初めて同条の適用が受けられることになる（真偽不明であれば規定の適用が否定される）．その立証・判断の困難性から見て，著作権者が証明責任を負担する但書の問題とする立場よりも，むしろ30条の4の適用の幅を狭める結果となりかねない.

⑶　47条の5適用の可否

学習対象著作物の「表現」自体のAI内部への保存とその出力が想定されるような情報解析（「通貫」）を，享受目的を併有するとして，30条の4の適用対象から除外する見解は，このタイプの情報解析を47条の5の対象になり得ると説いている.

しかしながら，とりわけ生成AIに関しては，47条の5の適用範囲は極めて限定的であって，その積極活用は困難だと言わざるを得ない．47条の5では，軽微性要件もさることながら，付随性要件の存在を軽視することができない．この付随性要件の存在により，少なくとも，画像生成AIのような典型的なコンテンツ生成AIに関しては，かなりの程度，定型的に同条の適用が否定される．この要件は，1項各号に掲げる行為と著作物利用をそれぞれ区分して捉えた上で，前者が主，後者が従という位置付けであることを求める要件であり，情報処理の結果提供に係る行為が著作物そのものを提供するものである場合には，結果提供行為と著作物提供行為が一体化しているため，付随性要件は満たさない[20]．「通貫」タイプの生成AIについては，AI内部に保存された著作物の表現（の少なくともその一部）を出力すること，すなわち，当該表現が含まれたコンテンツを生成し提供することが目的であると考えられる以上，著作物

19　奥邨・前掲（注9）43頁.

20　文化庁著作権課・前掲（注11）22-23頁「問29」，加戸守行『著作権法逐条講義〔七訂新版〕416-417頁（著作権情報センター，2021年）など.

の表現の出力及び提供が，情報解析の「結果を提供すること」（2号）そのものであって，結果提供に付随した従たる関係に立つものではない（結果提供行為と著作物提供行為を区別することができない）と解される[21]．生成されたコンテンツ（たとえばイラスト）の一部分として学習対象著作物の創作的表現が含まれているにすぎないという場合にも，学習対象著作物の創作的表現部分とそれ以外の部分が一体となって1つのコンテンツ（イラスト）を形成しているのである．行為としては，あくまで1つのコンテンツ（1枚のイラスト）の提供行為が観念されるだけであって，これを学習対象著作物の創作的表現以外の部分の提供行為（結果提供行為）と学習対象著作物の創作的表現の提供行為（著作物提供行為）としてそれぞれ別個の行為に区分して把握するのは行為の恣意的な細分化と言わざるを得ない[22]．主従関係の判断手法について，結果提供行為が著作物提供行為なしでも成立し得る場合には，後者は前者の添え物にすぎず，前者に対して従たる関係にあると捉え得るという指摘がある[23]．この立場に立ったとしても，1つのコンテンツ（1枚のイラスト）の提供は，そこに含まれる学習対象著作物の創作的表現と共通する部分の提供なしには成り立たないため，付随性要件を充足しないことになる．

そうだとすれば，学習対象著作物の創作的表現を含むコンテンツの出力（複製）には，47条の5第1項は適用できなくなる．それに伴い，学習段階・推論段階での著作物の入力（複製）も，1項の規定による軽微利用の準備のため

21　加戸守行ほか「〈座談会〉平成30年改正著作権法施行に伴う柔軟な権利制限規定による著作物の利用拡大とこれからの課題（下）」NBL 1145号（2019年）34-35頁〔上野達弘発言〕．奥邨・前掲（注9）50頁注57も，「画像生成AIで，生成画像中に学習対象画像の一部を含むことが，47条の5第1項柱書きが定める，必要性や付随性を満足する可能性自体低い」と述べている．さらに，同47頁も参照．

22　なお，前田・前掲（注9）213-214頁〔初出論文242-243頁〕は，付随性要件における結果提供行為と著作物提供行為の区別について，①両者を明瞭に区別できることを求める見解と②概念的に区別できれば足りる見解があるとした上で，②説に賛同する（加戸ほか・前掲（注21）33-34頁〔松田政行発言〕は，①説を「外側説」，②説を「内側説」と呼び，後者の見解を支持する）．しかし，前田は，②説のもとでも，「鳥山明さんの漫画をすべて解析した結果，入力された写真を鳥山明さん風のイラストに変換しますというようなサービス」（加戸ほか・同34-35頁〔上野発言〕）については，付随性要件を満たさない可能性があるとし，但書に該当する余地もあるとしている．

23　小泉・茶園ほか・前掲（注15）555頁〔奥邨〕．

の行為とは認められないため，47 条の 5 第 2 項を適用することはできないことになる．このように，コンテンツ生成 AI への著作物の入力及び生成 AI からの著作物の出力行為は，そもそも 47 条の 5 の適用対象に含まれないと考えられる．それゆえ，「通貫」のケースについて，享受目的が存在することを理由に 30 条の 4 の適用を否定してしまうと，47 条の 5 の適用も受けることができず，権利制限が認められないことになる．

もちろん，このことは，コンテンツ生成を行う生成 AI に関する話であって，たとえば論文剽窃を検出する AI について，剽窃の有無・可能性という結果提供とともに，学習対象となっていた論文のうち，どの論文のどの箇所がどの程度剽窃されていたかを提示する際に，当該論文の一部が出力・表示されるといったケースでは，付随性は肯定され，あとは軽微性などの要件充足がケース・バイ・ケースで問題となるにすぎない[24]．それゆえ，以上のような解釈を取ったとしても，少なくとも 47 条の 5 第 1 項の適用対象が失われ，その意義が没却されるわけではない．もっとも，このような AI による情報解析のための準備として機械学習のために著作物を入力（複製）する行為は，30 条の 4 第 2 号の「情報解析……の用に供する場合」と構成することもできるし，47 条の 5 第 2 項の軽微利用の準備のための行為と構成することもできる．後は，但書適用の可否で結論が決まるところ，その判断要素にも大きな違いはない．その意味では，47 条の 5 第 1 項 2 号の情報解析の準備行為に限っては，同条 2 項の存在意義が小さくなることは否定できない．しかし，このことも，30 条の 4 第 2 号が「情報解析……の用に供する場合」一般を広く対象とし，47 条の 5 第 1 項 2 号に掲げる行為（「電子計算機による情報解析を行い，及びその結果を提供すること」）の準備行為（同条 2 項）を包含する形で規定されているため，やむを得ない帰結ではあろう．

⑷　小括

結論として，生成 AI への学習・推論段階での著作物の入力（複製）行為につ

24　なお，このようなケースにおける著作物の提供行為自体は，その著作物に表現された思想・感情の享受目的を含む行為として 30 条の 4 の権利制限は受けない．

いては,「学習対象著作物の表現が, AI 内部に保存されて,（少なくともその一部が）出力される」（「通貫」タイプ）か否かを問わず, 47 条の5ではなく, 30 条の4の非享受利用（同条第2号の情報解析）として一元的に把握し, 最終的に権利制限を受けるか否かは同条柱書但書の判断に委ねられると考えるべきである.

4　30 条の4柱書但書[25]

(1)　緒論

2で見たように, 旧 47 条の7では「ただし, 情報解析を行う者の用に供するために作成されたデータベースの著作物については, この限りでない.」と規定されていた但書が, 30 条の4では,「ただし, 当該著作物の種類及び用途並びに当該利用の態様に照らし著作権者の利益を不当に害することとなる場合は, この限りでない.」という包括的権利制限規定の但書に包摂されることとなった.

但書の文言の変容により, 30 条の4柱書但書は, 旧 47 条の7但書よりも適用範囲が広がり, 権利制限の範囲が狭くなったと解する余地が生まれることとなった. 旧 47 条の7では,「情報解析を行う者の用に供するために作成されたデータベースの著作物」を記録・翻案する行為のみが権利制限の対象外に置かれていた. 機械学習を行う者向けに特別に作成されたデータセット（データベース著作物）の利用のみが侵害を構成し得ることとなっており, あくまで, データベース著作物との市場競合のみが問題とされていた. これに対して, 30 条の4においては, 学習対象著作物の種類・用途・利用態様に照らして, 著作権者の利益を不当に害することとなる場合が, 広く権利制限の対象外とされている.「著作権者の利益を不当に害することとなる」か否かは,「著作権者の著作物の利用市場と衝突するか, あるいは将来における著作物の潜在的販路を阻害するかという観点から, 最終的には司法の場で個別具体的に判断される」[26].

25　以下の議論は, 47 条の5第1項但書の「当該公衆提供等著作物の種類及び用途並びに当該軽微利用の態様に照らし著作権者の利益を不当に害することとなる場合」や同条2項但書の解釈にも等しく妥当する.

旧47条の7で但書の適用対象とされていたケースが，そのまま30条の4でも但書の適用対象となることはもちろんである．しかし，30条の4は旧47条の7とは異なり，条文上，データベース著作物の利用のみを権利制限の対象外に置いているわけではない．学習段階や推論段階での著作物の入力行為が，但書の適用範囲に含まれ，侵害と認められる余地がある[27]．

そこで，筆者は前稿において，「30条の4但書それ自体の解釈からは，……旧47条の7よりも広く但書が適用され，権利制限の範囲が狭くなる（著作権侵害が肯定されやすくなる）可能性も大いにあるのではないだろうか．あるいは，立法趣旨として，30条の4第2号が情報解析のための利用を旧47条の7よりも広く許容するところにあったことは明確であるため，同号の規定の趣旨に即して但書も解釈し，……同条の但書は旧47条の7但書と同じ範囲に限定して適用されるべきとの解釈論はあり得るかもしれない．」「但書の適用も個々の非享受利用の類型に応じて個別に行うということがあってもよいかもしれない」が，「但書の文言にはないデータベース著作物への適用限定を行うことは，条文解釈としては相当な無理を伴うことは否定できない．」と論じたところである[28]．具体的には，特定の著作権者の著作物を全て学習させるなど特定のクリエイターの作品等に特化したタイプの機械学習を念頭に，「ディズニー映画風の新しい映画を作るAIを開発するために，ディズニー映画（但書にいう「当該著作物」）全てをコンピュータに入力して機械学習させる行為は，将来において，ディズニー映画という『当該著作物』と潜在的に競合する映画を作成する

26　加戸・前掲（注20）284頁．

27　文化審議会著作権分科会・前掲（注8）及び文化庁著作権課・前掲（注2）セミナー資料39頁も，但書の適用事例について，「例えば，情報解析用に販売されているデータベースの著作物をAI学習目的で複製する場合など」（傍点筆者）と述べ，旧47条の7但書の適用対象であった事例以外にもそのような事例が存在し得ることは否定していない．また，文化庁著作権課・前掲（注2）59-60頁も，「こうした情報解析用のデータベースの場合以外に，どのようなケースが本条ただし書きに該当するのかという点については，……最終的には司法の場で個別具体的に判断される」ことになるが，それとともに，文化庁としても，30条の4の解釈に当たっての考え方について，有識者を交えた検討・整理を進めるとする．もちろん，文化庁における検討・整理の結果，データベースの場合以外に但書が適用されるケースはないとの結論が出されることも十分にあり得る．

28　愛知・前掲（注1）143頁．

という用途で，（既存のディズニー映画という）著作物をデータとして入力していることになる.」「それゆえ，将来における著作物の潜在的販路を阻害する可能性があり，『著作権者の利益を不当に害することとなる』ようにも思われる」と論じた[29].

しかし，学説は，30条の4柱書但書の適用対象は限定されるとの立場が支配的であり，筆者の立場を批判するものが多い[30]. もっとも，具体的な適用範囲については見解により広狭があり，「非享受利用されることを主たる目的として制作された著作物を非享受目的で利用する行為に限定される」（旧47条の7但書に該当するケースもその一例であるが，それに限られるわけではない）とする見解[31]や，このようなケースに加えて，さらに，非享受目的が著作物の本来的な利用目的ではないものの，「非享受目的のライセンス市場が発展し当該著作物について非享受目的の利用が本来的な利用と客観的に評価できるに至った場合には，そのライセンス市場と衝突するような利用については，ただし書きに該当することもあり得る」とする見解もある[32]. しかしながら，後者の見解については，著作権侵害を構成しない行為について，余計な紛争・訴訟リスクや手間を避けるという理由などのために，本来は不要なはずのライセンスに応じるという取引慣行が一般化した既成事実それ自体が，非侵害行為を侵害行為に転化させる理由とはならないとの批判が可能である. たまたま，そのような慣行に反して無断実施を行った者がいた場合に，上記取引慣行を直接の理由として侵害を肯定することはできない. 後者の見解は，ライセンスの有無にかかわらず，当初は享受利用を主目的として創作された著作物が，事後的に，享受利用されることなく，専ら非享受目的のみで利用されるようになる，すなわち，事後的に非享受利用市場が形成された結果，そこからの対価取得を著作権者に保障しない限り，「著作権者の利益を不当に害することとなる」といったケースと捉え直すべきであろう. あるいは，前稿でも紹介しているが，「柔軟

29　愛知・前掲（注1）142頁.

30　筆者の見解への批判として，たとえば，柿沼太一「生成AIと著作権」知財ぷりずむ21巻248号（2023年）19–20頁，奥邨・前掲（注9）46–47頁.

31　柿沼・前掲（注30）22頁.

32　松田政行編『著作権法コンメンタール別冊　平成30年・令和2年改正解説』（勁草書房，2022年）32頁〔澤田将史執筆〕.

な権利制限規定の導入に当たっては，現行法〔30条の4が新設される平成30年改正前の法：筆者注〕において権利制限の対象として想定されていた行為については引き続き権利制限の対象とする立法趣旨を積極的に広報・周知する」との附帯決議（参議院文教科学委員会附帯決議（平成30年5月17日））を根拠に，旧47条の7本文に規定されていた「記録媒体への記録又は翻案」と，30条の4によって新たに含まれることとなった記録・翻案以外の利用行為（譲渡・公衆送信）とで，30条の4柱書但書の適用範囲が変わるとする見解もある[33]．すなわち，旧47条の7本文に規定されていた「記録媒体への記録又は翻案」については，改正前後を通じて，但書の適用範囲は変わらず，30条の4柱書但書の適用を受けるのも，旧47条の7但書の適用対象であった範囲（情報解析用のデータベースに関するもの）に留まるとしつつ，「記録又は翻案」以外の利用行為（譲渡・公衆送信）については，30条の4によって新たに権利制限の対象となった行為であるため，旧47条の7但書の適用対象であった範囲を超えて30条の4柱書但書の適用を受け得るとする．

⑵　著作物利用の市場・潜在的市場

但書の適用範囲について検討する際には，まず，「著作物の利用市場」，「将来における著作物の潜在的販路」すなわち著作物の潜在的市場が何を意味するのかを明確にしておく必要がある[34]．この「市場」に，旧47条の7但書のデータベース著作物のように，非享受目的での利用を本来的な利用目的とする著作物の市場が含まれることは論を俟たない[35]．非享受利用を本来的な利用目的とする著作物を，他者が無断で非享受利用に供することは，まさに非享受利用市場における競合行為であって，著作物市場との衝突を引き起こすことになる．

これに対して，享受目的での利用を本来的な利用目的とする著作物（イラスト・小説・音楽など通常の著作物全般）については，他者がこれを無断で非享受利用に供しても，そこに直接的な市場競合は生じない．非享受利用が享受利用市場との直接的な競合を来すことは，本来はあり得ない．そもそも，30条の4

33　上野・前掲（注7）4頁・5頁注8.

34　柿沼・前掲（注30）17頁.

35　松田編・前掲（注32）31-32頁，柿沼・前掲（注30）17頁.

の立法趣旨は，非享受利用，すなわち，著作物に表現された思想・感情に接し，そこから知的・精神的欲求を満たすという効用を得るという目的に向けられていない利用行為については，たとえこれを他者が無断で行ったとしても，市場において，著作物に表現された思想・感情に接し，知的・精神的欲求を満たそうとする者から著作権者が対価を取得する機会は損なわれないため，著作権者の利益は害されないという点にある[36]．原則として，非享受利用は著作物の享受利用市場と衝突することはないことが前提とされているのである．直接的な市場競合のみを念頭に置くのであれば，想定される市場は，非享受利用市場のみとなる[37]．

しかしながら，「著作権者の利益を不当に害することとなる」のは，直接的な市場競合のみではない．「将来における著作物の潜在的販路」すなわち著作物の潜在的市場での競合も視野に入れなければならないのである．上記ディズニー映画の例のように，「ディズニー映画……全てをコンピュータに入力して機械学習させる行為」それ自体は，非享受利用である．3で述べたとおり，「学習対象著作物の表現が，AI内部に保存されて，（少なくともその一部が）出力される」場合（「通貫」）であっても，やはり非享受利用ではあると解すべきである．その上で，生成AIは，学習対象著作物を非享受利用することによって，享受利用可能なコンテンツを生成するものであるところ，特定の著作権者の作品を対象とした「特化型」の生成AIについては，鑑賞（思想・感情の享受）という「用途」に用いられている特定の著作権者の著作物のみを大量に収集し，これを学習・推論に用いるという著作物利用の「態様」[38]に照らしても，

36　文化庁著作権課「平成30年著作権法改正の概要」IPジャーナル8号（2019年）20頁．

37　柿沼・前掲（注30）19頁参照．

38　なお，奥邨・前掲（注9）50頁注64では，「特定の画家の作風や画風と似た画像を生成することも，利用の『態様』ではないかとの指摘も考えられるが，そこで利用されているのは作風や画風というアイデアであって著作物ではない．但書は『著作物の利用の態様』を問題としている」と述べている．しかし，ここで侵害の成否が問題とされているのは，学習や推論のためにイラストなどの著作物（創作的表現それ自体）をAIに入力＝複製するという利用行為であり，その「利用の態様」（具体的には特定のイラストレーターのイラスト全てを入力するという態様など）を問題としているのである．その後に，AI内部で入力された著作物からアイデアのみを抽出するというプロセスが取られたとしても，AIへの著作物の複製という利用行為が行われていたことに変わりはない．

AIを用いることで，潜在的な著作物の享受利用市場との衝突を引き起こすことになる．このような「特化型」のAIにより，特定著作権者の著作物市場と潜在的に競合するコンテンツの生成が大量かつ容易に行える以上，著作権者の利益への影響を軽視することはできない．著作権者の利益がまさに「不当に」害されると評価し得る．但書が，著作物の直接的な利用市場のみならず，将来における潜在的販路・潜在的な市場競合をも視野に入れている以上，このような解釈が必ずしも「30条の4の趣旨を没却しかねない」[39]とは思われない．

確かに，どのようなケースであれば，但書に該当するかの基準を具体的に提示することが困難であることは否めない[40]．しかし，前稿でも挙げた「ディズニー映画風の新しい映画を作るAIを開発するために，ディズニー映画（但書にいう『当該著作物』）全てをコンピュータに入力して機械学習させる行為」のように，特定著作権者の著作物を狙い撃ちし，当該著作権者の「作風」を備えることで市場競合をもたらすコンテンツを生成するために，その著作物の全てあるいはこれを大量に学習・推論に利用する行為は，但書に該当すると考えられる[41]．

39　柿沼・前掲（注30）20頁．

40　柿沼・前掲（注30）20頁．

41　柿沼・前掲（注30）20頁注14では，「たとえば『ディズニー映画風の新しい映画を作るAIを開発するために，ディズニー映画の一部とジブリ映画の一部をコンピュータに入力して機械学習させる行為』はどうであろうか」と問う．

まず，ディズニー映画風の新しい映画を作るAIを開発するための行為であるから，生成されるコンテンツはジブリ映画とは市場競合しない．それゆえ，ジブリ映画の入力（複製）は，それがどれだけ，「ディズニー映画風の新しい映画」の生成に寄与していたとしても，但書に該当せず適法である（生成・利用段階でコンテンツにジブリ映画の創作的表現が含まれている場合に，侵害となるにすぎない）．但書の「当該著作物」とは非享受利用の対象となる著作物だからである．

他方，ディズニー映画の一部の入力行為は，複製行為の「態様」として，それが（誤差の範囲内で他のコンテンツが生成されるケースを除き）「ディズニー映画風の新しい映画」（ディズニー映画と市場競合するコンテンツ）のみを生成するのに十分な量の複製であることを証拠によって基礎付けた場合のみ，但書の適用が認められると解さざるを得ない．たとえば，ディズニー映画の一部とジブリ映画の一部を入力したことにより，生成されるコンテンツがディズニー映画風の映画であることも，ジブリ映画風の映画であることもあり得るということが想定されるという程度であれば，著作権者の利益を「不当に」害することにはならない．但書は，あくまで利益を害することがありさえすれば適用されるものではなく，「不当」と言えるほどの不利益が発生することが求められるからである（35条に関する解説ではあるが，小泉・茶園ほか・前掲（注15）

このような特定の著作権者の著作物に特化した学習等のための当該著作物の無断利用について，仮に但書の適用によりこれを侵害と認めたとしても，その特定著作権者と許諾交渉を行えば足りるため，特段，取引費用が大きなものとなるわけでもない．

また，わざわざ学習段階での利用行為に著作権侵害を認めなくとも，学習済みモデルを実際に利用したAI生成コンテンツの生成（複製・翻案）やその後の利用（譲渡・公衆送信など）という生成・利用段階の行為を著作権侵害に問えば足りるとの批判も予想される．しかし，いったんディズニー映画風の新しい映画を作るAIが開発され，ユーザーに提供されると，それを利用したコンテンツ生成及びその後の利用が多数集積し，著作権者に対して大きな経済的不利益が生じ得る．このような個別のコンテンツ生成・利用に対し，各個に差止め・損害賠償請求することは著しく困難である．多数のコンテンツ生成・利用を惹起する蓋然性が極めて高いため，著作権保護の実効性を確保するためにも，それらを未然防止することが肝要である．確かに，生成・利用段階において，AIに指示を行いコンテンツを生成させたAI利用者のみならず，他人の著作物をデータとしてAIに機械学習させた「学習済みモデルの作成者」も，直接的・物理的にはAI生成物の作成・出力（複製）を行っていないとはいえ，「複製の対象，方法，複製への関与の程度，程度等の諸要素を考慮」（最判平成23年1月20日民集65巻1号399頁〔ロクラクⅡ〕）すれば，侵害主体と規範的に評価されると考えるべきである[42]．それゆえ，生成・利用段階においても，個別のAI利用者ではなく，学習済みモデルの作成者を対象に権利行使することは可能である．しかし，ここでの権利行使はあくまでコンテンツの生成・利用行為に対するものであるため，実際にこのような行為が行われて初めて可能とな

461頁〔奥邨〕）．ディズニー映画風の映画もある程度生成されることがあるというレベルでは足りず，ディズニー映画の一部しか入力されていないが，（たとえば，それをジブリ映画の一部が補完することによって），（誤差の範囲内と評価されるものは除き）ほぼ確実にディズニー映画風の映画が生成されることになると証明できる場合に限って，但書の適用が認められる．確かに，但書適用の可否は，ケース・バイ・ケースの個別判断に委ねられる部分がどうしても大きくなり，その意味では「かなり曖昧である」（柿沼・前掲（注30）20頁）．しかし，もとより但書の証明責任は著作権者にあるため，真偽不明となれば但書の適用が否定されるだけである．

42　愛知・前掲（注1）146頁．

るものにすぎない．コンテンツ生成・利用の未然防止を図ることはできないのである．

⑶ 「作風」・「画風」と「表現」の区別

㈠ 「作風」・「画風」と「表現」の近接性

「ディズニー映画風の新しい映画を作るAIを開発するために，ディズニー映画（但書にいう『当該著作物』）全てをコンピュータに入力して機械学習させる行為」のように，特定著作権者の著作物を狙い撃ちし，当該著作権者の「作風」を備えることで市場競合するコンテンツを生成するために，その著作物の全てあるいはこれを大量に学習・推論に利用する行為は，但書に該当するという立場に対しては，但書で保護される「著作権者の利益」は，あくまで著作権によって保護される利益のはずであって，「作風」や「画風」のように著作権で保護されないものが共通することで生じる市場競合によって害される利益は含まれないとの批判が投げかけられている[43]．

確かに，一般的に「作風」・「画風」は「表現」ではなく「アイデア」の領域に属するものと考えられており，筆者も一般論としてはそれに反対するものではない．しかし，一口に「作風」・「画風」と言っても，その抽象度，表現との近接性においては様々な違いがある．この問題を扱う際には，「作風」・「画風」が何を意味するのかという困難な問題に向き合わざるを得ない[44]．

ここで想定しているのは，「遠近法」や「倒叙ミステリー」，「ファンタジー風」，「おとぎ話風」といった抽象度の高い「作風」等ではなく，（潜在的に）市場競合をもたらし，特定著作権者の著作物市場を簒奪するようなコンテンツの生成をもたらすようなケースである．特定著作権者の著作物を狙い撃ちし，著作物の全てを学習させた「特化型」のAIが生成するコンテンツは，それに接した者が，ある特定の著作権者の作品であると極めて容易に認識（誤認）し得るような共通性を備えていることが想定され，むしろ，これを目的に学習が行われている．このようなケースにおける「作風」・「画風」は，誰の作品であ

43　奥邨・前掲（注9）47頁.

44　奥邨・前掲（注9）45頁.

るかを容易に特定可能とする要素であり，たとえ「アイデア」に属することが否定できないとしても，当該著作権者が自ら確立したその者固有のオリジナリティのある（他の創作者が容易に到達するような平凡なものではない）創作的要素であって，まさに「表現」と境界を接する具体性を備えた特徴・要素と評価できる．作品に接した者に容易にその作者を同定可能とするような当該作者固有の「画風」・「作風」は，ストーリー展開の特徴や，テーマ設定・場面設定の手法，登場人物の描き方，台詞回しの特徴など多数の「アイデア」に加え，特に視覚的著作物であれば，さらに，登場キャラクターの具体的な絵画表現や動作表現，背景の描き方など「表現」に属する要素も含めた具体的な要素・特徴全体の一体的結合によって形成されるものである[45・46]．ここで問題としている

45　三浦正広「著作権法によるアイデアの保護——アイデア・表現二分論の批判的考察」半田正夫先生古稀記念『著作権法と民法の現代的課題』（法学書院，2003年）88-110頁は，アイデアと表現を分離して理解することは不可能であるとして，その連続性を強調し，表現に内在するアイデアも著作権保護の対象に含めることにより，そのようなアイデアの無断利用に対しても，一定の場合には，侵害を肯定すべきと説く．いわく，「通常の伝統的な著作物においては，アイデアと表現が連続していると考えることに疑問の余地はないのであるから，表現に内在するアイデアを保護したとしても，決して二分論の趣旨を逸脱することにはならない．著作権法は，表現を保護することを目的とするのであるから，アイデアそのものを保護することはできないとしても，アイデアが表現という形式のなかに反映されている一定の類型の著作物については，アイデアと表現の連続性という観点から，アイデアを間接的に保護することで，著作物の創作性を保護することが必要ではないかと考える」（同110頁），「アイデアと表現の結びつきの程度が非常に強い場合は，表現の利用とはいえなくても，アイデアが利用されていると判断されるときは，積極的に著作権の侵害を認めるべきである」（同105頁）．また，金子敏哉「著作権法上のアイデアに関する一考察——アイデア・表現二分論におけるアイデア二分論の試み」田村善之編著『知財とパブリック・ドメイン第2巻　著作権法篇』（勁草書房，2023年）110頁，113-115頁〔初出：別冊L&T 7号（2021年）73頁，75-76頁〕は，三浦説に完全に与するわけではないものの，「表現の要素としてのアイデア」においては，アイデアと表現の連続性を認めて，連続性の程度に応じて具体的な判断手法も異なると説く．本稿は，これらの見解に大きな示唆を受けている．

46　ここに挙げた「作風」・「画風」を形成する要素はあくまで例示にすぎない．他方で，侵害判断において，被疑侵害者物件がこれらの要素の全てを共通して有していない限り，「作風」・「画風」の共通性が認められないというわけではない．たとえば，具体的なストーリー展開に違いがあったとしても，他の要素の結合によって，なお「作風」の共通性が導かれることはあり得る．しかしながら，作品に散在する特徴のうち，被疑侵害物件と共通するものを恣意的に拾い出し組み合わせるだけでは足りない（比良友佳理〔判批〕著作権判例百選〔第6版〕（2019年）95頁，田村善之「著作権の保護範囲」田村善之編著『知財とパブリック・ドメイン第2巻　著作権法篇』（勁草書房，2023年）184-186頁〔初出：コピライト61巻728号（2021年）18-20頁〕）．各要素

「作風」・「画風」は複数作品にまたがったこれらの諸要素の結合によって形成されることが多い．また，このような意味での「作風」・「画風」には，オリジナリティ・創作性が認められることが必須となるのは言うまでもない．このような意味での「作風」・「画風」が，個々の著作物の表現に反映され，そこに内包されている．両者は強い連続性を有しているのである．アイデアと表現の結びつきの程度は著作物の類型などによっても自ずと異なってくるものではあるが，基本的な考え方自体は，イラストや絵画，小説，漫画などを問わず共通すると言ってよいだろう．

このような特定の作者固有のオリジナリティが認められ，その者の作品であると容易に同定し得る「作風」・「画風」（同一著作権者の（複数作品にまたがる）諸要素の一体的結合）は，（後述するように「表現」に属すると捉える余地も十分あるが）たとえ「アイデア」に属するとしても，それはまさに「境界線ギリギリのアイデア」[47]であって，「遠近法」や「点描画」，「倒叙ミステリー」といった一般的に用いられる画法・手法や，「ファンタジー風」・「おとぎ話風」といった抽象度の高い作風（他の創作者が容易に到達するような平凡な作風）のような「境界線からずっと離れたアイデア」[48]とは異なる[49]．論者も，このような「境界線ギリギリのアイデア」が30条の4が享受の対象とする「当該著作物に表

が，まとまりのある1つの「作風」・「画風」を形成していると認められるだけの結びつきがなければならない．

47　奥邨・前掲（注9）48頁注23，50–51頁注64.

48　奥邨・前掲（注9）51頁注64.

49　なお，奥邨・前掲（注9）39頁で紹介されているように，Stable Diffusionの開発元であるStability AI社に対して提起された集団訴訟（Andersen v. Stability AI Ltd., 3:23-cv-00201（N. D. Cal.））において，原告は，ファンタジーや印象派のように作品の一般的なカテゴリーではなく，他者が，その作者によって創作された作品であると他者が受け取るものを「スタイル」と呼んでいる．原告の主張によれば，Stable Diffusionによって，作者に何らの補償を行うことなく，作者の名前とともにStable Diffusionに入力されているその作者の作品を，当該作者の「スタイル」で新しい作品を生成するために利用することが可能となる．これによって生成された画像は元の画像と市場で完全に競合することになるというのである．本稿が言う「特定の作者固有のオリジナリティが認められ，その者の作品であると容易に同定し得る「作風」・「画風」（同一著作権者の（複数作品にまたがる）諸要素の一体的結合）が，まさに，この「スタイル」に相当する．奥邨・前掲（注9）43頁は，この「スタイル」を画風・作風（＝アイデア）レベルではないものして，「表現」に属するものと捉えているようである．まさにアイデアと表現の境界領域にあり，いずれに属すると評価されるかは紙一重なのである．

現された思想又は感情」であると認めている[50]．以上のように，特定の著作権者固有のものであって，その無断利用が市場競合（市場の簒奪）をもたらし得るような「作風」・「画風」というものは，決して表現と切り離された抽象度の高い要素ではなく，作品に接する者に，ある特定の著作権者の著作物であるとの認識（誤認）を容易にもたらすような高い具体性や表現との近接性・連続性を備えた要素だと考えられる．このような意味での「作風」・「画風」と表現の関係から見れば，表現の中から「作風」・「画風」のみを切り離して抽出し，それだけを利用するという行為は，概念的には認められるものの，人間が主体となる場合であっても，AIによる処理の場合であっても，必ずしも現実的であるとは言い難い[51]．

㈠　「作風」・「画風」とアイデア・表現二分論

本稿では，アイデア・表現二分論の詳細な検討に立ち入ることはできないが，そもそも，アイデア・表現二分論の根底には，情報・作品の豊富化を実現し，「文化の発展」（著作権法1条）を促すためには，アイデア（思想・感情）は自由に利用可能としつつ，それを利用した新たな表現を生み出すインセンティブを保障すべきとの考え方がある．アイデアと表現には連続性があるところ，そのギリギリの境界領域において，アイデアと表現のいずれであるかを決定するためには，このような著作権法の趣旨・目的を勘案した上で，特定人に独占を与えることにより，他の創作者の創作活動を過度に阻害すると評価できるのかという見地からの規範的な判断を行うほかない．創作インセンティブの保障と後発創作者の創作活動・表現の自由の保障との調和という観点に基づいた規範的判断に委ねられることになるのである．

このような方向性からは，ある特定の作者が自ら構築し，かつ，その作者の作品であることを明確に識別できるようなオリジナリティを備えた固有の「作風」・「画風」は，仮にその作者に独占を認める結果になったとしても，他者の創作活動を阻害する程度は必ずしも高くはないのではなかろうか．「遠近法」

50　奥邨・前掲（注9）51頁注64.

51　三浦・前掲（注45）108頁.

や「倒叙ミステリー」,「赤富士を描くという手法」が特定人の独占に委ねられる場合に後発創作者に与える影響は極めて大きい反面,「ディズニー風」・「ジブリ風」といった「作風」が，結果として，当該作風を生み出した者の独占に委ねられる帰結となったとしても，これらの作風を迂回した創作活動は容易であるため，他者による創作活動への影響は必ずしも大きくはないと思われる．このように考えれば，特定の作者固有のオリジナリティが認められ，その者の作品であると容易に同定し得るような具体性及び表現との近接性・連続性を備えた「作風」・「画風」(同一著作権者の（複数作品にまたがる）諸要素の一体的結合）は，その作者の創作インセンティブを保障するという見地からも，もはや「アイデア」ではなく「表現」に属するとの規範的判断のもと，当該作者の独占に委ねるという考え方もあり得るかもしれない[52].

仮に「アイデア」に属するものとして保護を否定するとしても，後発創作者の創作活動・表現の自由に対する制約の程度と創作インセンティブの保障の必要性を勘案するという見地からは，保護の否定は個別の侵害場面すなわち個別の著作物の創作（生成）・利用段階に限定し，その前段階であり事後的に大量の競合コンテンツの生成を誘発する蓋然性のある生成 AI による機械学習・推論段階に対して，著作権者の利益を害してまで同様の結論を妥当させる必要はないと考える．すなわち，生成・利用段階においては，通常の著作権侵害判断と同様に，実際に生成されたコンテンツを見て，既存著作物の「作風」・「画風」のみを利用しているということが明確になった場合（原告著作権者側が（創作的）表現の共通性を証明できなかった場合）には，著作権侵害が否定される．しかしながら，AI によるコンテンツの生成・利用段階ではなく，その前段階である学習・推論段階において，上記の意味での「作風」・「画風」を共通にするコンテンツ生成を目的として，特定著作権者の既存著作物の全てあるいはその大部分を大量に学習に用いるという態様に基づき，学習対象著作物と潜在的

52　前掲（注 49）で見たように，奥邨・前掲（注 9）43 頁は，Stable Diffusion 集団訴訟の原告が主張する「スタイル」を「アイデア」レベルではないものとして，「表現」と捉える可能性を示唆している．また，金子・前掲（注 45）114 頁〔初出論文 75-76 頁〕は,「作風」について直ちに当てはめるわけではないものの,「表現の要素としてのアイデア」が作品の他の要素・特徴との組み合わせによって具体的な表現の創作性を根拠付ける一要素になることを認める．

な市場競合をもたらす著作物利用行為を著作権侵害と構成することにより，間接的に「作風」が保護されるかのような帰結に至ったとしても差し支えない．学習段階と生成・利用段階は明確に区別すべきである．学習段階で問題としている被疑侵害者の行為は，著作物全体をAIに入力するという複製行為であり，無断利用されているのは創作的表現を含む著作物全体である．その後に，仮にAIの内部処理として「画風」・「作風」のみを抽出するというプロセスが取られたとしても，それは複製行為後のプロセスにすぎず，もともと「画風」・「作風」のみがAIに入力（複製）されていた（利用行為の対象となっていた）わけではない．このような限られた場面で「画風」・「作風」保護が帰結されることは，それらを迂回した創作活動が容易であることから後発創作者への影響は小さい反面，市場競合し得るコンテンツが多数生成される可能性を未然防止できるという意味では，著作権者の創作インセンティブの保障に対して大きな意義を持つのである[53]．

以上のように，結果的に，「作風」・「画風」の間接的な保護に至ったとして

53　なお，金子・前掲（注45）111頁注27〔初出論文74頁注26〕は，画風について保護を否定する理由として，当該画風を創出した者自身による多様化と表現活動の自由の確保という点にも意義がある旨指摘する．すなわち，漫画家が破産し，過去作品の全ての著作権を他者に譲渡することとなった後も，漫画家自身は引き続き自身が確立した画風に基づき作品の創作が可能となるというのである．

仮に作風保護を否定する理由が，当該作風の創出者自身による後発創作の保障にもあるのだとしても，自らの手で当該作風に基づく後発作品を創作することが保障されていれば，その目的を十分に達成できるといえよう．細かなことを言えば，本稿の立場では，①作者甲が，ある時点まで自らの手で著作物を創作し，それが集積した時点で，著作権が他者乙に移転した場合，その後に，甲自身がAIによる作品生成に切り替えるために，自身の既存著作物を機械学習のためにAIに入力することは許されない．移転した乙の著作権を侵害することになる．また，②甲がある時点までは自らの手で著作物を創作し，それが集積した時点で，自身の既存著作物を機械学習させたAI（学習済みモデル）に対し，推論段階で自身の既存著作物を追加で入力し，AIに作品生成を行わせていた後に，著作権が他者乙に移転した場合には，甲はそのような推論段階での著作物入力を継続することは許されなくなる．やはり，移転した乙の著作権を侵害することになる．その意味では，作風創出者による（AIを利用した効率的な）作品創作を阻害する場面がないわけではない．しかしながら，このようなケースであっても，甲が元々行っていた自らの手による創作行為（AIを用いない創作）自体は継続できるのであるから，作風創出者に対する後発創作・表現の自由が完全に制約されるわけではない．なお，②のケースにおいても，推論段階で著作物の入力を伴ってさえいなければ，「作風」・「画風」のみが共通した著作物のAIによる生成・出力及びその利用行為自体は適法となる．

も，ここでいう「作風」・「画風」はあくまで表現との連続性・近接性が高く，他者の創作活動にもたらす影響が限定的なものである．それゆえ，著作権者保護を優先させ，学習対象著作物との潜在的な市場競合による著作権者の不利益を根拠に侵害を肯定し，著作権者の市場を簒奪するようなコンテンツが多数生成されることを未然防止したとしても，著作物の自由利用に対する過度の制約がもたらされるわけではない．

(ウ)「作風」・「画風」のみの出力と「表現」の出力

そもそも，作品に接した者がその作者を容易に認識（誤認）し得るため学習対象著作物と潜在的な市場競合をもたらすようなコンテンツ生成を行う場合については，結果として，上記の意味での「作風」・「画風」のみを共通にするコンテンツが生成されるだけではなく，「作風」・「画風」に加えて，学習対象著作物の表現上の本質的特徴自体も併せて直接感得可能な（すなわち「創作的表現の共通性」が認められる）コンテンツが生成される可能性も高い（具体的な学習のさせ方によっても，その程度は異なるであろうが）．本稿で述べてきた「作風」・「画風」は，たとえ，それを「アイデア」と理解するとしても，「表現」との境界線ギリギリのアイデアであって，アイデアと表現の連続性が高い．このことからも，特に映画やイラストなどの視覚的著作物では，「作風」・「画風」の共通性がこれと境界を接する創作的表現の共通性（たとえばキャラクターなどの絵画表現自体の本質的特徴の共通性）を伴うことが多く（そもそも，これらの「表現」も「作風」・「画風」を形成する要素である），これらが相まって，学習対象著作物との潜在的な市場競合をもたらす．そして，事後的な生成・利用段階ではなく，事前の学習・推論段階では，結果として「作風」・「画風」のみを共通にするコンテンツの生成に至るのか，（創作的）表現まで共通にするコンテンツの生成に至るのかを区別することは，「作風」と表現が高い連続性を持つことからも困難である．創作的表現の共通性まで肯定されるコンテンツ生成は当然に侵害を構成するわけであり，とりわけ「特化型」の生成AIはこのような事態を多数かつ容易に生じさせる蓋然性が高い以上，著作権の効力の実効性を確保するためには，それらを未然防止すべきである．反面，結果として，「作風」・「画風」のみを共通にし，著作権の直接的な侵害を構成しないコンテンツ生成が阻害されることになったとしても，前述の通り，このことが後発創作者に与える影響は限定的であり，他者の行為自由の確保に対しても十分に配慮されている．このように，侵害の誘発ひいては著作物の享受利用市場の簒奪（市場競合）を未然防止するという見地からは，特定著作権者の著作物の全てあるいは大部分を学習させるような「特化型」生成AIに対する学習行為は，行為時以降の事情，すなわち，その後のAIの生成プロセスにおいて，「作風」・「画風」のみを抽出・利用することになるのか，表現まで再現することになるのかを問うことなく，30条の4柱書但書に該当すると考えるべきである[54]．

もちろん，本稿の立場からは，学習対象著作物の表現が，AI内部に保存されて，（少なくともその一部が）出力されることにより，学習対象著作物の市場と競合するという「通貫」のケースについても，但書に該当することになる[55]．しかしながら，学習対象著作物の表現がAI内部に保存されていなくとも，結果として，学習対象著作物の創作的表現と共通した表現が出力されることもあり得るだろう[56]．前述のように，学習対象著作物の表現が保存されている「通貫」タイプに該当するか否かの判断は，技術的にもかなり困難であると思われる．この両者を区別することなく，特定当事者の著作物の全てあるいはそれを大量に学習に用いることで，市場競合し得るコンテンツ生成をAIに行わせる

54　以上は，特許権侵害用途以外の適法用途を持つにもかかわらず，製品全体の差止めを許容する多機能型間接侵害（特許法101条2号・5号）と類似の発想といえるかもしれない．本文のようなケースにおいて機械学習を行う者は，表現まで共通にするコンテンツ生成にも用いられることを知りながら，著作物の入力行為を行っていると考えられる．

55　前田・前掲（注9）215頁も，47条の5に関する解説部分ではあるが，「画像を生成するAIにおいて，当該画像が機械学習（情報解析）に供した著作物と類似し，その市場と競合するような場合には」，但書の著作権者の利益を不当に害することとなる場合に該当するとする．

56　なお，学習過程で既存著作物がAIに入力されAIがそれにアクセスしたのであれば，AIがそこからアイデアとしての「画風」・「作風」のみを抽出し，これらのみが推論過程に引き継がれる（創作的表現は引き継がれない）というケースであっても，結果的に，学習対象著作物と創作的表現を共通するコンテンツが生成されたのであれば，生成・利用段階においても，（被疑侵害者が実際に学習対象著作物にAIがアクセスしたわけではない（独自生成である）との立証に成功しない限り）依拠が肯定され，侵害が認められると考える．既存著作物にアクセスし，それを基にしてAIがコンテンツを生成したことに違いはない．AIがコンテンツの生成に際して基にしているのは入力された学習対象著作物そのものである以上，その後にAI内部でどのような処理が行われようとも（アイデアのみを抽出する処理が行われようとも），依拠を否定することはできないのである（愛知・前掲（注1）144頁）．

という場合には，但書が適用され得ると考える．したがって，学習・推論段階での著作物利用（AI への入力）の態様から，潜在的な市場競合をもたらし得るのであれば，その後に AI 内部でどのような処理が行われるかを問うことなく（アイデアのみを抽出するか，表現がそのまま保存され続けるかを問うことなく），30 条の 4 柱書但書に該当することになる．

なお，最初の学習段階よりも，よりコンテンツの生成段階に近い推論段階での著作物入力や，追加学習のための著作物入力の方が但書の適用が認められやすいと言えるかもしれない．また，ChatGPT のような文章生成 AI が特定著作権者の競合作品を生成する目的で活用される場面は，画像生成 AI よりも少ないとは言えよう．いずれにしても，ケース・バイ・ケースの判断に委ねざるを得ない．

⑷　小括

本稿は，特定の作者固有のオリジナリティが認められ，その者の作品であると容易に同定し得るような具体性及び表現との近接性・連続性を備えた「作風」・「画風」（同一著作権者の（複数作品にまたがる）諸要素の一体的結合）が「アイデア」に属すること自体が仮に否定できないとしても，少なくとも，特定著作権者の既存著作物の全てを学習・推論のために AI に入力（複製）するという「特化型」AI のための著作物利用に関しては，その行為の態様に照らし，このような意味での「作風」・「画風」や，場合によっては，それのみならず創作的表現まで共通にするコンテンツ生成により，学習対象著作物の著作権者の潜在的な享受利用市場と競合することを理由に，但書に該当するという立場を採る．前稿で挙げた「ディズニー映画風の新しい映画を作る AI を開発するために，ディズニー映画（但書にいう『当該著作物』）全てをコンピュータに入力して機械学習させる行為」が，まさにその一例となる．

たとえ，アイデア・表現二分論を厳格に貫徹するという見地から，以上のような考え方が採れないとしても，学習対象著作物の表現が，AI 内部に保存され続けて，（少なくともその一部が）出力される場合（「通貫」のケース）については，「特化型」AI への著作物の入力に但書を適用することはできる．もっとも，このような見解に立つ場合には，AI 内部に学習対象著作物がそのまま保存されているか否かを判断するという非常に困難な作業に直面せざるを得ず，但書による処理を行う以上，その証明責任は著作権者側が負担することになる．

5　おわりに

本稿では，あくまで現行著作権法の解釈論として，学習段階・推論段階でのAIに対する著作物の入力行為（複製）が，我が国の権利制限規定に照らして，いかなる場合に著作権侵害を構成し得るのかについて検討した．特に，30条の4などに定められている但書は，著作権者の利益を保護するための最後の砦とも言うべき重要性を有している．旧47条の7であれば，その但書の適用範囲は明確であったが，情報解析固有の個別権利制限規定であった旧47条の7を30条の4という包括的権利制限規定の一類型と位置付けたことを一因として，但書の適用範囲に対して不明確さが生じている．生成AIの利活用が急速に広がる中，著作権侵害の成立範囲を明確化することが急務となっている．

確かに，平成30年改正に際しては，著作物の入力段階と出力段階を区別した検討の必要性が認識された上で（すなわち，著作物の表現がアウトプットされ得ることが認識された上で），それを踏まえて30条の4が出来上がっているとは言えるかもしれない．しかし，既存著作物を入力した上での機械的なコンテンツの自動生成は，改正時に既に織り込まれた事項であって，同条の適用範囲は確定済みであると切って捨てるのではなく，現在におけるAI技術の急速な進歩とその利活用の広がりを前に，改めて，情報解析に係る権利制限規定が我が国におけるAI関連技術の発展に対してどの程度の便益をもたらしたのか，今後もたらし得るのか，他方で，権利制限によって著作権者が想定を超える不利益（著作物享受市場の簒奪）を被っていないかを再検証し，必要であれば，法改正も視野に入れた抜本的な検討を進めていくべきだろう．本稿がそのような議論の一助となれば幸いである．

〔付記〕本稿脱稿後，文化審議会著作権分科会法制度小委員会（第5回）配布資料「AIと著作権に関する考え方について（素案）」に接した．

第3章

諸外国における情報解析規定と日本法

上野　達弘

情報解析（Text and data mining: TDM）に関する権利制限規定（以下「情報解析規定」という）は，近時の著作権法学における国際的にも最大のトピックである[1]．明文の情報解析規定を世界で初めて導入したのは日本（2009年）で

1 *See e.g.* Pamela Samuelson, 'The EU's Controversial Digital Single Market Directive – Part II: Why the Proposed Mandatory Text- and Data-Mining Exception is Too Restrictive' (Kluwer Copyright Blog, 12 July 2018); Eleonora Rosati, 'An EU Text and Data Mining Exception for the Few: Would it Make Sense?' (2018) 6 Journal of Intellectual Property Law & Practice 429; Rossana Ducato and Alain Strowel, 'Limitations to Text and Data Mining and Consumer Empowerment: Making the Case for a Right to "Machine Legibility"' (2019) 50(6) IIC 649; Bernt Hugenholtz, 'The New Copyright Directive: Text and Data Mining (Articles 3 and 4)' (Kluwer Copyright Blog, 19 March 2019); Christophe Geiger, Giancarlo Frosio and Oleksandr Bulayenko, 'Text and Data Mining: Articles 3 and 4 of the Directive 2019/790/EU' in Concepción Saiz García and Raquel Evangelio Llorca (eds), *Propiedad intelectual y mercado único digital europeo* (Tirant lo blanch 2019) 17; Matthew Sag, 'The New Legal Landscape for Text Mining and Machine Learning' (2019) 66 Journal of the Copyright Society of the USA 291; Maria Bottis, Marinos Papadopoulos, Christos Zampakolas and Paraskevi Ganatsiou, 'Text and Data Mining in the EU Acquis Communautaire Tinkering with TDM & Digital Legal Deposit' (2019) 12 Erasmus L. Rev. 190; Sean Flynn, Christophe Geiger, João Pedro Quintais, Thomas Margoni, Matthew Sag, Lucie Guibault and Michael Carroll, 'Implementing User Rights for Research in the Field of Artificial Intelligence: A Call for International Action' (2020) 42(7) EIPR 393; Thomas Margoni, 'Text and Data Mining in Intellectual Property Law: Towards an Autonomous Classification of Computational Legal Methods' (2020) CREATe Working Paper 2020/1;

Michael W. Carroll, 'Copyright and the Progress of Science: Why Text and Data Mining Is Lawful' (2020) 53 UC Davis L. Rev. 893; Vanessa Jimenez Serrania, 'Data, Mining and Innovation: Qvo Vadis, Europe? Analysis on the New Exceptions for Text and Data Mining' (2020) 12 Cuadernos Derecho Transnacional 247; Christophe Geiger, 'The Missing Goal-Scorers in the Artificial Intelligence Team: Of Big Data, the Fundamental Right to Research and the failed Text and Data Mining Limitations in the CSDM Directive' (2021) PIJIP/TLS Research Paper Series no. 66; Thomas Margoni and Martin Kretschmer, 'A Deeper Look into the EU Text and Data Mining Exceptions Harmonisation, Data Ownership, and the Future of Technology' (2021) CREATe Working Paper 2021/7; Sheona Burrow, 'The Law of Data Scraping: A review of UK law on text and data mining' (2021) CREATe Working Paper 2021/2; Rossana Ducato and Alain Strowel, 'Ensuring Text and Data Mining: Remaining Issues with the EU Copyright Exceptions and Possible Ways Out' (2021) 43(5) EIPR 322; Alain Strowel and Rossana Ducato, 'Artificial Intelligence and Text and Data Mining: A copyright carol' in Eleonora Rosati (ed), *The Routledge Handbook of EU Copyright Law* (Routledge 2021) 299; Mark A. Lemley and Bryan Casey, 'Fair Learning' (2021) 99 Texas L. Rev. 743; Thomas Margoni and Martin Kretschmer, 'A Deeper Look into the EU Text and Data Mining Exceptions Harmonisation, Data Ownership, and the Future of Technology' (2022) 71(8) GRUR Int. 685; Maximilian Wellmann, *Kommerzielles Text- und Data-Mining im Urheberrecht* (Peter Lang 2022); Martin Senftleben, 'Compliance of National TDM Rules with International Copyright Law: An Overrated Nonissue?' (2022) 53 IIC 1477; Jan Bernd Nordemann and Jonathan Pukas, 'Copyright exceptions for AI training data—will there be an international level playing field?' (2022) 17-12 JIPLP 973; Jonathan Griffiths, Tatiana Synodinou and Raquel Xalabarder, 'Comment of the European Copyright Society Addressing Selected Aspects of the Implementation of Articles 3 to 7 of Directive (EU) 2019/790 on Copyright in the Digital Single Market' (2022) 72-1 GRUR Int. 22; Andrés Izquierdo, 'Artificial Intelligence and Text and Data Mining: Future Rules for Libraries?' in Jessica Coates, Victoria Owen and Susan Reilly (eds), *Navigating Copyright for Libraries* (De Gruyter 2022) 497; Bernardo Calabrese, 'Scientific TDM exception and communication to the public: did Italians do it better … or at least not worse?' (2022) 17 (5) JIPLP 399; Artha Dermawan, 'Text and Data Mining Exceptions in the Development of Generative AI Models: What the EU Member States Could Learn from the Japanese 'Non-Enjoyment' Purposes?' (2023) The Journal of World Intellectual Property 2023: 1; Martin Senftleben, 'Generative AI and Author Remuneration' (2023) 54 IIC 1535; Valentina Moscon, 'Data Access Rules, Copyright and Protection of Technological Protection Measures in the EU: A Wave of Propertisation of Information' (2023) Max Planck Institute for Innovation & Competition Research Paper No. 23-14; David Tan, 'Generative AI and Copyright, Part 1: Copyright Infringement' (2023) SAL Practitioner 24; David Tan, 'The price of generative AI learning: exceptions and limitations under the new Singapore Copyright Act' (2023) 45(7) EIPR 400; Luca Schirru and Thomas Margoni, 'Arts 3 and 4 of the CDSM Directive as regulatory interfaces: Shaping contractual practices in the Commercial Scientific Publishing and Stock Images sectors' (Kluwer Copyright Blog, 22 August 2023); Kalpana Tyagi, 'Generative AI: Remunerating the human au-

あるが，その後，英国（2014年），ドイツ（2017年），フランス（2018年），欧州指令（2019年），スイス（2019年），シンガポール（2021年）と，情報解析規定を導入する立法例が増えている．もっとも，各国の規定はそれぞれ異なっている[2]．その内容を比較することは，情報解析規定の在り方を考える上で有益と言えよう．

そこで以下では，諸外国における情報解析規定を概観した上で，これと比較した日本法の特徴を分析し，若干の考察を行う．

1　英　国

I　現行法

英国は，2014年改正によって，「非商業的調査のためのテキストおよびデータの解析（text and data analysis）のための複製」という名称の情報解析規定（英国知的財産法29A条）を導入した[3]．

---

thor & the limits of a narrow TDM Exception' (Kluwer Copyright Blog, 13 December 2023); Thomas Margoni, 'Saving research: Lawful access to unlawful sources under Art. 3 CDSM Directive?' (Kluwer Copyright Blog, 22 December 2023); Eleonora Rosati, 'No Step-Free Copyright Exceptions: The Role of the Three-step in Defining Permitted Uses of Protected Content (including TDM for AI-Training Purposes)' (2023) Stockholm University Research Paper No. 123; Alexandre L. Dias Pereira, 'TDM copyright for AI in Europe: a view from Portugal' (2023) 18(12) JIPLP 900; Andres Guadamuz, 'A Scanner Darkly: Copyright Infringement in Artificial Intelligence Inputs and Outputs' GRUR Int. (forthcoming 2024); Christophe Geiger and Vincenzo Iaia, 'The Forgotten Creator: Towards a Statutory Remuneration Right for Machine Learning of Generative AI' 52 Computer Law & Security Review (forthcoming 2024); Tatsuhiro Ueno, 'TDM Copyright Exception and its Justification' in *Report of the ALAI Congress 2021 Madrid* (forthcoming 2024).

2　*See also* Tatsuhiro Ueno, 'Annex I: Text and Data Mining' in *Scoping Study on the Practices and Challenges of Research Institutions and Research Purposes in Relation to Copyright, WIPO SCCR/44/4 on November 6 to 8, 2023*, 35 ⟨https://www.wipo.int/edocs/mdocs/copyright/en/sccr_44/sccr_44_4.pdf⟩

第29A条　非商業的調査のためのテキストおよびデータの解析のための複製

(1) 著作物に適法にアクセスする者による著作物の複製物の作成は，以下を条件として，その著作物の著作権を侵害しない．

(a) その著作物に適法にアクセスする者が，非商業的な目的による調査を唯一の目的として行う，著作物に記録されたいずれかのものについてのコンピュータによる解析を実施する場合のために生じる複製物であり，かつ，

(b) 当該複製物が，十分な出所明示を伴う場合（このことが実際的な理由その他の理由から困難である場合を除く）．

(2) 著作物の複製物が，この条に基づいて作成されている場合，その著作物の著作物は以下の場合に侵害される．

(a) その複製物が他人に移転する場合（その移転が著作権者により許諾される場合は除く），又は

(b) その複製物が第1項第a号で言及される以外のいずれかの目的のために使用される場合（その使用が著作権者により許諾される場合は除く）．

(3) この条に基づいて作成された複製物がその後に利用される場合には，

(a) その複製物は，その利用の目的上侵害複製物として取り扱われることとなる．

(b) その利用が著作権を侵害する場合には，その複製物は，その後のすべての目的上侵害複製物として取り扱われることとなる．

(4) 第3項において，「利用」とは，販売され，若しくは賃貸され，又は販売若しくは賃貸のために提供され，若しくは陳列されることをいう．

(5) 契約の条件がこの条によって著作権の侵害とならない複製物の作成を禁止または制限することを意図する場合にはその範囲において，当該条件は執行不能なものとする．

(1) 主　体

英国法上の情報解析規定においては，その適用を受ける主体が限定されていない．したがって，研究機関等に限らず，「著作物に適法にアクセスする者」であれば，誰でも権利制限規定の適用を受け得る．

3　以下，英国知的財産法の和訳は今村哲也訳（https://www.cric.or.jp/db/world/england.html）によった（ただ，一貫性の観点から表記の一部〔29A条2項b号における「第（1）（a）項」〕を本文のように改めた）．

⑵ 目　的

英国法上の情報解析規定は，「非商業的な目的による調査を唯一の目的として行う」（for the sole purpose of research for a non-commercial purpose）場合に限って適用される（29A条1項a号）．したがって，ある情報解析が商業目的で行われる場合，この規定は適用されない．また，そもそも研究（research）を目的とする情報解析と評価されない場合，この規定は適用されないものと解される．

もっとも，英国知的財産庁（IPO）の解説によれば，情報解析自体が非商業的な目的で行われてさえいれば，情報解析の成果（outputs）を営利目的で公開することや，その他の商業的な利用（commercialisation）を行うことも妨げられないとされる[4]．

⑶ 客体（適法アクセス要件）

英国法上の情報解析規定は，「著作物に適法にアクセスする者」（a person who has lawful access to the work）に適用される（29A条1項a号）．したがって，著作権侵害など違法に取得した著作物については，この規定の適用を受けることができない．

⑷ 許容される行為

英国法上の情報解析規定は，著作物の複製（the making of a copy of a work）を許容している（29A条1項a号）．したがって，この規定の適用を受ければ，情報解析のために著作物を複製することが許容されるが，他方で，この規定の適用を受けて作成された著作物の複製物を他人に譲渡したり，目的外に使用したりする行為は，別途，他の権利制限規定の適用を受けない限り，著作権侵害に当たる（同条2項a号・b号）．

⑸ 契約によるオーバーライド

英国法上の情報解析規定は，「契約の条件がこの条によって著作権の侵害と

4　U.K. Intellectual Property Office（IPO）, Exceptions to copyright: Research（2014）10.

ならない複製物の作成を禁止または制限することを意図する場合にはその範囲において，当該条件は執行不能なもの（unenforceable）とする」と規定している（29A条5項）．したがって，ある当事者間で，非商業的な目的による調査を唯一の目的として行う情報解析を禁止する契約が締結されたとしても，そのような契約条項は法的強制力を持たないことになる．その結果，当該契約を締結した者がこれに違反して非商業目的の研究のために情報解析を行ったとしても，著作権侵害に当たらないばかりか契約違反にも当たらないことになると解される．

⑹　技術によるオーバーライド

英国法上の情報解析規定には，権利者等が技術的手段によって他人による情報解析を不可能にすることを禁止する規定は見られない．

Ⅱ　改正をめぐる議論

英国法上の情報解析規定は，2014年の導入以降，改正されていないが，後述する欧州DSM指令（2019年）がより広範な情報解析規定の導入をEU加盟国に義務づけたことを受けて，その見直しが検討されている．

英国政府は，2021年，情報解析規定の改正を視野に入れて，英国デジタル戦略の見直しを開始した．その後，2022年6月28日，英国知的財産庁は，英国政府が，欧州指令と同様に，適法にアクセスしたコンテンツについて，非商業目的の研究のみならず，あらゆる目的の情報解析を許容するように情報解析規定の改正を行うことを決定したと表明した[5]．

ところが，2023年2月1日，英国科学研究イノベーション大臣（George Freeman）は，この問題について当初の予定通りに計画を進めることを見送る発言を行った[6]．その背景には，ある種の生成AIの急速な発展を受けて，一

5　U.K. Intellectual Property Office（IPO）, Artificial Intelligence and Intellectual Property: copyright and patents: Government response to consultation（Updated on 28 June 2022）.

6　*See* the statement of George Freeman（The Minister for Science, Research and Innovation）in UK Parliament Hansard（1 February 2023）.

部の権利者から反対の声があったようである．

2　欧州指令[7]

I　現行法

ヨーロッパにおいては，ドイツ（2017年）やフランス（2018年）のように，すでに情報解析規定を導入した国があった．しかし，欧州連合（EU）は，EU加盟国全体におけるデジタル単一市場を実現するために，「欧州デジタル単一市場における著作権・著作隣接権指令」（2019年4月17日）（以下「欧州DSM指令」という）[8]を制定し，すべてのEU加盟国が，2021年6月7日までに，情報解析規定を導入することを義務づけた[9]．

具体的には，研究組織または文化遺産機関による学術研究目的の情報解析を広範に許容する規定（同指令3条）と，それ以外を含むあらゆる目的の情報解析を一定の条件で許容する規定（同指令4条）の2箇条がある[10]．

第3条　学術研究目的でのテキストおよびデータマイニング
1　加盟国は，研究組織および文化遺産機関が，学術研究のために，適法にアク

7　*See* Eleonora Rosati, *Copyright in the Digital Single Market: Article-by-Article Commentary to the Provisions of Directive 2019/790*（Oxford Univ. Press 2021）25 et seq.

8　Directive（EU）2019/790 of the European Parliament and of the Council of 17 April 2019 on copyright and related rights in the Digital Single Market and amending Directives 96/9/EC and 2001/29/EC, OJ L 130, 17.5.2019, p.92.

9　一般に，欧州指令においては，「Member States may provide for exceptions or limitations」という規定（例：欧州情報社会指令5条2項）と「Member States shall provide for an exception or limitation」という規定（例：欧州DSM指令4条1項）があり，前者は権利制限規定を設けることが任意的であるのに対して，後者はそれが義務的であることを意味する．

10　以下，欧州DSM指令（前文を含む）の和訳は井奈波朋子訳（https://www.cric.or.jp/db/world/EU/EU_I_index_02.html）によった．ただ，同訳中，同指令3条1項における「例外または制限」（an exception or limitation）と同指令4条1項における「例外」（an exception）については原文との相違が認められ，後述する解釈論（後掲（注33）参照）にも関わるため，この点は本文のように改めた．

セスする著作物または他の保護対象物のテキストおよびデータマイニングの目的で行う複製または抽出のために，指令96／9／EC第5条（a）および第7条第1項，指令2001／29／EC第2条ならびに本指令第15条第1項に定める権利に対する例外を規定しなければならない．

2　第1項に従って作成された著作物または他の保護対象物の複製物は，適切な水準のセキュリティで蓄積されなければならず，研究結果の検証を含む学術研究目的で保持することができる．

3　権利者は，著作物または他の保護対象物がホストされているネットワークおよびデータベースのセキュリティと完全性を確保するための措置を講じることを認められなければならない．当該措置は，この目的を達成するために必要な範囲を超えてはならない．

4　加盟国は，権利者，研究組織および文化遺産機関に対し，第2項および第3項にいう義務および措置の適用に関し，共同で合意される業界標準を定義することを奨励しなければならない．

第4条　テキストおよびデータマイニングのための例外または制限

1　加盟国は，テキストおよびデータマイニングの目的で，適法にアクセスできる著作物および他の保護対象物の複製および抽出のために，指令96／9／EC第5条（a）および第7条第1項，指令2001／29／EC第2条，指令2009／24／EC第4条第1項（a），（b）ならびに本指令第15条第1項に定める権利に対する例外または制限を規定しなければならない．

2　第1項に従って行われた複製および抽出は，テキストおよびデータマイニングの目的に必要な期間，保持することができる．

3　第1項に定める例外または制限は，権利者が，オンラインで公衆に利用可能とされるコンテンツのため機械により読み取り可能となる手段のような適切な方法で，同項にいう著作物や他の保護対象物の使用を明示的に留保していないことを条件として，適用されなければならない．

4　本条は，本指令第3条の適用に影響しない．

⑴　主　体

欧州DSM指令4条においては，その適用を受ける主体が限定されていない．

したがって，誰でも同指令の適用を受けることができるが，同条による場合は，後述するようにオプトアウト・メカニズムなど一定の条件が課される．

これに対して，同指令3条は，オプトアウト・メカニズムを定めておらず，学術研究目的の情報解析を広範に許容しているが，同条においては，その適用を受ける主体が「研究組織および文化遺産機関」に限定されている．

① 研究組織

ここにいう「研究組織」（research organizations）とは，「その図書館を含む大学，研究機関またはその他すべての者であって，その主な目的は，学術研究を実施すること，または学術研究の実施も含む教育活動を行うこと」であり，かつ，(a)「非営利目的（a not-for-profit basis）であるか，もしくは学術研究におけるすべての利益を再投資するもの」，または，(b)「加盟国によって承認された公益的使命（a public interest mission）に従うもの」であり，さらに，「当該組織に決定的な影響を及ぼす企業が，当該学術研究の成果に対し優先的アクセスを享受できないものをいう」と定義されている（2条1号）．

したがって，同指令にいう研究組織とは，非営利目的の組織に限らず，学術研究における利益をすべて再投資する組織，さらには，加盟国の公益的使命に従う組織が含まれる．これに対して，ある研究組織に決定的な影響力を有する営利企業が研究成果に対して優先的なアクセスを得られる場合，そのような組織は同指令にいう研究組織に当たらず，同指令3条の適用を受けることができない．

もっとも，欧州委員会は，昨今，様々な官民パートナーシップ（public-private partnerships）を推進しており，情報解析規定に関しても，民間企業との官民パートナーシップに基づく研究組織は同指令3条の適用を受けるとされる（前文11）[11]．また，明示的な規定はないものの，同指令にいう研究組織はEU域

11　同指令前文11は，「大学および研究機関が民間部門と協力することを奨励する欧州連合の現行の研究政策に合わせ，その研究活動が官民パートナーシップの枠組みで実施される場合，研究組織もまた，当該例外を享受できなければならない．研究組織および文化遺産機関は引き続き当該例外の受益者でなければならないが，それらは，民間パートナーの技術ツールを使用することを含め，テキストおよびデータマイニングの実施のために民間のパートナーに頼ることができなければならない」とする．

内において設立されたものである必要があると解される一方で，そのパートナー企業はEU域内に拠点を置くことは求められていないと解されている[12]．したがって，例えば，EU加盟国内の研究機関が米国企業とのパートナーシップに基づいて情報解析を行うことも，同指令3条の対象になり得ることになる．

なお，同指令にいう研究組織には，研究を遂行する限り大学図書館や病院等も含まれる（前文12）[13]．

② 文化遺産機関

同指令3条は，研究組織のみならず「文化遺産機関」にも適用される．2016年に公表された同指令の草案（2016年9月14日）[14]においては，研究組織のみが対象となっていたが，その後の議論を経て，同条が適用される主体として文化遺産機関が追加されたものである．

ここにいう「文化遺産機関」（cultural heritage institutions）とは，「公衆がアクセスできる図書館，博物館，アーカイブ，映画またはオーディオ遺産を寄託される機関」と定義されており（2条3号），公共図書館やアーカイブなどがこれに当たる[15]．

12　Rosati（n 7）42-43.

13　同指令前文12は，「欧州連合全体の研究組織は，学術研究を実施すること，または教育サービスを提供するとともに学術研究を実施することを主な目的とする，多種多様な者を網羅する．……それらの者の多様性を考慮すると，研究組織がどのようなものかについて，共通の理解を持つことが重要である．この概念は，大学または他の高等教育機関およびそれらの図書館に加え，研究機関および研究を行う病院のような者もまた，包含するものでなければならない．法形式および法的構成の違いにもかかわらず，加盟国の研究組織は，一般に，非営利目的で，または加盟国によって承認された公益的使命の枠内において，その行為を行うという共通点を有する．そのような公益的使命は，例えば，公的資金を通じて，または国内法または公契約の規定を通じて，示されることがありうる」とする．

14　Proposal for a Directive of the European Parliament and of the Council on copyright in the Digital Single Market, COM/2016/0593 final - 2016/0280（COD）.

15　同指令前文13は，「文化遺産機関は，その恒久的なコレクション内に保有する著作物または他の保護対象物の種類を問わず，公衆がアクセス可能な図書館および博物館を含み，同様に，アーカイブ，映画またはオーディオ遺産を寄託される機関も含むものとして，理解されなければならない．文化遺産機関は，また，とりわけ，国立図書館および国立アーカイブ，ならびにアーカイブおよび公衆がアクセス可能な図書館が関係する範囲で，教育施設，研究組織および公共の放送機関を含むものとして，理解されなければならない」とする．

また，同指令にいう文化遺産機関は，上記の研究組織と同様に，民間企業との官民パートナーシップに基づくことができる．なお，文化遺産機関の定義（2条3号）には，研究組織の定義（同条1号）とは異なり，「当該組織に決定的な影響を及ぼす企業が，当該学術研究の成果に対し優先的アクセスを享受できないもの」という条件が付されていないが，情報解析規定の趣旨および平等な取扱いという観点からは，文化遺産機関についても同様の条件が課されるものと解されている[16]．ただ，研究組織と同様に，文化遺産機関のパートナー企業がEU域内に拠点を置いていることは求められていないと解される[17]．したがって，EU加盟国内の文化遺産機関が米国企業とのパートナーシップに基づいて情報解析を行うことも，同指令3条の対象になり得ることになる．

⑵ 目　的

欧州DSM指令においては，学術研究目的の情報解析（3条）と，それ以外を含むあらゆる目的の情報解析を一定の条件で許容する規定（4条）の2箇条が定められている．

① 学術研究目的の情報解析

同指令3条においては，その適用対象が学術研究のための（for the purposes of scientific research）情報解析に限定されている（同条1項）．

ここにいう「学術研究」（scientific research）については，同指令に定義がなく，その前文においても「自然科学と人文科学の双方を含む」とされるにとどまる（前文12）[18]．ただ，同指令3条1項にいう「学術研究」という概念は，同指令における情報解析（text and data mining）の定義（2条2号）を踏まえて解釈されるべきであり，科学の原理と方法に基づく，あるいはそれによって特徴づけられる新たな知識または洞察の発見を可能にする情報を生み出すことを目的としたあらゆる活動を包含するものと解されている[19]．

16　Rosati（n 7）45.

17　Rosati（n 7）45.

18　同指令前文12は，「本指令の意味において，『学術研究』という用語は，自然科学と人文科学の双方を含むものと理解されなければならない」とする．

また，同指令3条は，学術研究目的の情報解析を許容するものであるが，そこには同指令5条および8条に見られる「非商業目的」（non-commercial purpose）という文言が見られないことから，必ずしも非営利目的に限定されるものではないと指摘されている[20]．これに従うと，ある学術研究活動の最終目的が，究極的には利益を生み出すことを目的とする場合であっても，あるいは，営利目的に用いられることを目的とする場合であっても，直ちに同指令3条の適用が排除されるわけではないと考えられるが，現実的に見ると，そのような商業的な研究は，その主体が研究組織または文化遺産機関に当たらないことを理由に同条の適用が否定され得ることが指摘されている[21]．

② あらゆる目的の情報解析

これに対して，同指令4条はあらゆる目的の情報解析を許容している[22]．そして，同指令3条においては，研究組織または文化遺産機関による学術研究目的の情報解析が対象になるのに対して，同指令4条においては，そのような主体の限定もない．したがって，民間企業による商業目的の情報解析であっても同条の適用を受け得ることになるのである．

ただ，同指令4条においては，「権利者が，オンラインで公衆に利用可能とされるコンテンツのため機械により読み取り可能となる手段のような適切な方法で，同項にいう著作物や他の保護対象物の使用を明示的に留保していないこと」が条件となる（同条3項）．したがって，権利者は，例えば，民間企業による商業目的の情報解析について，明示的な権利留保によって権利制限規定の適用を排除できることになる（「オプトアウト・メカニズム」と呼ばれる）．その結果，ある権利者によって明示的な権利留保が表示された著作物を民間企業が商業目的の情報解析のために複製した場合，著作権侵害に当たり得ることになる．

19　Rosati（n 7）43.

20　Rosati（n 7）43.

21　Rosati（n 7）43.

22　2016年に公表された同指令の草案においては，研究組織による学術研究目的の情報解析に関する規定（3条）のみが設けられていたが，その後，同指令4条が追加されたものである．

ここにいう「適切な方法」(an appropriate manner) については，インターネット上のコンテンツに関する限り，機械可読な手段 (machine-readable means) のみが適切な方法と評価され，例えば，ウェブサイトやサービスの利用規約またはメタデータがこれに含まれるとされる (前文18)[23].

ただ，このオプトアウト・メカニズムは，あくまで同指令4条に基づく情報解析に関して設けられたものである．他方，同指令3条は，研究組織または文化遺産機関による学術研究目的の情報解析を広範に許容しているため，同条が適用される場合は，権利者が明示的に権利留保を表示した著作物等であっても情報解析のために利用できるのである (前文18)[24].

⑶　客体 (適法アクセス要件)

欧州DSM指令上の情報解析規定は，その適用を受ける客体について，「適法にアクセスする著作物または他の保護対象物」(3条1項) および「適法にアクセスできる著作物および他の保護対象物」(4条1項) と定めている．したがって，同指令上の情報解析規定は，適法にアクセスしたコンテンツにのみ適用される．例えば，インターネット上に自由にアクセスできるコンテンツや，研究組織または文化遺産機関が締結するサブスクリプション契約に基づいてその構成員がアクセスするコンテンツは，適法にアクセスしたものと評価される (前文14)[25].

23　同指令前文18は，「オンラインで公衆に利用可能 とされているコンテンツについては，メタデータおよびウェブサイト，またはサービスの利用規約を含む，機械により読み取り可能な手段により当該権利の留保が行われた場合にのみ，当該権利の留保が適切であるとみなされる．テキストおよびデータマイニングの目的による権利の留保は，他の使用に影響を与えてはならない．他の場合において，適切とされうるのは，契約上の合意または一方的申告のような，他の手段により，権利を留保することである」とする．

24　同指令前文18は，「当該例外または制限は，本指令に規定する学術研究目的のテキストおよびデータマイニングのための義務的な例外を害するものであってはならない」とする．

25　同指令前文14は，「テキストおよびデータマイニングの例外は，研究組織および文化遺産機関が適法にアクセスできるコンテンツについて，研究組織および文化遺産機関 (それらに属する者を含む) に，適用されなければならない．適法なアクセスとは，オープンアクセスポリシーに基づくコンテンツに対するアクセス，または権利者と研究組織または文化遺産機関との間における，登録のような，契約上の合意を通じた，もしくは他の合法的な手段を通じたコンテンツに対するアクセスを含むものとして，理解されなければならない．例えば，あるコンテンツに対するサブその上で，同指令4条1項は，欧州データベース指令[26]，欧州情報社会指令[27]，欧州コンピュータ・プログラム指令[28]に言及しているため，著作物，実演，レコード，放送，コンピュータ・プログラム，データベースといった客体が対象になる．

これに対して，同指令3条1項は，同指令4条1項とは異なり，欧州コンピュータ・プログラム指令に対する言及がない．したがって，欧州DSM指令4条はコンピュータ・プログラムの複製および変更に関する権利（欧州コンピュータ・プログラム指令4条1項a号・b号）を制限しているのに対して，欧州DSM指令3条はこの権利を制限していないことになる．その結果，コンピュータ・プログラムの著作物に関しては，たとえ研究組織または文化遺産機関が学術研究目的で情報解析を行う場合であっても，同指令3条は適用されず，同指令4条に基づき，権利者が適切に権利留保を表示しているものは権利制限の対象にならないものと解されよう．

⑷　許容される行為

欧州DSM指令上の情報解析規定は，著作物または他の保護対象について，情報解析のための複製または抽出（reproductions and extractions）を行うことを許容すると共に（3条1項，4条1項），その保持（retaining）についても，検証等の学術研究目的（3条2項）または情報解析に必要な期間（4条2項）に限ってこれを許容している．これに対して，それ以外の利用行為（例：公衆伝達）は許容されていない．

スクリプションを行った研究組織または文化遺産機関に所属する者は，当該サブスクリプションの対象に対して，適法なアクセス権を享受するとみなされる．適法なアクセスは，また，オンラインで自由にアクセスできるコンテンツへのアクセスを包含するものでなければならない」とする．

26　Directive 96/9/EC of the European Parliament and of the Council of 11 March 1996 on the legal protection of databases, OJ L 77, 27.3.1996, p.20.

27　Directive 2001/29/EC of the European Parliament and of the Council of 22 May 2001 on the harmonisation of certain aspects of copyright and related rights in the information society, OJ L 167, 22.6.2001, p.10.

28　Directive 2009/24/EC of the European Parliament and of the Council of 23 April 2009 on the legal protection of computer programs, OJ L 111, 5.5.2009, p.16.

ここにいう「情報解析」(text and data mining) は，「情報（パターン，傾向および相関関係を含むがこれらに限定されない）を導き出すため，デジタル形式のテキストおよびデータを分析することを目的とするあらゆる自動分析技術」と定義されている（1条2号）.

⑸　契約によるオーバーライド

欧州DSM指令7条1項は，「第3条，第5条および第6条に規定する例外に反するすべての契約条項は，履行を強制しえない（unenforceable)」と規定している．したがって，同指令3条が許容する研究組織または文化遺産機関による学術研究目的の情報解析については，たとえ当事者がこれを禁止する旨の契約を締結したとしても，それは法的強制力を持たないことになる．その結果，例えば，研究組織の構成員が，情報解析を禁止する契約に基づいて取得した著作物について学術研究目的の情報解析を行った場合，著作権侵害に当たらないばかりか，契約違反にも当たらないと解される．その背景には，研究組織等において学術研究目的の情報解析の対象となる著作物がサブスクリプション契約等によって提供される場合において，権利者が契約によって情報解析を禁止できてしまうと，研究分野におけるEUの競争力低下を招きかねないという問題意識が見受けられる[29].

これに対して，同指令7条1項は同指令4条に言及していない．したがって，民間企業による商業目的の情報解析については，当事者がこれを禁止する旨の契約を締結した場合，その法的強制力は否定されていないことになる．その結果，ある者が当該契約に違反して情報解析を行った場合は，著作権侵害に当たるか否かにかかわらず，契約違反に当たり得ることになろう．

29　同指令前文10は，「研究者がコンテンツに対する適法なアクセス権を有する場合，例えば，出版物に対するサブスクリプションやフリーアクセスライセンスがある場合，ライセンスの条件によりテキストおよびデータマイニングを除外されることがあり得る．研究がますますデジタル技術の支援により行われるようになっていることから，テキストおよびデータマイニングに関する法的不安定を治癒するための措置が講じられない限り，研究地域としての欧州連合の競争力が低迷する危険がある」とする．

⑹　技術によるオーバーライド

欧州 DSM 指令７条２項２文は，欧州情報社会指令６条４項１文・３文・５文を欧州 DSM 指令３条～６条にも適用すると定めている．欧州情報社会指令６条は技術的手段（technological measures）に関する規定であり，同条１項において技術的手段の保護を定める一方で，同条４項１文は，EU 加盟国が，権利者が権利制限規定の受益者に対し，当該受益者が当該著作物または保護対象への適法なアクセス（legal access）を有する場合には，当該規定の恩恵を享受するための手段を必要な範囲で提供する（make available）ことを確保するための適切な措置を講じなければならないと定めている[30]．

したがって，EU 加盟国は，権利者が技術的手段によって情報解析を不可能にしている場合，情報解析規定の適用を受ける受益者が情報解析を行うために必要な手段を確保できるように適切な措置を講じる義務を負うことになる．その具体的内容は，権利者が用いる技術的手段と受益者の権利制限規定の享受の間で，比例性，必要性，有効性の観点からバランスをとる必要があり，もしこのバランスを失して権利制限規定の享受が妨げられている場合，権利制限規定の受益者は，各国内法に従って，権利者に対して，技術的手段が自己に適用されないように請求できることになる[31]．

⑺　スリー・ステップ・テスト

欧州 DSM 指令７条２項１文は，情報社会指令５条５項を欧州 DSM 指令上の権利制限規定についても適用すると定めている．情報社会指令５条５項は，いわゆるスリー・ステップ・テストに関する規定であり，同指令上の権利制限規定について「著作物その他の目的物の通常の利用を妨げず，かつ権利者の正当な利益を不当に害しない特定の特別な場合にのみ適用されなければならない」と定めている．したがって，欧州 DSM 指令上の情報解析規定についても，スリー・ステップ・テストに合致することが求められる[32]．

30　欧州情報社会指令の和訳については，原田文夫「情報社会における著作権および関連権の一定の側面のハーモナイゼーションに関する 2001 年５月 22 日の欧州議会および EU 理事会のディレクティブ 2001／29／EC」コピライト 487 号（2001 年）35 頁以下も参照.

31　Rosati（n 7）157.

なお，スリー・ステップ・テストにいう「権利者の正当な利益を不当に害しない」という観点からは権利制限に伴う金銭的補償の要否が問題になり得るが，情報解析規定の性質と内容に鑑みると，EU加盟国は，この権利制限に関して権利者に金銭的補償を行うべきではないとされる（前文17）[33].

II　EU加盟国における実施状況

欧州DSM指令は，2019年3月26日に欧州議会で可決し，同年5月17日に欧州連合官報に掲載された．同指令は，官報発行後20日（同年6月7日）で発効すると定められているため（31条），EU加盟国は，2021年6月7日までに同指令を国内法化する義務を負うことになる（29条1項1文）.

これを受けて，例えば，ドイツでは，同指令を実施する著作権法改正（2021年5月31日付）が同年6月7日に施行された[34]．もっとも，その実施状況は各加盟国で異なっている[35]．2022年5月19日，欧州委員会は，ベルギー，ブルガリア，キプロス，デンマーク，ギリシャ，フランス，ラトヴィア，ポーランド，ポルトガル，スロベニア，スロバキア，フィンランド，スウェーデンに対

32　もっとも，スリー・ステップ・テストの名宛人について，立法府のみならず裁判所も含まれるかという点については議論があるが，これを肯定する見解もある（Rosati（n 7）88, 156）.

33　もっとも，同指令前文17は，「学術研究を行う者に限定される例外の性質および適用範囲を考慮すると，当該例外が権利者に生じさせる潜在的な害はごくわずかであると考えられる．したがって，加盟国は，本指令によって導入されたテキストおよびデータマイニングの例外に基づく使用に関して，権利者に対する補償を規定するべきではない」と述べており，後半と異なり前半は同指令3条について論じているように読めること，また，同指令3条1項は「例外（an exception）を規定しなければならない」という文言であるのに対して，同指令4条1項は「例外または制限（an exception or limitation）を規定しなければならない」という文言になっていることから，同指令4条が許容する情報解析については，EU加盟国が金銭的補償を定めることが可能との見方もあり得る．ただ，同条においてはオプトアウト・メカニズムが用意されていることから，同条に関しても加盟国による金銭的補償は望ましくないとする見解がある（Rosati（n 7）75）.

34　Gesetz zur Anpassung des Urheberrechts an die Erfordernisse des digitalen Binnenmarktes vom 31. Mai 2021, Bundesgesetzblatt Teil I, S.1204.

35　*See* ‘DSM Directive Implementation Tracker’ 〈https://communia.notion.site/DSM-Directive-Implementation-Tracker-361cfae48e814440b353b32692bba879〉; ‘CDSM Implementation Resource Page’ 〈https://www.create.ac.uk/cdsm-implementation-resource-page/〉

し，同指令の国内法化に関する通知の不履行があるとして，理由付き意見を送付した[36]．また，2023 年 3 月 23 日，欧州委員会は，ブルガリア，デンマーク，フィンランド，ラトヴィア，ポーランド，ポルトガルに関して，欧州司法裁判所への付託を決定したと発表し[37]，その後，ブルガリア，デンマーク，ポーランド，ポルトガルに関して，義務不履行の宣言および罰金の支払命令を求めて欧州司法裁判所に付託した[38]．ただ，2024 年 1 月 1 日現在，ポーランドを除く EU 加盟国は，基本的に同指令の実施を完了したようである．

同指令上の情報解析規定（3 条・4 条）は，当該規定を設けることを EU 加盟国に義務づける強制的な規定であるが，その一方で，欧州情報社会指令 5 条は，権利制限規定を限定列挙的なリストと位置づけていること（前文 32）等からすると，各 EU 加盟国における情報解析規定の具体的内容は基本的に共通するはずであるようにも思われる．ただ実際には，EU 加盟国における情報解析規定は細部において相違があり，この点に関する議論がヨーロッパでは盛んに行われているが，本稿では割愛する．

3　スイス

スイス著作権法は，2019 年 9 月 27 日付の改正によって，情報解析規定を導入した（2020 年 4 月 1 日施行）．

第 24d 条　学術研究目的のための著作物利用

1　学術研究の目的のために，複製が技術的プロセスの使用を条件とし，かつ，複製される著作物への適法なアクセスがある場合には，著作物を複製することが許される．

2　本条に基づき作成された複製物は，学術研究の終了後，保存およびバックアップの目的で保持することができる．

36 https://ec.europa.eu/commission/presscorner/detail/en/IP_22_2692

37 https://ec.europa.eu/commission/presscorner/detail/en/ip_23_704

38 Case C-186/23; Case C-214/23; Case C-201/23; Case C-211/23.

3　本条は，コンピュータ・プログラムの複製には適用されない．

(1) 主　体

スイス法上の情報解析規定においては，その適用を受ける主体が限定されていない．したがって，研究機関等に限らず，著作物に適法にアクセスする者であれば，誰でも権利制限規定の適用を受け得る．

(2) 目　的

スイス法上の情報解析規定は，学術研究を目的とする（Zum Zweck der wissenschaftlichen Forschung）場合に限って適用される（24d条1項）．ここにいう学術研究目的については，非営利目的の情報解析のみならず，商業目的の情報解析も含まれ得るとされる[39・40]．

(3) 客体（適法アクセス要件）

スイス法上の情報解析規定は，適法にアクセスした著作物に適用されると規定されている（24d条1項）．したがって，著作権侵害など違法に取得した著作物については，この規定の適用を受けることができない．

また，スイス法上の情報解析規定においては，コンピュータ・プログラムが

39　Manfred Rehbinder / Lorenz Haas / Kai-Peter Uhlig, URG Kommentar, 4. Aufl.（orell füssli, 2022）§24d, Rn.7. *See also* the National report of ALAI Switzerland group prepared for the ALAI Congress 2021 in Madrid, p.3, stating: 'La 'lecture automatique' doit avoir lieu dans le cadre d'une activité de recherche scientifique（il peut s'agir de recherche appliquée, effectuée par une entreprise privée）.' 〈https://server5b96310eea735.vservers.es/IMAGENES/CONVENCION/64/COM_PLANTILLA/BOFER/0/5/5/2021_ALAI_SUISSE_FR.PDF〉

40　ただし，これと異なる見解もある．The National report of ALAI Switzerland group prepared for the ALAI Congress 2023 in Paris, p.3, stating: 'la reproduction d'une oeuvre à des fins de recherche scientifique est autorisée lorsqu'elle est nécessaire à l'application d'un procédé technique et que l'accès à l'oeuvre reproduite est licite »）elle n'est pas applicable non plus si la reproduction n'est pas faite à des fins de recherche scientifique, mais pour la réalisation d'un outil automatisé à vocation commerciale'. 〈https://alai-paris2023.org/wp-content/uploads/2023/05/questionnaire-ALAI-2023-reponses-du-groupe-suisse.pdf〉

対象外とされている（24d条3項）．したがって，コンピュータ・プログラムの著作物については，たとえ学術研究目的であっても情報解析のための複製ができないことになる．

(4) 許容される行為

スイス法上の情報解析規定は，学術研究目的の複製を許容すると共に（24d条1項），当該学術研究の終了後，保存およびバックアップの目的で当該複製物を保存および保持することも許容している（同条2項）．

(5) 契約によるオーバーライド

スイス法上の情報解析規定においては，情報解析を禁止する旨の契約を締結した場合の有効性に関する規定は見られない．

(6) 技術によるオーバーライド

スイス法上の情報解析規定においては，権利者等が技術的手段によって他人による情報解析を不可能にすることを禁止する規定は見られない．

4 シンガポール

シンガポールは，2021年の著作権法改正（2021年10月8日）によって，「第8節コンピュータ情報解析」という標題の下，情報解析規定（243条・244条）を導入した[41]．

---

41 なお，シンガポール著作権法においては，かつて，一定の目的のためのフェア・ディーリング規定に加えて，それ以外の目的に関しても，5つの要素を考慮してフェア・ディーリングに当たるとする旨の規定（2006年法35条2項）が設けられ，いわばフェア・ディーリング規定とフェア・ユース規定を混合したような状況であったが（*See e.g.* David Tan and Benjamin Foo, 'The Unbearable Lightness of Fair Dealing: Toward an Autochthonous Approach in Singapore' (2016) 28 Singapore Academy of Law Journal 124)，2021年改正によって，これに代えて，米国法上のフェア・ユース規定と同様の4要素を考慮する「フェア・ユース」規定が新たに導入された（190条～194条）．したがって，情報解析に関しても，明文の情報解析規定とは別に，この

第243条　解釈：コンピュータ情報解析とは[42]

本節において，著作物または保護される実演の録音物に関して「コンピュータ情報解析」とは，以下のものを含む――

(a) コンピュータ・プログラムを使用して，著作物または録音物から情報またはデータを特定し，抽出し，分析すること；および

(b) ある種類の情報またはデータに関するコンピュータ・プログラムの機能を向上させるために，ある種類の情報またはデータの例として著作物または録音物を使用すること．

第244条　コンピュータ情報解析のための複製または伝達

(1) 第2項の条件が満たされる場合，人（X）が以下のいずれかの素材の複製物を作成することは許容される．

(a) 著作物；

(b) 保護される実演の録音物

(2) その条件は以下の通りとする．

(a) 複製物が以下の目的で作成されること

(i) コンピュータ情報解析；または

(ii) コンピュータ情報解析のために著作物または録音物を準備すること

(b) Xがその複製物を他のいかなる目的にも使用しないこと

(c) Xが，以下の目的以外で，その複製物をいかなる者に対しても（伝達の方法によるか否かを問わず）提供しないこと

(i) Xが行ったコンピュータ情報解析の結果の検証；または

(ii) Xが行ったコンピュータ情報解析の目的に関連する共同研究または調査；

(d) Xが，複製物を作成する素材（本項では最初の複製物と呼ぶ）に適法にアクセスできること；かつ

(e) 以下の条件のいずれかを満たすこと

(i) 最初の複製物が侵害複製物でないこと

(ii) 最初の複製物が侵害複製物であるが，以下の条件を満たすこと

(A) Xがそのことを知らない；かつ

フェア・ユース規定が適用される可能性も否定できないことになろう．

42　Singaporean Copyright Act 2021（No.22 of 2021）〈https://sso.agc.gov.sg/Acts-Supp/22-2021/〉

（B）最初の複製物が，オンライン上の明白な侵害サイト（当該サイトが第325条に基づくアクセス禁止命令の対象であるか否かを問わない）から入手されたものである場合，Xはそのことを知らず，また合理的に知ることができなかった

（iii）最初の複製物が侵害複製物であるが，以下の条件を満たすこと

（A）侵害複製物を使用することが所定の目的のために必要である；かつ

（B）Xが他の目的でコンピュータ情報解析を行うために当該複製物を使用しない

(3) 疑義を避けるため，第1項における複製物の作成に関する言及は，複製物の保存または保持に関する言及を含むものとする．

(4) 次の場合には，Xが著作物または保護される実演の録音物を公衆に伝達することは許容される．

(a) 当該伝達が，第1項が適用される状況において作成された複製物を使用して行われること；かつ

(b) Xが，以下の目的以外で，その複製物をいかなる者に対しても（伝達の方法によるか否かを問わず）提供しないこと

（i）Xが行ったコンピュータ情報解析の結果の検証；または

（ii）Xが行ったコンピュータ情報解析の目的に関連する共同研究または調査

(5) 本法において，本条が適用される状況における素材の複製物の提供は，以下の通りとする．

(a) 当該素材（または当該素材に含まれる著作物もしくは録音物）の発行として扱われない；かつ

(b) 当該素材（または当該素材に含まれる著作物）の著作権の存続期間を決定する際には無視しなければならない．

(1) 主　体

シンガポール法上の情報解析規定においては，その適用を受ける主体が限定されていない．したがって，研究機関等に限らず，著作物に適法にアクセスする者であれば，誰でも権利制限規定の適用を受け得る．

⑵ 目　的

シンガポール法上の情報解析規定においては，情報解析の目的を限定する規定は見られない．したがって，シンガポール法上の情報解析規定は，非営利目的のみならず商業目的の情報解析にも適用される．また，研究目的とは言えない情報解析にも適用されると解される．

⑶ 客体（適法アクセス要件／適法コピー要件）

シンガポール法上の情報解析規定においては，その適用を受ける受益者が，複製物が作成された素材（「最初の複製物」〔the first copy〕と呼ばれる）に適法にアクセスできたことが条件とされている（244 条 2 項 d 号）．具体的には，①X が有料アクセス制限（paywall）を回避して最初の複製物にアクセスした場合，②X がデータベースの利用条件に違反して最初の複製物にアクセスした場合，という 2 つのケースが例示（Illustrations）として同項に付されており，このような場合は，X が最初の複製物への適法なアクセスを有しなかったものと評価される．

また，シンガポール法上の情報解析規定においては，「最初の複製物」の適法性に関しても一定の条件が定められている（244 条 2 項 e 号）（以下では「適法コピー要件」または「適法ソース要件」と呼ぶ）．その具体的内容は詳細かつ複雑であるが，最初の複製物が適法である場合（同号 i）のみならず，最初の複製物が侵害複製物であっても，それが侵害複製物であることを知らず，かつ，それが明白な侵害サイトに掲載されていた場合，そのことを知らなかった，または，合理的に知ることができなかった（could not reasonably have known）場合（同号 ii），さらには，最初の複製物が侵害複製物であっても，その使用が所定の目的のために必要であり，かつ，当該複製物をそれ以外の目的でコンピュータ情報解析を行うために使用しない場合（同号 iii）は，この条件を満たすことになる．

⑷ 許容される行為

シンガポール法上の情報解析規定は，著作物または保護される実演の録音物の「複製を作成すること」を許容すると共に（244 条 1 項），同項の規定の適用を受けて作成された複製物を用いて公衆に伝達することについても，それが情報解析の結果を検証する目的または情報解析の目的に関連する共同研究もしくは調査の目的で行われる場合に限って許容している（同条4項）.

⑸　契約によるオーバーライド

シンガポール法187条1項c号は，第8節（コンピュータ情報解析）の規定によって許容される行為を直接的または間接的に排除または制限するいかなる契約条項も履行を強制できない（unenforceable）と定めている．したがって，情報解析規定によって許容される情報解析を禁止する契約条項は法的強制力を持たないことになる.

⑹　技術によるオーバーライド

シンガポール法上の情報解析規定においては，権利者等が技術的手段によって他人による情報解析を不可能にすることを禁止する規定は見られない.

5　検　討

Ⅰ　日本法の特徴

諸外国における情報解析規定と比較すると，日本法上の情報解析規定は次のような特徴を指摘できる.

⑴　主　体

第一に，諸外国の情報解析規定においては，情報解析を行う主体を限定しない立法例が多い一方で（英国法，欧州DSM指令4条，スイス法，シンガポール法），研究組織および文化遺産機関による情報解析については特に広くこれを許容する規定を設ける立法例もある（欧州DSM指令3条）.

この点，日本法上の情報解析規定においては，その適用を受ける主体が限定されていない．その結果，研究機関や民間企業のほか個人も情報解析規定の適用対象となる.

(2) 目　的

第二に，諸外国の情報解析規定においては，情報解析が学術研究目的（英国法，欧州DSM指令3条，スイス法）や非営利目的（英国法）で行われることを条件とする立法例が見られる一方，そのような目的を限定しない立法例もある（シンガポール法）．また，学術研究以外の目的で行われる情報解析については，権利者によるオプトアウトを可能にしている立法例もある（欧州DSM指令4条）．

この点，日本法上の情報解析規定においては，情報解析の目的が限定されていない[43]．その結果，学術研究を目的としない情報解析や商業目的の情報解析も，情報解析規定の適用対象となる．そして，たとえ商業目的の情報解析であっても権利者がオプトアウトすることはできない．

(3) 客体（適法アクセス要件／適法コピー要件）

第三に，諸外国の情報解析規定においては，情報解析の客体が適法にアクセスしたものであることを条件とする立法例が多い（英国法，欧州DSM指令，スイス法，シンガポール法）．また，情報解析に用いるコンテンツが適法複製物であることを明文で条件とする立法例もある（シンガポール）．

この点，日本法上の情報解析規定においては，そのような条件が設けられていない．その結果，技術的手段や有料アクセス制限を回避してアクセス可能になった著作物の情報解析も，情報解析規定の適用対象になると解される[44]．また，海賊版CDを用いた情報解析や明らかな違法サイトからダウンロードした

43　なお，著作権法30条の4第2号にいう「情報解析」は，同条柱書本文にいう「当該著作物に表現された思想又は感情を自ら享受し又は他人に享受させることを目的としない場合」に当たる必要があり，享受目的が併存する場合はこれに当たらないという議論もある．ただ，そのような理由で同条の適用を受けない場合であっても，同法47条の5第1項2号にいう「電子計算機による情報解析を行い，及びその結果を提供すること」に当たり，同条に基づく権利制限の対象となる可能性がある．

44　もちろん，それが不正アクセス行為の禁止等に関する法律上の不正アクセス行為に当たる場合は，別途，同法上の問題が生じる．

著作物を用いた情報解析も，情報解析規定の適用対象になると解される[45].

⑷ 許容される行為

第四に，諸外国の情報解析規定においては，情報解析に伴う複製（および一定の範囲における複製物の保持）を許容する立法例が一般的であるが（英国法，欧州 DSM 指令，スイス法，シンガポール法），これに加えて，検証および共同研究のための公衆への提供も許容する立法例がある（シンガポール法）.

この点，日本法上の情報解析規定は，かつては，「電子計算機による情報解析……を行うことを目的とする場合には……記録媒体への記録又は翻案（これにより創作した二次的著作物の記録を含む.）を行うことができる」（平成 30 年改正［同年法律第 30 号］前 47 条の 7）と規定されていたが，同年改正によって，これが「情報解析……の用に供する場合」には「いずれの方法によるかを問わず，利用することができる」という文言に変更されたために，どのような利用行為（例：譲渡，公衆送信）であっても，自己または他人による情報解析の用に供するために必要であれば，情報解析規定の適用対象になる．例えば，情報解析を行う他者のために学習用データセットを作成することや，情報解析を行う複数事業者で学習用データセットを共有すること，あるいは，情報解析を行った者が解析終了後のデータセットを情報解析を行う他人に送信・転売譲渡することも許容される[46].

45　なお，コンテンツに技術的手段（コピーコントロール／アクセスコントロール）が施されている場合，これを回避して情報解析を行うことが適法かどうかは問題となり得る．確かに，日本の著作権法においては，平成 28 年改正［同年法律第 108 号］の施行（2018 年 12 月 30 日）によって，技術的利用制限手段（同法 2 条 1 項 21 号）の「回避」（例：マジコンを用いたゲームのプレイ）が著作権等の侵害とみなされるが（ただし刑事罰なし），そこでは「技術的利用制限手段に係る研究又は技術の開発の目的上正当な範囲内で行われる場合その他著作権者等の利益を不当に害しない場合」は適用外とされており（同法 113 条 6 項），情報解析のために行われる回避行為は基本的にこれに当たる場合が多いと考えられる．また，技術的保護手段（同法 2 条 1 項 20 号）の回避行為については，「業として公衆からの求めに応じて」行うものに刑事罰が科されている（同法 120 条の 2 第 2 号）にとどまる.

46　上野達弘「平成 30 年著作権法改正について」高林龍＝三村量一＝上野達弘編『年報知的財産法 2018-2019』（日本評論社，2018 年）4 頁参照.

⑸ コンピュータを用いない情報解析

第五に，諸外国の情報解析規定においては，対象となる情報解析をコンピュータによるものに限定する立法例が多い（英国法，欧州DSM指令，シンガポール法）．

この点，日本法上の情報解析規定においては，かつては，「電子計算機による情報解析」（平成30年改正［同年法律第30号］前47条の7）のみが対象であったが，同年改正によって，「電子計算機による」という文言が削除されたために，コンピュータを用いない情報解析も，情報解析規定の適用対象になる．例えば，大量の新聞記事を人手で情報解析するために紙でコピーをすることや，大量のテレビ番組を人手で情報解析するためにハードディスクに録画することも許容され得るのである[47]．

⑹ 契約によるオーバーライド

第六に，諸外国の情報解析規定においては，情報解析を禁止する契約について法的強制力を否定する立法例が少なくなく，学術研究目的の情報解析についてこれを定める立法例がある一方で（英国法，欧州DSM指令3条），あらゆる情報解析についてこれを定める立法例もある（シンガポール法）．

この点，日本法上の情報解析規定においては，一般に，権利制限規定によって許容される行為を禁止する契約の有効性に関する規定がない．その結果，情報解析についても，これを禁止する契約が有効とされると，当該契約に違反して情報解析を行った場合，債務不履行に当たることになると考えられる（ただし，著作権侵害には当たらない）．もっとも，そのような契約を常に有効と認めることが情報解析規定の趣旨に反しないかどうかが問題になるほか，そうした契約は様々な形態で行われるため，その成否と有効性については多面的な観点から個別の検討が必要であると考えられ，結論として公序良俗違反を理由に無効とされる可能性も指摘されている[48]．

47　上野・前掲（注46）4頁参照．

48　「新たな知財制度上の課題に関する研究会報告書」［令和3年度産業経済研究委託事業］（2022年2月）は，「以上を踏まえると，個別の事情における諸般の事情を考慮する必要があるものの，AI学習等のための著作物の利用行為を制限するオーバーライド条項は，その範囲において，公

⑺ 技術によるオーバーライド

第七に，諸外国の情報解析規定においては，権利者が技術的手段によって情報解析を不可能にすることを禁止する立法例がある（欧州 DSM 指令）．

この点，日本法上の情報解析規定においては，そのような技術的手段を禁止する規定はない．その結果，日本法では，権利者が技術的手段によって情報解析を不可能にすることが事実上可能と考えられる．

⑻ 但　書

第八に，諸外国の情報解析規定においては，スリー・ステップ・テストに合致することを求める立法例もある（欧州 DSM 指令）．

他方，日本法上の情報解析規定においては，「ただし，当該著作物の種類及び用途並びに当該利用の態様に照らし著作権者の利益を不当に害することとなる場合は，この限りでない」と定められている（著作権法 30 条の 4 柱書但書）．したがって，たとえ情報解析に必要な行為であっても，「著作権者の利益を不当に害することとなる場合」は権利制限の対象とならならないことになる[49]．

序良俗に反し，無効とされる可能性が相当程度あると考えられる」（41 頁），「本研究会では，オーバーライド条項の有効性の判断において，事業者が行う研究開発目的での AI 学習等のための著作物の利用行為は，関連法令上重要な価値と認められている技術や産業の発展に資する行為として考慮することによって，より契約上の制限が及ばない方向で整理することも考えられるのではないかと整理した」（45 頁）とする．

49　もっとも，どのような場合に著作権法 30 条の 4 柱書但書が適用されるかは大きな問題である．確かに，当該但書の文言は「著作権者の利益を不当に害することとなる場合」という一般的なものであるが，少なくとも同法 30 条の 4 が対象とする非享受利用は，そもそも「権利者の利益を通常害しない行為」（いわゆる第一層）と位置づけられていることからすれば（「文化審議会著作権分科会報告書」〔平成 29 年 4 月〕41 頁以下参照），それでもなお「著作権者の利益を不当に害することとなる」（下線筆者）場合というのは例外的なものと考えられること，平成 30 年改正前の情報解析規定（47 条の 7）の但書は，「情報解析を行う者の用に供するために作成されたデータベースの著作物」のみを限定的に定めていたのに対して，同改正は，情報解析に関する権利制限規定を拡大したものの，これを縮小する意図がなかったことは，「権利制限の対象として想定されていた行為については引き続き権利制限の対象とする立法趣旨」という国会の附帯決議（平成 30 年 5 月 17 日参議院文教科学委員会）からも明らかであり，同改正前に適法であった行為が同改正後に違法になることはないと解すべきであること等に鑑みると，同改正によって新たに権利制限の対象となった行為（例：「記録媒体への記録又は翻案」以外の行為〔例：譲渡，公衆送信〕，電子計算機によらない情報解析）については，「情報解析を行う者の用に供するために作成

表　情報解析規定の国際比較

	英国	欧州指令	スイス	シンガポール	日本
非営利研究目的	○	○	○	○	○
商業目的		○ （ただしオプトアウト可）	○	○	○
複製以外の利用行為				○ （検証 or 共同研究）	○
非適法アクセスコンテンツ					○
契約によるオーバーライド禁止	あり	あり （学術研究目的のみ）		あり	
技術によるオーバーライド禁止		あり			

II　考　察

(1)　比較とその難しさ

諸外国および日本における情報解析規定を比較すると，上表［情報解析規定の国際比較］のようにまとめることができよう．もっとも，前節において詳述したように，各法域の情報解析規定を仔細に比較すると，この表に表現し尽くせない様々な相違がある．

例えば，オプトアウト・メカニズムを有するとされる欧州指令においては，営利企業による情報解析については権利者によるオプトアウトが可能であるのは確かであるが，研究組織および文化遺産機関による学術研究目的の情報解析については，権利者もオプトアウトできない．また，研究組織または文化遺産機関は，民間企業との官民パートナーシップに頼ることができるため，EU加盟国内の研究機関が米国企業とのパートナーシップに基づいて情報解析を行うことも可能とされる．そして，そうした学術研究目的の情報解析については権

されたデータベースの著作物」以外にも現行法30条の4柱書但書に当たる例があるとしても，同改正前47条の7本文により適法であった行為については，基本的に，「情報解析を行う者の用に供するために作成されたデータベースの著作物」のみが現行法30条の4柱書但書の対象になると解すべきと考える（上野・前掲（注46）4頁以下参照）．

利者がオプトアウトできないばかりか，これを禁止する契約についても，欧州指令では明文の規定でその法的強制力が否定されている．

これに対して，日本法上の情報解析規定においては，オプトアウト・メカニズムが設けられていないが，他方で，契約や技術によるオーバーライドを禁止する規定もない．その結果，学術研究目的の情報解析については，むしろ日本法よりも欧州指令の方が徹底してその自由を確保しているとの評価も可能であろう．

このように，情報解析規定の国際比較においては，常に細部に立ち入った検討が必要であることは改めて強調しておきたい．

⑵ 「機械学習パラダイス」の意味

とはいえ，日本法上の情報解析規定は，情報解析の主体や目的に限定がないこと，いかなる情報解析にも権利者がオプトアウトできないこと，許容される行為の内容に限定がないこと，適法アクセス要件や適法コピー要件（適法ソース要件）がないこと等からして，諸外国の情報解析規定よりも強力なものと指摘できる．

一方，情報解析というものは広く社会に便益をもたらすものであり，それはAI学習に限った話ではない．例えば，SNS上の書き込みを大量かつ網羅的に収集して，登場する言葉の頻度や変化を解析することを通じて，近い将来の流行や傾向を予測するというのも情報解析と言えるが，これも情報解析規定があってこそ可能になるのである．筆者自身は，このように様々な情報解析を広く許容している日本法を「機械学習パラダイス」と呼んで，2016年以降その活用を提案してきた[50]．今日に至るまでの間に，この規定が日本で十分に活用さ

50　Tatsuhiro Ueno, 'Copyright Issues on Artificial Intelligence and its "creation"', Lecture at Seoul Copyright Forum（1 November 2016）; Tatsuhiro Ueno, 'Copyright Issues on Artificial Intelligence and Machine Learning', Lecture at the First International Workshop on Sharing and Reuse of AI Work Products, IJCAI-17 in Melbourne（19 August 2017）. 上野達弘「機械学習パラダイス」RCLIPコラム（2017年9月9日）（http://rclip.jp/2017/09/09/201708column/），同「著作権法改正が拓く日本の"機械学習パラダイス"」ビジネス法務19巻2号（2018年）1頁，同「情報解析と著作権――『機械学習パラダイス』としての日本」人工知能36巻6号（2021年）745頁参照.

れたという印象を持てないのは残念であるが，その有用性に鑑みれば，この規定は今後も活用されるべきと筆者は考える．

もっとも，2023年頃から，ある種の生成AIの急速な発展を受けて，情報解析規定に対する懸念の声が見受けられるのも事実である．確かに，生成AIというのは文字通りコンテンツを出力するものに他ならず，著作権侵害のコンテンツを出力してしまう場合もあり得る．したがって，生成AIによる著作権侵害コンテンツの出力を適切に防止するための技術的措置など，様々な対策を検討することは有益であろう．

しかしながら，生成AIに関しては，あくまで学習段階（入力）と生成段階（出力）が区別されなければならない．日本法上の情報解析規定が「機械学習パラダイス」だとしても，それはあくまで「学習」段階を許容するものに過ぎず，だからといって生成段階の著作権侵害を許容するものではまったくないのである．しばしば誤解されがちであるが，情報解析規定の是非を論じる際にはこのことを十分に認識すべきである．

⑶　情報解析規定の正当化根拠

以上のように，情報解析規定は情報解析という「学習」を許容するに過ぎないものであるが，著作物の無断利用を許容するものである以上，その正当化根拠は問題になる．なぜ，学習段階の情報解析は許容されるべきなのであろうか．この点については3つの考え方があるように思われる[51]．

第一に，イノベーションの促進という観点から情報解析の許容を正当化する考えである[52]．これは，いわば公益との調整という観点から著作権の外在的な制約を正当化するものと位置づけられる（公益アプローチ）．ただ，このような考えに対しては，なぜそのような公益のために私権である著作権が制約されなければならないのかが問題になり得よう．

第二に，基本権としての「研究する権利」（Right to research）との調整とい

51　Ueno（n 1）．

52　欧州DSM指令前文8も，「広く認識されているのは，テキストおよびデータマイニングが，とりわけ，研究者の社会に利益をもたらし，これによりイノベーションを支えることができるということである」と述べる．

う観点から情報解析の許容を正当化する考えである[53]．これは，いわば権利間調整という観点から著作権の外在的な制約を正当化するものと位置づけられる（権利間調整アプローチ）．ただ，このような考えに対しても，なぜそのような権利のために著作権が制約されなければならないのかが問題になり得よう．

第三に，著作権の本来的範囲の観点から情報解析の許容を正当化する考えである．これは，他の権利や公益との調整ではなく，いわば積極的な保護の必要性を欠くことを理由に，著作権という権利の内在的制約として情報解析規定を正当化するものと位置づけられる（内在的制約アプローチ）[54]．

日本法上の情報解析規定は，形式的には「権利制限」であるが，平成30年改正によって設けられた著作権法30条の4の趣旨は，この内在的制約アプローチに近いと言える．というのも，同改正の立法過程においては，著作物の非享受利用は，「著作物の本来的利用には該当せず，権利者の利益を通常害さないと評価できる行為類型」（いわゆる第一層）と位置づけられ，情報解析についても，「通常，著作物の享受に先立つ利用行為ではなく，権利者の対価回収の機会を損なうものではない」と説明されているように[55]，情報解析のような非享受利用は，著作権という権利の本来的な範囲に属さないという観点から，情報解析規定が正当化されていると考えられるからである．このような考えは，形式的には登録商標の「使用」（商標法2条3項）があるとしても，それが出所表示機能や自他商品識別機能を発揮する態様でない場合は「商標としての使用」ではなく，商標法が保護する利益が害されたとは言えないため，商標権侵害に当たらないとする「商標的使用論」（平成26年改正［同年法律第36号］により同法26条1項6号として明文化）とも共通性があると言えよう[56]．

---

53 *See e.g.* Sean Flynn, Luca Schirru, Michael Palmedo and Andrés Izquierdo, 'Research Exceptions in Comparative Copyright' (2022) PIJIP/TLS Research Paper Series no.75; Christophe Geiger and Bernd Justin Jütte, 'Conceptualizing a "Right to Research" and Its Implications for Copyright Law: An International and European Perspective' (2022) PIJIP/TLS Research Paper Series no.77.

54 *See* Tatsuhiro Ueno, 'The Flexible Copyright Exception for "Non-Enjoyment" Purposes: Recent Amendment in Japan and its Implication' (2021) 70(2) GRUR Int. 145, 151.

55 「文化審議会著作権分科会報告書」（平成29年4月）41頁参照．

56 Ueno (n 54) 151. このような理解は，2019年，筆者がミュンヘン大学に客員研究員として滞在中のMatthias Leistner教授による指摘に負う．

興味深いのは，これと同じような考えが，情報解析規定をめぐる国際的な議論にも見られることである[57]．すなわち，情報解析のための著作物利用は，たとえ形式的には著作物の複製があるとしても，それは「著作物としての利用」（a use *as a work*）とは言えないという観点から[58]，あるいは，「合理的利用」（reasonable exploitation）[59]または「再定義された利用の範囲」（redefined scope of exploitation）[60]に含まれないという観点から，権利制限規定がなくても，そ

---

57 *See in detail*, Ueno（n 54）151.

58 *See* Alain Strowel, 'Reconstructing the Reproduction and Communication to the Public Rights: How to Align Copyright with Its Fundamentals' in Peter Bernt Hugenholtz（ed）, *Copyright Reconstructed: Rethinking Copyright's Economic Rights in a Time of Highly Dynamic Technological and Economic Change*（Kluwer Law International 2018）203, stating: 'this section will propose a forward-looking reconstruction requiring that for the reproduction right to be infringed the work should be used *as a work*. This requirement is rooted in the fundamental aim of copyright, i.e., to foster the communication of an original speech to a public.'（at 214）, 'Such use is far removed from the core exploitation field of most works.［…］This is not only true for the US copyright system, as the same rationale is at the origin and core of the continental droit d'auteur system.'（at 226）, 'Even if the EU Parliament and Council decide to include an exception for TDM that is broad enough（this would require some commercial research to be exempted）, the analysis based on 'the use of the work as a work' condition for copyright infringement remains necessary to address other types of copying for the purpose of providing information, such as copies for checking mistakes and plagiarism, copies to use or repair a protected work with a utilitarian function, non-transitory copies made on proxy servers, and many other similar uses that cannot be anticipated.'（at 228）; Ducato and Strowel, 'Limitations to Text and Data Mining and Consumer Empowerment'（n 1）667, stating: 'Even without an express exception we can rely on the implicit requirement that the reproduction involves a use as a work. Such use as a work does not exist in the case of TDM, nor in other cases involving copying for deriving information or checking conduct（e.g. to identify plagiarism）.'

59 Ole-Andreas Rognstad and Joost Poort, 'The Right to a Reasonable Exploitation Concretized. An Incentive Based Approach' in Hugenholtz（n 58）121, 155, stating: 'Under the reasonable exploitation approach, however, the fact that TDM may involve acts of reproduction of the work is irrelevant, and there is consequently no need for any justification for placing TDMs outside the scope of copyright. As pointed above, neither the efficiency principle nor any of the other guiding principles speak in favour of leaving TDM within the scope of the economic rights. Consequently, there is no reason for including TDM in the right to reasonable exploitation.'

60 Séverine Dusollier, 'Realigning Economic Rights with Exploitation of Works: The Control of Authors on the Circulation of Works in the Public Sphere' in Hugenholtz（n 58）163, 196, stating: 'Text and data mining operations are easily excluded from a redefined scope of exploitation

もそも著作権の効力が及ばないものとする見解があり，これはまさに内在的制約アプローチに近いものと理解できるのである．

さらに目を引くのは，そうした見解において，「確かに，検索や情報解析を目的として複製が行われる場合，著作物は著作物として利用されることはなく（not used as a work），他の関連情報を導き出すためのツールやデータとして機能するに過ぎない．著作物の表現上の特徴は利用されておらず，著作物を享受（enjoy）する公衆も存在しないのである」（下線筆者）という記述が見られることである[61]．ここには，情報解析のような非享受利用は，著作物の本来的利用ではなく，著作権という権利の本来的な範囲に属さないという日本法30条の4に関する考え方との興味深い共通性を指摘できるのである[62]．

以上のような観点からすれば，日本法上の情報解析規定は十分な正当化根拠を有するものと筆者は考える[63]．実際のところ，欧州においても，欧州DSM

---

for two reasons.［…］In conclusion, text and data mining should not be considered as infringing economic rights under copyright. Therefore, treating it as a privileged use under an exception［…］is not necessary. Nor should it be limited to researchers or research organizations, non-commercial purpose or to works to which lawful access is proven.'

61　Ducato and Strowel, 'Limitations to Text and Data Mining and Consumer Empowerment'（n 1）668, stating: 'Indeed, when acts of reproduction are carried out for the purpose of search and TDM, the work is not used as a work, it only serves as a tool or data for deriving other relevant information. The expressive features of the work are not used, and there is no public to ***enjoy*** the work, as the work is only an input in a process for searching a corpus and identifying occurrences and possible trends or patterns.'（emphasis added）

62　Ueno（n 54）151.

63　もちろん，日本法上の情報解析規定が，商業目的の情報解析についても補償金請求権を付与していないことは，スリー・ステップ・テストの観点からも検討課題になり得るが，情報解析のような非享受利用が「権利者の利益を通常害さないと評価できる行為」である以上，補償金請求権が定められていなくても，権利者の正当な利益を不当に害することはないと考えられよう（Ueno（n 54）150）．なお近時，国際条約上のスリー・ステップ・テストについて，加盟国の裁判所もこれに従う義務を負うという観点から，日本法上の情報解析規定に関して，適法アクセス要件を導く等の限定解釈を主張する見解もある（Rosati, 'No Step-Free Copyright Exceptions'（n 1）17）．他方，情報解析のための著作物の複製はベルヌ条約上の複製権によってカバーされる行為と考えるべきではなく，EU加盟国以外はスリー・ステップ・テストの制約なく柔軟に情報解析規定を定められると論じつつ（Senftleben, 'Compliance of National TDM Rules with International Copyright Law'（n 1）），人間の創作活動に対する経済的支援のために，AI学習のための著作物利用について補償金制度の導入を論じる見解もある（Senftleben, 'Generative AI and

指令上の情報解析規定が限定的であることに対する批判的見解が少なくなく，最近では日本法を参考にすべきという見解もある[64].

Author Remuneration'（n 1））.

64 Hugenholtz（n 1）, stating: 'The Directive's second TDM exception encompasses a much broader class of users, but is considerably narrower in scope.'; Ducato and Strowel, 'Limitations to Text and Data Mining and Consumer Empowerment'（n 1）, stating: 'The Directive's second TDM exception encompasses a much broader class of users, but is considerably narrower in scope.'（at 666）, 'In conclusion, the TDM provisions of the DSM Directive secure considerably less freedom to text and data mine than they initially appear to do. The opt-out clause of Art. 4, in particular, leaves for-profit miners in the EU at the mercy of the content owners. This puts AI developers, journalists, commercial research labs, and other innovators at a competitive disadvantage in comparison with the United States, where text and data mining is deemed fair use, even if it is done for profit. One may wonder if innovation in Europe would not have been better served without any of the TDM exceptions in the new Directive.'（at 667）; Ducato and Strowel, 'Ensuring Text and Data Mining Remaining Issues with the EU Copyright Exceptions and Possible Ways Out'（n 1） 332, stating: 'Considering the TDM exceptions in the CDSMD, one might legitimately wonder whether the legislative intervention was too little, too late. Regrettably, the CDSMD is a missed opportunity to regulate the TDM phenomenon in a clear and effective way. From the previous analysis, it appears that some conditions for TDM activity are too narrow（in terms of its beneficiaries, art.3 is quite limited）or too vague（the pre-condition of "lawfully accessible" content gives too much room for limiting TDM initiatives by contract or by TPMs）.'; Geiger et al.（n 1）, stating: 'The opt-out mechanism that applies to the TDM exception does not fully provide the European DSM with the legal framework to fill the gap with other jurisdictions adopting opening clauses or fair use models to allow a broader number of research players to perform TDM research and promote related innovation.'（at 57）, 'However, application to commercial and non-commercial uses and prohibition of contractual override is necessary to guarantee that the limitation achieves effective results. In this regard, the opt-out mechanism that applies to the broader unqualified exception of Art. 4 strongly limits the effectiveness of the reform and its ability to promote competitive advantage for European companies engaged in AI and other disruptive technology development.'（at 64）; Drexl et al.（n 1） 7–8, stating: 'However, it seems clear that the current system of copyright exceptions and limitations does not provide for such balance in the case of AI systems resulting from the processing of data, including IP-protected subject-matter. Public institutions and individual users still face important barriers to access to information. On the one hand, the use of data for AI-training purposes should not unreasonably restrain right holders' right to normal exploitation. On the other hand, when looking at the two new text and data mining（TDM）exceptions（Articles 3 and 4 DSM7）, there are too many uncertainties about their requirements and the cases covered that will reduce their usefulness in practice.［…］Similar uncertainties are faced in an AI context when assessing the application of the exhaustive list of exceptions and limita-

tions established by the under Article 5 of the InfoSoc Directive. [⋯] Finally, as the introduction of fair use seems impossible in terms of legal policy, it can be stated that the current system of exceptions and limitations alone cannot solve the unbalance problem in the AI context.'; Geiger (n 1), stating: 'As a conclusion, the article calls for a prompt revision of the copyright framework for TDM activities at EU and international levels, combined with an implementation of the directive by Member States that would be compliant with the fundamental rights framework of the EU and the objective advanced by European policy makers.' (at 1), 'In sum, if the stated ambition of the Commission is to propose proactive policy which positions the European Union at the forefront of digital innovation and artificial intelligence, it is highly feared that such a task will simply prove impossible if the debate on the scope of the text and data mining exceptions is not also urgently reopened in the very near future.' (at 10); Flynn et al. (n 1), stating: 'An L & E to the right of reproduction is essential to enable the creation of databases for TDM projects, but it is not sufficient to enable the full range of uses of works required. TDM researchers may need to undertake activities that implicate rights to communicate or make available works to the public, for example to share the database with other researchers for collaboration or validation (e.g. through replicability). Researchers may need to undertake activities that implicate adaptation rights, for example to ensure that materials are in machine readable formats. If "storage" is a separately protected right, then an L & E to enable TDM must include storage rights. As noted in the references above, many of these uses are authorised in some—but not all—of the specific copyright L & Es for TDM. A better approach that should be put forward by WIPO is to define a fairness test that all research uses—openly defined—must comply with.' (at 396–397), 'From the legislative texts we have examined, three of the specific L & Es for TDM research require that the materials used to create a database be "lawfully accessed." Other provisions are silent on this matter. From the perspective of fairness to the rights of the author, the source of the copy should not matter as long as the use does not harm a market.' (at 398); Serrania (n 1) 247, stating: 'Although these exceptions might seem to provide a significant boost to this type of activities, their effects in practice are mitigated by the tightening of its wording, which is even likely to generate competitive distortions.'; João Pedro Quintais, 'The New Copyright in the Digital Single Market Directive: A Critical Look' (2020) 42(1) EIPR 28, stating: 'Unfortunately, as noted by multiple researchers during the legislative process, both TDM exceptions are narrow in scope and suffer from limitations that may exclude many important applications in this domain.' (at 32), 'In sum, despite the positive aspects, the above regime has significant shortcomings: the narrow scope of the new exceptions, the possibilities for contractual derogation, and the partial grandfathering of TPM rules. This regime will probably not lead to simplification and harmonisation of the system of exceptions in EU copyright law, as it continues to allow significant cherrypicking by Member States. Rather, the combination of its fragmented rules with the optional (and partially overlapping) catalogue of art.5 InfoSoc Directive adds significant complexity to the acquis. In that sense, Title II feels like a missed opportunity to strengthen, harmonize and clarify copyright exceptions at EU level.' (at 34); Dermawan (n 1) 16, stating: 'This article argues that

(4) 課題と展望

もっとも，平成30年改正において前提とされていた，著作物の非享受利用は著作物の「本来的利用」に当たらないという考えや，著作物の「本来的利用」に当たらないとされる非享受利用の具体的内容については，それが自明のものかどうか，そして，それは時代の変化や技術の発展によって変わり得ないものなのかどうか，という点は，少なくとも長期的には問題になり得よう．こうして我々は，著作権の効力が及ぶべき著作物利用というのは一体どのようなものなのか，という，著作権制度の存在意義に関わる根本的な問いに逢着するのである．

the Japanese "nonenjoyment" purpose is one of the best alternatives for the EU Member States to provide a flexible, but not completely open, TDM exception to foster AI innovation at the national level.'

第4章

アメリカにおけるフェア・ユース該当性

奥邨　弘司

1　機械学習とフェア・ユース

AIを機械学習により訓練する場合，その対象となるデータが著作物であることは少なくない．AIと言っても，実態はコンピュータであるから，機械学習のためには，著作物をデジタル化し，AIに入力し，内部のメモリーやストレージに複製することが欠かせない．また，効率的効果的な機械学習を実現するために，AIに入力する前の段階で，学習対象となる訓練用のデータ（以下，学習対象データ）を整理したり，加工したり，タグを付けたりなどすることも頻繁に行われる．これらの行為は，学習対象データが著作物の場合，複製などの著作物の利用行為に当たる．

結果，学習対象データが著作物である場合は——既に著作権が消滅している場合などを除き——許諾を取らないと，無許諾複製などとして，本来は著作権侵害となってしまう．しかしながら，現在の機械学習では，何万，何十万という大量のデータを学習することが必要であり，そのため，学習に際して，対象となる著作物について複製などの許諾を得ることは，通常不可能と言える．

もっとも，著作物を適法に利用する方法は，許諾を得ることに限らない．許諾を得ていなくとも，権利制限規定の適用があれば，著作物の利用は適法となる．この点，他の章で既に述べられているように，我が国著作権法には，機械学習に際しての著作物の利用に関する個別の権利制限規定が存在する（30条の4と47条の5）．しかしながら，米国著作権法には，そのような個別の権利制限規定は見当たらない．このような場合，米国では，一般的・包括的な権利制限規定である，フェア・ユース規定が適用されないかを検討することになる．

2　フェア・ユースの概要

フェア・ユースは米国著作権法の特徴的な権利制限規定である．判例法として発展を続けてきたが，現行著作権法制定時に，従来の判例法の内容を確認する形で，107条に明記されるに至った[1]．

米国著作権法107条

106条および106A条の規定にかかわらず，批評，論評，ニュース報道，教育（教室での使用のための複数複製を含む），研究，調査などの目的で，著作権のある著作物を公正に利用（フェア・ユース）すること――複製物またはレコードの形での複製による利用，または該当条に特掲された他の方法による利用を含む――は，著作権の侵害とはならない．個々の事案における著作物の利用が公正な利用（フェア・ユース）といえるか否かを決定する上で，考慮されるべき要素には以下のものが含まれる．

①当該利用の目的および性格，なお，当該利用が商業的性質のものか，非営利的教育目的かといったことも含む

②当該著作権のある著作物の性質

③当該著作権のある著作物全体との関係で利用される部分の量および実質性，ならびに

④当該利用が，当該著作権のある著作物の潜在的な市場や価値に与える影響

上記要素のすべてを考慮した上で，公正な利用であるとされた場合，著作物が未発行であるという事実は，それ自体では，公正な利用であるとすることを妨げない．

1　奥邨弘司「フェア・ユース再考～平成24年改正を理解するために～」コピライト629号（2013

107条によれば，ある（無許諾）利用が，フェア・ユースに当たるか否かは，利用の目的および性格（第1要素），利用される著作物の性質（第2要素），利用される部分の量と実質性（第3要素），利用される著作物の潜在的な市場に与える影響（第4要素）の4つの要素その他を総合考慮して判断される．

法定されていると言っても，元来が判例法の法原則であるため，各要素の解釈，事実関係の当てはめにあたっては，判例が重視される．そのため，最高裁が，現行法下で初めてフェア・ユースについて判断を示したSony事件最高裁判決[2]（以下，最高裁判決は単に最判とする）以降しばらくは，同最判の影響力が強い時代が続いた．同最判は，無料のTV放送のタイムシフト録画をフェア・ユースと認めたが，その結論に至る過程で，第1要素に関して，商業的な利用は不公正と推定する一方，非商業的な利用は逆の推定がなされるとした上で，第4要素における潜在的市場への影響とは，将来の損害の可能性を意味し，商業的な利用の場合その可能性は推定されるが，非商業的な利用の場合，その可能性を権利者が証明しなければならないと述べた[3]．

Sony事件で問題となった利用は，非商業的なものであったためフェア・ユースの結論が導かれたが，同最判の説くところによれば，商業的な利用については，フェア・ユースが成立する可能性は低くなる．このため，同最判以降は，問題となった利用が，商業的か非商業的か（または営利か非営利か）が，フェア・ユース判断において重視される時代が続いた[4]．

しかしながら，この流れは，次項で紹介するCampbell事件最判[5]で大きく変化することになる．同最判は，フェア・ユース訴訟の鍵は，問題となっている利用に変容力がある（transformative）のか否かであるとした[6]．そしてこの考え方は，2021年のGoogle事件最判[7]でも変化せず，直近のAndy Warhol

---

年）6-7頁および奥邨弘司「Andy Warhol芸術財団事件米国最高裁判決――変容力の意義と利用行為単位でのフェア・ユース判断の必要性」NBL 1250号63-64頁参照．

2　Sony Corp. of Am. v. Universal City Studios, Inc., 464 U.S. 417（1984）.

3　山本隆司＝奥邨弘司『フェア・ユースの考え方』（太田出版，2010年）36-40頁〔山本担当〕参照．

4　奥邨コピライト・前掲（注1）15頁参照．

5　Campbell v. Acuff-Rose Music, Inc., 510 U.S. 569（1994）.

6　奥邨コピライト・前掲（注1）16頁参照．

芸術財団事件最判[8]でも受け継がれた．

つまり，現在の判例の傾向に即して言えば，機械学習に際しての著作物の利用がフェア・ユースとなるか否かは，それが変容力のある利用（transformative use）と評価されるか否かが鍵となる．

3　変容力のある利用

(1)　Campbell 事件最判

変容力のある利用とは何か，この点は，同概念の嚆矢となったCampbell事件最判以来，ずっと難問であり続けた．まずは，同最判から見ていこう[9]．

Campbell事件は，楽曲「Oh! Pretty Woman」のラップ調パロディ曲をアルバムに収録して販売することが問題となった事案である．判決は，パロディを変容力のある利用と認めたが，その際，第1要素に関する検討の「中心的な目的は，新作品が，単に原作品の目的に取って代わるだけか（すなわち，原作品を代替するか），そうではなくて，新しい表現や意味，メッセージで原作品を変化させ，さらなる目的や異なる性格を伴う新しいものを追加するかを確認することである」とした上で，「言葉を換えれば，新作品に変容力があるか，それはどの程度かを問うことである．」と述べた．

つまり，Campbell事件最判によれば，変容力のある利用とは，原作品を代替しないような利用であり，それは，原作品に新しい表現・意味・メッセージを付加し，原作品とは異なる目的や性格をもたらすような利用のことを指すことになる．

なお，Campbell事件最判曰く「変容力があることは，フェア・ユースを認定する上で必須のものではない」．しかしながら，フェア・ユースか否か判断する際に，変容力のある利用と認められる効果は大きい．と言うのも，Sony

---

7　Google v. Oracle, 141 S. Ct. 1183 (2021).

8　Andy Warhol Found. for the Visual Arts, Inc. v. Goldsmith, 143 S. Ct. 1258 (2023).

9　山本＝奥邨・前掲（注3）126–134頁〔奥邨担当〕および奥邨コピライト・前掲（注1）9–11頁参照.

事件最判は，第1要素に関して，商業的な利用は不公正と推定されるとしたが，Campbell事件最判は，変容力のある利用の場合それが当てはまらないこと，すなわち，「新作品が変容力のあるものであればあるほど，フェア・ユースを認定する上で不利になるであろう要素，たとえば商業性のような他の要素の重要性は小さくなる」ことを説いたからである.

また，Campbell事件最判は，変容力のある利用の場合，第2要素の重要性は低くなること，かつ，許される利用の量的・質的程度は，利用の目的と性格によって変化するため，利用に変容力があるか否かが第3要素の判断にも影響する旨も説示した．さらに，第4要素に関してSony事件最判が述べる推定は，単純な複製を行う場合に当てはまるものにすぎず，被疑侵害利用が変容力を有する場合，市場代替性や市場への影響は不明確になるとした.

つまり，Campbell事件最判によれば，変容力のある利用については，商業的なものであっても第1要素はフェア・ユースに有利に評価され，同時に，第2要素以下も，少なくともフェア・ユースに不利と評価されることはなくなるのである.

⑵　Google事件最判

次に最高裁が，変容力のある利用についての考え方を示したのはGoogle事件であった．同事件は，Googleがスマートフォン向けAndroid OSを開発するために，PC向けのJava APIの宣言コード部分をそのまま複製したことが問題となった事案である[10].

判決は，変容力のある利用を，Campell事件最判の説示を引用して定義した上で，Googleによる複製の目的を，Androidという新しい製品を生み出すためであったとし，Androidは「スマートフォン環境のための，大いに創造的で革新的なツールをアプリ・プログラマに提供するものである．アプリ・プログラマが容易に使用できる新しいプラットフォームを作成するという目的のために，GoogleがJava APIの一部を使用した限りにおいて，その使用は，合衆国

10　詳細は，奥邨弘司「Google v. Oracle事件合衆国最高裁判決〜Java APIを実現するプログラムのフェア・ユースについて」NBL 1202号（2021年）20頁以下参照.

憲法に定められた著作権法の基本目的である創造的な『進歩』に合致している.」とした上で，Googleが行ったことは，再実装すなわち既存のシステムと「同じ用語，同じ文法を別の目的で利用するシステムを構築する」ことであったと位置づけた．つまり，原作品と目的の異なる新たな創造的な作品を生み出すための利用であることを重視して，Googleの複製の目的と性格は，変容力のあるものであったとしたわけである．

なお，この判決では，第3要素の判断に関しては，変容力のある利用であることが一定の影響を与えたが，第2要素，第4要素については直接的な影響を与えていない．むしろ第2要素については，コンピュータプログラムの著作物の特殊性が影響し，第4要素については，Oracleが被害を訴えた利益の源泉が，著作権法によって保護されるものではないとされた影響が大きい．これらの点は，Campbell事件最判との差である．

⑶　Andy Warhol芸術財団事件最判

最も直近で，最高裁が，変容力のある利用について判断したのが，このAndy Warhol芸術財団事件である．この事件では，写真家が撮影した有名人（歌手の故Prince）の写真から，Andy Warholが無断で作成したシルクスクリーンのポップアート作品が問題となった．具体的には，作成から約30年後のPrinceの死に際して発行された追悼雑誌の表紙用に，芸術財団[11]が前記作品をライセンスしたことが，フェア・ユースに当たるか否かが争われた．

この事件の判決で，注目すべき点は2つある[12]．1点目は，変容力のある利用を，さらなる目的や異なる性格を持つ利用のこととし，新しい表現・意味・メッセージの存在それ自体は，変容力の有無を判断するためのテストではなく，それらは，新しい利用が，原作品と異なる目的を果たすかどうか，それとも，原作品の目的に取って代わるかどうかを判断する上で関係するにすぎない，と述べたことである．

実は，アプロプリエーション・アートや風刺的な作品に関する下級審の裁判

11　芸術財団は，Warholの死後その著作権を承継したとされる．

12　詳細は，奥邨NBL・前掲（注1）65頁以下参照．

例には，変容力のある利用か否かを判断するに当たって，①新しい表現や意味などが付加されると，それによって直ちに，新作品[13]はさらなる目的や異なる性格を有することになり，変容力があると理解する考え方と，②新作品がさらなる目的や異なる性格を有するかは，新しい表現や意味などが付加されたことも含めて検討する必要があると理解する考え方の両者が存在していた．この事件も，地裁は①の考え方で，控訴裁は②の考え方であった．このように考え方に対立がある中，最高裁は，②の考え方を是とした．

2点目は，利用行為毎にフェア・ユース判断を行うべきことを示した点である．例えば，この事件であれば，Warholがポップアート作品を作った行為，その作品を利用する行為，と別々に（利用する行為については，利用毎に）フェア・ユース判断を行うことになる．

以上2点を踏まえた上で，最高裁は――ポップアート作品の制作行為ではなくて――芸術財団がポップアート作品を雑誌の表紙用にライセンスした行為について，原作品である写真の利用目的の一つである，雑誌用のライセンスと共通する利用目的であるとして，変容力のある利用行為とは認めなかった．

⑷　小括

ここまでをまとめると，以下のようになろう．

変容力のある利用とは，原作品を代替しないような利用であり，それは，原作品とは異なる目的や性格をもたらすような利用（原作品と目的の異なる新たな創造的な作品を生み出す行為も含まれる）のことを指す．原作品に新しい表現・意味・メッセージが付加されているか否かは，異なる目的や性格を有する否かを判断する上での考慮要素の1つであるが，それだけで決まるものではない．

変容力のある利用か否かは，作品単位で考えるのではなくて，利用行為毎に考える必要がある．よって，原作品を利用して新作品が作られた場合，当該新作品を作る行為，できあがった新作品を利用する行為について，それぞれ別々に変容力のある利用か否かを判断しなければならない．

13　派生的著作物――日本風に言えば二次的著作物――を含むが，これに限られず，被疑侵害利用者が利用しているものという程度の意味．

最後に，変容力のある利用であることは，第1要素だけでなく，第2要素・第3要素・第4要素の検討に当たっても，一定の影響を与える．ただし，フェア・ユースは，飽くまでもケースバイケースの判断であるから，変容力のある利用であることが，第2要素以下の検討に当たって，固定的な検討方法や検討結果を導くわけではない．

4　機械学習のフェア・ユース該当性の検討

この項では，これまでの分析を踏まえて，機械学習が，変容力のある利用といえるのか，そして最終的にはフェア・ユースに該当するのかについて検討を行いたい．

Andy Warhol 芸術財団事件最判に基づけば，作品単位ではなくて，利用行為単位でフェア・ユース該当性を検討しなければならない．そのため，機械学習による訓練後のモデル（以下，学習済みモデル）を対象にフェア・ユース該当性を検討するのではなくて，学習済みのモデルを作るための利用行為＝機械学習のための利用行為と，できあがった学習済みモデルの利用行為とを分けて考えないといけない．順に見ていこう．

⑴　学習のための利用行為

ここでは，機械学習を，その技術的な特徴ではなくて，著作権法的な観点から分類したい．すなわち，著作物を構成する要素のうち，何を学習するかで分類するのである．具体的には，学習対象著作物に存在する規則性や特徴など，著作権で保護されない要素を学習する場合（第1類型）と，②学習対象著作物の創作的表現そのものを学習する場合（第2類型）の2種類となる．第1類型の場合，学習済みモデル内には，著作権で保護されない要素のみが保存され，第2類型の場合は，著作権で保護される要素が保存される．なお，実際には，両類型を兼ね備えるような場合も存在し得るが，その場合は，それぞれに分解して検討すれば良い．

㈠　著作権で保護されない要素のみを学習する場合

機械学習の内，著作権で保護されない要素を学習するタイプの典型は，顔認識AIなどのような認識系のAIを開発するための機械学習であろう．例えば，最近のデジタルカメラやスマートフォンのカメラアプリには必ず顔認識AIが搭載されており，被写体の中で人間の顔を認識し，周りの物体や背景ではなくて，顔にピントを合わせるような機能が備わっているのは誰もが知るところだろう．このようなAIを開発するためには，人間の顔が写った写真多数を機械学習させ，人間の顔が持つ様々な特徴——写真の創作的な表現とは異なる，著作権では保護されない要素——をAIに学習させることが必要である（この場合，学習済みモデル内には，人間の顔が持つ様々な特徴が保存されていることになる）[14].

他にも，特定の画家の画風や，作家の作風を認識し鑑別できるようなAIを開発するために機械学習させる場合も，当該画家や作家の作品に共通する規則性や特徴をAIが学習するわけであるが，前記規則性や特徴とは，すなわち画風や作風のことであり，著作権では保護されないアイデアである．

また，認識系ではないが，日本語と英語の自動翻訳を可能とするAIを開発するために機械学習させる場合も，入力された大量の日本語と英語の文書から，各言語が持つ様々な規則性および言語間に共通する規則性——これらの規則性は著作権では保護されない要素である——などをAIが学習することになる．

こういった著作権で保護されない要素を学習することのみが目的の場合，学習に伴う複製などの（学習対象）著作物の利用行為は，フェア・ユースとなるだろうか．本稿執筆時点で，この問題を正面から判断した裁判例はまだ存在しない．後述するように，現在いくつかの訴訟が進行中であるが，いずれもまだ入り口段階で鍔迫り合いが続いている状態であり，フェア・ユースに関する議論まで至っていない．

もっとも，参考になる裁判例が存在しないわけではない．それは——意外に思われるかもしれないが——コンピュータプログラム（以下，単にプログラム）

14　後に，完成した学習済みモデルを用いて顔認識を行う場合も，モデル内には著作権で保護されない要素しか保存されていないので，それらを利用するだけである．詳しくは，「(2) 学習済みモデルを利用する行為」で検討する．

のリバースエンジニアリングに関する裁判例である．

プログラムのリバースエンジニアリングのうち，既存のプログラムを解析してアルゴリズムを抽出する過程（解析過程）では，プログラムの複製などが必要となる．これについて，フェア・ユースに当たるか否かが問題となった事件で，リーディングケースとされる裁判例はいずれも，プログラムのアルゴリズムはアイデアであって著作権で保護されないところ，当該アイデアを習得などするために必要な複製は，それを禁止すると結局アイデアを保護することになってしまうことを中心的な理由として，前記複製をフェア・ユースに該当するとしている[15]．この点，今問題としている機械学習は，著作物中の著作権で保護されない要素を学習するためのものであるから，前記リバースエンジニアリングの場合の考え方が十分に応用可能であろう．

ここでは，前記裁判例の内，変容力のある利用か否かを論じているSCE事件判決[16・17]について少し詳しく見てみよう．同事件では，Play Station用のゲームソフトをPCでプレイできるようにするエミュレーター・ソフトの開発目的でPaly StationのBIOS（以下，単にBIOSとする）を解析し（その際に，BIOSを複製などし）たことがフェア・ユースに当たるか否かが問題となった．

判決は，被告ソフト内には，BIOS中の著作権で保護される要素は含まれていないものの，それを開発するための解析過程におけるBIOSの複製——中間的な複製——にも本来著作権は及ぶとする一方，前記複製は，BIOS中の著作権で保護されない要素であるアイデアや機能にアクセスするために必要なものであり，それ故フェア・ユースに当たり得るとした．

また，4要素に関しても，次にように分析した．まず，第2要素については[18]，機能的な著作物であるプログラムは伝統的な著作物よりも保護される程

15　Atari Games Corp. v. Nintendo of America Inc., 975 F. 2d 832（Fed. Cir. 1992），Sega Enterprises Ltd. v. Accolade, Inc., 977 F. 2d 1510（9th Cir. 1992）およびSony Computer Entertainment v. Connectix Corp., 203 F. 3d 596（9th Cir. 2000）．なお，Atari事件判決は，結論としてはフェア・ユースを否定している．ただこれは，解析対象プログラムのソースコードを著作権局から不適切な方法で入手したことを理由とするものであって，ここでの議論とは関係がない．

16　Sony Computer Entertainment v. Connectix Corp., 203 F. 3d 596（9th Cir. 2000）．

17　Atari事件とSega事件はいずれも，Campbell事件最判以前のものであるため，フェア・ユース該当性判断に当たって，変容力のある利用という概念を用いていない．

度が低いと指摘して，フェア・ユースに有利とした．次に，第3要素に関しては，本来BIOS全部の複製はフェア・ユースに不利に働くが，中間的複製の場合，その点は重要ではないとした．また，第1要素に関しては，被告ソフトは，Play Station用のゲームをPC上でプレイできるようにした新たなプラットフォームであり，用途や機能が類似しているにもかかわらず，BIOSとは別の全く新しいコードからなるため，変容力があるとした[19]．最後に，被告ソフトは変容力があり，Play Stationの単なる代替物ではなく，市場における正当な競争者であるから，被告ソフトの販売がもたらす影響は第4要素の検討では考慮されない，とした．

以上を，著作権で保護されない要素を機械学習する場合に当てはめるとどうなるだろうか．まず，学習対象著作物中の著作権で保護されない要素を機械学習するためには複製が必要であるから――アイデアを保護することにならないためにも――フェア・ユースが認められるべきであることが指摘できる[20]．次に，先に例示したような認識系のAIや自動翻訳AIなどの場合，通常は鑑賞目的などで利用される写真や小説などの著作物を，顔認識や翻訳などを実現する学習済みモデルを作成する目的で利用するのであるから，代替関係にない新しい目的での利用，すなわち変容力のある利用ということができるだろう（第1要素）．また，学習対象著作物が写真などの伝統的な著作物であること，および，全部を複製することは，本来，フェア・ユース認定に不利になるが，変容

18　SCE事件判決は，第2要素，第3要素，第1要素，第4要素の順位検討を行っている．

19　Andy Warhol芸術財団事件最判に基づけば，変容力の有無は，この場合，作品である被告ソフトではなくて，被告ソフトを作成する行為（およびそのための中間的複製）について検討すべきであるが，ここではいずれであっても結論は異ならないだろう．

20　もっとも，プログラムの場合，アルゴリズムを抽出するためには，通常はコードの複製が必要であったが，ここで問題としている著作権で保護されない要素（画風や作風を含む）は，著作物を単に見聞きすれば学習可能で，複製は必要ではないとの反論も考えられる．確かに，人間が「学習」する場合は指摘のとおりかもしれない．しかしながら「機械学習」するためには，通常は複製が必要である（例えば，機械学習の際にAIに情報が入力されたり，AI内で情報処理が行われたりする都度，様々なレベルのメモリに記録が生じるが，これらは少なくとも「物理的」には複製である）．プログラムの場合は著作物の性質上，複製が必要であったが，画風や作風の場合は学習方法（機械学習）の性質上，複製が必要なのである．著作権法上保護されない要素を抽出などする上で，前者は許されるが，後者は許されないとする合理的な根拠は存在しないだろう．

力のある利用の場合はさほど重視されない（第2要素および第3要素）．さらに，変容力のある利用なので――機械学習専用の著作物やデータベースであると言うのでなければ――市場への影響は考えづらい（第4要素）．まとめると，4要素中2要素がフェア・ユースに有利で，2要素は結論に影響しないということになるから，4要素の分析からも，フェア・ユースが肯定される可能性が高いと言えよう．

ところで，ここまでは認識系のAIや自動翻訳AIの場合について検討してきたが，生成AIの場合はどうなるだろうか．具体的には，学習対象著作物の画風や作風などの，著作権で保護されない要素を学習し，当該画風・作風を有する表現を生成するようなAIである．

この場合も，アイデアまで保護することとならないために，学習対象著作物中の著作権で保護されない要素を学習するのに必要な範囲での複製は認められるべき，という基本的な考え方は当てはまるように思われる．

では，4要素の分析はどうなるだろうか．この点ポイントは，変容力のある利用といえるかどうかであろう．一見すると，学習対象著作物を代替するような表現を作成するための行為であるようにも見える．しかし，ここで検討の対象としている生成AIにおいては，学習するのも，また学習対象著作物と生成表現とで共通するのも，いずれも著作権で保護されない要素，アイデアに過ぎない．この点，著作権法は，多様な表現の創造を促進しており，それはアイデアを共通する表現であっても同様である．とすれば，このタイプのAIが生成する表現は，著作権法が認める新しい表現であり，このタイプの機械学習は，そのような新しい表現を生み出すための行為に他ならないから，変容力のある利用といえるだろう．そして，第1要素が変容力のある利用と位置づけられれば，第2要素以下については，先に分析したところと異ならない．つまり，フェア・ユースと解される可能性が高いと考えられよう．

⑴ 創作的表現そのものを学習する場合

機械学習の内，創作的表現そのものを学習するタイプの典型例としては，いわゆるLoRA（Low-Rank Adaptation）のうち，写真・イラストや小説などについて，画風や作風を越えて，具体的な絵柄や文体を再現可能な（追加）学習済みモデルを作成する場合をあげることができる．また，病気診断AIで，問診結果や検査結果などを入力して，想定される病名や治療方法が表示される際に，あわせて，学習した医学論文中から，それらの根拠となった1節を抜粋して表示するような機能を有するものの場合も，学習対象著作物の創作的表現そのものを学習しているということができるだろう[21]．

この点，具体的な絵柄や文体などの創作的表現を学習し再現することを目的とするLoRAについては，次のように考えられよう．すなわち，通常は鑑賞目的などで利用される写真や小説などの著作物を，後に鑑賞目的の作品を作成するために学習する（実際には学習済みモデル内に複製する）のであるから，利用行為の目的が共通・類似していることになり，特段の正当化事由[22]がなければ，変容力のある利用と評価するのは難しいだろう（第1要素）．次に，学習対象著作物が写真などの伝統的な著作物であること，および，機械学習に際して全部を複製することは，フェア・ユース認定に不利になる（第2要素および第3要素）．また，学習時点では学習対象の画像などと競合しなくても，それを用いて（学習対象著作物の表現を含む）画像などを作成することになるから，間接的ではあるが，学習対象著作物の市場に影響すると評価可能だろう（第4要素）．とすると，濃淡はあるにしても，4要素がいずれもフェア・ユース認定に不利と評価されることになるだろう．

一方，例示した病気診断AIの場合については，分析結果が異なってくるものと思われる．この点，参考になる裁判例として，検索結果の一部としてサムネイルを表示する画像検索エンジンに関する事例（Perfect10事件判決[23]）や書籍の全文検索を可能とし，検索結果提供時に本文の一部をスニペット表示する事例（Authors Guild事件判決[24]）をあげることができる．いずれも検索関連の事案であるが，検索の前提として，多数の著作物を複製し，それを解析した結果とともに，表現そのものもデータベースに保存し，後に，検索結果の提供時

21　もっとも，この場合は，学習対象の医学論文から，各病気の診断基準などの著作権で保護されない要素も同時に学習している．つまり，第1類型と第2類型を併せ持った機械学習である．

22　例えば，学習対象著作物自体を批評・批判などの対象にする場合が考えられる．

23　Perfect 10, Inc. v. Amazon.com Inc., 508 F.3d 1146（9th Cir. 2007）

24　Authors Guild, Inc. v. Google, Inc., 804 F. 3d 202（2nd Cir. 2015）．

に，保存した表現の一部を併せて出力することになる．これは，著作物の利用という視点で見れば，例示した病気診断 AI の場合と選ぶところはなく，結果，両判決の論理を応用することができるだろう．

Perfect10 事件判決は，次のような分析に基づいて，フェア・ユースを認めた．まず，サムネイルとしての利用は，元々鑑賞などの目的で利用されるべく創作された画像を，情報の出所を示すポインターという全く異なる目的のために利用する点で変容力のある利用であるとした（第 1 要素）．次に，複製対象著作物は，画像や写真などの創造的な作品であるため，その性質は，わずかに著作権者に有利（＝フェア・ユースに否定的）になるとした（第 2 要素）．さらに，全部を複製したことについては，変容力のある利用目的に照らして必要なことであったとして，フェア・ユース認定上，中立であるとした（第 3 要素）．最後，変容力のある利用であることから，市場への影響は推定されず，原告が主張する仮定の影響以上のものは示されていないとした（第 4 要素）．

Authors Guild 事件判決もフェア・ユースを認めている．まず，書籍の全文検索機能を提供するための複製は，書籍を代替するための利用ではなく，書籍に関する情報を使用可能にして公衆の知識を増大させる利用であるとして，大いに変容力があるとした（第 1 要素）．また，変容力のある利用なので，複製される著作物の性質がフェア・ユース判断に占める重要性は低いとした（第 2 要素）．さらに，全文検索機能を実現するために書籍全体を複製することが必要であったこと，公衆に検索結果として提供されるのは極一部に制限されていることなどから，利用される部分の量と実質性についても，フェア・ユース認定に不利にはならないとした（第 3 要素）．最後，検索結果として表示される部分が極限られていることから，利用される書籍の代替にはならないとして，市場への影響も否定された（第 4 要素）．

両判決の論理を当てはめると，医学論文を病名判定目的，そしてその根拠として一部を表示する目的で機械学習することは，変容力のある利用と言えるだろう（第 1 要素）．しかも，その場合，第 2 要素以降についても，フェア・ユースに不利と判断されることはないものと考えられ，結果，フェア・ユースが認められるように思われる．

⑵ 学習済みモデルを利用する行為

学習済みモデルを利用する行為について検討したい.

Andy Warhol 事件最判は，利用ごとにフェア・ユースか否かを判断すべきと判示した．その意味では，(1) で検討した学習の結果できあがった各学習済みモデルについて，利用ごとにフェア・ユース該当性を判断することになる．もっとも，同最判が述べるところは，日本法で言えば，権利制限規定によって作成された複製物が目的内で利用されているか否かを問うているに過ぎない[25].

とすると，著作権で保護されない要素のみ学習し，学習済みモデル内にはそれらしか保存されていない場合については，学習済みモデルは学習対象著作物の複製物ですらないことになるから，その利用にはそもそも著作権が及ばず，フェア・ユースを議論するまでもないということになる.

一方，創作的表現そのものを学習する場合は，学習済みモデル内に創作的表現が保持されていることになり，学習済みモデルは学習対象著作物の複製物となり，フェア・ユースを検討する余地が出てくる．その場合，学習済みモデルの作成が変容力のある利用とされれば，その目的の範囲内で学習済みモデルを利用する行為は，同じく変容力のある利用と解されるであろうから，第2要素以降にも影響して，フェア・ユースとされる可能性が高いと言えよう．逆に言えば，学習済みモデルの作成自体が変容力のある利用とされず，フェア・ユースが認められないような場合，当然，その目的の範囲内で学習済みモデルを利用する行為も，変容力がある行為とはされず，フェア・ユースが認められる可能性は，かなり低いと言える.

5　関連する訴訟の概要と現状

先に見たように，AI 開発過程の機械学習に際しての著作物の利用がフェア・ユースとなるか否かについて，結論を出した裁判例はまだ存在しない．一方，生成 AI が急速に普及しはじめる中で，AI を巡る訴訟が増えつつある[26].

25　奥邨 NBL・前掲（注1）65 頁参照.

ここでは，それら現在進行形の訴訟のうち，ニュースなどでも頻繁に取り上げられた，画像生成 AI 関連の訴訟２件について，その概要と現状について見ていきたい．

⑴　画像生成 AI に関する集団訴訟[27]

まず，画像生成 AI に関する集団訴訟[28]から取り上げたい．この訴訟の原告は，合計３名のイラストレーターである[29]．被告は，画像生成 AI である Stable Diffusion を開発し市場投入している Stability AI 社[30]と，同じく，画像生成 AI を開発等している Midjourney 社および DeviantArt 社である[31]．

26　Web サイト "Chat GPT Is Eating the World" の記事 "Master List of lawsuits v. AI, ChatGPT, OpenAI, Microsoft, Meta, Midjourney & other AI cos."〔https://chatgptiseatingtheworld.com/2023/10/19/master-list-of-lawsuits-v-ai-chatgpt-openai-microsoft-meta-midjourney-other-ai-cos/〕によると，本稿校正時点（2023 年 11 月 10 日）で，OpenAI 社が訴えられている事件は 4 件（Paul Tremblay v. OpenAI, Inc., No. 3:23-cv-03223，Sarah Silverman v. OpenAI, Inc., No. 3:23-cv-03223，Chabon v. OpenAI Inc., No. 3:23-cv-04625-PHK，Authors Guild v. Open AI, No. 1:23-cv-8292），Meta 社が訴えられている事件は 3 件（Richard Kadrey v. Meta Platforms, Inc., No. 3:23-cv-03417，Chabon v. Meta Platforms, Inc., No. 3:23-cv-04663，Mike Huckabee v. Meta Platforms, Inc., etc., No. 1:23-cv-09152），Stability AI 社が訴えられている事件は 2 件（Sarah Andersen v. Stability AI Ltd, No. 3:23-cv-00201，Getty Images（US）, Inc. v. Stability AI Ltd, No. 1:23-cv-00135-UNA），Google（Alphabet 社）が訴えられている事件は 1 件（J.L. v. Alphabet Inc., No. 3:23-cv-03440-LB），マイクロソフト社の子会社が訴えられている事件は 1 件（Doe 1 v. Github, Inc., No. 4:2022cv06823），その他が 2 件（Thomson Reuters Enterprise Centre GMBH v. Ross Intelligence Inc., No. 1:20-cv-613-SB，Concord Music Group, Inc. v. Anthropic PBC, No. 3:23-cv-01092）となる．

　このうち，ごく初期の段階のものではあるが，裁判所の判断が示されているのは，下線を付した２件のみである．これら２件については，「6　補足」で少し詳しく紹介したい．

27　奥邨弘司「生成 AI と著作権に関する米国の動き～AI 生成表現の著作物性に関する著作権局の考え方と生成 AI に関する訴訟の概要～」コピライト 747 号（2023 年）38-46 頁参照．

28　Andersen v. Stability AI Ltd., 3: 23-cv-00201,（N. D. Cal.）.

29　もっとも，集団訴訟であるため，3 名は原告の代表と言うべきかもしれない．

30　正確には，英国の会社である Stability AI Ltd. と米国デラウェア州の会社である Stability AI, Inc. の 2 社があり後者は前者の 100% 子会社である．本稿では，両社を併せて，Stability AI 社とする．

31　原告は，被告らの製品のいずれも，画像生成 AI のコア部分として，Stable Diffusion 技術を搭載していると主張している．

㈠ 原告の主張

原告は，概要以下のような主張を行っている．

「Stability AI 社は，Stable Diffusion を開発するために，数十億枚の著作権で保護された画像（原告の作品も含まれる）のコピーを無断でダウンロードし」これらの学習対象画像を Stable Diffusion に学習をさせることによって，「これらの画像を圧縮コピーとして Stable Diffusion に保存し，取り込ませた.」Stability AI 社は，これらを無許諾かつ何らの支払いもなさずに行っている．「Stable Diffusion は，ユーザーのプロンプトに応じて画像を生成する際，数学的ソフトウェアプロセスを用いて，学習対象画像を使用して，一見新しい画像を生成するが，これらの『新しい』画像は，学習対象画像に完全に基づいており，Stable Diffusion が所定の出力を構成する際に用いる画像の派生物でしかない．結局，Stable Diffusion は，複雑なコラージュツールにすぎない.」

Stable Diffusion には，アーティストの画像が保存されているので，アーティストの名前を入力することで，「アーティストに対価を支払うことなく，そのアーティストのスタイルで新たな作品を生み出すことができる．なお，ここでの『スタイル』とは，ファンタジー風や印象派といった一般的な作品のカテゴリーを指すのではなく，『スタイル』が示すアーティスト本人による作品として，世間が受け入れてしまうようなものを指す」ので，Stable Diffusion が生成した特定のアーティストのスタイルの画像は，そのアーティストのオリジナル画像と市場で競合する．

原告は，被告らが次のような違法行為（ここでは，著作権関連に限定）を行ったと主張し，損害賠償および差止めを請求している．

①無許諾で原告の画像を含む学習対象画像にアクセスして，Stable Diffusion の学習に用いたこと，被告らが提供する製品に学習対象画像を含めたこと，Stable Diffusion の生成画像に学習対象画像を含めたことなどによる，複製権，翻案権，頒布権，実演権，展示権の直接侵害

② Stable Diffusion（を搭載した画像生成 AI）のユーザーが，特定のアーティスト名をプロンプトに含めることで，Stable Diffusion を用いて，当該アーティストの既存作品に類似するフェイク作品を生成し，それを当該アーティストのものと偽って頒布などすることに関する代位責任

③著作権管理情報の削除と削除した著作物の頒布によるDMCA違反など

㈠　訴訟の現状

被告は，原告3名の内2名については，著作権登録がないため，著作権侵害訴訟の提起要件を欠く旨主張している．また，著作権侵害訴訟において原告は，自身の特定の著作物と被告の特定の作品とが類似していることを主張すべきところ，そのような主張がなされていないことも被告は指摘している．

報道によれば，判事は，被告の上記主張を容れて，訴えを却下する意向を示した一方，訴えの内容を補充して，再提訴することは認めたという[32]．もっとも，本稿執筆時点[33]で，却下決定は書面化されておらず，また訴訟手続きも継続しているようである．

⑵　Getty Images事件

次に，世界最大のフォト・エージェンシーであるGetty Imagesによる画像生成AIに関する訴訟[34]について見てみたい．

原告であるGetty Imagesは，被告であるStability AI社が，Getty Imagesのwebサイトから，無断で，かつwebサイトの利用規約に違反して，多数の画像と説明文を複製したと主張している．

また，Stability AI社が，複製した画像を，拡散モデルの機械学習のために，モデルが理解できる形にエンコードして複製し，視覚ノイズを加えた複製を作ると同時に，ノイズを加える前の画像を保存しているとも主張する．さらに，学習の結果，Stable Diffusionは，画像を生成するようになるが，その中には，Getty Imagesが有する画像とそっくりなものや派生物が含まれることを指摘する（生成された画像が同社の画像に由来することは，生成された画像にGetty Imagesの透かしが表示されていることから分かると主張している）．

Getty Imagesは，AIによる機械学習向けに，自らの画像をライセンス供与しているが，Stability AI社の行為は，それと競合するものであるとも批判す

32　https://www.jdsupra.com/legalnews/california-court-casts-doubt-on-5453621/

33　2023年8月30日．なお，「6　補足」を参照されたい．

34　Getty Images（US）, Inc. v. Stability AI, Inc., 1: 23-cv-00135,（D. Del.）.

る．また，生成画像からGetty Imagesの透かしが故意に削除されている例や，質の悪い生成画像にGetty Imagesの透かしを無断で入れている例が存在することも指摘する．

以上を踏まえてGetty Imagesは，Stability AI社による，著作権侵害，著作権管理情報の改竄・削除および商標権侵害などを主張し，損害賠償と差止めを請求している．

これに対して，Stability AI社は，Getty Imagesが提訴したデラウェア地区連邦地方裁判所には人的管轄権がないことなどを主たる理由として，本件訴訟の却下，および，却下しない場合は，集団訴訟が行われているカリフォルニア北部地区連邦地裁への移送を求める申立などを行っている．

本稿執筆時点では，管轄権の存否を明らかにするためのディスカバリーを行うか否かが争われている状況である．

(3)　今後の展望

いずれの訴訟も，まだ入り口論の段階であり，機械学習に際しての著作物の利用がフェア・ユースとなるか否かについての議論は始まっていない．ただ，原告の主張を分析すると，将来，被告が抗弁としてフェア・ユースを持ち出した場合を想定して，布石を打っているように思われるので，簡単に触れておきたい．

両訴訟共に特徴的なのは，Stable Diffusionについて，学習対象画像を何らかの形で保存しており，プロンプトに応じてそれを加工して出力しているにすぎないと，原告が主張している点である．これについては，集団訴訟の訴状が，一見複雑なコラージュにすぎないと指摘している点や，Getty Images事件の訴状が，生成画像に同社の透かし（またはその類似マーク）が表示されていることを指摘している点に，特に顕著であろう．

Stable Diffusionが原告の主張するとおりの仕組みとなっているのかは，現時点では不明であるが，その点は横に置いて，原告がこのような主張をしているのは，Stable Diffusion開発のために行われる機械学習は，画風や作風のようなアイデアの抽出のためではなくて，学習対象著作物の表現を保存し，それを後の生成段階で使用するためであり，変容力のある利用とはいえないと反論する手がかりにするつもりではないかと思われる．

また，集団訴訟で原告が，生成画像はオリジナルと市場で競合するものであることを指摘していたり，Getty Images訴訟で原告が，Stability AI社の行為は，機械学習向けに画像をライセンス供与することに競合するものであると主張したりしているのは，被告の利用の目的が原告のものに取って代わる目的であって変容力がないばかりか，潜在的な市場への影響も考えられることを指摘して，第1要素および第4要素がフェア・ユースに不利と判断されることを狙ったものと考えられる．

6　補足

校正中に，2件の訴訟で，ごく初期の段階のものではあるが，裁判所の判断が示されたので，ここで簡単に紹介しておきたい．

(1)　画像生成AIに関する集団訴訟の現状

先に取りあげた画像生成AIに関する集団訴訟について，一部却下の決定[35]がなされた．決定の主な内容は次のとおりである．

(ア)　原告としての適格性

原告3名の内，著作権登録がないと被告に主張されいてた2名については，請求が却下された．残る1名（Andersen氏）についても，審理の対象は，著作権登録済の著作物に限定されることとなった．

(イ)　侵害された著作物の特定

被告は，どの画像がStable Diffusionの機械学習に使われたのかAndresen氏が特定していないので，その請求をも却下すべきと申し立てていた．

裁判所は，現時点では，“haveibeentrained.com”サイト[36]での検索の結果，

35　Andersen v. Stability AI Ltd., 2023 U.S. Dist. LEXIS 194324, 2023 WL 7132064.

36　Stable Diffusionの学習用データセットとされるLION-5Bに含まれる画像を検索できるサイトのこと．

自身の作品がそこに含まれていたことを確認したという Andersen 氏の証言で十分であるとして，申立を退けた.

(ウ) 主張毎の判断

原告は，被告である Stability AI 社，DeviantArt 社，Midjourney 社それぞれに対して（著作権に関するものとして），①直接侵害，②代位責任，③ DMCA 違反を主張している.

(a) Stability AI 社による直接侵害に関して

原告は，Stability AI 社が，① Stable Diffusion を作成するために著作権で保護された何十億もの画像（Andersen 氏の画像も含まれる）を許可なくダウンロードしたこと，②それらの画像を学習用データとして使用したこと，③それらの画像が圧縮コピーとして Stable Diffusion に保存されるようにしたことを理由として，同社による直接侵害を主張している.

裁判所は，原告の主張に対して，被告が十分な反論ができていないことを指摘して，Stability AI 社による直接侵害についての原告の請求を却下しなかった.

(b) DeviantArt 社による直接侵害に関して

原告は，① DeviantArt 社の AI 画像製品に，学習用画像の圧縮コピーを含む Stable Diffusion を組み込んで頒布したこと，②著作権を侵害する二次的著作物である前記製品を作成して頒布したこと，③著作権を侵害する二次的著作物である出力画像を生成し頒布したことを理由として，DeviantArt 社による直接侵害を主張している.

裁判所は，原告に対して，圧縮コピーとは何か，そして，Stable Diffusion は学習用画像との関係でどのように機能するかを補足すべく訴状を修正することを求めた．そして，もし Stable Diffusion が，学習用データ中の創作的表現の一部のみを生成するようなアルゴリズムや命令しか有していないのだとすると，ユーザーが DeviantArt 社の製品中の Stable Diffusion を利用することで，同社が直接侵害責任を負うか疑問である一方，DeviantArt 社の製品が，Andersen 氏の著作物を名指しで参照して表現を生成できることを原告が説得力を持って主張できれば，Andersen 氏の著作物の創作的表現が Stable Diffusion

中にどのようにそしてどの程度保存されているかという点などについて，強く推認することができるだろう，と指摘した．

また，裁判所は，原告が，DeviantArt社の製品から出力される表現について，著作権を侵害する二次的著作物であると主張するためには，原告の著作物である学習用画像と実質的に類似することを示すべく，訴状を修正する必要があることも指摘した．

裁判所は，訴状の修正の余地を残した上で，DeviantArt社による直接侵害についての原告の請求を却下した．

(c)　Midjourney社による直接侵害に関して

原告は，Midjourney社に対しては，DeviantArt社に対する前記①〜③の主張に加えて，④Midjourney社の製品の学習用画像として，著作物をスクレイピングしたり複製したりしたことも主張している．裁判所は，①〜③の主張については，DeviantArt社の場合と同様のことが言えるとした上で，④についても，原告は，Midjourney社が，具体的にどのような行為をしたのか訴状を修正して明らかにすべきと指摘した．

裁判所は，訴状の修正の余地を残した上で，Midjourney社による直接侵害についての原告の請求を却下した．

(d)　代位責任について

裁判所は，代位責任を主張するためには，直接侵害が存在しなければならないところ，既に検討したように，現在の訴状ではDeviantArt社とMidjourney社による直接侵害に関する原告の請求には不備があるため，両者に対して代位責任を追求することもできないとした．また，裁判所は――Stability AI社による直接侵害に関する原告の主張に不備はないものの――Stable Diffusionを組み込んだ製品を第三者が使用することで，Stability AI社が代位責任を負うとするためには，同社に侵害行為を監督する権限が存在することと，同社が侵害行為から金銭的利益を得ていることの2点を原告は示さなければならないとすると共に，そもそも，学習対象画像の圧縮コピーとは何で，それがStable Diffusionを組み込んだ製品中でどのように存在し，どのように機能しているのかを示す必要もあると指摘した．

裁判所は，以上の諸点について，訴状の修正の余地を残した上で，代位責任についての原告の請求を却下した.

(e)　DMCA違反について

裁判所は，著作権管理情報の削除や改竄を理由に被告のDMCA違反を主張する場合，原告は，著作権管理情報の削除などが，侵害を助長することを被告が知っていたか，または知るべき合理的根拠があったことについて，合理的な推認を裏付けるのに十分な事実を主張すべきであると指摘した．また，そもそも，どのような著作権管理情報が削除などされたのかも特定すべきと指摘した.

裁判所は，これらの点に関して，訴状の修正の余地を残した上で，DMCA違反についての原告の請求を却下した.

(f)　小括

まとめると，裁判所は，Stability AI社による直接侵害についての原告の請求以外は，全て却下した（もっとも，却下した部分については，原告が訴状を修正して，再度請求を行う余地は残されている）.

請求が却下された理由は，端的に言って，原告が十分な主張を行っていないことに尽きる．この点，しばしば，生成AIに関して著作権侵害訴訟を提起する場合，その仕組みなどを，原告が詳しく知る余地はないのであるから，その点を具体的に主張することを求めるのは――訴訟が進み，ディスカバリーなどを経て原告が詳しい証拠などを入手できる段階ならまだしも，訴訟の入り口段階ではなおさら――原告にとって酷であると指摘される．確かに，それはその通りなのであるが，今回裁判所の説くところを見る限り，そういったレベルのものを求めているようには思われない．例えば，Andersen氏の著作物が学習対象になっていたかどうかについては，現段階（つまり訴訟の入り口段階）では，サイトでの検索により学習されていたことが確認できたとするAndersen氏の証言だけで十分とされているからである.

もちろん，生成AIに関する著作権侵害訴訟は，前例のないことなので，訴状の段階で，何をどこまで主張すればよいのか，原告が手探り状態であることはやむを得ないし，裁判所も十分理解していると思われる．ただ，そういった点を踏まえても，主張が不十分であった，ということになるだろう．もっとも，今後生成AIに関する訴訟の「経験」が蓄積されれば，今回のような事態は容易に回避されよう.

なお，DeviantArt社による直接侵害に関して述べた部分で，下線を引いたところ，すなわち，学習対象著作物のアイデアを学習して保存し，それに基づいて表現を生成した場合と，学習対象著作物の表現を学習して保存し，それに基づいて表現を生成した場合で，分けて考えることになるとしているところは，大いに参考になるだろう．

⑵　機械学習とフェア・ユースに関する訴訟

対象となったAIは，必ずしも生成AIとは言えないのであるが，機械学習に関して，フェア・ユースが適用されるか否かに関して，大いに示唆的な考え方を示した裁判所の決定[37]について紹介しておきたい．

㋐　事実関係

原告は，Thomson Reuters Enterprise Centre GmbHら（以下，トムソン・ロイター社）であり，被告はROSS Intelligence Inc.（以下，ロス社）である．

トムソン・ロイター社は，Westlawで知られる，リーガル・リサーチ・プラットフォームを運営しており，その判例データベースの特徴の1つは，キーナンバーシステムとヘッドノートである．前者は，法的な論点に体系化された番号を割り当てるものである．後者は，判決の冒頭部分に，法的論点毎に短い要約を記述するものであり，各ヘッドノートにはキーナンバーが記載されている．

ロス社は，AI技術を利用したリーガル・リサーチのための自然言語検索エンジンの開発と提供を目指している新興企業である．同社は，その検索エンジンに，ユーザーが法的な質問を入力すると，判決から関連部分を引用して表示する機能を持たせることを考えていた．そのための機械学習用のデータとして，最初はトムソン・ロイター社から許諾を得て，同社のWestlawを利用しようとしたが断られたため，LegalEase Solutions（以下，リーガル・イーズ社）に，

37　Thomson Reuters Enter. Ctr. GmbH v. Ross Intel. Inc., 2023 U.S. Dist. LEXIS 170155, __ F. Supp.3d __. なお，ロス社のwebサイト（https://blog.rossintelligence.com/post/announcement）によれば，同社は資金的問題から2021年1月31日で事業を停止したが，訴訟については，その重要性に鑑み，保険によって費用を賄い，継続しているとのことである．

法的論点に関する質問と対応する回答（判決からの関連部分の引用）のペアを作る，バルク・メモ・プロジェクトを依頼した．プロジェクトの成果物（以下，成果物）として，リーガル・イーズ社は，25000の質問とそれに対する回答（1つの質問に回答は4つから6つ．質問との関連性が回答毎にランク付けされている）を作成し，ロス社はそれらを機械学習に用いた．

トムソン・ロイター社は，バルク・メモ・プロジェクトの質問は，同社のヘッドノートを疑問文に変えただけのものである（具体的に特定したのは2830の質問）と主張し，ロス社は，質問はヘッドノートの「影響を受けた」が，質問自体はリーガル・イーズ社の弁護士が作成したものであると反論している．

トムソン・ロイター社は，ロス社に対して，（ア）ロス社が，成果物を機械学習などのために，サーバーなどに複製したことに関して，ヘッドノートなどの著作権の直接侵害責任を問い，（イ）ロス社が，リーガル・イーズ社によるヘッドノートの複製などの著作権侵害行為を知りながら重大な寄与をしたとして，寄与侵害責任を問い，（ウ）ロス社が，リーガル・イーズ社の侵害行為を監督する権限を有しており，かつ侵害行為から金銭的な利益を得ていたとして，代位責任を問うている．

㈠　裁判所の判断

デラウエア地区地方裁判所は，前記（ア）～（ウ）のいずれの主張についても，重要な事実について真正な争いが存在するため，陪審に判断を委ねるべきであるとして，事実審理省略判決の申立を退けた．

また，裁判所は，前記の主張の前提として，①トムソン・ロイター社がヘッドノートなどに有効な著作権を有していること，②ヘッドノートなどが実際に複製されていること，③成果物とヘッドノートなどが実質的に類似していることの，3点が認められなければならないところ，①と③については，重要な事実について真正な争いが存在するため，陪審に判断を委ねるべきであるとして，それらの点についての事実審理省略判決の申立を退けた．

さらに裁判所は――仮に，ロス社に著作権侵害が認められたとした場合の――ロス社の抗弁としての，フェア・ユースの主張についても，以下のように述べて，その適否は陪審の判断に委ねるべきとした．

まずは，フェア・ユースの第1要素（利用の目的と性質）についてである．ロス社は，コンピュータプログラムのリバースエンジニアリングに伴う複製について，フェア・ユースを認めたSega事件判決とSCE事件判決を，本件でも先例として参照すべきと主張したが，裁判所は，「AIは言語パターンを分析するために，ヘッドノートと対応する判決の引用部分を分析しただけであり，Westlawの表現を複製したわけではない」という「ロス社の評価が正確であるとすれば，同社は，競合するとはいえ『全く新しい』製品，すなわち自然言語による質問への応答として判決から関連性の高い引用を生成する検索ツールの開発を試みる過程の一段階として，人間の言語をコンピュータが理解可能なものに翻訳したことになる．これは，ロス社の最終製品が侵害物を含まない，または，出力しないことも意味する．Sega事件判決とSCE事件判決に照らせば，これは変容力のある中間複製と言える．」と説示した．さらに「中間的複製に関する先例に照らして，ロス社の利用を変容力のあるものと解するかどうかは，同社の行為の正確な性質次第である．ロス社のAIが，判決からの引用を生成する方法を学習するために，ヘッドノートの言語パターンを学習しただけであれば，それは変容力のある中間的複製である．しかし，もし，Westlawの弁護士編集者が作成した創作性のある文章を，AIに複製させ再現させるために，ロス社が，ヘッドノートのテキストを変容させないまま使用したというトムソン・ロイター社の主張が正しい場合は，Sega事件判決やSCE事件判決と本件を比較するロス社の主張は適切とは言えない．繰り返すが，これは陪審が判断すべき重要な事実問題である．」と述べている．

第2要素（利用される著作物の性質）については，「陪審員は，ヘッドノートが判決の文言をどの程度忠実に反映しているか，ひいてはヘッドノートにはどの程度の保護が与えられるべきかを正確に判断しなければならないが，いずれにせよ，ヘッドノートは，著作権が保護を意図する中核をなすものではない．したがって，第2要素に関する最終的な判断は公判まで待たなければならないが，この要素はフェア・ユースの成立に有利であるように思われる．」と説示した．

第3要素（利用された部分の量と実質性）についても，「陪審員の事実認定を必要とする．……〔筆者注：トムソン・ロイター社は〕ロス社が，必要以上にコピーしたと主張している．一方，ロス社は，AIを効果的に訓練するためには，大量で多様な資料が必要だったと主張している．ロス社は，個々のヘッドノートについて，厳密に複製の必要があったことを証明する必要まではないが，複製（がもしあったとするなら，そ）の規模が現実的に必要なものであり，変容力のある目的を促進するものであったことを示さなければならない．」と述べた．

最後の第4要素（利用された著作物の潜在的な市場への影響）については，関係する市場として「リーガル・リサーチ・プラットフォームとしてのWestlaw自体の市場と，そのデータの市場の2つ」があるところ，トムソン・ロイター社は「ロス社の計画は最初からWestlawの代替品を作ることだったと主張する．……また，データの市場に関しては，従来型のライセンス市場と，急成長するAI訓練用データの市場があるところ，ロス社がリーガル・イーズ社を通じてWestlawのコンテンツを入手したため，従来型のライセンスを失ったとトムソン・ロイター社は主張している．そして，Westlawの訓練用データに潜在的な市場があることも示唆し」それが被害を受けた旨もトムソン・ロイター社は主張していると裁判所は指摘する．その上で，「ここで議論の余地のない事実がひとつある：ロス社とトムソン・ロイター社は，リーガル・リサーチ・プラットフォーム市場で競合している．しかし，それだけではロス社のAI製品がWestlawの代替品となるかどうかはわからない．ロス社の利用は，Westlawとは異なる目的を果たす全く新しいリサーチ・プラットフォームを生み出す，変容力のあるものかもしれない．もしそうなら，それは市場における代替品とは言えない．ロス社はまた，トムソン・ロイター社は，訓練用データに関する市場に参入したことはなく，今後も参加することはないだろうとも主張している．これらの事実の問題である，市場への影響に関する疑問については，合理的な陪審員はどちらにも認定することができるため，事実審理省略判決で解決することはできない．」と説示した．さらに裁判所は「著作権で保護された素材を使ってAIを学習させることは，公共の利益になるのか」という困難な問題について「どの程度，変容力があるのか．公衆はそれを無料で利用できるか．それは他のクリエイターの市場を飲み込むことで，その意欲を削ぐだろうか．」なども勘案しながら，陪審が検討する必要があることも指摘した．

㈦ 小括

管見の限り，機械学習に伴う著作物の利用が，フェア・ユースに該当するか否かについて，裁判所の一応の考え方が示された最初のケースと言えるだろう．その意味で，参考になるし，本件の今後が大いに注目される．なお，内容的には――細かいところはもちろん違いもあるが――リバースエンジニアリングに関する裁判例が参考になるのではないかという本稿の指摘に整合的なものと言える．特に，著作権で保護されない要素を学習し利用することを目的とした著作物の複製なのか，それとも，著作権で保護される要素の学習と利用を目的としたものかで，分けて考えるべきと先に指摘したが，本決定の論理もこの区別を前提にしていることは言及しておきたい．

Part III
AI による生成の侵害成否

第**5**章

依拠・類似

奥邨　弘司

1　依拠が問題となる状況

AIが生成した表現（以下，生成表現）が，既存の著作物に類似している場合について考えてみたい．

著作権侵害が成立するには，既存の著作物への依拠および当該既存の著作物との類似[1]が求められる．ここでは，類似は所与のものと考え，検討の対象を依拠に絞る．

従来の議論状況を概観すると，次のようになろう．まず，生成表現が類似しているとされる既存の著作物（以下，既存著作物）が，AIを訓練するための機械学習（以下，単に学習という）の対象となった著作物（以下，学習対象著作物）に含まれる場合に，全面的に依拠を認めるのか，それとも一定の場合にのみ依拠を認めるのかの議論がある．後者については，学習済みモデル内に既存著作物の創作的表現が何らかの形で保持されていると評価できる場合に限るのか否かが一つのポイントとなる．また，操作者（生成AIを操作して表現を生成する者を指す．創作的寄与が認められるような形でAIを道具として使用することで著作

1　類似について，後掲（注43）参照

者となる者のみならず，そこまでには至らずAIの自律的な表現生成を単に操作するだけの者も含む）が学習対象著作物に既存著作物が含まれることを知っている場合に限るのか否かの議論もある．

ここまでの議論は，生成AIにより表現を生成する上で鍵となる，AIを出発点とした依拠に関するものと総括することができるだろう．ただ，言うまでもなく，生成AIにより表現を生成する上で鍵となるのは，AIとその操作者の両者である．だとするならば，依拠についても，AIを出発点とした依拠（以下，AIによる依拠）を論じるだけではなく，操作者を出発点とした依拠（以下，操作者による依拠）を論じることも必要なはずである．すなわち，AIによる依拠が認められるか否かとは独立して，操作者による依拠を論じるべきであろう．

以上を前提に，これからの分析を進めたい．

2　依拠に関する従来の議論

⑴　AIによる依拠

㈠　知財本部報告書

まず，AIによる依拠に関して，従来，どのような議論がなされてきたかを見ていこう．この点，議論の出発点とも言える，新たな情報財検討委員会の報告書[2]（以下，知財本部報告書）は，

「著作権法第47条の7〔筆者注：平成30年改正前の規定．情報解析についての権利制限を定めたものであり，平成30年改正後の30条の4および47条の5の元になった規定〕に基づき著作物を含む学習用データを作成し，当該学習用データを『AIのプログラム』に機械学習させて『学習済みモデル』を作成した後，当該学習済みモデルに何らかの入力を与えて出力した結果の一部又は全部が，元の学習用データの一部又は全部と同一又は類似する

2　知的財産戦略本部 検証・評価・企画委員会 新たな情報財検討委員会『新たな情報財検討委員会報告書　―データ・人工知能（AI）の利活用促進による産業競争力強化の基盤となる知財システムの構築に向けて―（平成29年3月）』37-38頁

場合をどのように考えるかという問題がある．

この場合，出力された生成物が著作権侵害と判断されるためには，依拠と類似性が必要とされると考えられるが，単に学習用データに元となった著作物が含まれているからといって依拠が肯定されるのか，仮に肯定されるとしても学習済みモデルの作成者と AI 生成物を出力した者が異なる場合にまで依拠を認めて良いのか等の問題が指摘されている．」

と問題設定した上で，

「これについては，学習用データに含まれる著作物の全部又は一部と同一又は類似するものが学習済みモデルから出力された場合に，仮に依拠を一律に否定すると AI を利用すれば著作権侵害を否定できるようになり，その結果，著作権侵害を目的として AI を利用することや実際には AI を利用しない場合でも侵害逃れのために AI を利用したと僭称することが想定されるのではないかとの指摘がある．」

とし，その後，

「著作物が学習済みモデル内に創作的な表現の形でデータとしてそのまま保持されている場合は依拠を認めるべきとの指摘」（指摘①）

「そのまま保持されていなくとも学習用データに含まれている等の元の著作物へのアクセスがあれば依拠を認めても良く，侵害の成否については類似性のみで判断すれば良いとの指摘」（指摘②）

「著作物が創作的表現としてではなくパラメータとして抽象化・断片化されている場合等は，アイデアを利用しているにすぎず依拠を認めるべきではないのではないかとの指摘」（指摘③）

「人間の創作における依拠とパラレルに考えた場合，仮に著作物へのアクセスがあれば依拠があると認めてしまうと，著作権法上の独自創作の抗弁が機能しなくなり，表現の自由空間が狭まるおそれもあるとの指摘」（指摘④）

の 4 つを列挙した上で，

「AI の技術の変化は非常に激しく，問題となった具体的な事例が多くない状況では，人間の創作を前提とした従来の依拠の考え方を AI の創作の場合に当てはめて良いのか更に検討を進めることが必要であり，現時点で，具体的な方向性を決めることは難しいと考えられる.」

と結んでいる.

ここで指摘②は，既存著作物が学習対象著作物に含まれれば，全面的に依拠を認める立場（以下，全面的肯定説）と言える.

次に指摘①は，既存著作物の創作的表現が学習済みモデル内に保持されている場合に依拠を認めるものであり（以下，表現時肯定説），指摘③は，学習済みモデル内に保持されているものが，既存著作物のアイデアのみの場合は，依拠を否定するものである（以下，アイデア時否定説）.

指摘④は，全面的肯定説を批判するものであり，その意味では部分的肯定説と親和的であるが，具体的にどのような場合に依拠を認めるかについては言及しておらず，不明である.

ところで，本来，表現時肯定説とアイデア時否定説は，同一の状況を表裏から説明しているに過ぎないはずである．なぜなら，ここに言う表現やアイデアは，アイデア・表現二分論におけるそれらを指すから，結局，学習済みモデル内に保持されているものが，既存著作物の創作的表現と評価できる場合は依拠を肯定し，そう評価できない場合は依拠を否定することになるからである．その意味では，表現時肯定説とアイデア時否定説は，いずれも限定的に依拠を肯定する立場（以下，限定的肯定説）の一種と位置づけられるはずである.

しかしながら，従来の議論を見てくると，表現時肯定説が，全面的肯定説と結びつく場合が存在する．と言うのも，学習済みモデル内に保持されるものは常に表現であると理解する場合は，表現時肯定説は全面的肯定説となるからである．逆に，学習済みモデル内に保持されるものは常にアイデアであると理解する場合は，アイデア時否定説は全面的に依拠を否定する立場になる．実はこの点が，依拠に関する議論を噛み合わなくする元凶の１つである点に留意すべきであろう.

一方で，特定の学習済みモデル内に保持されているものが表現と評価された場合，表現時肯定説＆限定的肯定説と表現時肯定説＆全面的肯定説は，いずれも依拠を肯定する結論を導くことにも留意が必要である.

(イ) 学説

代表的な学説を見てみよう．

まず横山論文[3]は，「AIが学習のために保存された著作物をそのまま，あるいは多少加工して出力したような場合」については，「当然に依拠が認められることになろう」とする．この部分は，表現時肯定説を述べたものと評価できよう．

一方，「AIが機械学習により生成された一群のパラメータに基づいてコンテンツを制作している場合」については，「AIの学習過程では，元の著作物はパラメータに抽象化，断片化されて記録されるが，これら一群のパラメータは，AIプログラムの処理方法を規定し，AIプログラムが制作する生成物の内容に直接影響を及ぼすものであるから，プログラムの一部とみるべきであり，単なるアイデアと捉えることは適当でないであろう．」と述べ，その上で，「元の著作物が一群のパラメータの生成に寄与し，かつ，その一群のパラメータに基づいて生成物が制作されている場合には，表現形式が変換されているとはいえ，元の著作物を利用してAI生成物が制作されたといえるから，依拠を肯定すべきである．」とする．これは，パラメータであってもなお表現であり，アイデア化されたとは言えないとの理解によるものと思われる．すなわち，学習対象著作物の創作的表現が学習済みモデル内に保持されており，それに基づいて表現が生成されると考えているものと解されるので，表現時肯定説と言えよう．

ただ，「他方で，元の著作物が学習に利用されていても，一群のパラメータの形成に寄与していない場合には，元の著作物がAI生成物の制作に現に利用されたとはいえないから，依拠を否定すべきである．」とするため，表現生成への寄与の程度によって，依拠を肯定するかどうかが変わる立場でもあるので，限定的肯定説と言うことができるだろう．

次に，愛知論文[4]は，「基本的には，AI利用者がAIによるコンテンツ生成を行う過程で，AIが入力された他者の著作物にアクセスし，それを元にしてAI生成物が生成されたと認められる限り，依拠を肯定せざるを得ないと思わ

3　横山久芳「AIに関する著作権法・特許法上の問題」法律時報91巻8号（2019年）53–54頁．

4　愛知靖之「AI生成物・機械学習と著作権法」パテント73巻8号（2020年）143–144頁．

れる.」とする．この記述からは，愛知論文は全面的肯定説に分類されよう．

また，同論文中の「AI による機械学習プロセスにおいてパラメータとして抽象化・断片化された状態になろうとも，それは入力された著作物の形態が機械的に変換されたものにすぎず，『表現』であったものが『アイデア』に変換されたとの評価を下すべきではない.」との記述に照らせば，学習済みモデル内に保持されているものは常に表現であるとの評価に基づく，表現時肯定説&全面的肯定説ということができるだろう．

最後に，平嶋論文[5]は，「入力と出力の間を関係づける学習モデル（たる関数）が形成される過程において個々の訓練データがそれぞれ何らかの影響を及ぼしていること自体は否定できない」ことから，自然人の場合の依拠についての議論（後に見る，客観説）を当てはめて依拠を肯定する見解が存在することを指摘しつつも，生成 AI による「生成物が個々の訓練データに対応する著作物に依拠して生成されたものとして定型的に評価することには理論的に無理がある」と批判し，AI による依拠を認めない．理由は，生成 AI における生成過程を人間における創作過程に擬えることができないことがあげられている．具体的には，生成 AI における「生成物とは，あくまでも学習モデルの構築，入力を前提とした学習モデル内における最適化処理の結果として得られるものであって，出力に至る過程はブラックボックスと称されるほど複雑であるものの，本質的には数学的処理にほかならないことから，自然人の脳による精神活動と同質のものとはいまだ評価し得ない」からとする．

ただ，平嶋論文は，AI が既存著作物を学習していることを前提とした上で，操作者が「入力の内容において特定の他人の著作物を基にした生成物を出力することについてあらかじめ明確に指示しているものと解されるような場合については必ずしも依拠性は否定しえないようにも考えられる.」とする．つまり，本稿の言葉で強いて言えば，AI による依拠と操作者による依拠[6]の両方が認

5　平嶋竜太「Generative AI による生成物をめぐる知的財産法の課題」L&T 別冊９号（2023 年）67-69 頁.

6　なお，「そのような入力を行った者自身についてみても，当該特定の他人の著作物に対する事前のアクセス可能性は極めて高いものと考えられ，加えて入力において当該特定の他人の著作物に係る情報を含めた指示をすることによって，学習モデル内の状態に対して積極的に作用をして，出力内容に影響を及ぼしているものととらえることが可能」（平嶋・前掲（注 5）69 頁）との記

められる場合に限って，依拠を認める考え方といえよう．

(ウ)　操作者による知・不知の影響

次に，AI による依拠に関して，操作者による知・不知，すなわち，生成表現に類似する既存著作物が学習対象著作物に含まれていることを操作者が知っていたか否かが影響を与えるか否かという問題について，従来の議論を概観しておこう．

まず，知財本部報告書には，この問題についての記述はない．

では，学説はどうか．横山論文[7]は，AI に学習させた者と操作者とが別人であり，操作者が学習対象著作物に何が含まれていたか知らなかった場合に関して，「AI ではなく，人に創作を依頼した場合には，依頼された表現物が既存の著作物を利用して作成されたものである限り，依頼者がその事実を知らなくても，依拠が認められ，依頼者が当該表現物を利用すれば，著作権侵害が成立するとされる」ことに照らして，「AI 生成物が元の著作物を利用して制作されたものといえる限り，出力者〔筆者注：本稿における操作者〕がその事実を知らなくても，依拠が認められるべきであろう．」とする．

愛知論文[8]は，「甲が，他者の著作物 A を複製・翻案して違法複製物または二次的著作物 B を作成したのち，乙が当該著作物 B をさらに無断利用するケースでは，たとえ乙が直接に著作物 A にアクセスしたことがなくとも，複製物・二次的著作物 B に著作物 A の創作的表現がそのまま現れている以上，間接的に著作物 A に依拠したことになると考えられる（間接依拠）．そうすると，AI が生成したコンテンツに，入力された他者の著作物の創作的表現がそのまま現れている場合には，AI 利用者〔筆者注：本稿における操作者〕も間接的に当該著作物に依拠したものと認めて差し支えないであろう」とするので，横山論文と同じ立場ということになろう[9]．

述からは，操作者による依拠については，後に見る主観説に近い考え方を採るようである．

7　横山・前掲（注 3）54 頁．

8　愛知・前掲（注 4）144 頁．

9　また，愛知論文（前掲（注 4）143–144 頁）は「AI 利用者自身は，たとえ，同人が学習済みモデルの作成者でもあり，学習用データとして他人の著作物を AI に入力した本人でもあるとしても，AI 生成物の生成過程において AI が実際にどの著作物にアクセスしていたかを直接に認識平嶋論文は，基本的にAIによる依拠を認めない．そのため，操作者が，生成表現に類似する既存著作物が学習対象著作物に含まれていたことを知っていたか否かは，AIによる依拠の成立に影響を与えない．ただ，平嶋論文は，強いて言えば，AIによる依拠と操作者による依拠の両方が認められる場合に限って，依拠を認める考え方であり，かつ，操作者による依拠については主観説を採るので[10]，その限りでは，操作者による知・不知は影響する．

⑵　操作者による依拠

AIによる依拠とは独立の問題としての，操作者による依拠について見てみよう．この問題が如実に影響するのは，AIによる依拠が否定される状況，つまり，学習対象著作物に既存著作物が含まれていない状況で，そのようなAIを用いて[11]，操作者[12]が，操作者自身は見聞きしたことのある既存著作物に類似する表現を（意図的に）生成するような場合である[13]．この場合に，依拠が肯定されるか否か．

この点，知財本部報告書でも，代表的な学説でも，明示的に議論されていない．唯一，平嶋論文は「Generative AIにおける学習モデル構築に際して当該著作物に係るデータが取り入れられていない以上は，原則として，自然人による創作の場面で当該著作物に接していないものと評価することが妥当であると考えられる」[14]として，AIによる依拠が否定される場合，原則として，操作者による依拠も否定されるとしつつ，「あくまで原則とする理由は，入力内容として，特定の著作物を指定して生成物の出力を求めているような場合については，当該著作物が学習データとして取り入れられていなくとも，関連する他の

することはできない」が，それでも，「AIが生成したコンテンツに，入力された他者の著作物の創作的表現がそのまま現れている場合には，AI利用者も間接的に当該著作物に依拠したものと認めて差し支えない」とも述べている．

10　平嶋・前掲（注5）69頁参照．

11　知財本部報告書，および，学説のいずれも，学習対象著作物に既存著作物が含まれない場合に，AIによる依拠が成立するとはしていない．

12　操作者が学習をさせた者である場合を含む．

13　意図的である必要があるかは，依拠について主観説を採るか客観説を採るかで異なってくる（後述）．

14　平嶋・前掲（注5）68頁．

著作物データや関係データから推論して生成される可能性は否定できないからである．このような場合に，依拠性を肯定することが妥当であるのかは極めて難しい判断となろう．」[15] と述べ，問題の所在を一部示唆している．

3　依拠に関する検討

(1)　依拠とは

操作者による依拠と AI による依拠を検討する前提として，そもそも依拠とは何かを見ておきたい[16]．

まず，全ての支分権該当利用行為に関して，依拠を統一的に捉える場合は，依拠を，「既存の著作物が被疑侵害作品に現に利用されていること」[17] とか，被告による支分権該当利用行為の対象物が原告の著作物であること[18] などと，客観的に解することになる（総称して，客観説）．

一方，依拠が認められるためには，既存の著作物の表現内容を認識することと，それを自己の作品へ利用する意思があることの両者が必要とする立場もある[19]（主観説）．この立場の場合，例えば，他者からもらった著作物が含まれた電子媒体の中身を確認しないままに PC でコピーしたり，また媒体をそのまま転売したりした場合，依拠が存在しないことになってしまう．そこで，既存の著作物の表現内容の認識や，利用の意思のような主観的なものを求めるのは，新たに創作された著作物について，既存の著作物の著作権を侵害するのか否かが問題となる場合――強いて言えば，創作系の侵害の場合――に限るとし，機械的複製のような場合――強いて言えば，単純利用系の侵害の場合――は，依

15　平嶋・前掲（注 5）脚注 38.

16　詳細は，龍村全「著作権侵害における『依拠』論と著作権侵害による差止請求の帰責原理」野村豊弘先生古稀記念『民法の未来』（商事法務，2016 年）65 頁以降など参照.

17　横山・前掲（注 3）53 頁.

18　奥邨弘司「技術革新と著作権法制のメビウスの輪（∞）」コピライト 702 号（2019 年）9 頁参照.

19　西田美昭「複製権の侵害の判断の基本的考え方」斉藤博＝牧野利秋編『裁判実務大系 27 知的財産関係訴訟法』（青林書院，1997 年）127 頁.

拠を認めるのに既存著作物の表現内容の認識などは不要という具合に，侵害形態毎に依拠の意味するところを変化させることになる[20]．なお，主観説の場合，いわゆる無意識の依拠（過去，既存の著作物の表現内容を認識する機会はあったものの，新たに著作物を創作する際には，そのことを忘れてしまっている状況）では，依拠は認められないことになる[21]．

(2)　操作者による依拠

最初に，AIによる依拠とは独立の問題としての，操作者による依拠について考えてみたい．この問題，従来明示的に議論されてこなかったが，冒頭述べたように，AIによって表現を生成する上で鍵となるのが，AIと操作者である以上，AIによる依拠を論じるだけでなく，操作者による依拠を論じるべきなのは，自明の理であろう．

この点，平嶋論文は，AIによる依拠が否定される状況，つまり，学習対象著作物に既存著作物が含まれていない場合に，AI操作者による依拠をもって，著作権侵害を肯定すべきかについて難しい問題とする．しかしながら，私見は素直に肯定すべきと考える．なぜなら，操作者による依拠を論じる文脈では，AIは単なるツールと評価して差し支えなく，通常，依拠の議論に，ツールの使用は何ら影響を与えないからである．つまり，単純に，ごく一般的な依拠の議論を操作者についてすれば良いことになる．具体的に見てみよう．

まず，依拠についてどの説に立つ場合も，操作者による依拠に関する結論が異ならないケースから考える．

操作者が，既存著作物の存在も内容も知らなかった場合――つまり，ワン・レイニー・ナイト・イン・トーキョー事件最高裁判決[22]のような状況の場合――は，依拠についてどの説を採用しても，操作者による依拠は否定される．

一方，操作者が，意図的に既存の著作物と似た著作物を生成しようとしたような場合は，いずれの説に立っても，依拠は肯定されるだろう．例えば，AIを用いて，（操作者も含めて）誰もが見聞きしたことのあるようなアニメのキャ

20　高林龍『標準著作権法〔第5版〕』（有斐閣，2022年）77-78頁．

21　西田・前掲（注19）130頁参照．

22　最判昭和53年9月7日民集32巻6号1145頁．

図　依拠の検討に関する実務上のフロー

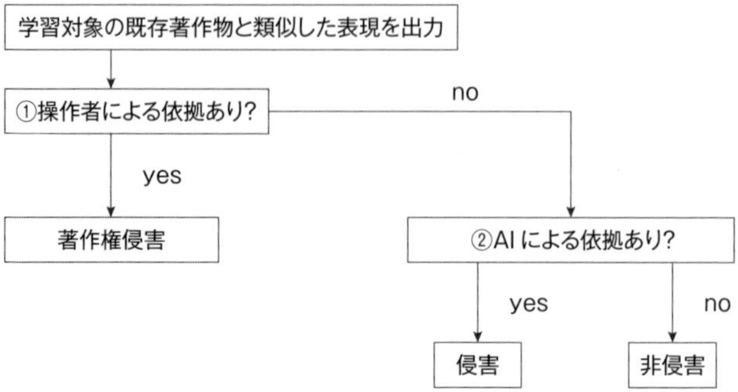

ラクターの絵柄や音楽の旋律によく似た表現を意図的に生成した場合は，操作者について依拠が肯定されるものと考えられる．また，画像生成 AI において，特定のアニメキャラクターの絵柄を LoRA（Low-Rank Adaptation）によって追加学習させて，それによく似た画像を意図的に出力するような場合も，同様に考えることができよう．これらの場合，AI は，絵筆とか，お絵かきソフトとか，ワープロとかのような，単なるツールに過ぎず，それらツールの使用は依拠の議論に影響を与えないから，ここでも，AI による依拠を持ち出すまでもなく，著作権侵害が成立することになる．

次に，説によって結論が異なりうるケースについて検討したい．典型的には，操作者について，無意識の依拠が問題になるような状況だろう．すなわち，過去，操作者には，既存著作物の表現内容を認識する機会はあったものの，AI を用いて表現を生成する段階では，そのことを忘れてしまっているような状況である．このとき，客観説では依拠は肯定されるが，主観説では依拠は否定される．もっともこの問題は，AI 特有の問題ではないため，AI の文脈で，いずれの説を採用すべきか論じることはできない[23]．

以上，拍子抜けするぐらい平凡な結論であるが，訴訟実務を含む実務という点では，このことが意味するところは大きい．なぜなら，生成 AI を用いて生成されたある表現が既存著作物と類似していることが問題になった場合，当該

23　ただ，操作者による依拠と AI による依拠で，基準を変えることが許されるのか，という問題は残る．

既存著作物が，当該AIの学習対象著作物に含まれているか否かにかかわらず，操作者について，当該既存著作物に関して操作者による依拠が肯定される状況か否かを議論し，それが肯定される場合は，それで著作権侵害が成立することになるからである．また，操作者による依拠が肯定される場合，学習済みモデル内に保持されるものが，表現なのかアイデアなのかといったややこしい議論をすることなく，侵害が肯定されることになる[24]．

なお，誤解を避けるために，付言すると，仮に，操作者による依拠が否定されても，直ちに著作権侵害が否定されることにはならない．なぜなら，AIによる依拠が肯定されるか否定されるかを検討する必要が残っているからである．逆に言えば，実務において，AIによる依拠を検討する実益があるのは，操作者による依拠が否定される（もしくは不明確な）場合となる．

⑶　AIによる依拠

㋐　総論

学説の状況を改めて整理すると，AIによる依拠については，学習済みモデル内に保持されているものは常に表現であると捉えた上で全面的に依拠を認める[25]表現時肯定説＆全面的肯定説（愛知論文），学習済みモデル内に保持されているものは常に表現であると捉えるものの，表現生成への寄与の程度によっ

24　筆者は，奥邨弘司「生成AIと著作権に関する米国の動き　〜AI生成表現の著作物性に関する著作権局の考え方と生成AIに関する訴訟の概要〜」コピライト747号47頁および注71で，AIによる依拠を検討した後（それが否定される場合に）操作者による依拠を検討することをデフォルトとするアプローチ（二段の独自創作）を提案していたが，今後は，依拠を二段階で捉える構図は同じものの，先に操作者による依拠を検討することをデフォルトとするアプローチに変更したい．主として訴訟経済の観点からである．

25　この立場の場合，学習済みモデルは，学習対象著作物の複製物となる．その場合，生成AIについて――画風・作風のような著作権で保護されない要素（アイデア）を学習・保持してそれを再現する目的の場合だけでなくて，絵柄や文体のような著作権で保護される要素（表現）を学習・保持してそれを再現する目的の場合も――機械学習は全て30条の4の適用対象であり適法に行いうると解したとしても，学習対象著作物に含まれる既存著作物と類似する表現が生成された時点で，30条の4に基づいて作成された複製物である学習済みモデルの目的外利用として（49条1項2号）――少なくとも，既存著作物に似た表現を生成しようとした場合は――複製を行ったとみなされることになろう．機械学習をさせた者と操作者が別人の場合，学習過程の問題を操作者の責任とする帰結となりそうである．

て依拠を肯定するかどうかが変わるとする表現時肯定説＆限定的肯定説（横山論文），学習対象著作物に既存の著作物が含まれかつそれと類似のものを出力するような入力を操作者が特に行った場合を除いてAIによる依拠を否定する説（平嶋論文）に分かれていた．

また，既存著作物が学習対象著作物に含まれていたことを操作者が知っていたか否かはAIによる依拠の問題に影響しないとする立場（横山論文および愛知論文）と，（AIを用いて表現を生成する時点の依拠の問題には）影響するという立場（平嶋論文）が存在する．前者は依拠について客観説，後者は主観説に立つものと理解することができるだろう．

私見は，学習の結果，学習済みモデル内に保持されているものが，表現なのかアイデアなのかによって，区別して議論すべきであり，前者の場合は生成段階での依拠が認められるが，後者の場合は生成段階での依拠は認められないとする立場である．先の分類で言えば，表現時肯定説＆限定的肯定説となる．また，操作者による知・不知は，AIによる依拠の問題には影響しないという立場になる．以下，理由について述べていきたい．

(イ)　実態的視点

まず，私見のように区別して議論すべきという立場は，実態に照らして，むしろ自然なのではないかと思われる．なぜなら，学習済みモデル内に保持されるものが，表現であるかアイデアであるかは，技術毎に，サービス毎に，モデル毎に，様々なものがありうるのであって，この点の個別考慮を抜きに，一律に，表現に当たるとかアイデアに当たるとかを決めるのは適切ではないからである．一口にAIと言っても，それを実現する技術は様々であり，かつ，その進歩が急速であることを考えると，なおさらだろう．逆に言えば，学習済みモデル内に保持されるものが常に表現であることを前提とすることには問題があると言わざるを得ない．

(ウ)　依拠の対象

私見は，侵害要件としての依拠の対象は表現であってアイデアではなく，アイデアのみに依拠する場合は類似していても独自創作であるとする著作権法の基本的な考え方[26]を踏まえたものである．

そもそも，侵害要件として依拠は，相対的独占権である著作権が及ぶ範囲が著作権者の著作物（条文上は「その著作物」）の利用に限られることから導出される．すなわち，利用行為の対象が著作権者の著作物＝創作的表現であることを担保しているわけであり，複製権侵害や翻案権侵害の場合は，被告作品中に原告著作物の（少なくとも）一部が含まれていることを求めているわけである．当然，依拠の対象がアイデアなのか表現なのかの区別は，重要になってくる．

もっとも，人間による創作に伴う複製権侵害や翻案権侵害の事件の場合，一度，被告が原告の著作物を知覚したことが示されれば，通常は，それ以上に，表現に依拠したのかそれともアイデアに依拠したのかを問うことはない．そのため，依拠の対象を区別して論じる本稿の論理は違和感を生じるかもしれない．

ただ，ここで指摘しておきたいのは，理論的には，人間の場合も，表現に依拠したのかアイデアに依拠したのかを本来は問うべきだという点である．ただ，理論的にはそうなのであるが，人間が著作物を知覚した場合，表現もアイデアも一体として受容するのが常であり，後の創作時にそのどちらに依拠したのかを区別して論じることは，基本的に不可能である．そのため，従来は，人間による創作に伴う（すなわち，創作系の）複製権侵害や翻案権侵害の事案の場合に，わざわざ，依拠の対象が表現なのかアイデアなのかを区別しなかったに過ぎない．

逆に言えば，区別がつくのであれば，本来どおり，表現とアイデアのどちらに依拠したのかを区別して議論すべきなのである．この点，機械学習の場合は区別がつく可能性がある以上，区別して論じるのが，むしろ，著作権法の基本的な考え方に忠実なアプローチと言えるだろう．

㈱ クリーン・ルーム方式[27]

依拠の対象が，表現なのかそれともアイデアなのか，という問題についてのシステマティックな議論として，プログラムのリバースエンジニアリング時に

26　田村善之『著作権法概説〔第2版〕』（有斐閣，2001年）54頁および中山信弘『著作権法〔第4版〕』（有斐閣，2023年）743頁参照．

27　詳細は，奥邨・前掲（注24）43-47頁参照．

おける，クリーン・ルーム方式でのプログラム開発に関するものをあげることができる．

本稿で，プログラムのリバースエンジニアリングと呼ぶのは，既存のプログラムを解析してアルゴリズムを抽出し（解析過程），それに基づいて互換・競合プログラムを作る（作成過程）一連の行為のことである．また，クリーン・ルーム方式とは，解析過程と作成過程の間で情報の交換や人の往き来を分離・遮断し，解析過程で抽出された既存プログラムのアルゴリズム（＝アイデア）のみを解析過程から作成過程に引き渡し，作成過程で互換・競合プログラムのコードを作成する者は，前記アルゴリズムのみにアクセスし，既存プログラムのコード（表現）に一切アクセスしないようにするプログラムの開発方法のことである[28]．ここでは，この問題について議論の蓄積がある米国での考え方について簡単に見ておきたい．

米国において著作権侵害が成立するためには，原告の著作物が一定程度以上コピー[29]されたことを証明しなければならないが，直接証拠でそれを示すのは極めて困難である．そこで通常は，被告による原告著作物へのアクセスと，被告作品と原告著作物の実質的な類似が示された場合，コピーの存在が推認される．この点，クリーン・ルーム方式で開発を行えば，互換・競合プログラムのコード作成者は，既存のプログラムのコード（＝表現）にアクセスしていないので，仮に，前者のコードと後者のそれとが類似していても，コピーがない，つまり独自創作であって，著作権侵害は成立しないことになる[30]．

28　*See generally* P. Anthony Sammi, Christopher A. Lisy & Andrew Gish, *Good Clean Fun: Using Clean Room Procedures in Intellectual Property Litigation*, INTELL. PROP. & TECH. L.J., October 2013, at 3.

29　複製としなかったのは，我が国著作権法の複製の定義が「有形的」再製に限定するものだからである．

30　*See* Sammi, Lisy & Gish, *supra* note 28, at 4.　本文でも解説し，前記参照文献にも記載があるように，米国では，クリーン・ルーム方式は，アクセスを否定し，独自創作を主張するための手法と理解されている．この点，アクセスを否定するのではなく，類似性を否定するために用いられるものとの指摘があるが（田村・前掲（注 26）55-56 頁参照），その場合，（クリーンルーム方式の採用の有無にかかわらず）リバースエンジニアリングを経て新しくプログラムを開発した者は，できあがったコードに，解析対象のプログラムのコードと類似するものがないか，あってもそれは似ざるを得ないものではないか，などをチェックしなければ安心できないことになる．結このクリーン・ルームの場合の考え方は，生成AIにおける表現の生成過程の場合に応用することが可能であろう．すなわち，機械学習の結果，学習済みモデルに保持されているのが画風・作風（＝アイデア）だけで，学習対象著作物の表現そのものが含まれない場合は，学習過程から生成過程に――学習済みモデルを経由して――引き渡されるのが，アイデアに限られることになる．この場合，生成表現と学習対象著作物中の既存著作物とが類似していても，アイデアに依拠して生成した結果に過ぎない．つまり，表現には依拠していないので，独自に生成されたものとして著作権侵害には当たらないことになる[31・32]．一方で，学習済みモデルに既存著作物の表現が保持され，結果，学習過程から生成過程に表現が引き渡される（創作的表現が，学習過程から生成過程に，いわば「通貫」している）場合は，アイデアではなくて表現に依拠して生成が行われることになるから，類似が認められれば，著作権侵害となろう[33]．

㈺　操作者による知・不知の影響

AIによる依拠に関して，操作者が，学習対象著作物に既存著作物が含まれていることを知っているか否かが影響するかについては，影響しないとする学

果，リバースエンジニアリングによるプログラム開発が実質的に困難となりかねないような多大な負担になることを懸念する．

31　なお，上野達弘「人工知能と機械学習をめぐる著作権法上の課題――日本とヨーロッパにおける近時の動向」法律時報91巻8号（2019年）38頁は，「特定の作家が創作した著作物（例：ジブリの映画，ビートルズの音楽，ゴッホの絵画）を網羅的に情報解析したAIが，それと同じスタイルで新たな作品を生成しても，もとの著作物の創作的表現が残っていない以上，既存の著作物の著作権は及ばない．」と述べるが，ここに言う「もとの著作物の創作的表現が残っていない」は，学習済みモデルに残っていないという趣旨までは含まず，生成表現に残っていないという趣旨までのように解される．

32　なお，正当化根拠の観点から，この場合の独自生成を否定するものとして，髙野慧太「依拠性について：依拠性要件の正当化根拠とAI生成コンテンツ」神戸法學雑誌72巻1・2号（2022）45頁（特に80頁）以降参照．

33　クリーン・ルーム方式の場合は，解析する者と作成する者が別人であったが，生成AIの場合は，学習も生成も同じAIが行う以上，同列に扱うことはできないのではないかとの疑問があるかもしれない．ただ，これについては，クリーン・ルーム方式に関して，1つの法人内で，解析過程を担当するチームと作成過程を担当するチームを分けた場合でも，情報管理などが徹底されれば，解析対象プログラムへのアクセスが否定されるのと同じ話のように思われる．*See* Sammi, Lisy & Gish, *supra* note 28, at 4.

説の立場に与したい．基本的な理由は，横山論文・愛知論文が説くところと同じであるが[34]，付け加えると，仮に操作者が知っていた場合に限ると，侵害が成立する範囲が狭くなることも指摘しておきたい．すなわち，学習をさせた者と操作者が同一人物でない限り，操作者は，学習対象著作物に何が含まれているかについて，知らないことの方が一般的である．とすると，ほとんどの場合，AI による依拠は成立しないことになる．結果，例えば，日本人が全く知らない著作物を AI が学習していて，その創作的表現の一部がそっくりそのまま生成表現に出力されても，日本人が操作者である限り，AI による依拠は成立せず（しかもこの場合，操作者による依拠も成立しないので）著作権侵害が成立しないことになる[35]が，それが妥当とは思えない．

なお，操作者が不知の場合も著作権侵害は成立する以上，権利濫用などに該当しない限り，操作者を相手方とする差止請求は認められよう．ただし，損害賠償請求は，故意・過失を欠くとして認められない可能性がある[36]．

(カ) 実際上の問題

依拠は，侵害要件であるから，本来は著作権者に立証責任があるが，依拠を直接証明するのは困難であるため，実際には，アクセスの存在や類似度の高さなどの間接事実から依拠の存在を推認し，被告がそれを覆せない限り，依拠が肯定されるというのが，従来の実務である[37]．

この点，AI による依拠が問題となった際に，機械学習の結果，学習済みモ

---

34 屋上屋を重ねるならば，例えば，プレゼンテーション時に使用できるイラスト・データ集を購入して使っていたところ，その中のあるイラストが実は，第三者のイラストを無断で複製したものであった場合，通常は，イラスト・データ集に無断複製したものが含まれているとは知らないはずであるが，だからと言って，依拠がないとして，当該イラストの使用が著作権侵害にならないという結論は導かれないだろう．それと，基本的に変わらないはずである．

35 逆に，誰もが知っているような著作物であれば，AI による依拠が成立しなくても，少なくとも，それに類似するものを意図的に生成するような場合には，操作者による依拠が成立するので，結局，著作権侵害という結論が導かれる．

36 横山・前掲（注 3）54–55 頁および愛知・前掲（注 4）145–146 頁参照．不当利得返還請求は別途検討の余地がある．

37 田村善之＝高瀬亜富＝平澤卓人『プラクティス知的財産法Ⅱ　著作権法』（信山社，2020 年）20–22 頁参照．

デルに保持されているものが表現であることを，著作権者側が直接証明するのは，伝統的な場面に比べても，より困難である．よって，この場合も，間接事実を示して，そこからAIによる依拠を推認することになろう．ただ——著作物を一度知覚した場合，その後の創作に当たっての依拠の対象が表現かアイデアかを区別することが不可能な人間の場合とは異なり——学習済みモデル内に保持されるものが，表現かアイデアかを，困難ではあっても区別する余地があるAIによる依拠の場合は，単に，生成表現と類似する既存著作物が学習対象著作物に含まれること[38]および類似度が高いことだけでは，推認の根拠として不十分と言わざるを得ない[39・40・41]．なぜなら，学習済みモデル内に保持されているものが画風や作風（＝アイデア）のみの場合でも，それを元に多数回試行錯誤すれば——画風や作風が共通している以上——偶々類似度の高い表現が生成される可能性が存在するからである．一方で，少ない試行回数で，類似度の高い表現が生成される場合は，学習済みモデル内に表現が保持されている，つまりAIによる依拠があると推認することは合理的であろう．

まとめると，生成表現に類似する既存著作物が学習対象著作物に含まれることおよび類似度が高いことに加えて，そのような類似度の高い表現が少ない試行回数で容易に生成されることが，AIによる依拠の推認のためには必要と考える．そして，このような形で推認がなされた場合，操作者側（または開発者側）が推認を覆す，具体的には，学習済みモデル内に保持されているのは，アイデアであり，生成表現はアイデアに依拠して独自に生成したものであることを示す必要があり，それができなければそのままAIによる依拠が肯定されることになろう[42]．

38　生成表現に類似する既存著作物が学習対象著作物に含まれていることを示すこと自体も困難な場合も考えられる．その場合は，問題の既存著作物が広く一般に入手可能であり，かつ，学習対象著作物のジャンルに含まれ，学習対象著作物から除外される特段の理由も存在しないことなどを示すことで，代替される場合もあるだろう．

39　一方，愛知・前掲（注4）144頁は，推認の根拠として十分とする．

40　横山・前掲（注3）53頁は，学習対象著作物に含まれるということだけで直ちに推認するのは不適当とする一方，それに加えて，創作性の高い著作物が顕著に類似している場合や，特定の画家の画風を学習させた結果，類似した画像が生成されたような場合は，一群のパラメータの生成に及ぼす影響が大きいため，依拠が推認されるとする．

41　AIによる依拠とは異なり，操作者による依拠の推認については，従来の実務どおりとなる．

4　類似について[43]

類似については，依拠と異なり，生成 AI の文脈特有の議論は存在しない．

42　愛知・前掲（注 4）144 頁も，独自創作を証明して依拠を否定することは可能であるとする．ただし，AI による生成過程はブラックボックスなので，証明は不可能に近いだろうとも指摘する．

43　類似の意味するところについて，若干の補足をしておきたい．

例えば，市販の CD を無断で公に再生演奏する場合を考えてほしい．この場合――単純利用系の侵害の場合――に，類似を議論するのは違和感が大きい．敢えて論じるなら，同一（性）を問題とすべきであろう．類似という要件がしっくりとくるのは，新たに創作された著作物について，既存の著作物の著作権を侵害するか否かが問題となる場合――創作系の侵害の場合――であろう．

では，創作系の侵害の場合，なぜ類似していると著作権侵害となるのだろうか．支分権を規定する著作権法の条文のいずれにも，類似という言葉は登場しない．また，創作系の侵害の場合に通常問題となる複製権や翻案権侵害に関する判例にも類似の言葉は登場しない．例えば，ワン・レイニー・ナイト・イン・トーキョー事件最高裁判決は，

「著作物の複製とは，既存の著作物に依拠し，その内容及び形式を覚知させるに足りるものを再製することをいうと解すべきであるから，既存の著作物と同一性のある作品が作成されても，それが既存の著作物に依拠して再製されたものでないときは，その複製をしたことにはあたらず，著作権侵害の問題を生ずる余地はない」

と述べ，江差追分事件最高裁判決（最判平成 13 年 6 月 28 日民集 55 巻 4 号 837 頁）は，

「言語の著作物の翻案（著作権法 27 条）とは，既存の著作物に依拠し，かつ，その表現上の本質的な特徴の同一性を維持しつつ，具体的表現に修正，増減，変更等を加えて，新たに思想又は感情を創作的に表現することにより，これに接する者が既存の著作物の表現上の本質的な特徴を直接感得することのできる別の著作物を創作する行為をいう．そして，著作権法は，思想又は感情の創作的な表現を保護するものであるから（同法 2 条 1 項 1 号参照），既存の著作物に依拠して創作された著作物が，思想，感情若しくはアイデア，事実若しくは事件など表現それ自体でない部分又は表現上の創作性がない部分において，既存の著作物と同一性を有するにすぎない場合には，翻案には当たらないと解するのが相当である．」

と述べている．

以上から分かるのは，複製や翻案を認めるにおいて，ポイントとなるのは，同一性であり，類似は同一性が認められる結果としての現象に過ぎないという事実である．例をあげると，ある作品中の一部に，既存著作物と同一の部分が存在すれば，作品全体としてみた場合，類似していると評価されるわけである．また，ある作品の表現上の本質的特徴が既存の作品のそれと同一である場合，表面上の表現としては類似していると評価されるのである．

このことは，著作権が，相対的独占権であり，支分権を定めるいずれの規定も，著作権者が自身の著作物の利用に関する権利を専有する旨を定めているに過ぎないこととも整合的と言える．既存の著作物すなわち創作的表現（の一部）が，新たに創作されたものに含まれるから，既存の著作物の著作権者の権利が，当該新たに創作されたものに及ぶのである．

既存著作物と生成表現との類似をどのように捉え，具体的にどう判断するかは，伝統的な人間による創作の場合と別段異ならない．

依拠に関する議論とも関係して重要となってくる点を，強いてあげれば，侵害要件としての類似が問題となるのは，あくまでも著作権法が保護する要素に限られること，つまり，侵害を基礎づけるのは，画風・作風のようなアイデアの類似ではなく，絵柄・文体のような表現の類似であるという点だろう．

もちろん，何が画風・作風で何が絵柄・文体かの区別は，明確に線が引ける問題ではなく，ケースバイケースで考えざるを得ない問題であるが，この点は，生成 AI の場合に限らず，従来からずっと問題となってきた，いわば著作権法が構造的に抱える難問と言わざるを得ない．逆に言えば，この区別について，生成 AI の文脈での問題解決を優先して結論を導くと，人間による伝統的な創作の場面に大きな影響を与えかねない点に留意する必要がある．例えば，生成 AI との関係で，画風や作風の類似まで著作権侵害と捉えてしまうと，将来人間が創作する場合にも，画風や作風の類似も許されなくなり，創作の自由が大きく制限されることになりかねない．

ここまでをまとめると，単純利用系の侵害および創作系の侵害に共通する侵害要件は，類似ではなくて同一（性）であると言うことができる．そして，創作系の侵害の場合，被疑侵害著作物の一部が既存の著作物の創作的表現と同一であるために，結果的に類似していると評価されることになる．

第6章

行為主体と準拠法

横山　久芳

1　はじめに

近時，生成AI技術が急速に発達し，画像，文章，プログラム等の様々なコンテンツ（以下「AI生成物」という）を生み出す生成AIを用いたサービス（以下「生成AIサービス」という）が一般に提供され，広く利用されるようになった．それに伴い，AI生成物の利用に関する著作権法上の問題を検討する必要性が高まってきている．

生成AIサービスは，通常，サービス提供者のサーバ上で提供され，ユーザがサービス提供者のサーバにアクセスしてAIに指示を出し，AIが自動的に作成した生成物を取得する．AI生成物が既存の著作物に依拠した類似の表現物となる場合には，当該生成物の出力行為や出力後の利用行為について著作権侵害の成否が問題となるが，AI生成物の作成にはサービス提供者とユーザの双方が関与しているため，いずれが（あるいは双方が）出力や利用の主体として侵害責任を負うかが問われることになる．本章では，生成AIサービスと著作物の利用形態が近似する放送番組の録画・転送サービスについて複製の主体を判断したロクラクII事件最高裁判決[1]（以下「ロクラク最判」として引用する）を先例として参照しつつ，AI生成物の出力及び利用の主体がどのように判断されるべきかを検討する[2].

また，最近では，生成AIの開発・利用に際して，外国のサーバが利用されることが少なくない．日本の著作権法は日本で行われる著作物の利用行為に適用されることを前提としているため，日本の事業者が外国のサーバを介して生成AIを開発し，サービスを提供する場合に日本の著作権法が適用されるかということが問題となり得る．例えば，日本の事業者が外国のサーバ上に存するAIに指示を与えて学習作業を行う場合や，外国のサーバ上に存する生成AIを稼働させて日本のユーザにサービスを提供する場合に，日本の著作権法は適用されるであろうか．日本の著作権法は，諸外国に比べて，AIの学習段階における著作物の利用について広範な権利制限を認めているため（30条の4参照），日本の著作権法が適用されるか否かは，生成AIの開発者にとって重要な問題となる．この問題は，著作物の利用の過程に渉外的な要素が含まれる場合にどの国の法を適用すべきかという準拠法の問題と捉えられる．本章では，このような準拠法の問題についても取り扱う．

2　行為主体

(1)　AI生成物の出力の主体

(ア)　ロクラク最判にみる行為主体の認定手法

AI生成物が既存の著作物に依拠した類似の表現物と判断される場合，AI生成物の出力行為は，既存の著作物の複製等と評価され，権利制限規定の適用がない限り，著作権侵害となる．権利制限の適用要件の充足性は，利用行為主体を基準として判断されるため，AI生成物の出力について著作権侵害の成否を判断するためには，出力の主体を確定する必要がある．生成AIサービスでは，サービス提供者が一定の指示に対応して生成物を自動的に出力するAIをユー

1　最判平成23年1月20日民集65巻1号399頁〔ロクラクⅡ事件：上告審〕.

2　本稿では，議論を簡略化するために，サービス提供者が自ら開発した生成AIをサービスに供する場合を念頭に置いて検討を進めることにする．AI開発者とサービス提供者が異なる場合については，座談会の議論を参照されたい．

ザに提供し，ユーザがAIに一定の指示を与えて生成物を出力させており，両者の行為が協働してAI生成物が作成されることになる．このように複数の主体の行為が相まって著作物の利用の結果が実現される場合には，いずれを（あるいは双方を）利用行為主体と評価すべきかという問題が生じる．利用行為主体は，自らの行為が権利侵害要件を充足すれば，侵害主体として権利者からの差止請求（112条）に服するとともに，故意又は過失がある場合には損害賠償責任（民法709条）を負うことになる．

この問題を検討する上で参照すべき先例として，ロクラク最判がある．事案は，放送番組の複製物の取得を可能とするサービス（以下「本件サービス」という.）に関して複製権侵害が主張されたというものである．サービス提供者は，自己の事業所内に複製機器（親機）を設置し，それにアンテナを接続して放送番組を入力し，当該複製機器と1対1で対応する機器（子機）をユーザに譲渡又は貸与し，ユーザが当該機器から当該複製機器に録画の指示を出すことにより，放送番組を録画し，視聴することを可能としていた．本件サービスでは，録画の指示を出しているのがユーザであることから，サービス提供者が録画による複製の主体といえるかが争われた．最高裁は，まず一般論として，「複製の主体の判断に当たっては，複製の対象，方法，複製への関与の内容，程度等の諸要素を考慮して，誰が当該著作物の複製をしているといえるかを判断するのが相当である」と判示した[3]．その上で，本件について，「サービス提供者は，単に複製を容易にするための環境等を整備しているにとどまらず，その管理，支配下において，放送を受信して複製機器に対して放送番組等に係る情報を入力するという，複製機器を用いた放送番組等の複製の実現における枢要な行為をしており，複製時におけるサービス提供者の上記各行為がなければ，当該サービスの利用者が録画の指示をしても，放送番組等の複製をすることはおよそ不可能なのであ」るから，「サービス提供者はその複製の主体である」と判示

3　ロクラク最判はあくまで複製の主体について判断したものであるが，諸般の事情の総合考慮により利用行為主体を認定するという同最判の考え方は，その後の裁判例においても基本的に踏襲されている（知財高判平成28年10月19日（平成28年（ネ）10041号）〔ライブバー事件〕，知財高判平成30年4月25日判時2382号24頁〔リツイート事件〕，最判令和4年10月24日民集76巻6号1348頁〔音楽教室事件〕など参照）．

した．

本件サービスでは，サービス提供者の提供に係る設備や機器を介してユーザの指示により複製物が作成されることになるため，サービス提供者の行為とユーザの行為が協働して複製の結果が実現されており，サービス提供者は自己完結的に複製行為を行っているわけではない．もっとも，サービス提供者は，ユーザに放送番組の複製物を取得させることを目的として，複製の対象となる放送番組を複製機器に入力し，ユーザが録画の指示を出しさえすれば，特段の行為を要することなく，いつでも自分の管理下において複製物が作成される状況を作出していたのであるから，複製を実現するために重要な役割を果たし，その結果の発生を物理的に支配していたといえるだろう．ゆえに，サービス提供者は，自ら複製行為を行う者と同視することが可能であると思われる[4]．

以上の通り，ロクラク最判によれば，複数の主体の行為が協働して利用の結果が実現される場合には，利用過程における各主体の関与の内容・程度を総合的に考慮し，利用の実現に重要な役割を果たした者が利用行為主体と評価されることになる．この考え方を生成 AI サービスに応用するならば，学習モデルの開発から生成物の出力に至るまでのサービス提供者とユーザの関与の内容・程度を総合的に考慮し，いずれが（又は双方が）出力の結果を支配し，重要な役割を果たしたといえるかという観点から出力の主体が判断されることになろう[5]．

4　柴田義明〔判解〕『最高裁判所判例解説民事篇平成 23 年度（上）』（法曹会，2014 年）1168 頁，前田健「侵害主体論と著作物の私的利用の集積――ロクラクⅡ・まねき TV 最高裁判決の検討を契機として」パテント 64 巻 15 号（2011 年）106 頁は，サービス提供者が複製の実現において重要な役割を果たしていることから，複製主体と判断されたとの理解を示している．なお，学説では，ある者がその管理・支配下において自動的な機器と対象コンテンツを利用者の使用に供する場合には，たとえ当該機器の操作自体は利用者が行うとしても，当該提供者を利用行為主体と評価できるという考え方があり，ロクラク最判はそのような考え方に基づくものとの指摘もなされている（上野達弘〔判批〕民商法雑誌 149 巻 1 号（2013 年）46–47 頁参照．ジュークボックスによる録音再生や上映がその典型例であることから，「ジュークボックス法理」と呼ばれることもある．大渕哲也「著作権侵害に対する救済」法学教室 356 号（2010 年）142–143 頁（注 4）参照）．

5　生成 AI サービスについて，ロクラク最判の考え方に基づき，サービス提供者が複製の主体となる余地を認める見解として，知的財産戦略本部「新たな情報財検討委員会報告書――データ・人工知能（AI）の利活用促進による産業競争力強化の基盤となる知財システムの構築に向けて」

(イ)　行為主体認定のメルクマールとしての「依拠」

生成 AI は，サービス提供者が大量の著作物を AI に学習させて開発したものであり，その学習の成果がモデル内のパラメータに反映され，ユーザの指示により，パラメータに基づいて生成物が出力されることになる．AI 生成物の作成は，入力された指示に対応した適切な出力を予測する確率的な処理に基づいて行われるため，同一の指示を与えても，出力内容には様々なバリエーションが生じ，人間がその出力過程を完全にコントロールすることは不可能とされる[6]．

もっとも，AI 生成物の出力内容は，AI に対する学習行為や指示行為を反映したものであり，既存作品と類似する生成物の出力を促すような学習行為や指示行為（特定の著作者の作品のみに焦点を当てた学習行為や，特定の作品に基づく生成物の出力を指示する行為など）が行われれば，実際に既存作品と類似の生成物が出力される蓋然性が高まることになる．そのため，AI 生成物の出力過程に AI による偶発的な生成プロセスが介在するとしても，既存作品と類似する生成物が実際に出力された場合に，その原因が AI に対する学習行為や指示行為にあると推認されるときには，当該生成物は既存の著作物に依拠して作成されたものと判断され，両者の表現が類似していれば，その出力行為は既存の著作物の複製等と評価されることになる．そうすると，生成 AI サービスにおいては，依拠の主因となる学習行為や指示行為を行った者が，出力による複製等の結果に対して重要な寄与をなしているということができるから，出力の主体を判断する際には，依拠の主因に着目することが有意義であると思われる．

以下では，このような観点から，サービス提供者及びユーザの行為主体性に

（平成 29 年 3 月）38 頁，横山久芳「AI に関する著作権法・特許法上の問題」法律時報 91 巻 8 号（2019 年）54–55 頁，愛知靖之「AI 生成物・機械学習と著作権法」パテント 73 巻 8 号（2020 年）146 頁，奥邨弘司「生成 AI と著作権に関する米国の動き——AI 生成表現の著作物性に関する著作権局の考え方と生成 AI に関する訴訟の概要」コピライト 63 巻 747 号（2023 年）47 頁参照.

6　平嶋竜太「Generative AI による生成物をめぐる知的財産法の課題」L&T 別冊 9 号（2023 年）68 頁は，「Generative AI における生成物とは，あくまでも学習モデルの構築，入力を前提とした学習モデル内における最適化処理の結果として得られるものであって，出力に至る過程はブラックボックスと称されるほど複雑であ」り，「入力を行った者によって，……処理過程自体について直截的にコントロールしうることは現状ではほとんど考えにくい」と述べる.

ついて具体的に検討してみることにしよう．

㈲　サービス提供者の行為主体性

一般に，生成AIは，既存作品の学習を通じてそのパターンを認識し，そのパターンに基づいて出力を行うものである．ゆえに，大量の多種多様な著作物が無差別的に学習されれば，個々の著作物が出力に及ぼす影響は小さくなり，既存作品と類似の生成物が出力される蓋然性が低くなる．逆に，偏りのある少量の著作物のみが学習されれば，個々の著作物が出力に及ぼす影響が大きくなり，既存作品と類似の生成物が出力される蓋然性が高まることになる．

例えば，特定の著作者の作品の作風を再現することを目的として，当該著作者の作品のみを学習させたAIは，ユーザの指示内容に関わらず，当該著作者の作品と類似する生成物を出力する蓋然性が高くなる[7]．そのため，このようなAIを用いて生成物を出力させる場合には，ユーザが既存作品を示唆しない一般的，概括的な指示しか与えていなくても，結果的に出力された生成物が既存作品と類似していれば，既存作品への依拠が認められ，当該生成物の出力行為は既存作品の複製等と評価されることになろう[8]．この場合，依拠の主因はAIの学習方法にあるといえるから，サービス提供者は出力の主体と評価されることになる（AI生成物がサービス提供者のサーバ上に複製されれば，複製主体となり，AI生成物がユーザの端末に送信されれば，公衆送信の主体となる）．

一方，膨大な数の著作物を無差別的に学習して開発されたAIは，既存作品と類似する生成物を出力する蓋然性が低いが，それでも，既存作品と類似の生成物が出力される可能性があることは否定できない[9]．この場合に依拠が認められるかについては議論があるものの（詳細は前章を参照），学習に使用された

7　AIが真に既存作品の作風のみを再現した生成物を出力し続ける限りは著作権侵害の問題を生じないが，作風とそれを具体化した表現の区別は微妙であるため（実例として，上野達弘＝前田哲男『〈ケース研究〉著作物の類似性判断 ビジュアルアート編』（勁草書房，2021年）46頁以下参照），作風の再現を目的としたAIは，本来的に，既存作品の表現と類似する生成物を出力する蓋然性が高いといえる．

8　横山・前掲（注5）54頁参照．

9　実例の紹介とともに，宮下佳之「〈講演録〉コンテンツの権利帰属と利用許諾を巡る諸問題と実務対策」コピライト63巻748号（2023年）7-8頁参照．

既存作品と類似の生成物が現に出力された以上，依拠を認めざるを得ない場合もあると思われる[10]．かりに依拠が認められたとした場合に，ユーザが既存作品を示唆しない一般的，概括的な指示しか与えていないとすれば，依拠の主因は AI の学習方法にあるといわざるを得ないから，サービス提供者が出力の主体と評価されることになる．依拠の主因がユーザではなく AI 自体にあるということは，今後も，ユーザの指示内容に関わらず，既存作品の複製等の結果が生じる蓋然性が認められるということであるから，そのような事態を回避するために，サービス提供者に対して，具体的な侵害状況（どの程度類似したものがどのような頻度で出力されるか）に応じた適切な措置を可能な範囲で講じさせることが必要かつ妥当であると思われる．

ユーザが既存作品に基づく指示を与えて当該作品に類似の生成物を出力させている場合には，ユーザの指示行為が依拠の直接的な原因となっているから[11]，ユーザは出力の主体になると解される．この場合に，サービス提供者が出力の主体となるか否かは，AI の学習行為が依拠の競合的な主因と捉えられるか否かによる．

例えば，ユーザが既存作品のタイトルのみを入力し，その表現に関する具体的な情報を入力していないにもかかわらず，当該作品と類似の生成物が出力されたという場合には，当該作品の表現が学習時に何らかの形でモデル内に記録され，それがそのまま出力に利用されているなど，AI 自体にも類似の生成物を出力させる重要な原因が存在すると考えられるから，サービス提供者も出力の主体になると解する余地があろう[12]．これに対して，例えば，ユーザが既存

10　例えば，創作性の高い作品と顕著に類似する生成物が出力された場合には依拠が合理的に推認されよう（横山・前掲（注 5）53–54 頁参照）．

11　文化庁著作権課編「令和 5 年度著作権セミナー　AI と著作権」（令和 5 年 6 月）スライド 49 頁は，「AI 利用者が既存の著作物を認識しており，AI を利用してこれに類似したものを生成させた場合は，依拠性が認められると考えてよいのではないか」と述べている．

12　最近では，作品のタイトル等の入力に基づく表現の出力を阻止する措置（フィルタリング）が実装される例が見られる．例えば，Microsoft 社が提供する生成 AI「Bing Image Creator」では，小説のタイトルを入力し，その表現の出力を指示するプロンプトを入力しても，著作権の保護を理由に出力を不可とする応答が出される仕組みが採用されているとのことである（文化審議会著作権分科会法制度小委員会（令和 5 年度第 2 回）議事内容［梶元孝太郎氏発言］参照）．サービス提供者は，AI の学習に既存作品を利用する以上，既存作品と類似の生成物が出力されること

作品の画像データを参照画像として入力している場合や，出力された生成物の部分的修正を繰り返して既存作品に類似した生成物を作り上げた場合など，ユーザが既存作品の表現に関する具体的情報を入力することにより，当該作品に類似の生成物を出力させている場合には，あくまでユーザの指示行為が依拠の主因であり，AIの学習行為に依拠の競合的な原因があるとはいい難いため，サービス提供者は出力の主体とならないと解するべきである[13]．なお，後者の場合も，サービス提供者は，ユーザの出力行為が著作権侵害となるときは，幇助者として共同不法行為責任（民法719条2項）を負う可能性があるが，サービス提供者が，ユーザの指示内容に関わらず，既存作品と類似する生成物の出力を一律に防止する予防的措置を講じることは不可能であるから，サービス提供者において，問題となるユーザの指示内容を事前に予測して，それに適切に対処することが困難である限り，過失が否定されるべきであろう．

㈣　ユーザの行為主体性

AI生成物は直接的にはユーザの指示により出力されるものである．しかし，そもそも生成AIは，既存作品の複製等を目的としたものではなく，既存作品に基づく指示が与えられない限り，複製等の結果を生じる蓋然性が低いものである．そのため，ユーザが既存作品を示唆しない一般的，概括的な指示しか与えていない場合には，出力される生成物が既存作品と類似していたとしても，ユーザの指示行為を根拠に依拠を認定することはできないであろう．ゆえにこの場合は，ユーザは出力の主体とならないと解するべきである[14]．ただし，ユ

のないように可能な範囲で適切な予防措置を講じるべきであり，それを怠ったために，既存作品と類似の生成物の出力を許してしまった場合には，AI自体にも結果発生の重要な原因があると評価され，出力の主体と判断されてもやむを得ないものといえよう．他方で，サービス提供者が適切な予防措置を講じている場合には，結果発生の主因が専らユーザにあると評価され，サービス提供者が出力の主体とならないと判断されることもあり得ると思われる．

13　愛知・前掲（注5）146頁は，「AI利用者がAIに対して行った指示等が極めて具体的かつ詳細なものであり，出力された生成物が既存の著作物と類似性を持つに至ったのが，そのようなAI利用者による指示等がされたためであるということを学習済みモデルの作成者が仮に立証し得たとすれば，侵害主体性が否定されるということも理論的にはあり得る」とする．

14　放送番組の録画・転送サービスの場合は，ユーザが複製の対象となる放送番組を自ら選択した上で録画の指示を出しており，ユーザの指示によりユーザの指定した放送番組の複製が自動的に

ーザの使用した AI が特定の著作者の作風の再現を目的としたものであるなど，既存作品と類似の生成物を出力する蓋然性が高いものである場合に，ユーザがそのことを認識しつつ生成物を出力させたときは，出力により複製等の結果が生じる蓋然性があることを合理的に認識し得たと考えられるから，サービス提供者に著作権侵害が成立するならば，ユーザは幇助者として共同不法行為責任（民法 719 条 2 項）を負う余地があると思われる．

一方，ユーザが既存作品に基づく指示を与えて生成物を出力させた場合には，ユーザの指示行為が依拠の直接的な原因となっているといえるから，ユーザは出力の主体になると解される．ただし，ユーザに私的使用目的があれば，その出力行為は原則として著作権侵害とならない（30 条 1 項参照）．ユーザの出力行為が著作権侵害となる場合，著作権者は，ユーザが著作権侵害となる同種の生成物の出力を繰り返すおそれがあるときや，出力された生成物を用いて公衆送信等の利用を行うおそれがあるときは，それら侵害行為の差止請求を行い（112 条 1 項参照），それに伴って，出力された AI 生成物の廃棄請求を行うことができる（112 条 2 項参照）．一方，そのような将来の侵害行為のおそれがない場合には，差止請求（112 条）は認められず[15]，損害賠償請求のみが問題となる[16]．

⑵　AI 生成物の利用の主体

AI 生成物を出力する行為と出力された AI 生成物を公衆送信等して利用す

実現されることになるから，ユーザの指示行為が依拠の直接的な原因となっているといえる．ロクラク最判は，ユーザが複製主体となるか否かについて何ら言及していないが（柴田・前掲（注 4）1169 頁参照），この点を重視すれば，ユーザも複製の実現に重要な役割を果たしており，複製の主体であると解する余地があろう．なお，原審（知財高判平成 21 年 1 月 27 日（平成 20 年（ネ）10055 号・10069 号））は，サービス提供者ではなく，ユーザが複製の主体になると判断している．

15　廃棄請求は差止請求に付帯して行うこととされているため（112 条 2 項参照），差止請求ができない場合には，侵害生成物の廃棄請求もできないことになる（中山信弘『著作権法〔第 4 版〕』（有斐閣，2023 年）753 頁参照）．

16　ただし，AI 生成物がプログラムの著作物である場合には，ユーザが出力の際に当該生成物が他人の著作権を侵害することを認識していれば，その業務上の使用行為は著作権侵害とみなされるため（113 条 5 項参照），生成物の使用行為の差止めや廃棄が認められることになる．

る行為は別物であり，その行為主体性は別個に論じられる必要がある．

㋐ ユーザの行為主体性

出力されたAI生成物を公衆送信等して利用する行為は，ユーザが生成物の内容を認識した上で自ら主体的に行うものであるから，ユーザが利用主体となることに異論はない．ユーザが既存作品を認識せずに一般的，概括的な指示を与えて生成物を出力させた場合には，当該生成物が既存作品に依拠して生成されたものであることを知らないことが多いと思われるが，その場合でも，ユーザが当該生成物を利用する行為は，既存作品に（間接的に）依拠したものと評価され[17]，権利制限規定の適用がない限り，ユーザの利用行為は著作権侵害となる．

ユーザの行為が著作権侵害となる場合に，著作権者がユーザに対して損害賠償請求をするためには，ユーザに故意又は過失が存することが必要となる（民法709条参照）．AI生成物の利用段階では，出力段階とは異なり，生成物の内容が明らかになっているため，ユーザが生成物を利用する場合には，著作権侵害の成否を確認する義務を負うと解すべきであり，その義務を怠った場合には，過失が肯定されたとしてもやむを得ないであろう[18]．もっとも，元となった既存作品が著名である場合や，AIの学習用データセットが公開されている場合[19]を除いて，ユーザーが著作権侵害の前提事実（既存作品がAIの学習に使用されたか否か，生成物が既存作品とどの程度類似しているか，既存作品の著作権者が生成物の出力や利用に対して許諾を与えているか等）を調査・確認することは通常困難であるため，少なくとも一般のユーザが非営利目的で生成物を利用するような場合には，注意義務の程度を引き下げ，過失を柔軟に否定する余地を認めるべきであろう[20]．

17　横山・前掲（注5）54頁参照．

18　愛知・前掲（注5）146頁参照．

19　例えば，「Have I been Trained?」というサイトでは，Stable Diffusion等に使用されている学習用データセットにどのような画像が含まれているかを検索することが可能となっている．

20　愛知・前掲（注5）146頁（注64）は，ユーザが出版社等である場合を除いて，あまりに厳格な注意義務を課すことは妥当でないと述べる．

(イ)　サービス提供者の行為主体性

サービス提供者は，ユーザにAIを提供しているだけで生成物の利用に関与していなければ，生成物の利用の主体と判断されることはない[21].

もっとも，その場合も，サービス提供者は，ユーザの利用行為が著作権侵害となるときは，幇助者として共同不法行為責任（民法719条2項）を負う余地がある.

例えば，サービス提供者の提供するAIが特定の著作者の作品のみを学習させたAIである場合は，当該著作者の作品に類似する生成物が出力される蓋然性が高く，ユーザが出力された生成物を利用することにより，当該著作者の著作権が侵害される蓋然性があることを合理的に認識し得るといえるから，サービス提供者が既存作品と類似する生成物の出力を阻止するための特段の措置を講じることなくAIをユーザに提供していれば，幇助者として共同不法行為責任を負うものと解される[22].

これに対して，サービス提供者の提供するAIが大量の著作物を無差別的に学習させた汎用性の高いAIである場合は，既存作品に類似する生成物が出力される蓋然性が低く，ユーザが出力された生成物を利用することにより，既存作品の著作権が侵害される蓋然性があることを合理的に認識し得たとはいえないため，過失がないとして共同不法行為責任が否定されることが多いと思われる[23]. もっとも，サービス提供者が，ユーザによる特定の違法な利用行為を具体的に認識しつつ，特段の対策を講じることなく，そのような利用を行うユーザに対してサービスを提供し続けているような場合には，共同不法行為責任を認める余地があろう[24]. また，例えば，サービス提供者がユーザの作成に係る

21　愛知・前掲（注5）146頁参照.

22　柿沼太一「画像生成AIをめぐる著作権法上の論点」法律のひろば76巻2号（2023年）29頁参照. 刑事事件に関するものであるが，最判平成23年12月19日刑集65巻9号1380頁〔Winny事件〕は，適法用途にも著作権侵害用途にも利用できるファイル共有ソフトを公開，提供する行為が著作権侵害の幇助行為に当たるかが争われた事案において，「当該ソフトの性質，その客観的利用状況，提供方法などに照らし，同ソフトを入手する者のうち例外的とはいえない範囲の者が同ソフトを著作権侵害に利用する蓋然性が高いと認められる場合で，提供者もそのことを認識，認容しながら同ソフトの公開，提供を行い，実際にそれを用いて著作権侵害（正犯行為）が行われたとき」は，「著作権侵害の幇助行為に当たる」と述べている.

23　柿沼・前掲（注22）29頁参照.

AI生成物を公開するサイトを運営しており，そのサイトに違法な生成物がアップロードされた場合など，サービス提供者の管理・支配下でユーザの侵害行為が行われており，サービス提供者が著作権者からの警告等によりその事実を知りつつ，これを放置した場合には，サービス提供者も侵害行為に積極的に加担していると評価され，侵害主体と判断される余地がある．この場合，著作権者は，サービス提供者に対して，損害賠償のみならず，差止め（AI生成物の公衆送信等の停止）を請求することができる[25]．

3　準拠法

(1)　著作権侵害の準拠法

生成AIサービスにおいて，AIの開発からサービスの提供，利用に至る一連の行為が国内で完結的に行われる場合には，日本の著作権法が適用されることは自明であるが，その過程に渉外的要素が含まれる場合には準拠法が問題となる．

我が国の準拠法のルールは法の適用に関する通則法（以下「通則法」という）が規定するが，通則法には，著作権侵害の準拠法に関する明文の規定はないため，解釈により決定される必要がある．

著作権侵害の準拠法については，裁判例上，差止請求と損害賠償請求を分けて考える立場が一般的である[26]．すなわち，差止請求については，著作権を保

24　前掲（注22）〔Winny事件〕は，ソフトの提供者が，「当該ソフトを利用して現に行われようとしている具体的な著作権侵害を認識，認容しながら，その公開，提供を行い，実際に当該著作権侵害が行われた場合」には，「著作権侵害の幇助行為に当たる」と述べている．

25　東京高判平成17年3月3日判時1893号126頁〔2ちゃんねる事件〕は，インターネット上の電子掲示板に違法な書き込みがされたため，著作権者が掲示板の管理人にその削除を求めたが，掲示板の管理人がこれを放置したという事案において，掲示板の管理人は，「故意又は過失により著作権侵害に加担していたものといわざるを得ない」と述べ，掲示板の管理人に対する差止請求を認めている．

26　東京地判平成16年5月31日判時1936号140頁〔XO醤男と杏仁女事件〕，東京地判平成19年8月29日判時2021号108頁〔チャップリン事件〕，知財高判平成20年12月24日（平成20年（ネ）10011号）〔北朝鮮事件〕，東京地判平成21年4月30日判時2061号83頁〔苦菜花事

全するための救済方法と性質決定し，ベルヌ条約５条２項が「著作者の権利を保全するため著作者に保障される救済の方法は，……専ら，保護が要求される同盟国の法令の定めるところによる」と規定していることから，これを抵触法規定と解釈して，保護が要求される国の法律（保護国法）を準拠法とする．一方，損害賠償については，不法行為と性質決定し，通則法17条に基づき，原則として「加害行為の結果が発生した地の法」（結果発生地法）を準拠法とし，「その地における結果の発生が通常予見することのできないものであったときは，加害行為が行われた地の法」（行為地法）を準拠法とする．

もっとも，「保護国」とは一般に著作物の利用行為が行われた地をいい[27]，不法行為の「結果発生地」は主に利用行為地が想定されるため[28]，通常は，「保護国」と「結果発生地」が結果的に一致することになる．そのため，差止請求と損害賠償請求の準拠法を別異に判断するとしても，通常は同じ国の法が準拠法になると考えられる[29]．また，著作物の利用の可否は差止請求権の行使の可否によって決まるから，裁判上の請求に関わりなく著作物の利用の可否を

件〕，東京地判平成24年7月11日判時2175号98頁〔韓国TV番組DVD事件〕，東京地判平成25年3月25日（平成24年（ワ）4766号）〔光の人事件〕など参照．このような考え方は，特許権侵害について差止請求と損害賠償請求の準拠法を分けて考える最高裁判決（最判平成14年9月26日民集56巻7号1551頁〔カードリーダー事件〕）と符合する（上野達弘〔判批〕道垣内正人＝中西康編『国際私法判例百選〔第３版〕』（有斐閣，2021年）89頁参照）．なお，少数ながら，差止請求と損害賠償請求を区別せず，一括して通則法17条により準拠法を決定するものもある（東京地判平成28年9月28日（平成27年（ワ）482号）〔LUXE事件〕，知財高判令和5年4月20日（令和4年（ネ）10115号）〔ワイズマンプロジェクト事件〕参照）．

27　茶園成樹「インターネットによる国際的な著作権侵害の準拠法」国際税制研究３号（1999年）79頁，田村善之『著作権法概説〔第２版〕』（有斐閣，2001年）562頁，櫻田嘉章＝道垣内正人編『注釈国際私法（1）』（有斐閣，2011年）635–636頁〔道垣内正人〕，作花文雄『詳解著作権法〔第６版〕』（ぎょうせい，2022年）808頁など参照．

28　通則法17条本文の「加害行為の結果が発生した地」とは，「加害行為による直接の法益侵害の結果が現実に発生した地のことであり，基本的には，加害行為によって直接に侵害された権利が侵害発生時に所在した地」を意味するものと解されている（小出邦夫編著『一問一答新しい国際私法 法の適用に関する通則法の解説』（商事法務，2006年）99頁参照）．

29　道垣内正人「〈講演録〉著作権に関する国際裁判管轄と準拠法」コピライト51巻600号（2011年）15頁，髙部眞規子編『著作権・商標・不競法関係訴訟の実務〔第２版〕』（商事法務，2018年）174頁〔井上泰人〕，嶋拓哉〔判批〕小泉直樹ほか編『著作権判例百選〔第６版〕』（有斐閣，2019年）215頁参照．ただし，結果発生地法による場合は，通則法20条〜22条の適用があるため，結論が相違することもある（櫻田＝道垣内・前掲（注27）639頁〔道垣内〕参照）．

判断する際には，差止請求の準拠法である保護国（利用行為地）法を基準とすべきことになる．

以上によれば，著作物の利用行為地が日本である場合には，原則として日本の著作権法が準拠法として適用されることになる．

(2) 隔地的な著作権侵害と属地主義の原則

著作権法には，各国の著作権の効力は各国の領域内に限定されるという（実質法上の）属地主義の原則が存在し，日本の著作権法もこれを採用していると一般に考えられている[30]．もっとも，属地主義の原則を厳格に貫くと，日本の著作権法が適用されるためには，日本の領域内で利用行為が完結的に行われることが必要となり，著作物の利用過程の一部に外国での行為が介在した場合に，日本の著作権法が適用できないという問題が生じる．例えば，日本で主に生成AIサービスを提供している事業者が，AIを搭載したサーバを外国に置くことによって日本の著作権法の適用を免れることができるとすれば，日本の著作権の実効的な保護を図ることが困難となろう．そこで，最近では，このようなインターネットを介した隔地的著作権侵害の事案において，属地主義の原則を緩やかに捉える立場が有力となっている．

裁判例では，P2Pファイル交換サービスによる公衆送信権侵害が問題となった事案において，侵害行為に供されるサーバが外国に所在するとしても，サービス提供者が日本法人であることや，ファイルの送受信の大半が日本で行われていることなどを理由に，著作権侵害行為は実質的に日本で行われているとして日本の著作権法の適用を認めたもの[31]や，楽曲の著作権侵害が問題となった事案において，演奏や譜面の検討に海外のサーバが用いられていても，収録行為や譜面の作成のための機器の操作が国内で行われていることから，単にそれらの記録に係るサーバが国外にあるということをもって，編曲行為や録

30　茶園・前掲（注27）79頁，作花・前掲（注27）808-810頁参照．特許に関するものであるが，前掲（注26）〔カードリーダー事件〕は，「我が国は，特許権について……属地主義の原則を採用しており，これによれば，各国の特許権は当該国の領域内においてのみ効力を有する」と述べている．

31　東京高判平成17年3月31日（平成16年（ネ）405号）〔ファイルローグ事件〕．

音・複製行為が国外で行われたとはいえないとし，日本の著作権法の適用を認めたもの[32]がある．また，特許に関するものであるが，近時，知財高裁は，国外のサーバから日本のユーザ端末に向けてプログラムを配信した事案[33]や，特許発明に係るシステムを構成する要素の一部であるサーバが国外に存在する事案[34]において，一定の考慮要素に基づき日本の領域内で実施行為が行われたものと評価し得るときには，日本特許法上の実施行為に該当するとして，日本特許権の侵害の成立を認めている．

属地主義の原則は，各国の著作権が各国の文化政策に基づいて付与される権利であることに鑑み，自国の権利を他国の領域に及ぼさず，また，他国の権利を自国の領域内に及ぼさないことをその趣旨とするものと考えられるが[35]，著作権の保護目的は，第三者の著作物の利用行為を規制することにより，著作権者に著作物の利用の独占による利益を享受させることにあるから，著作権の保護目的から見て重要な行為や結果が他国ではなく自国で生じているにもかかわらず，利用行為が形式的に自国内で完結的に行われていないことを理由に一律に自国法の適用が否定されるとすれば，自国の文化政策の実現が困難となり，かえって属地主義の原則の趣旨に悖ることになるであろう．また，属地主義の原則には，日本の著作権法が適用される場合を日本で利用行為が行われた場合に限定することで利用者の予測可能性を確保するという趣旨があると考えられ

32　前掲（注 26）〔ワイズマンプロジェクト事件〕参照．なお，同判決は，編曲行為，録音・複製行為及び譲渡・配信行為の一部が外国で行われるとしても，編曲行為，録音・複製行為，譲渡・配信行為が控訴人らによって実行された相互に密接に関連した一連の行為であり，そのうち，国内において編曲行為，録音・複製行為の一部がされ，譲渡・配信行為の結果が国内において発生していることから，これらの行為に一律に結果発生地法である日本の著作権法の適用を認めている．上述の各行為はそれぞれ別個独立の利用行為であるから，属地主義の観点からは，本来，外国での行為に日本の著作権法の適用を認めることは行き過ぎのようにも思われるが，当該事案では，外国での行為が控訴人らの関与の下に日本での譲渡・公衆送信等の実現を目的として行われており，控訴人らに日本著作権法の規律を潜脱する意図が窺えることから，日本の著作権の保護の実効性を確保するために属地主義の原則の大幅な緩和を認めたものと解される．

33　知財高判令和 4 年 7 月 20 日（平成 30 年（ネ）10077 号）〔コメント表示方法事件〕．

34　知財高判令和 5 年 5 月 26 日（令和 4 年（ネ）10046 号）〔コメント配信システム事件〕．

35　茶園・前掲（注 27）79 頁，茶園成樹「特許権侵害の準拠法」国際私法学会 6 号 40–42 頁（2004 年）参照．

るが[36]，利用過程の一部に外国での行為が介在するとしても，利用を実現するための主たる行為が日本国内で行われている場合や，外国での行為が主として日本における利用を実現するために行われている場合に日本の著作権法の適用を認めたとしても，行為者の予測可能性を害することにはならないであろう[37]．ゆえに，隔地的な著作権侵害の事例では，著作権の実効的な保護と行為者の予測可能性とのバランスを考慮しつつ，属地主義の原則を緩やかに解釈し，実質的な利用行為地が日本であると判断される限り，日本著作権法の適用を認めるべきである．

(3)　生成 AI サービスと準拠法

一般に，生成 AI の開発及び利用はインターネットを介して行われるため，その過程は必然的に渉外的な要素を含み得るものとなる．以下では，幾つかの事例を想定して，準拠法の判断のあり方を具体的に検討することとする[38]．

(ア)　外国のウェブサイト上で提供される著作物を収集，加工する場合

生成 AI の開発過程では，ネット上に流通する大量の著作物が収集され，AI の学習用データに加工して利用されるが，その中に，外国のウェブサイト上で提供される著作物が含まれることがある．

著作権侵害の準拠法は保護国（利用行為地）法であるため，収集・加工の対象となった著作物が外国のウェブサイト上で提供されていたものであっても，日本で収集，加工行為が行われており，利用行為地が日本であるといえれば，日本法が準拠法となる．具体的には，日本から指示を出して著作物のダウンロ

36　田村・前掲（注 27）560 頁参照.

37　特許に関するものであるが，知的財産研究所編「ネットワーク関連発明における国境をまたいで構成される侵害行為に対する適切な権利保護の在り方に関する調査研究報告書」（平成 29 年 3 月）88-93 頁は，厳格な属地主義にとらわれずに，「実施」地を柔軟に解釈する手法として，「主たる行為」地（特許発明の構成要件の主たる部分が行われた地）に着目する考え方と，「市場地」（収益を上げるなどの経済的影響，技術的影響等が生じた地）に着目する考え方があることを指摘している．本文で紹介した知財高裁判決でも，日本特許法上の実施行為該当性の考慮要素として，この二つの考え方が取り込まれている.

38　事例の検討に当たっては，新たな知財制度上の課題に関する研究会編「新たな知財制度上の課題に関する研究会報告書」（令和 4 年 2 月）19 頁以下を参考にした.

ードを行い，日本において，当該複製物を加工するための作業を行っていれば，日本の著作権法が準拠法として適用されることになろう[39]．日本の著作権法は，諸外国と比べて，AIの学習段階における著作物の利用について広範な権利制限を認めているため（30条の4参照），日本で活動するAI開発者にとって，外国の著作物を含めて日本法の適用が認められることは大きな意義を有するものといえる．

もっとも，外国のウェブサイトの運営者が利用規約上著作物の利用に制限を設けている場合には，利用規約に拘束力が認められれば，日本著作権法の規律に関わらず，運営者からAI開発者に対して利用規約に基づく請求（利用停止請求や損害賠償請求等）がなされる可能性がある．日本民法の解釈としては，日本著作権法30条の4がイノベーションの促進・著作物の円滑利用という公益目的の達成をその趣旨とすることに鑑み，AI学習等のための著作物の利用を制限するオーバーライド条項を公序良俗（民法90条）に反し，無効とする考え方が示されているが[40]，外国のウェブサイトで提供される著作物については，契約準拠法が外国法になることが多いと考えられ（通則法7条・8条参照），その場合は，日本著作権法の趣旨を考慮してオーバーライド条項を無効とするような考え方を採用することは一般に困難と思われる[41]．これに対しては，契約準拠法が外国法となる場合でも，日本著作権法30条の4の政策的意義を重視し，当該外国法の公序規定の適用に際して同条の趣旨を考慮するか，あるいは，同条を強行的適用法規と捉えて，準拠法の選択の結果如何にかかわらず，同条の適用を認めるという見解も提唱されている[42]．しかし，著作物を含む情報取引が本来私的自治に委ねられていることに鑑みると，同条に政策的な意義が認められるとしても，契約準拠法上著作物の利用行為を制限できる場合に，それを排して我が国における利用の自由を優先的に保障しなければならないほどの

39　福岡真之介編著『AIの法律』（商事法務，2020年）89–90頁〔福岡真之介・仁木覚志・沼澤周〕参照．新たな知財制度上の課題に関する研究会編・前掲（注38）27頁は，「コンテンツ提供サイト等の運営者の所在地や，利用するコンテンツが提供されているサイトのサーバー所在地は利用行為地の判断にあたり考慮されない」とする．

40　新たな知財制度上の課題に関する研究会編・前掲（注38）41，45頁参照．

41　同19頁参照．

42　同29頁参照．

高度の公益性が認められるかについては事案ごとの慎重な検討が必要であろう．

㈠　日本の事業者が外国のサーバ上で著作物を複製して AI の学習行為を行う場合

AI に著作物を入力して学習させる際には著作物の複製が行われるが，著作物の入力等の指示は日本で行われているものの，AI を搭載したサーバが外国に所在するという場合に，日本著作権法の適用は認められるであろうか．この場合，複製の結果は外国で発生しているが，複製の主たる行為は日本で行われているため，行為と結果のいずれに重点を置いて利用行為地を判断するかが問題となろう．

一般に，複製について利用行為地を判断する際には，複製の結果が重視される[43]．ひとたび複製物が作成されれば，複製物が所在する地において，複製物を用いた様々な利用行為が行われる可能性が高いため，当該地の法により著作権侵害の成否を判断することが妥当であると考えられるからであろう．

しかし，AI の学習段階での複製は，あくまで既存作品の情報を解析して，ユーザの指示に適合した独自の生成物を出力する能力を AI に獲得させるために行われるものであり，既存作品を複製・保存して，それをそのまま出力に利用することは想定されていない．そうだとすると，AI の学習段階での複製に複製権の保護を及ぼす趣旨は，複製物の利用・享受による利益侵害を規制するためというよりは，AI の学習を目的とした複製行為が行われること自体を規制することにあるといえるから，複製権侵害の成否の判断は，複製行為そのものが実質的に行われた地の法によって判断するのが妥当であろう．このように考えるならば，AI を搭載したサーバが外国に所在する場合でも，日本の事業者が日本において実質的な学習作業を行っていれば，日本が利用行為地と捉えられ，日本の著作権法が準拠法として適用されることになろう[44]．

---

43 「〈シンポジウム〉深化するインターネット社会と著作権をめぐる国際私法上の課題 討論」著作権研究 46 号 94 頁（2019 年）〔茶園成樹発言〕は，「複製がされたらその複製物ができたところが連結点であって，そこの著作権法で複製権侵害の成否が問題になる」と述べている．

44 新たな知財制度上の課題に関する研究会編・前掲（注 38）25 頁は，「利用行為（複製や加工（翻案））が行われるサーバーの所在地のみをもって決定すべきではな」く，「複製等の指令を端末への入力等により行った地，その指令による結果を一義的に得た地，利用者の所在地が日本国内にある場合には，日本が利用行為地といえるのではないか」と指摘する．

(ウ)　外国に所在する生成AIを利用して日本で生成物の出力を行う場合

サービス提供者が外国のサーバ上で生成AIサービスを提供しており，日本のユーザがそのサービスを利用して出力した生成物が既存作品と類似しているためにサービス提供者に対して著作権侵害が主張される場合に，日本の著作権法が適用されるであろうか.

生成AIサービスでは，ユーザの指示に基づいてサーバ上に生成物が作成（複製等）され，それが当該ユーザの端末に送信されることになる．複製等と送信は本来別個の行為であるが，生成AIサービスにおいては，ユーザの指示による生成物の作成（複製等）とユーザへの生成物の送信が1対1の対応関係にあり，複製等と送信が同一の主体（サービス提供者）により専ら特定のユーザのために行われることから，複製等と送信を一体的に捉え，一括して準拠法を決定するのが妥当であろう.

インターネットによる送信における利用行為地の解釈については諸説あるものの[45]，受信地を利用行為地と捉える見解が有力である[46]．受信により著作物の需要が失われ，受信地において著作権者の損害が現実化することがその理由である．受信地を利用行為地と解する見解に対しては，多数の国で受信される場合には多数の受信国の法が準拠法となり，法律関係が錯綜するといった問題点が指摘されている[47]．しかし，生成AIサービスの場合は，ユーザの指示によりサーバ上に作成（複製）された生成物が当該ユーザに送信されるだけであり，他のユーザに送信されることはないから，通常のコンテンツ配信サービスのように，複数国において受信の結果が生じるということはなく，専ら特定のユーザが所在する地において受信の結果が生じるにとどまる．ゆえに，利用行為地は受信地であると解して差し支えないであろう．このように考えるならば，サービス提供者が外国のサーバ上でサービスを提供していても，日本で生成物

45　議論を簡便に俯瞰するものとして，髙部眞規子『実務詳説著作権訴訟〔第2版〕』（金融財政事情研究会，2019年）417-419頁参照.

46　茶園・前掲（注27）81頁，道垣内正人「〈講演録〉著作権をめぐる準拠法及び国際裁判管轄」コピライト40巻472号（2000年）17頁，髙部編・前掲（注29）175-176頁〔井上〕，駒田泰土「論点の整理」著作権研究46号（2019年）12頁，山内貴博「インターネットを介した著作権侵害の準拠法と国際裁判管轄――実務の視点から」著作権研究46号（2019年）80頁参照.

47　田村・前掲（注27）568頁，髙部・前掲（注45）418頁など参照.

が出力される場合には，日本の著作権法が準拠法として適用されることになる．

Part IV
AI 生成物の著作権保護

第7章

AI生成物の著作物性

前田　健

1　はじめに

誰もが創作を行うことができる「一億総クリエータ」の時代が到来した[1]と喧伝されるようになってからすでに久しい．生成AIの登場は，この傾向にさらに拍車をかけることになった．生成AIを用いることにより，従来よりもさらに容易に，誰もが創作を行うことができる．

本章で論じるのは，生成AIにより生成された絵画，文章その他の文化的所産は，著作物として著作権法による保護を受けることができるのかである．生成AIの普及により大量の文化的所産が生成され利用されることになると，AI生成物を利用する場面は増加し，利用により誰かの著作権を侵害することにならないかに注意を払う必要が高まる．また，生成AIを用いて文化的所産を生成した者が，自らのAI生成物の独占的利用を望み，著作権その他の知的財産権による保護を望む事態が増加することが予測される．これらの事態に対処するため，AI生成物が著作物として保護されるか否かについてのルールを明確にすることは，生成AIの普及する時代において必須の課題といえるだろう．

1　たとえば，中山信弘『著作権法〔初版〕』（有斐閣，2007年）のはしがき参照．

この点につき，著作権法は，伝統的に，あくまで人間が創作した物のみを著作物として保護するという建前を採ってきた．人間が創作的に寄与することにより生成された物のみが著作物として保護され，そのような寄与をなした者が著作者として著作者の権利を得るという枠組みが採られてきたのである．したがって，AI生成物は，人間の創作的寄与が認められない限りは，著作物としての保護は受けられないというのが原則となる．

一方で，AI生成物といえども，少なくとも現在においては，人間が関与することなく完全に自律的にAIにより生成された物は存在しない．生成AIの準備をし，それに指令を与える人間が存在する．あるいは，AI生成物に手を加えて最終的に作品として完成させる人間が存在する．それらの人間の寄与が創作的寄与であると認められれば，著作物として保護される可能性が生じるのである．

そこで，本章では，生成AIの具体的な仕組みを踏まえた上で，いかなる関与をした者が著作者たり得，それにより著作物として保護される場合があるのかについて検討する．生成AIに対する人間の関与については，各段階において様々なものがあり得る．たとえば，学習用データセットの準備，学習済みモデルの生成，追加学習の実施，生成AIへの入力・指示，生成物の取捨選択，生成物の手動による修正など様々なものが考えられる．本章では，これらを一つ一つ検討し，現行著作権法のもとAI生成物が著作物として保護される場合を検討する．

もっとも，このように検討したとしても，著作物として保護されるAI生成物と保護されない物との区別は必ずしも容易ではない．また，生成に携わった者の目からは明確な線引きが可能だとしても，それを外部から判別することは困難であることも考えられる．そうだとすると，伝統的な著作権法の枠組みにより保護の可否を決することがどこまで妥当なのかという疑問が生じる．そもそもAI生成物には法的な保護が必要なのであろうか．本章では，十分な紙幅を割くことはできないが，将来の立法論についても簡単な考察を加えることとしたい．

2　著作物性の判断基準

(1)　著作物性判断の一般的基準

著作物とは，著作権法（以下，省略）2 条 1 項 1 号において，「思想又は感情を創作的に表現したものであつて，文芸，学術，美術又は音楽の範囲に属するもの」であると定義されている．著作物の要件は，一般に，①思想又は感情が含まれていること，②表現されたものであること，③表現に創作性があること，④文芸，学術，美術又は音楽の範囲に属することの 4 つだと理解されている．AI 生成物が著作物として保護されるか否かは，上記①の思想・感情要件の問題であるとの整理が一般的である[2]．すなわち，人間が関与することなく AI を含むコンピュータにより生成された物は，人間の思想又は感情を含んでいないので，思想・感情要件を欠く．

思想・感情要件が求められる理由は，著作権法は，人の精神的創作活動の成果を保護する法律だからである[3]．すなわち，人間の創作活動により生み出されたもののみを保護するのが著作権法であり，そうでないものについては著作権法の射程外であって，仮に保護するとしても他の法律によるべきといえるからである．人間がおよそ関与することなくコンピュータにより生成された物は，まさに，人間の創作活動の成果とはいえないので，著作権による保護には適さないということになる．

なお，コンピュータ生成物の著作物性は，③の創作性要件の問題であるという整理も可能である[4]．通説的な理解では，創作性とは，作者の何らかの個性が現れていることであるとされているからである[5]．創作性概念をこのように

2　島並良＝上野達弘＝横山久芳『著作権法入門〔第 3 版〕』（有斐閣，2021 年）19-20 頁，愛知靖之＝前田健＝金子敏哉＝青木大也『知的財産法〔第 2 版〕』（有斐閣，2023 年）191 頁，小泉直樹ほか『条解著作権法』（弘文堂，2023 年）11 頁〔小島立執筆〕．

3　中山信弘『著作権法〔第 3 版〕』（有斐閣，2020 年）49 頁．

4　上野達弘「人工知能と機械学習をめぐる著作権法上の課題」『知的財産紛争の最前線 (3)』L&T 別冊（2017 年）58 頁，上野達弘「人工知能と機械学習をめぐる著作権法上の課題——日本とヨーロッパにおける近時の動向」法律時報 91 巻 8 号（2019 年）34 頁，奥邨弘司「人工知能生成コンテンツは著作権で保護されるか」電子情報通信学会誌 102 巻 3 号（2019 年）255 頁．

著者の人格の発露と捉える理解の下では，創作性の有無は，表現を生成する「行為」に個性が発露されていたか否かにより判断されることになる．人間が関与していないコンピュータによる生成に，人間の人格が発露する余地はないので，AI生成物は創作性要件が否定されることになる．もっとも，近時の学説においては，創作性概念を「表現の選択の幅」と捉える理解も有力である[6]．この立場に立てば，創作性の有無は専ら生成された「結果物」を観察することによって判断されることになる．すなわち，保護を与えたときに他の者の情報利用の自由を奪うことになるかという観点から判断されることになるから，AI生成物であっても創作性要件は満たし得ることになる[7]．

以下，本稿では，AI生成物の著作物性は，思想・感情要件の問題であることを前提に，論を進める．

(2)　AI生成物の著作物性判断基準

AI生成物あるいはコンピュータ創作物の著作物性については，かなり古くから議論が蓄積されている．今日の議論の基礎となっているのは，2017年に知的財産戦略本部がまとめた「新たな情報財検討委員会報告書」[8]であり，さらにその基礎となったのが，1993年に著作権審議会がまとめた「第9小委員会報告書」[9]である．

(ア)　第9小委員会報告書

まず，1993年の第9小委員会報告書は，「コンピュータ創作物」を「コンピュータ・システムを使用した各種の創作活動の成果として，コンピュータ・シ

5　中山・前掲（注3）66頁．知財高判平成20年7月17日判時2011号137頁など多くの裁判例は，創作性を認めるには作者の「何らかの個性が表現されていることが必要である」とする．

6　中山・前掲（注3）70頁以下．

7　奥邨弘司「人工知能が生み出したコンテンツと著作権——著作物性を中心に」パテント70巻2号（2017年）12頁がすでにこの旨を指摘．上野・前掲（注4）L&T 58頁の注12）も同旨．

8　知的財産戦略本部 検証・評価・企画委員会 新たな情報財検討委員会「新たな情報財検討委員会 報告書——データ・人工知能（AI）の利活用促進による産業競争力強化の基盤となる知財システムの構築に向けて」（平成29年3月）．

9　「著作権審議会第9小委員会（コンピュータ創作物関係）報告書」（平成5年11月）．

ステムから出力された表現」と定義した上で，コンピュータ創作物も，人が「道具」としてコンピュータ・システムを使用したものと認められれば，著作物性が肯定されると整理している．そして，それが認められるには，①思想感情をコンピュータ・システムを使用してある結果物として表現しようとする「創作意図」と，②創作過程における，具体的な結果物を得るための「創作的寄与」と認めるに足る人の行為と，③結果物が客観的に思想感情の創作的表現と評価されるに足る外形が必要だとされている．

③は，「コンピュータ創作物であっても，コンピュータを使用しない通常の創作物であっても変わるものではない」とされており，これは，思想・感情要件をクリアしたとしてもその他の3要件をクリアしなければならないことをいうものと理解できる．そうすると結局のところこの報告書では，コンピュータ創作物が思想・感情要件を充足するためには，「創作意図」と「創作的寄与」の2つが必要だとされているものと整理できよう．

また，この報告書では，「コンピュータ創作物で，その作成過程に人の創作的寄与と評価できる行為が認められない場合」は，現行法上は著作物に該当しないと整理されている．すなわち，この報告書では，人がコンピュータを道具として創作したものは著作物に該当するが，人ではなくコンピュータこそが生成者であると評価できる場合には著作物に該当しないと整理されている．コンピュータ創作物を生み出した主体が人かコンピュータかによって議論を分ける枠組みは，今日の議論にも受け継がれている[10]．

(イ)　新たな情報財検討委員会報告書

次に，2017年の新たな情報財検討委員会報告書は，基本的には第9小委員会報告書の提示した枠組みに依拠して，それをAI生成物の場合に当てはめる形で議論を展開している．同報告書では，AI生成物を，AIによって自律的に生成されるもの（「AI創作物」）と，人間の創作的寄与がありAIを道具として活用した創作とに分け，後者は著作物たり得るという二分論の枠組みを採用し

10　奥邨・前掲（注7）11-12頁は，人間が人工知能をツールとして生成したコンテンツを「第1類型コンテンツ」，あくまでコンピュータが創作的表現を生成している場合のコンテンツを「第2類型コンテンツ」と呼んでいる．

ている．

そして同報告書は，「AIを道具として利用した創作」と認められる場合について検討し，いかなる場合に学習済みモデルの利用者に「創作意図」及び「創作的寄与」が認められるかについて検討している．具体的には，利用者の寄与が簡単な指示に留まる場合には「AI創作物」と整理されるが，利用者が学習済みモデルに画像を選択して入力する行為や，大量に生み出されたAI生成物から複数の生成物を選択して公表するような場合における選択する行為が，創作的寄与と認められる可能性について言及している[11]．

(ウ)　検討

(a)　「創作意図」と「創作的寄与」の理論的位置づけ

従来の議論では，AIが自律的に生成する「AI創作物」は著作物とはならないが，人間による「AIを道具として利用した創作」は著作物となり得るとされてきた．著作権法は，あくまで人間が創作した物を保護する法律であり，人間の寄与がないものは思想・感情要件が否定されることになるから，このような枠組み自体は正当といえよう．

一方で，「創作意図」と「創作的寄与」が認められれば，「AIを道具として利用した創作」と認められるという従来の整理は，結論としては妥当と筆者も考えるが[12]，その理論的説明は十分になされてきたとは言いがたい．思想・感情要件の基準として，「創作意図」や「創作的寄与」という具体的基準が導かれるとは直ちには説明しがたいものがある[13]．

11　ただし，同報告書は，AIの技術の変化は非常に激しいため，どこまでの関与が創作的寄与として認められるかの具体的な方向性を決めることは難しいとも指摘している．

12　従来の学説でも，たとえば奥邨弘司「技術革新と著作権法制のメビウスの輪（∞）」コピライト59巻702号（2019年）5頁は，この整理を極めて肯定的に捉えている．愛知靖之「AI生成物・機械学習と著作権法」パテント73巻8号（2020年）132頁もこの整理を前提として議論を展開する．

13　これに対し，創作性要件の問題と捉えた方が説明がしやすく，第9小委員会報告書もそのような前提で議論していたと理解するべきとも思われる．上野・前掲（注4）L&T 58頁は，創作性は表現という“行為”に備わっている必要があると指摘するが，そのような整理の下では，人間の行為が「創作的寄与」と評価できるか否かは創作性要件の判断なのだと説明することができる．しかし，本稿では創作性要件を表現の選択の幅と捉える立場とも整合する説明を採りたいので，むしろ,「創作意図」や「創作的寄与」は，著作者の認定基準からの方が導きやすいと思われる[14]．一般的な理解では，著作者とは，著作物たる創作的な表現の作成に関与した者だとされている[15]．「創作的寄与」とは，創作的関与が認められて，その人間が著作者といい得るかを問題としていると理解することができる．これは実質的には，AI 生成物が著作物となるか否かは，著作者たる人間の存否によって決せられるということである．ただし，問われているのは，あくまで思想・感情要件であって，人間の創作活動の成果のみを保護するというその趣旨に照らして，同要件が著作者たる人間の存否を問う要件として機能するということである[16]．

以上の，著作者たるべき人間の有無という視点から,「創作意図」および「創作的寄与」としてどのようなものが求められるかさらに検討する．

(b)　創作意図

「創作意図」につき，第 9 小委員会報告書は,「コンピュータ・システムの使用という事実行為から通常推認し得るもの」としたうえで,「具体的な結果物の態様についてあらかじめ確定的な意図を有することまでは要求されず，当初の段階では『コンピュータを使用して自らの個性の表れとみられる何らかの表現を有する結果物を作る』という程度の意図があれば足りる」としている．

本稿としても,「創作意図」は，ある具体的な結果物を作成しようという意図が認められれば足り，その結果物の中身に対して具体的な意図を有している

さしあたりこのような説明は用いないこととする．

14　出井甫「AI 生成物の著作物性の判断基準とその判断手法に関する一考察」パテント 71 巻 5 号（2018 年）61 頁は，端的に「AI 生成物の著作物性の問題も，AI 生成物に関与した人間が，当該 AI 生成物の著作者と認定し得る程度に創作的に寄与しているかという問題に置き換えることができる．」と指摘する．田村善之『著作権法概説〔第 2 版〕』（有斐閣，2001 年）397 頁以下は,「コンピュータ自動生成物の著作者」という題目のもと，この問題を議論している．

15　東京地判平成 10 年 3 月 30 日（平成 2 年（ワ）第 4247 号ほか）〔ノンタン〕は「著作者とは……著作物の思想又は感情の表現につき創作的関与をした者」であるとする．また，東京地判令和 3 年 5 月 27 日（令和 2 年（ワ）第 7469 号）〔書籍カバーデザイン〕，知財高判平成 29 年 10 月 13 日（平成 29 年（ネ）第 10061 号）〔ステラ・マッカトーニー〕，知財高判平成 17 年 11 月 21 日（平成 17 年（ネ）第 10102 号）〔鉄石と千草〕などでも「創作的関与」が基準とされている．

16　コンピュータ生成物以外に思想・感情要件を欠くものとして著作物とならないとされている例に，自然物および客観的な事実がある．これらも，著作者たるべき人間がいないものと説明することができるように思われる．

必要はないという立場を支持したい．なぜなら，創作意図を求める趣旨は，人間の創作物とはおよそ評価できないもの，すなわち，人間が全く意図せずに偶然にできあがってしまったもの（たとえば，偶然に地面にこぼしてしまった絵の具の跡）を著作権の保護対象から除くこと，及び，概括的に表現を作成する場や道具を用意したにすぎない者に対する保護を否定することに止まると解されるからである[17]．この趣旨からすると，著作者たるべき者が，最終的な結果物の表現をどこまで意図的にコントロールしていたかは問われないこととなり，結果物がある程度偶然に左右される場合であっても，著作者と認めることができる場合はあるというべきである[18]．

そもそも伝統的な著作物においても，著作者と認められるために，結果物の創作的表現を予め意図的にコントロールできることは求められてこなかったものと思われる．美術工芸品として美術の著作物に該当するとされている陶芸についても，窯の炎などの偶然性に左右されて作品ができあがる点は，著作物たり得ない根拠とはされてこなかった．また，写真についても，特に素人が撮影した者については，結果物について撮影者は必ずしもコントロールできない部分が少なくないが，特に異論なく著作物たり得ると考えてこられたように思われる．

AI生成物においてどの程度の「創作意図」が必要かを敷衍するために，いわゆる「サルの自撮り」[19]のケースを例にとる．この件において，写真家が主

17　偶然にできあがった模様，造形などを保護しても創作の奨励にはつながらないので，著作権による保護は必要ないものと考えられる．また，表現の場や道具を用意する者にインセンティブを与えることは政策論としてはあり得ると思われるが，その場や道具を用いて生み出されたものすべてに保護を与えることは保護として過剰であると考えられる．なお，場や道具を用意しただけの者には，いずれにしろ創作的寄与までは認められないであろう．

18　愛知・前掲（注12）133頁は「目隠しをした状態で，何色かも分からないカラーボールをいくつもキャンバスに投げつけて作品を制作するという手段など，むしろ偶然性を活用した表現が行われる場合」でも著作物性を認めるべきと論じる．上野・前掲（注4）L&T 59頁は，「白い紙の上に複数の絵の具をセットして，これをこぼすことによって生成される作品や，自動作曲システムにパラメータを入力して生成される作品のように，一定の偶然性によって作品が形成される場合において，そのことをあらかじめ人間が意図していたのであれば，その全体的過程を人間による剖作的表現と評価できるかどうかが問題になる．」と指摘する．

19　Naruto v. Slater, 888 F. 3d 418（9th Cir. Cal., Apr. 23, 2018）では，サルの「ナルト」による自撮りにつき，サルが写真の著作者となるかが争点となり，それが否定された．このケースでは，

張するように，サルにシャッターを押させることを意図してカメラを設置し，撮影された物を自己の作品とする意図を予め有していたとしたら，少なくとも概括的な創作意図は認めることができる．そうだとすると，この写真家は創作意図という観点からは著作者たり得，あとは，この写真家に「創作的寄与」が認められるのかどうかが問題となることになる．

以上によれば，AI を用いてある特定の表現物を生成しようという意図を有していた者がいる場合には，AI 生成物は著作物となる可能性があり，その者に「創作的寄与」が認められる場合には，著作物たり得ると考えられる

(c)　創作的寄与

どのような場合に創作的寄与が認められるかについては，第 9 小委員会報告書でも「個々の事例に応じて判断せざるを得ない」とされているとおり，基本的にはケースバイケースの判断である．本稿では，3 以下において具体的な生成 AI の仕組みを踏まえつつ，現在の技術を前提にして，ある程度詳細に議論していく．それに先立ち，一般論として指摘できることを何点か述べておきたい．

まず，創作的寄与とは，著作物の創作的な表現部分の作成に寄与をすることである．何が創作的な表現部分となるかは，作品の性質によって異なるから，同様の行為であっても結果物の種類に依存して評価が異なり得る．たとえば，AI によって生成するものが，画像なのか文章なのか，入力した著作物の二次的著作物かそうでないのかなどによって，創作的寄与があったかの評価は異なり得る．

次に，あくまで創作的な表現に対して寄与しなければならないから，事実又はアイデアに属する事項に寄与したとしても，創作的寄与とは認められない．画像における画風や描く対象物そのものの選択や，文章で表現される内容それ自体に寄与したとしても，創作的寄与は通常認められない．

最後に，創作的寄与は，AI 生成物が生成される前にその創作的表現を意図的にコントロールできなかった場合でも認められる場合がある．すなわち，ある行為によりその結果として生じる創作的表現を概括的にしか決定できないと

自然写真家のスレイターが森の中にサルがシャッター押せるようにカメラを設置し，サルにより撮影された写真を事故の著作物として発表したとされる．

しても，当該行為が創作的寄与と認められる場合はあるということである．具体的には，プロンプトによって生成 AI に指示を与える行為や i2i により画像を生成する行為は，それ単体では難しいとしても，創作的寄与を基礎づける行為となり得ると考えられる．なぜなら，創作意図のところでも述べたとおり，結果を人間が完全にコントロールできるものに著作権保護を限ることは，もとより伝統的な著作物においても要求されてこなかったところであり，また，そのような限定を付することに特段の合理性はなく，人間の文化的活動の在り方を過度に限定するものといえるからである．

なお１点付言するに，上述のような概括的指示の後に，複数の生成物から取捨選択し自らの作品を決定する行為が引き続く場合，創作的寄与との評価はより容易になると考えられる．というのは，創作的表現の作成に直接関与しなくても，機械や自然現象が生成した創作的表現の中から選別をし，創作意図をもって自らの作品であると確定する行為も，創作的寄与と認め得るからである[20]．知財高決平成 28 年 11 月 11 日判時 2323 号 23 頁〔著作権判例百選〕は，編集著作物の著作者の認定に関し，「編者」との立場で編集作業に関与し，他人の作成した原案を編集者会合においてそのまま承認する行為について，一般論としては，編集著作物の著作者と認定する根拠となることを認めている（結論としては否定)[21]．この知財高裁の立場を敷衍すると，AI 生成物の生成を創作意図をもって主導した者が，AI 生成物を自己の作品として承認する行為は，創

20　下記引用の知財高裁決定のほか，最判平成５年３月 30 日判時 1461 号３頁〔智恵子抄〕も参考となるように思われる．この事件では，詩人である高村光太郎が詩集「智恵子抄」を編集するに際して，編集者が収録候補とする詩等の原案を作成していた場合において，当該編集者の著作者性を否定した．その背後には，光太郎のみが詩集について決定する最終権限及び創作意図を持つのであり，編集者が作成した原案部分を含めて，その創作的表現のすべてを創作したのは光太郎であるという判断があるように思われる．

21　同決定は，一般論としてある者の行為に著作者となり得る程度の創作性を認めることができるか否かは，「行為者の当該著作物作成過程における地位，権限，当該行為のされた時期，状況等に鑑みて理解，把握される当該行為の当該著作物作成過程における意味ないし位置付けをも考慮して判断されるべき」と述べ，また，「他人の行った素材の選択，配列を消極的に容認することは，いずれも直接創作に携わる行為とはいい難い」としつつも，「その学識経験に基づき熟慮の上で賛同した場合を想定すれば，なおこのような関与に創作性を認め得る場合もあるとは思われる」としている．

作的寄与（あるいはそれを基礎付ける行為の一つ）であると評価できる場合があると思われる.

㈣　小括

AI 生成物は，自律的に AI が創作した AI 創作物については著作物と認めることができないが，人間が AI を道具として利用した創作は著作物と認められる場合がある．前者は，思想・感情要件を欠くからである.

AI 生成物の生成に関し，AI を利用して自己の表現を作成しようという創作意図を有し，AI 生成物の創作的な表現の完成に寄与したという創作的寄与をなした人間がいる場合には，思想・感情要件は満たされる．創作意図は，当該結果物を得たいという意図があれば足り，予め計画してその具体的な表現を意図的に作成したことまでは求められない．また，創作的寄与を認めるには，具体的な表現の完成に寄与することが求められるが，AI に対して概括的な指示を与えたでも認められる場合はあり，また，AI が生成した結果を選別し又は承認することにより認められる場合もある.

3　AI 生成物が著作物と認められる場合

⑴　生成 AI の仕組み

AI 生成物の作成に関与する人間のいかなる行為が創作的寄与と評価できるかにつき検討する前提として，簡単に生成 AI の仕組みを確認しておきたい（図表 1 を参照）．ここで想定するプレイヤーは，AI 開発者，AI サービス提供者，AI 利用者の 3 者である．開発者とサービス提供者は同一人の可能性も排除しない.

まず AI 開発者は，学習用プログラムを用意し，また大量の著作物を含む学習用データセットを用いて機械学習を行い，生成 AI の元となる基盤モデルを作成する．AI サービス提供者は，必要に応じて，それにさらに大量（数億点規模）の学習用データ及び追加学習用プログラムによる追加学習（追加的な機械学習）を行ってファインチューニングを行い，生成 AI を完成させる．これ

図表1　生成AIの仕組み[22]

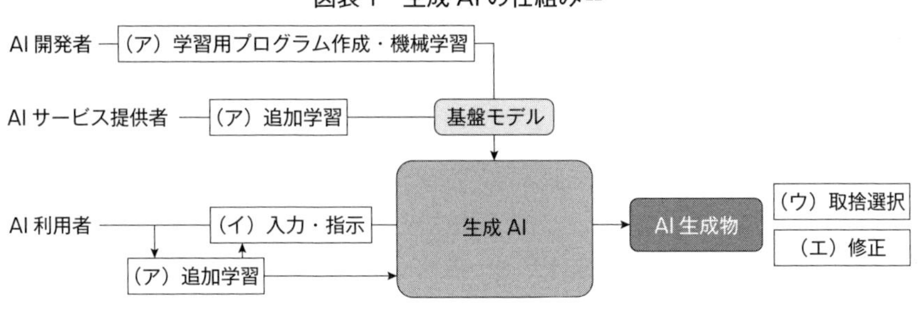

※（ア）～（エ）の記号は，(2) での記述に対応．

を利用者が利用することになる．まず問題となるのが，ここまでAI開発者やAIサービス提供者の行為が，当該生成AIを用いて生成されるAI生成物への創作的寄与と認められるかである．

次に，AI利用者は，上記のようにして完成し提供されている生成AIを利用し，AI生成物を作成することになる．このとき，生成AIの利用に先立ち，予め用意されている追加学習用プログラムを用いてAI利用者が追加学習を実施し，生成AIのファインチューニングを行うことがある．近時では，LoRA (Low-Rank Adaptation) と呼ばれる手法により，数十点～数百点規模のデータを用いて追加学習を行うことが可能となっている．AI利用者がこのような追加学習を実施してから生成AIに生成を指示する場合に，創作的寄与が認められるかが問題となる．

AI利用者は，AI生成物の作成を開始する際に，生成AIに指示を与える．場合によっては，生成のタネとなる何らかの入力を行うこともある．具体的には，各AIによって異なるのでいくつか例を挙げながら説明する

画像生成AIの場合，プロンプト（ユーザが入力するテキストによる指示．「呪文」と称されることもある）を入力することにより生成を行い，プロンプトとしてどのようなテキストを入力するかによって生成される画像が決定されることになる．プロンプトによる生成は，テキストからイメージを生成するものとい

22　文化審議会著作権分科会法制度小委員会（令和5年度第1回）資料3「AIと著作権に関する論点整理について」2頁の図を参考に筆者作成．

えるので「t2i（Text to Image）」とも称される．テキストではなく，一つの画像を入力し，それを異なる画像に変換させるという形で指示を与えることもできる．これは「i2i（Image to Image）」と呼ばれる．また，生成された画像に，プロンプトによる細かな指示をさらに与えて修正することも可能であり，このような機能は「ip2p（instruct pix2pix）」と呼ばれている．

テキスト生成 AI の場合，人間がテキストによる質問や指示を与え，それに応答する形でテキストが生成される．質問や指示は AI と対話しながら与えることもでき，そのようなやりとりを通じて，出力されるテキストをブラッシュアップすることも可能である．出力されるテキストとしては，あらゆる種類のものが可能であり，文章のみならずプログラムを出力することもできる．生成 AI によっては，要約や翻訳を指示することもできる．この場合，要約又は翻訳したい文章を，指示とは別に（あるいは指示と一体化して）入力することになる．また，生成 AI によっては音声を入力し，それを文字起こししたテキストを出力させることも可能である．

音声生成 AI（ここでは用意したテキストを読み上げる AI のこと）では，AI 利用者が文章を入力することになる．ただし，テキストの読み上げそれ自体が著作物になることはあまり想定しがたいように思われる．読み上げるテキストの内容も AI が生成する場合は，上記テキスト生成 AI と音声生成 AI の組み合わせになるだろう．また，音楽生成 AI の場合，AI 利用者がなし得る入力・指示としては画像生成 AI に近い．プロンプトにより音楽を生成することや，楽曲の長さ・楽器・キー・テンポなどのパラメータを指定することにより，生成する音楽を調整することができる．また，歌詞を入力することでそれに曲をつけさせることもできる．

⑵　創作的寄与

㋐　生成 AI の作成

AI 利用者が AI に入力・指示を与えて生成をさせようとする場合において，前提として用いようとする生成 AI が用意されている必要がある．まずは，指示・入力を受け付ける直前の生成 AI を準備する行為（これを「生成 AI の作成」と呼ぶ），すなわち，学習用プログラムを作成する行為や学習用データによる機械学習をさせる等の行為に創作的寄与が認められるかについて検討したい．

一般論としては，学習用プログラムを作成した者，機械学習をさせた者（学習用データを用意した者，及び，それを用いて学習を実行した者）は，原則，著作者にならないと考えられる[23]．なぜなら，これらの行為は，生成されるものの創作的な表現に直接的に寄与するものではないからである．これらの行為は，個別具体的な生成物の中身を直接に規定するものではなく，生成物の中身は基本的にはAI利用者の指示・入力によって決せられる．一つの生成AIが生成する物としては実に多様なものが想定される．それらのすべてについて生成AIの作成者が権利を有するとするのは，保護として過大であるともいえるだろう．

ただし，追加学習により生成AIのファインチューニングを行った者については，その態様によっては，創作的寄与が認められる可能性を排除できないように思われる．追加学習を行う者は，AIサービス提供者のこともあるし，個々の利用者であることもある．たとえば，LoRAなどを用いて，画像生成AIにおいて，特定の画風の絵のみを出力するように，あるいは，特定のキャラクタの画像のみを出力するように追加学習をした者については，創作的寄与が認められる場合もあると考えられる．たとえば，キャラクタ「ピカチュウ」の著作者が生成AIを利用するケースを考えてみよう．自らが描いた「ピカチュウ」の絵数百枚を集めて，AIに追加学習させ，「ピカチュウ」の様々なポーズの絵のみを出力するAIを作成したとする．このようにして生成されてくる様々なポーズを取った「ピカチュウ」の画像については，追加学習を実行した者に創作的寄与を認めてもよい場合もあるように考えられる．なぜなら，生成されてくる画像の創作的な表現部分に寄与したと評価し得るからである．

敷衍すると，生成AIの作成者は，出力される生成物の範囲を強力に限定するような貢献をした極めて例外的な場合においては，創作的寄与が認められる場合もあると考えられる．たとえば，画家レンブラントの画風の画像を生成するAIを作成するプロジェクト「The Next Rembrandt」を考えてみる．現実のプロジェクトにおいては，この生成AIを作成した者に創作的寄与は認めら

23　奥邨・前掲（注12）5頁，柿沼太一「画像生成AIをめぐる著作権法上の論点」法律のひろば76巻2号（2023年）22-23頁も同様の指摘．

れないと思われる．ただし，その理由は，作成者はあくまでアイデアたる「画風」に寄与したのであって，表現には寄与していないからではない．むしろ，再現される「画風」を創作したのは，AI 作成者ではない他者だからである．「画風」は一般的にはアイデアであって表現ではなく，著作権法上保護されないと理解されている．ただし，「画風」にも様々なレベルがあり，極めて具体的なレベルにおいては，少なくとも創作的表現を構成する一要素とみなされる場合もあるように思われる．「The Next Rembrandt」のプロジェクトで再現されている「画風」の一部には，表現の範疇に属するものも含まれているように思われる．このプロジェクトにおいて，仮にレンブラントが存命であって，彼の管理と承認のもと生成 AI のファインチューニングが実施され，学習用データとして用いられた画像のほとんどすべてがレンブラントの著作物であり，この生成 AI であれば自分の作風が出力されるとレンブラントが承認するに至った場合においては，レンブラントの寄与を創作的寄与と認めてよい場合もあると考えられる．これには異論もあろうが，さしあたり議論を喚起する目的もかねて，このような試案を提示しておきたい．

以上によれば，AI を作成する者には，通常，創作的寄与が認められない．ただし，（追加）学習用データの重要な部分に自己の著作物を用いるなどして，生成物の創作的表現の幅を規定することに多大な貢献をしたと認められる例外的な場合においては，創作的寄与をしていると認められる場合もあるように思われる．

(イ)　生成の指示・入力

次に，生成 AI を利用する行為，すなわち，生成 AI に対し指示・入力を行い，AI 生成物を出力させる行為について，どのような場合に創作的寄与が認められるかについて検討する．

まず，プロンプトなどのテキストを入力することにより生成 AI に指示を行う行為は，それ単体では，創作的寄与が認められないと考えられる[24]．プロン

24　出井甫「AI 生成機能の動向と著作権法上の課題への対策」コピライト 62 巻 741 号（2023 年）22 頁は「短い単語を入力して出力スイッチを押すにとどまる場合は，それによって生じた画像に人間の創作的寄与があるとは判断し難い」と指摘する．

プトやテキストによる指示が，生成物の創作的表現を概括的にも決定することはなく，単に方向性を与えるに過ぎないと考えられるからである．指示を極めて詳細にしていくことによって生成物の再現性を高めた場合においても，なお生成される表現にはかなりの幅があるのだとすると，それ単体で創作的寄与を認めることは難しいように思われる[25]．しかし，たとえば，詳細な指示を与えていることに加えて，上述のAIの作成における寄与が認められる場合や，AIに対する指示として自己の著作物の入力をしたり生成物の取捨選択を行ったりしている場合には，それらと相俟って，創作的寄与が認められる場合もあると考えられる．

AIに対する指示は，出力物の一定のパラメータを指定することにより行うことができる場合もある．これについても，テキストによる指示と同様の分析が可能である．パラメータにより詳細な指示を与えたとしてもなお生成される表現にはそれなりの幅があるのだとすると，それ単体では創作的寄与が認められる場合は，例外的であるように思われる．

また，生成AIにおいては，画像生成AIにおけるi2iのように生成する画像の元となる画像を入力したり，翻訳AIや要約AIにおいて，その元となるテキストを入力したりする場合がある．このような場合，出力される画像やテキストは，入力されたものによって強力に規定されることになる場合が多いと考えられる．このとき，入力した著作物が入力者の創作に係るものである場合，出力物の創作的表現に対して，入力が大きく寄与したと認められる場合が少なくないと思われる．つまり，自分が描いた画像をAIに修正させて画像を完成させる行為，自分が書いた文章をAIに翻訳させて文章を完成させる行為や要約させて文章を完成させる行為[26]については，最終的なAI生成物について創

25　出井・前掲（注24）22頁は，「意図した画像を生成するために工夫した比較的長いテキストを入力している場合には，そこに創作性が生じているとも評価し得る」とするが，本文で指摘した通り，テキストを長くしてもなおアイデアレベルの寄与にとどまると評価される場合は少なくないように思われる．

26　ただし，要約の場合，要約前の創作的表現が要約後には全く残存しないという場合も想定される．このような事態は，i2iや翻訳の場合より，要約の方が多いようには思われる．しかし，文章の構成，論理の運びなどはアイデアとされる場合が少なくないとしても，具体的なそれは表現と評価できる場合もあるだろうし，要約によってもそれがなお残存することもあるだろう．また，

作的寄与が認められる場合があると考えられる．

(ウ) 生成物の取捨選択

生成 AI に対する指示・入力は，自らが満足するものが出力されるように，微修正を繰り返しながら試行錯誤して行われることが少なくない．また，同じ入力・指示を複数回与えても，現在の生成 AI ではランダムで幅のある出力を行うことが少なくなく，自らが満足するものが出力されるまで，何度か同じ入力・指示を繰り返すこともある．このような AI 利用者による営みを，総称して AI 利用者による生成物の取捨選択と呼ぶことにする．

AI 生成物に対する創作的寄与が認められる場合というのは，現状では，この取捨選択による場合が一番多いのではないかと考えられる[27]．これに対しては，単に選択する行為からは創作的寄与が認められないという指摘もある[28]．確かに選択する行為単体では創作的寄与は認められないかもしれない．その意味では上記指摘は正当である．しかし，創作意図をもって，自己が生成を指示した多数の候補物の中から，創作的表現部分について相応のこだわりをもって選択する行為は，結果物が有する表現の細部に至るまでを責任をもって確定する行為であるといえるから，創作的寄与を認めても差し支えないように思われる[29]．2 (2) (ウ) (b) でも指摘したように，伝統的な著作物においても，結

要約によっても，特徴的な言葉遣い，文章表現がそのまま残存する事態も想定でき，そのような場合には，より一層創作的寄与が認められるであろう．

27　柿沼・前掲（注 23）22 頁は，画像生成 AI のユーザが AI を利用して複数枚の画像生成行為を行い，そこから良いと思われる作品を自ら選択する場合には，ユーザという人間が創作をしたと評価し得るとし，このようなケースはかなり多いのではないかと指摘する．

28　古川直裕「AI 生成物と著作権と AI 倫理」2022 年 12 月 17 日（https://tech-blog.abeja.asia/entry/advent-2022-day17#%E5%91%AA%E6%96%87%E3%81%AE%E8%91%97%E4%BD%9C%E6%A8%A9，2023 年 8 月 30 日最終閲覧）は，「雑誌の表紙のコンペを行い，多数の画像から表紙に使うものを選」ぶケースと「芸術的な形の形の石を河原で選んで拾った場合」を例に挙げ，選択者は著作者とならないと論じる．また，上野・前掲（注 4）59 頁は，1 万人の人間に詳細な条件やテーマを与えて作曲させ，その 1 万曲の中から吟味して 1 曲を選択する行為は，「創作的表現」にあたらないということに異論はないとしつつ，他方，自動作曲システムに詳細なパラメータを入力して生成された 1 万曲の中から吟味して 1 曲を選択する行為は，人間による「創作的表現」と評価される余地かあるか，もしあるとすればそれをどのように正当化するかが問題となると指摘する．

果物の創作的表現を予め意図的にコントロールできることは求められてこなかったことからすると，AI生成物についても，同様に考えるべきだといえる．

(エ) 生成物の修正

最後に，生成AIの生成物に対してAI利用者が修正を加えて，最終的に結果物を確定する行為について，創作的寄与が認められる場合について検討する．修正行為については，従来のAIなしに創作する行為と異ならないのだから，これにより創作的寄与が認められる場合は当然にあると考えられる[30]．

この場合，生成AI特有の論点があるとすれば，生成物に対する修正がわずかといえる場合であっても，上述の生成・入力や取捨選択の程度と総合考慮して，AI利用者の修正に創作的寄与が認められる場合もあるという点である．たとえば，音楽生成AIにプロンプトやパラメータを何度も試行錯誤して入力して得られた生成物について，わずか1小節分だけ手動で修正を加えた場合に，入力・指示，取捨選択，修正のそれぞれのどれか一つだけでは創作的寄与が認められないが，それらを総合考慮することで初めて創作的寄与が認められる場合はあると思われる．

(3) 小括

人間がAIを道具として利用した創作した場合，AI生成物は著作物たり得る．人間が創作意図をもって，AI生成物の具体的な表現部分に創作的寄与をすることで生成された物は著作物たり得る．人間が創作的寄与をなし得る場面としては，生成の指示・入力と生成物の取捨選択あるいは生成物に対する修正があり，これらの一つ一つを見れば創作的寄与と評価できなくても，総合的に見れば全体として創作的寄与と認められる場合もある．生成AIを作成する行為は基本的には創作的寄与と認められないが，例外的なケースでそれが認められる可能性は排除されない．

29　愛知・前掲（注12）137頁は「AIが複数のコンテンツを生成した場合に，そのうちの1つを吟味して作品として選び出したという事情」は創作的寄与を肯定する

30　柿沼・前掲（注23）21頁は「生成された画像に対する修正・加筆行為」に創作的寄与が認められる可能性を示唆する．

生成 AI を補助的に利用して創作を行うクリエータは今後も増えていくと思われる．それらのクリエータの行為が，便利な道具を活用するようになったという以上には，従来の創作活動と本質的に区別できないのだとすれば，そうやって生成されたものは著作物と認められることになるだろう．

4　AI 生成物の著作者

⑴　創作意図と創作的寄与が認められる者

何人かの創作意図及び創作的寄与が認められた場合，AI 生成物も思想・感情要件をクリアして，著作物たり得る．この場合，著作者となるのは，創作意図をもって創作的寄与をした者である．この議論は著作物性の議論と完全に表裏一体である．上述の検討によれば，ほとんどの場合において，創作的寄与が認められるのは AI 利用者であるから，基本的には，AI 利用者が著作者となると考えられる．もちろん，仮に AI 開発者やサービス提供者に創作的寄与が認められる場合には，これらの者が著作者となる可能性は残る．

この点に関しては，プロンプトなどの AI への指示を作成した者と，それを実際に入力し生成を行った者とが分かれる場合，いずれが著作者となるのかという論点が提示されている[31]．たとえば，AI 利用者が，他人により作成され配布されたプロンプトを用いて生成する場合がこれにあたる．まず，プロンプトを作成した者は，そのことのみをもって，それを入力して生成されるもの全てにつき創作的寄与が認められるかということが問題となるが，原則認められないと考えられる．上述の通り，いかに詳細なものであったとしても，プロンプト単体では創作的寄与を認めることが難しいからである．また，AI 利用者，他人が作成したプロンプトを入力したことそれ自体では創作的寄与を認めることができない．これを認めるには，自らプロンプトを試行錯誤することなどが必要であると考えられる．

31　柿沼・前掲（注 23）23 頁は，この場合，まず，プロンプトが著作物であるとしても，生成物はプロンプトの二次的著作物には該当しないと分析したうえで，プロンプトの作成は創作的寄与があっても創作意図が認められず，入力者は創作意図はあるが創作的寄与がないと分析している．

ここから敷衍して，一般に，ある一人の者がすべてを行えば創作的寄与を認め得る一連の行為について，複数の者でそれらの行為を分担した場合には，各分担部分にのみ着目して創作的寄与を判断すべきであるといえる．このように考えると，全体としてみれば人間の創作的寄与があるように見えても，個々人の寄与は創作的寄与とまでは言えず，誰も著作者とはならない場合があると考えられる．この場合，各分担者に共同性を肯定できれば，共同著作者と認定できる場合もある．しかし，共同性がないのであれば，他の者の寄与を自らの寄与に含めることはできない．

⑵　生成AIサービス規約における著作権帰属の定めの意義

なお，生成AIサービス提供者の利用規約の中で，AI生成物の著作権はユーザに帰属するなどとの規約が設けられることがあると指摘されている[32]．一般に，AIサービス提供者とAI利用者が著作権の帰属について契約を締結した場合，その効力が問題となる．

まず，このような規約は，少なくとも，これにより著作者ではない者が著作者になるという効力を有するものではない．規約の有無にかかわらず，創作的寄与のある者が著作者となり，創作的寄与を認められる者が存在しなければ，著作物性が否定されそもそも著作権は発生しない．著作物性及び著作者の認定に係る法規は強行法規といえるからである．

一方，この規約が著作権の譲渡の定めと解釈できる限りにおいては，そのような定めは有効である．著作権は財産権であり当事者間で自由に譲渡することができ，サービス提供者と利用者との間の著作権譲渡の合意が一般に公序良俗に反して無効と解すべき理由もないからである．

32　出井・前掲（注24）22頁．

5　立法論——AI 生成物保護の将来

(1)　いわゆる「僭称コンテンツ」問題について

AI 生成物の著作権保護を巡っては，AI 生成物に人間の創作的寄与を認めることができず，それゆえ著作物性を欠くのに，それを隠して自己の著作物であることを主張する「僭称コンテンツ」問題が深刻となるとの懸念が指摘されている[33]．そして，これに対処するため，詐欺罪又は著作者名詐称罪（著作権法 121 条）を適用するとともに，いっそのこと著作権法を改正し，「僭称コンテンツ」も含めて，AI 生成物を著作権法により保護すべきと主張されている[34]．

これに対しては，僭称のリスクが存在することは前提にしつつも，僭称コンテンツの著作物としての保護という形で解決することに対する疑問が提起されている[35]．筆者も，将来 AI 生成物が氾濫し人間の著作物と区別できない事態が到来するであろうと考えるが，僭称コンテンツ問題には著作権法 121 条の著作者名虚偽表示の禁止規定の適用などにより対処すれば足り[36]，その対処のために著作権保護をするのは本末転倒と考える．

まず，僭称コンテンツの一番の問題は，僭称者が本来は許されない権利行使をすることであると考えられる．人間の創作的寄与により作成されたものであるとの立証を著作権者に厳格に求めるようにすれば，僭称コンテンツによる権利行使は相当程度避けられるはずである[37]．確かに，このような方策を採ると，著作者は，自己の創作過程を記録するなどの負担を迫られることになる[38]．し

33　奥邨・前掲（注 7）15 頁．具体的な問題点として，①本来著作権法で保護されるべきでないものが保護され著作権制度が揺るがされること，②僭称が発覚するとライセンス・ビジネススキームが崩壊するため関係者にとってリスクが高いことを指摘する．

34　奥邨・前掲（注 7）15 頁．

35　愛知・前掲（注 12）138 頁．

36　上野・前掲（注 4）L&T 61 頁も僭称コンテンツ問題に対しては著作権法 121 条の拡大により対処すべきことを示唆する．

37　出井甫「AI 創作の現状と著作権法を中心とする検討課題」コピライト 60 巻 712 号（2020 年）17 頁は，人間が作ったものであることを主張立証させることで僭称問題を防止することができるかもしれないと指摘する．

38　愛知・前掲（注 12）139 頁は，コンテンツユーザー・利用者側の利用の自由を重く見るのであ

かし，外形上AI生成物と区別できない著作物についてはそうだとしても，著名な独創性の高い作品の著作者の場合，自己の手によるものだという立証は必ずしも困難ではないように思われる．また，著作権による独占は利用者の視点からは社会的にはコストであるから，著作者性の立証を負担できる場合のみ著作物として保護するとしても，著作者と利用者のバランスのとり方として，不公正とは言えないように思われる．なお，そもそも「本来許されない」と考えるのであれば，保護を認めるという解決策は取り得ないのではなかろうか．

また，僭称コンテンツについては，僭称コンテンツを真に著作物と信じ，それに投資をした者の保護に欠けるという問題もある[39]．これについては，他者の著作物を自らの著作物と主張するいわゆる「盗作」をした者への投資と問題構造としては共通する．それがAIの登場により，従前より容易に秘密裏に行い得るようになったということだと思われる．ただ，これに対しても，真にAI生成物が蔓延する社会になったならば，投資を行う者としては，これは明らかに人間の手による著作物だと確信できる場合を除き，そもそも著作権保護の対象とはならないAI生成物であることを前提として，ビジネススキームを組むようになると思われる．AI生成物が蔓延する社会では，むしろ企業はそのような形でリスクを回避するようになるだろう．回避する方法がある以上は，ビジネス上のリスクそのものは，僭称コンテンツを保護すべき理由とはならないと考える．

ただし，最後の点に対しては，知的財産法の保護がないことを前提にビジネススキームを組むのでは，AI生成物に係る投資を十分に回収できないかもしれない．この点を理由として，生成AIへの投資のインセンティブを確保するために，AI生成物の保護を与えることはあり得るように思われる．

れば，立証のためのコストを著作者に負担させることもある程度許容されると指摘する．

39　逆に，AI生成物なので権利者がいないと信じて利用していたのに，後から人間の著作者が現れ権利行使されるというリスクも顕在化するものと思われる．合理的な調査を尽くした利用者については損害賠償請求に対して過失を否定したり，差止請求に対しては立法的手当により一定の条件の下利用の継続を認めたりということもあり得ると思われる．なお，出井甫「AI創作物に関する著作権法上の問題点とその対策案」パテント69巻15号（2016年）41頁の提案するAI生成物が蔓延する事態への対処も参照（表示制度や検索システムの拡充などを提案する）．

⑵　AI 生成物保護は必要か？

そもそも人間の創作的寄与のない AI 生成物について，保護すべきなのはどのような場合か．仮に保護すべきとしたら，一番に思いつくその根拠は，創作のインセンティブを確保するために必要だという説明である[40]．これが成立するには，AI 生成物の作成に，その者が相当の費用（金銭的なもののみならず，時間的なものや精神的な労力を含む）をかけたこと，及び，独占権を与えなければ，正の外部性を内部化することができず，インセンティブが不足する事態となることが必要である[41]．しかし，AI 開発者及び AI サービス提供者ならびに AI 利用者のいずれにも，そのような事情は認められないように思われる．

まず，AI 利用者についていうと，そもそもインセンティブが必要といえる程度のコストをかけているとはいえない．もちろん，創作的寄与が認められるような場合には創意工夫をこらしているといえるが，そのような場合は，そもそも著作権法による保護を受けられる．それが認められない場合にまで独占権がなければ社会的に適当な量の創作活動が行われないほど，AI による生成のインセンティブが不足するとは思われない[42]．

次に，AI 開発者や AI サービス事業者については，これらの者についてはかなりのコストを投下しており，何らかの形で独占を築くことができなければ，AI 開発または AI サービスを提供するインセンティブは不足することになる

40　これは，筆者がいわゆるインセンティブ論に基本的に立脚しているということに加えて，個性の表れという立場に基づく自然権論的正当化は，人間の創作的寄与がない場面を想定している以上，妥当し得ないからである．ただし，後記（3）の通り，既存の AI 生成物の価値を維持・改良し，それに基づく商品を開発して提供するインセンティブを確保するために AI 生成物の保護が必要だという説明はあり得る．これは，広義のインセンティブ論に基づく説明だが，創作のインセンティブ確保とは異なる議論である．

41　横山久芳「AI に関する著作権法・特許法上の問題」法律時報 91 巻 8 号（2019 年）51 頁は「法的保護がなければ，価値ある生成物が十分に制作されない状況があるかを慎重に検討すべき」と指摘する．また，愛知・前掲（注 12）137 頁は「AI 利用者にコンテンツ作成に向けた一定の労力・コストがかかるケースでは，インセンティブを付与し，費やされた労力・コストの回収手段を与えるために，権利を承認することが重要となる．」と指摘する．

42　福井健策「人工知能と著作権 2.0――ロボット創作の拡大で著作権制度はどう変容するのか」コピライト 55 巻 652 号（2015 年）17 頁，福井健策「人工知能コンテンツ――それはビジネスと知的財産権をどう変革するか」知財管理 67 巻 4 号（2017 年）490 頁，出井・前掲（注 39）39 頁，愛知・前掲（注 12）137 頁は，いずれも AI 生成物一般を，著作権により保護することに否定的．

と思われる．しかしながら，自らが開発又は提供する生成AIから生成されるすべての物に対して独占権を及ぼせなければ，インセンティブが不足する事態は想定しがたい．AI開発者及びサービス提供者は，AIに関する特許やプログラム著作物の保護を受けることができるからである[43]．かえって，自らのソフトウエアの成果物にまで独占が及ぶとすると，他のソフトウエアへの保護と均衡を欠くという問題もある[44]．

⑶　立法による対応の可能性

以上の通り，人間の創作的寄与が認められる場合を除き，創作のインセンティブを確保することを目的として，AI生成物を保護する必要性は認められない．したがって，著作権法を改正して，AI生成物一般を著作物の定義に含める改正[45]が必要とは考えられない．少なくとも著作財産権による保護の正当化には，創作のインセンティブ確保の必要性が求められると考えられるからである．また，同様に，著作権ではない特別の権利（sui generis right）を創設したり[46]，著作隣接権による保護[47]も正当化できないと考えられる．それらは，

43　知的財産戦略本部検証・評価・企画委員会次世代知財システム検討委員会「次世代知財システム検討委員会報告書――デジタル・ネットワーク化に対応する次世代知財システム構築に向けて」（平成28年4月）26-27頁は，AIプログラム提供者（本稿のいう「AI開発者」に相当）及びAIの管理者たるプラットフォーマー（本稿のいう「AIサービス提供者」に相当）の投資回収のためのAI創作物保護の必要性について「AIプログラム自体が著作権，特許権等で保護されうること，プログラムの提供により対価回収の機会があることから，AI創作物に対する保護は不要と考えられる」とする．

44　出井・前掲（注39）39頁の指摘．

45　奥邨・前掲（注7）17頁は，著作物の定義から思想・感情要件を除いた上で，映画製作者の著作権帰属の規定を参考に，AI生成物の製作に発意と責任を有する者を著作権の原始的帰属者とする改正を提案する．また，この場合，著作者人格権保護は不要とする．田村・前掲（注14）401頁も同様に，僭称コンテンツ問題がゆえに著作権保護するとしたならば，コンピュータ生成物について，コンピュータ支援著作物と類型的に異ならない者（生成AIの場合，AI利用者ということになろう）が権利者になることが望ましいとする．

46　この可能性を指摘するのは，内田剛「コンピュータ生成作品の著作権による保護とその保護のための課題」渋谷達紀教授追悼『知的財産法研究の輪』（発明推進協会，2016年）556頁，上野・前掲（注4）L&T 61頁．

47　内田・前掲（注46）557頁．内田は，AIサービス提供者を権利者とし，当該サービスより生成された作品を保護の対象とするものを想定するようである．

創作のインセンティブ確保という正当化根拠において，著作権による保護と共通しているからである．

一方で，著作権とは全く別の正当化根拠により，AI生成物を保護する可能性はなお残ると考えられる[48]．次世代知財システム検討委員会報告書[49]は，例として，「コンテンツ制作が可能なAIに，人間がキャラクターを付与し，そこから生成されるコンテンツ（キャラクターが歌い踊る様子や，歌，小説など）とセットで展開する，人間とAIの協業モデル」を挙げる．報告書は，この場合，事業者は，生成AIそのものへの投資に加えて，キャラクターの製作とそれを市場に認知させるため投資を行っているから，既存の著作権，商標権等による保護に加えて，AI創作物に対する他者のフリーライド抑制やより広範なマネタイズの観点から新たな知財保護の仕組みが必要になる可能性があるとしている．

また，同じく次世代知財システム検討委員会報告書は[50]，AI生成物と人間の創作物が市場で競合する中で，自他識別力又は出所表示機能を有するような一部のAI生成物のみを知財として保護する可能性についても言及する．

現時点で将来どのような可能性が生じるかは容易に想定しがたいが，ある者がある特定のAI生成物を最初に自らの支配下においた場合において，それに追加的な投資をしてその魅力を高め，商品として提供を継続しようとする場合には，追加的な投資をするインセンティブを確保するために，その者を法的に保護すべき場合もあると思われる[51]．これは，生成後の投資を促進しようとするものなので，創作のインセンティブとは区別される．次世代知財システム検討委員会報告書が示唆する標識法的・パブリシティ的な保護も，基本的には生

48　出井・前掲（注39）40頁は，AI生成物を保護するのであれば，その根拠は著作権法の趣旨とは別に求めるべきであるとしたうえで，AIから生じる利益は，一種の民法上の果実として，AIやAIの創作に携わった関係者が取得すべきと指摘する．上野・前掲（注4）61頁は，自他識別力を有するなど，一定の価値を有するAI生成物のみ保護する新たな制度を設けるという手段があり得ると指摘する．

49　前掲（注43）25-26頁．

50　前掲（注43）28頁．

51　横山・前掲（注41）52頁は，「価値あるAI生成物の商品化を促すという見地からは，顧客吸引力を獲得したAI生成物に限って保護を認めるということも考えられる」と指摘する．横山は「パブリシティ価値」に着目した保護の仕組みが検討に値するとする．

成後の追加的な投資を問題にするものといえるから，同様の発想に立つものといえよう．現時点で，直ちにこのような立法的対処の必要性を裏付ける立法事実は認められないと思うが，将来的にはその可能性はあるように思われる．

6　おわりに

本稿では，AI 生成物が現行著作権法のもと著作物として保護される可能性と，将来の AI 生成物の知的財産保護の可能性について検討した．現行著作権法のもとでは，人間の創作的寄与が認められる AI 生成物，すなわち，人間が AI を道具として利用した創作は著作物として認められるが，自律的に AI が創作した AI 創作物については著作物と認めることができない．本稿では，人間の創作的寄与を認め得る場合について，現在の生成 AI の具体的仕組みを前提に詳細に検討した．これによれば，クリエータが AI を利用しつつ試行錯誤して作り上げた作品が，著作物として保護される場合は少なくないと思われる．

一方，AI 生成物一般を新たな立法により保護する可能性については，本稿は慎重な立場を採っている．現行著作権法のもと保護されない AI 生成物に対して，創作のインセンティブを確保するため，新たな法的保護が必要となる場面は想定しがたいからである．しかし，将来，AI 生成物を利用したビジネスへの投資のインセンティブを確保するために，AI 生成物一般に一定の法的保護を与える可能性は排除されない．AI 技術の発展とビジネスの動向を注視しつつ，迅速な対応ができるよう，議論を蓄積しておくことが望まれる．

第8章

イギリスの著作権法におけるコンピュータ生成物の保護

今村　哲也

1　はじめに

イギリス著作権法[1]には，人間の著作者が存在しない状況で作成されたコンピュータ生成著作物（computer generated works）に関する特別な規定があり，一定の要件を満たす場合，著作物の創作に関する手配を行った者をその著作者（author）とみなしている（9条3項）[2]．この規定は，基本的には創作者主義の原則に基づく特別な取り扱いとして位置づけられるが，後述するように，この権利の法的性質に関しては争いもあるので，創作者主義の原則の例外かというと，それは必ずしも一義的ではない．

1　以下では1988年に制定されたCopyright, Designs and Patents Act 1988を「イギリス著作権法」と呼ぶ．

2　Giancarlo Frosio, 'Four Theories in Search of an A(I)uthor', in Ryan Abbott ed., *Research Handbook on Intellectual Property and Artificial Intelligence*（Edward Elgar 2022）159は，そうしたみなし著作者のことを，架空の人間の著作者（fictional human author）と表現している．イギリス著作権法の場合，この概念は後述する事業投資的著作物における法定著作者とさほど変わらないかもしれないが，細かな点を挙げれば，「オリジナリティのある著作物」に関するみなし著作者なのか否かという部分に一応の相違点はある．なお，手配をする者が従業員である場合，従業員はみなし著作者となり，雇用者である法人が著作権者となると思われる（11条2項参照）．

以下では，イギリスの創作者主義の状況と，著作隣接権制度を持たないイギリスの著作物の定義，特に，事業投資的著作物の概念について説明する．コンピュータ生成著作物は，事業投資的著作物の一類型と見なす考え方も存在する．次に，このコンピュータ生成著作物の保護内容と，手配をした者が権利の主体とされることとされた立法の沿革を説明する．さらに，「オリジナルな文芸，演劇，音楽，美術の著作物」との関連性や，イギリスのオリジナリティ要件と，EU 判例法における「著作者自身の知的創作物」の概念との関係を紹介する．続けて，権利内容や9条3項に関する裁判例である Nova Productions Ltd v Mazooma Games Ltd についても触れる．学説の状況，特に学問的な問題点や正当性の議論についても簡単に紹介する．また，2021 年にイギリス政府が実施したコンピュータ生成著作物の規定に関するコンサルテーションの概況も取り上げる．最後に，イギリスと類似する制度を持つ他国の状況を触れつつ，イギリスのコンピュータ生成著作物の保護に関する考察を述べる．

2　創作者主義の原則に対する特殊な状況

(1)　創作者主義とその例外

世界各国の著作権法を見ると，著作権の原始的帰属に関する問題では，多くの国が創作者主義を採用している．創作者主義とは，著作物を創作した著作者を最初の著作権者と認める考え方である．多くの法域では，この創作者主義を原則としつつ，特定の状況下では例外を法定するのが一般的であり，日本やイギリスの著作権法においても同様の考え方が採られている．

具体的には，日本の著作権法においては，職務著作制度という重要な例外が存在し，一定の要件下で，従業員が創作した著作物について法人が著作者となるとする規定がある．イギリスの著作権法では，国王，議会，議案の著作権，一定の国際機関の著作権（11 条3項），また，雇用の下で創作された文芸，演劇，音楽，美術の著作物や映画（11 条2項）などに関しては，実際の著作者とは別の者が最初の著作権者となる．しかし，イギリスの制度は日本の職務著作制度とは性質が異なり，著作者（authorship）自体を変更するのではなく，著作権の帰属（ownership）のみを変更するものである．

さらに，創作者主義の原則からのもう一つの例外として，複数者による共同創作が考えられる．日本法ではこのようなケースを「共同著作物」として取り扱い，イギリス法でも同様に「joint works」として，著作権は共同著作者の間で共有される（10条）．共同著作物は，「2人以上の著作者の協力により製作され，各著作者の寄与が区分できない著作物」と定義される．この点について，イギリス著作権法におけるコンピュータ生成著作物については，「人間の著作者と AI システムによる共同作業で著作物が生み出された場合，人間の著作者が第9条3項の架空の著作者と直接共同作業を行っていないため，共同著作物の定義に該当しない」との指摘がある[3]．

(2) 事業投資的著作物（entrepreneurial works）

イギリスの著作権法は，日本では著作隣接権の保護対象とされるものを含めて著作物（works）として保護する．そのために，特定の者を著作者と擬制する規定が設けられることになる．イギリス著作権法における著作物でも，典型的な著作物ともいえる文芸，演劇，音楽および美術の著作物には，創作者主義の原則が適用される（9条1項，11条1項）．これらの著作物については，オリジナリティの要件が課せられている（1条1項（a））．なお，オリジナリティについては，日本の創作性の概念とは異なる部分もあるので，以下では特別な訳語は当てずにオリジナリティと表現する．これに対して，必ずしも典型的な著作物とはいえない録音物（recording），映画，放送，出版された版の印刷配列の場合（1条2項（b）および（c））には特別な取り扱いがある．

イギリス著作権法の文脈では，創作者ではない著作者が観念される4つの著作物の種類（録音物，映画，放送，発行された版の印刷配列）を示す概念として，事業投資的著作物（entrepreneurial works）という表現が用いられることがある[4]．事業投資的著作物という概念は，著作隣接権の制度を有しないイギリス

3　Jyh-An Lee, 'Computer-generated Works under the CDPA 1988', in Jyh-An Lee, Reto M. Hilty, and Kung-Chung Liu eds., *Artificial Intelligence and Intellectual Property*（Oxford University Press 2021）193.

4　Lionel Bently, Brad Sherman, Dev Gangjee, Phillip Johnson, *Intellectual Property Law*（6th

のような国で用いられる概念であり，具体的には，イギリス著作権法における上記の4つの著作物の種類を指している．これらの著作物は，著作隣接権制度を持つ諸国において著作隣接権の保護対象になるものと重なる．この事業投資的著作物という概念は，著作隣接権の制度を有しないイギリスのような国で，創作者主義の原則に対する特殊な状況をもつ著作物のカテゴリを整理するための概念でもある．

これらの著作物については，著作者の認定に特別な規定が設けられており(9条2項)，創作者主義は適用されず，著作者とみなす者が法定される（法定著作者[5]）．具体的には，録音物の場合には製作者（同項（aa）号），映画の場合には製作者及び主たる監督（同項（ab）号），放送の場合には放送を行う者又は受信及び即時再送信により他の放送を中継する放送の場合には，その他の放送を行う者（同項（b）号），発行された版の印刷配列の場合には，発行者である(同項（d）号)．これらの著作物の場合，法人も著作者となるが，モラルライツは持たない．これらの創作者ではない著作者が観念されるカテゴリの著作物には，オリジナリティの要件は求められていない．なお，映画の場合，オリジナリティのない映画とオリジナリティのある映画に分類され，オリジナリティのある映画は，その側面について文芸著作物としても保護される（この違いは，保護範囲に影響を与える3（3）（エ）参照）．

3　コンピュータ生成著作物の保護内容

(1)　権利の主体：著作物の創作に必要な手配をした者

イギリス著作権法におけるコンピュータ生成著作物という概念は，1956年法には存在せず，1988年の現行著作権法にて初めて導入された．著作権法9

edition, Oxford University Press 2022）98. “entrepreneurial”の語は通常，起業家／企業家と訳すことが多いが，起業家的著作物の訳では意味を把握しにくいので，投資の保護というニュアンスがあるものと理解した上で，事業投資的著作物と訳した．

5　Andreas Rahmatian, ‘Originality in UK Copyright Law The Old “Skill and Labour” Doctrine Under Pressure’（2013）44 IIC 4, 16.

条3項には,「コンピュータにより生成される文芸，演劇，音楽又は美術の著作物の場合には，著作者は，著作物の創作に必要な手配をした者とみなされる」と規定されている．また，178条によれば,「コンピュータ生成」とは,「著作物の人間の著作者が存在しない状況において著作物がコンピュータにより生成されること」を指す．

㋐ Express Newspapers v Liverpool Daily Post 事件

1988年の著作権法制定前の裁判例にExpress Newspapers事件がある[6]．この事件において，原告Express Newspapersは，公衆へのカード配布を伴うキャンペーンを開催した．配布された各カードには5文字のアルファベットの配列が記載されており，この5文字を原告の新聞で公表される当選配列と照合して当選の有無を確認するというものである．当選配列は5行5列の格子状に掲載された25文字と5文字の2つの列を含んでおり，読者はそれをカードの番号の記載と照合するというものである．これらの文字列を生成できるコンピュータ・プログラムは原告従業員が作成したものであった．被告は，この当選配列を自らの出版物に再現した．そのため，原告側はこの行為の差し止めを求めて提訴したという事件である．

被告側は，公開された配列はコンピュータによって生成されたものであるため著作権で保護されておらず，したがって著作者は存在しないと主張した．ウィットフォード判事は，コンピュータはプログラマーの指示により配列表を生成するツールに過ぎないとして，コンピュータ自動生成による配列表の著作物性を認める判決を下した．

この事件においてウィットフォード判事は,「コンピュータは単なる道具である．……ペンで書かれた作品において，ペンを動かすのは人間であり，ペンが作品の著作者であると言うのは非現実的だ」と述べている[7]．

しかしながら，このようなペンによる類推によれば，ペンを製造する者と，ペンを使用する者とが観念される．その場合，著作者はプログラマーではなく，

6　*Express Newspapers v Liverpool Daily Post*［1985］3 All ER 680.

7　［1985］3 All ER 680, 1098.

むしろコンピュータのユーザーであるとも考えられる．そのことから，「この判決は，第9条3項に合致しているが，この主張は一見すると明確であるにもかかわらず，実際の著作者が誰であるかについては不明確な部分がある」と評価する見解もある[8]．

(イ) 1988年法制定の沿革

イギリスで1988年著作権法にコンピュータ生成著作物の規定が設けられる上では次のような沿革がある[9]．

(a) ウィットフォード・レポート（1977年）

1973年にウィットフォード判事を委員長とした著作権法改正委員会が設置され，1977年に報告書（通称ウィットフォード・レポート）が提出された[10]．同報告書では，次のように述べている．

「著作権のある著作物は，コンピュータを利用して作成されることがあり，実際にそうなっている．この例としては，CAD，プログラムのコンパイル，抽象音楽の作曲が挙げられる．ここでの疑問は，制作された作品の著者は誰であるのか，または何であるのかである．それはプログラマ，コンピュータの所有者や操作者，あるいはコンピュータ自体かもしれない．

この問題に関して，コンピュータを，計算尺や，単純にいえば絵筆のような単なる道具として考えるのが適切であると私たちは感じる．確かに，それは非常に洗練された道具であり，新しい作品を創造する人間の能力を拡張する大きな力を持つかもしれない．しかし，結局のところそれは道具である．

この基準から明確に言えることは，出力の著作者は，特定の結果を生み出すためのコンピュータを制御し，条件付けする指示とデータを考案した人，または人々であるということである．その前提に立てば，アウトプットの著作者は，コンピュータを制御し，特定の結果を生み出すよう調整するために使用される

8　Andrés Guadamuz, 'Do Androids Dream of Electric Copyright? Comparative Analysis of Originality in Artificial Intelligence Generated Works' (2017) 2 IPQ 169, 176.

9　「著作権審議会第9小委員会（コンピュータ創作物関係）報告書」（平成5年11月文化庁）にも沿革の概略が説明されている．

10　Copyright and Designs Law: Report of the Committee to consider the Law on Copyright and Designs, Cmnd 6732, HMSO London, 1977.

命令を設計し，データを作成した人物以外にはありえないことは明らかである」[11].

つまり，ここで想定している著作物とは，コンピュータを道具として用いて作成される著作物であり，その著作者はコンピュータを道具として使用した者が想定されていることが分かる.

(b)　グリーンペーパー（1981 年）

これに対して，イギリス政府が同報告書に対して見解を示し，公の批判を求める上で公表したグリーンペーパー（1981 年）[12] では，コンピュータ創作物の著作者（a work produced with the aid of a computer）について，「ウィットフォードは，コンピュータを単なる道具とみなすというアプローチから，プログラムを開発した人とデータを作成した人の両方が，共同で新しい著作物の著作者とみなされるべきであると結論づけた．その後の協議の過程で，より適切な類推として，コンピュータ単体ではなく，プログラムされたコンピュータを道具とみなすことであろうという意見が出された．このアプローチを採用した場合，新たな著作物の著作者はウィットフォードが提案した両者のいずれでもなく，第三者，すなわち，新たな著作物を創作するためにプログラムされたコンピュータを通してデータを処理することに責任を負う者であると結論付けることが理にかなっている（もちろん，実際には一人の個人がこの 3 者のうち 2 者以上を兼ね備える可能性があることを認識する必要がある）」とした上で，「コンピュータの出力における著作権の所有権の問題は，著作権とコンピュータの相互作用に関する他の分野と同様，新たな問題を提起するものであり，政府はこの問題に関する建設的な公開討論がなされることを期待している」と締めくくっている[13].

(c)　ホワイトペーパー（1986 年）

その後，イギリス政府は，「知的所有権と技術革新に関する報告書」（通称ホワイトペーパー）（1986 年）[14] を公表したが，コンピュータ創作補助著作物（a

11　Cmnd 6732, [513]-[516].

12　Green Paper, Reform of the Law relating to Copyright, Designs and Performers' Protection: A Consultative Document, Cmnd 8302, HMSO, London, 1981.

13　Cmnd 8302, 35.

work created with the aid of a computer）の著作者については，特別の条文がないことから生じる実務上の問題はないため，この点について特別の規定を設ける必要はないと結論づけるとともに[15]，「コンピュータの助けを借りて創作された著作物の著作者性の問題は，他のカテゴリーの著作物と同様に，すなわち，著作物の創作に不可欠な技術や労力を提供した者がいるとすれば誰であるかに基づいて決定される．もし人間の技術や労力が費やされていないのであれば，著作権保護を正当化する著作物は創作されていないことになる」と述べている[16]．

(d)　1988年著作権法

ところが，最終的な1988年著作権法においては，その検討段階で，「人間の著作者が存在しない状況で作成されたコンピュータ生成著作物」という概念が登場し，コンピュータ生成著作物（computer-generated works）について新たな規定が設けられることとなった．すなわち，以前のウィットフォード報告書，グリーンペーパー，ホワイトペーパーの検討では，あくまで著作者としての人間がコンピュータを道具として使用する場合が想定されていたのに対して，1988年に制定された著作権法では，人間が創作行為それ自体を行わない条件下で，コンピュータが著作物を生成するという場面が措定され，それについて立法を行われたということである．そして，最終的にはコンピュータ生成物については，「必要な手配をした者」を著作権者と法定することとされるに至った．1987年に提出された法案に関する下院での審議において提案者のグラファム・ヤング卿は「人工知能の出現に特別に対処しようとする世界初の著作権法」と表現した[17]．1980年代，コンピュータによる生成著作物がますます大きな経済的価値を有しつつあり，人間の著作者の存在を明確に観念できない状況の下でこうした情報が出力された場合，保護が欠けてしまうことを懸念して，このような規定が提案されたものと推察される．

では，「必要な手配をした者」とはいったいどのような者が想定されるのだ

14　White Paper, Intellectual Property and Innovation, Cmnd 9712. HMSO, London, 1986.

15　Cmnd 9712,［9. 7］.

16　Cmnd 9712,［9. 8］.

17　Lord Young of Graffham, HC Deb, Vol. 489（12 November 1987）, col. 1476.

ろうか．この点について，イギリスの典型的な知的財産法の教科書では，「文芸，演劇，音楽，または美術の著作物がコンピュータで生成された場合，その著作者は「著作物の創作に必要な手配をした者」であるとされている．この規定の意味はまだ試されていないが，それはコンピュータを操作する者と同様に，コンピュータを提供またはプログラミングした人を含む可能性があるだろう」[18]としている．

また，グアダムズによると，「必要な手配をした者」の認定に関しては，法律の文言を事案ごとに検討すれば，単純に解決できる問題であるとする．具体的には「人工的なエージェントがプログラマーによって直接起動され，それが美術の著作物を創作するのであれば，9条3項に基づいてプログラマーが著作者となることは明らかである．しかし，ユーザがコンピュータ生成著作物を生成できるプログラムを入手し，それを使用して新しい著作物を生成した場合，所有権はユーザに帰属することになる」と述べている[19]．

他方で，この認定の問題に関しては，デジタル技術とインターネットの進化により，多数のプログラマーが AI アルゴリズムの開発に参加することが可能となり，多くのボランティアが関与する中で，どの貢献者が AI 生成作品に必要な手配を行ったかを判断するのは極めて困難であるとの指摘もある[20]．

⑵　権利の客体：オリジナルな文芸，演劇，音楽又は美術の著作物

㈠　文芸，演劇，音楽又は美術の著作物

イギリス法では，文芸，演劇，音楽又は美術の著作物のみが，コンピュータ生成著作物となる資格を有している（9条3項）．1988 年の著作権法制定時に想定していたコンピュータ生成著作物としては，天気図，エキスパートシステムからの出力，人工知能によって生成された著作物などを保護することが意図されていたとされる[21]．その他，文献によると，たとえば，衛星写真[22]，「翻

18　Bently et al.,（n 4）138.

19　Andrés Guadamuz,（n 8）176.

20　Jyh-An Lee,（n 3）193.

21　Intellectual Property Office, Consultation outcome Artificial intelligence call for views: copyright and related rights（Updated 23 March 2021）〈https://www.gov.uk/government/consultations/artificial-intelligence-and-intellectual-property-call-for-views/artificial-intelligence-call-for-

訳プログラム，検索エンジンなどによって作成された著作物」が挙げられている[23].

もちろん，法制定の当時は現在のような生成AIといったものは存在しなかったが，現代の状況に条文を形式的に当てはめた場合，必要な手配さえすれば自動で音楽を作曲する生成AIがある場合，生成されるのは「音楽」であるため，たとえ人間による創作的関与がなかったとしても，そのAIが生成した作品は，イギリス法ではコンピュータ生成著作物となり得る資格があるのであろう.

他方で，イギリス著作権法における創作者主義の例外として，著作者とみなす者（みなし著作者）を著作者として法定するタイプの事業投資的著作物（録音物，映画，放送，発行された版の印刷配列）は，法律上，コンピュータ生成著作物とはなり得ない．法律上そうであるだけでなく，理論的に考えても，そのことは自明である．というのは，これらの著作物については，これらの著作物を作成する際にコンピュータを使用されるのだとしても，これらの「みなし著作者」が必要な手配をし，それらの者が著作権を取得するため，わざわざコンピュータ生成物という概念に当てはめる必要はないからである.

(イ) オリジナリティ

(a) イギリスにおけるオリジナリティの要件の伝統的な意義

文芸，演劇，音楽又は美術の著作物はコンピュータ生成物として権利の客体になりうるが，イギリス法の意味での「オリジナリティ」の要件（1条1項a号）を満たしていることとの関係が問題となる．ここで，イギリスにおけるオリジナリティの要件について若干説明をしておきたい．この要件は，日本における創作性の要件とは相違する部分もある.

---

views-copyright-and-related-rights〉.

22 Madeleine de Cock Buning, 'Autonomous Intelligent Systems as Creative Agents under the EU Framework for Intellectual Property'（2016）7 European Journal of Risk Regulation 310, 315は，「これまで，1988年CDPAのこのオーダーメイドの規定は，主に人間の著作者が存在しない（自律的に作成される）衛星写真に適用されてきた」と述べている.

23 Lionel Bently and Brad Sherman, *Intellectual Property Law*（4th edition, Oxford University Press 2014）116.

イギリスの著作権法におけるオリジナリティの要件とは，相互に関連する以下の２要素が関わっていると説明がされている[24].

第１に，「著作物は他の著作物から隷属的（slavishly）に複製されてはならないという意味で，著作者に由来するものでなければならず，……そのような場合，複製を行う者は通常，その複製物に対する著作権を取得することはない」ということである．ただし，いわゆる二次的著作物（派生的著作物）のように，「著作者が自分と他者に共通する知識を利用したり，既存の素材を利用したりする場合でも，その著作物はオリジナリティがある場合がある」とされている．要するに，他人の著作物をそのままコピーすることは，オリジナリティがないということを原則とし，二次的著作物の場合には例外であることを意味する．

第２は，「著作物の創作において，無視し得るか又は些細な程度といえる努力や必要な技能を超えるものを費やしたことが必要である」というもので，イギリスの判例法はこの考え方を用いている．つまり，オリジナリティを認めるハードルないし閾値は，あるにはあるが，非常に低いレベルに設定されているということを意味している．その理由は，こうした努力や技能の量を正確に計るのは，ほぼ不可能であるからである．

その結果として，オリジナリティの要件が必要な著作物の類型において，オリジナリティが欠如すると判断された裁判例は少ないようであり，具体的には，フェイスペイントに関する事案や，「弁護士の日記」といったタイトルに関する事案において，些細な労力しかないということでオリジナリティが否定されたことが事例として紹介されることがある[25].

イギリスでは，少なくとも著作権法に関しては，どちらかといえば功利主義的な発想が強い国である．オリジナリティのハードルが低いのは，(1) 著作権によるインセンティブがなくても生み出されるような些細で努力による実体のない著作物は保護しなくてもよいという考え方を前提としつつ，(2) とはいえ，

24 Gwilym Harbottle, Nicholas Caddick QC, Uma Suthersanen（Harbottle et al.), *Copinger and Skone James on Copyright*（18th edition, Sweet & Maxwell 2021）para, 3-186. 以下のかっこ書引用部分は同文献による．

25 *Merchandising Corporation v Harpbond*［1983］FSR 32, *Rose v. Information Services Ltd*［1987］FSR 254.

著作権を与えるのに必要な努力や技能の量を正確に計るのは基本的に不可能なので，低いハードルとして設定しておく，ということであると整理できるであろう．

この点を明らかにしたLadbroke v William Hill事件[26]において，貴族院は，フットボール・プール（フットボールの試合を対象にした賭け事）のクーポン（顧客が一定数の試合の結果に賭けることができるように配置されたサッカーの試合の表）を，クーポンに情報を付与するベッティングシステムの考案に費やされた技能，判断，労力（skill, judgment or labour）に基づいて，オリジナルの編集物であると扱っている[27]．

なお，オリジナリティの要件を考えるときに，この労働，技能，判断といった文言を法令用語のようにあまり硬直的に理解する必要はないようで，判例では「仕事」，「資本」，「努力」，「勤勉」，「時間」，「知識」，「嗜好」，「工夫」，「経験」，「投資」（'work', 'capital', 'effort', 'industry', 'time', 'knowledge', 'taste', 'ingenuity', 'experience', 'investment'）という言葉も使われることがあると説明されている[28]．

(b)　EU判例法における「著作者自身の知的創作物」

ところで，イギリスも加盟していたEUでは，著作権制度のハーモナイズが，欧州司法裁判所の判例法の形成とともに進んできた経緯がある．EU判例法では，Infopaq事件[29]や，Premier League事件[30]などその後のいくつかの欧州司法裁判所の判例に基づいて，情報社会指令の下で保護されるすべての著作物は「著作者自身の知的創作物」（author's own intellectual creation）であることが求められている．欧州司法裁判所は，Painer事件において，「著作者自身の

26　*Ladbroke (Football) Ltd v William Hill (Football) Ltd* [1964] 1 WLR 273.

27　実際にどのようなクーポンであったのかについては，ケンブリッジ大学知的財産法・情報法センター（CIPIL）のウェブサイトで参照可能：https://www.cipil.law.cam.ac.uk/virtual-museum/ladbroke-v-william-hill-1964-1-all-er-465.

28　Lionel Bently, Brad Sherman, Dev Gangjee, Phillip Johnson, *Intellectual Property Law* (5th edition, Oxford University Press 2018) 97.

29　*Infopaq Int v Danske Dagblades Forening*, Case C-5/08 [2009].

30　*Football Association Premier League Ltd and ors v QC Leisure and ors and Karen Murphy v Media Protection Services Ltd*, Joined Cases C-403/08 and C-429/08 [2011].

知的創作物」となるのは，「著作者が自由で創作的な選択をすることによって，著作物の制作においてその創作的能力を表現することができた場合」であり，「さまざまな選択をすることによって，肖像写真の作者は，自分の「個性的な工夫（personal touch）[31]」を作品に付け加える（stamp）ことができる」と述べている[32]．また，Football Dataco事件では，「データベースの構築に関しては，その中に含まれるデータの選択または配置を通じて，当該著作者が自由で創作的な選択を行うことによって，オリジナルな方法でその創作的能力を表現し……，したがってその「個性的な工夫」を付け加える場合……，オリジナリティの基準は満たされる」とする[33]．

(c)　イギリスのオリジナリティ要件への影響

EU判例法における「著作者自身の知的創作物」の要件の下では，誰が作っても労力さえかければ結果が出るような「単なる労力」の結果物について，著作物性を認めることはできない．イギリスがEUの構成国であれば，EU判例法の「著作者自身の知的創作物」の要件よりも緩やかなオリジナリティの要件を残して，「単なる労力」の結果物にオリジナリティを認めることはできなくなる状況であった．EU指令を充足していないことになるためである．そのため，欧州司法裁判所の判例が「著作者自身の知的創作物」の要件を示したことは，イギリス著作権法のオリジナリティ要件の考え方に大きな影響を与えるものであった[34]．

31　Painer事件は肖像写真に関する事案であるが，個性的な工夫については，「肖像写真に関して，撮影者はその制作の様々な時点において，いくつかの方法で自由かつ創作的な選択を行うことができる」，「準備段階では，撮影者は背景，被写体のポーズ，照明を選択することができる．肖像写真を撮影する際には，フレーミング，画角，雰囲気を選ぶことができる．最後に，スナップショットを選択する際，撮影者は，さまざまな現像テクニックの中から自分が採用したいものを選択したり，適切な場合にはコンピュータソフトウェアを使用したりすることができる」とし，このような選択によって，個性的工夫を付け加えることができると述べている．*Painer v Standard Verlags GmbH* Case C-145/10［2011］ECR I-0000,［2012］ECDR 6 at［90］-［91］.

32　*Painer v Standard Verlags GmbH*, Case C-145/10［2012］ECDR 6 at［89］-［92］.

33　*Football Dataco Ltd v Yahoo! UK Ltd*, Case C-604/10［2012］Bus LR 1753 at［38］-［39］.

34　Tanya F. Aplin, 'The Impact of the Information Society Directive on UK Copyright Law', in Brigitte Lindner and Ted Shapiro eds., *Copyright in the Information Society: A Guide to National Implementation of the EU Directive*（2nd edition, Edward Elgar 2018）955.

このオリジナリティ要件と「著作者自身の知的創作物」の要件との関係については，イギリスの裁判所の判断は，両者のアプローチにはあまり変わりはないとして，両者を「技能と労働／知的創造物」というように等価なものとして扱う裁判例や[35]，「著作者自身の知的創作物」の要件は，長年にわたるイギリスのオリジナリティのテストに影響を及ぼすものではないと解釈した裁判例[36]もある一方で，欧州司法裁判所の判例（Painer および Football Dataco）を引用しつつ「必要なのは，著作者が創作的な選択によって「個性的な工夫」を付け加えたものであるということである」と述べて，「著作者自身の知的創作物」のテストを全面的に適用する裁判例もある[37]．いずれにしても，EU 判例法が，オリジナリティに関する英国法の実質的な変更をもたらしたのか，それともその変更が実際には形だけのものなのかは，まだ明確に決定されていないと指摘されている[38]．

とはいえ，イギリス著作権法において伝統的なオリジナリティの要件がそのまま維持されているという見方は一般的ではないようである．たとえば，イギリス知的財産庁が，2021 年のコンサルテーションに先立って行った意見募集（コールフォービュー）における呼びかけでも，「文芸，演劇，音楽，芸術の著作物は，オリジナルである場合にのみ著作権で保護される．1988 年当時，「オリジナル」とは，著作物がその著作者の「技術，労力または判断」の産物でなければならないことを意味していた．しかし現在のアプローチは，作品は「著作者自身の知的創造物」でなければならないというものである．つまり，著作者の自由で創造的な選択の結果であり，その「個性的な工夫」を示すものでなければならないということである．これらの概念が AI 作品にどのように適用

35　*Temple Island Collections Ltd v New English Teas Ltd and Another*（*No. 2*）［2012］EWPCC 1（Birss QC）．国会議事堂とビッグベンを背景にウェストミンスター橋を横断する赤いバスの写真が著作権で保護されるかどうかが争点とされた事案．

36　*Newspaper Licensing Agency v Meltwater*［2011］EWCA Civ 890,［19］-［20］（Sir Andrew Morritt Ch, Jackson, Elias LJJ）．記事の見出しが関連する記事の内容と独立して文芸の著作物として成立するかが争点とされた事案．

37　*SAS Institute Inc v World Programming Ltd*［2013］EWHC 69（Ch）［41］（Arnold J）．SAS 言語および SAS データファイル形式の著作物性が争われた事案．

38　Harbottle et al.,（n 24）para, 3-187.

できるかは不明確であり，オリジナリティについては別の定義が必要ではないかという意見もある」と述べており，EU 判例法の傾向に沿ったオリジナリティの捉え方をしている[39].

(d)　EU 離脱による影響

イギリスは EU を離脱したものの，イギリス議会で新たな立法がなされたり，最高裁判所・控訴院による判例変更などがなければ，いわゆる「保持された EU 法・EU 判例法」[40]が有効なので，オリジナリティ要件に関連する EU 法のルールも影響を与える．そのため，オリジナリティの要件との関係でも，「保持された EU 判例法」とイギリス著作権法の解釈が矛盾する状況について，イギリスの裁判所がどのような態度をもって臨むのかということになるであろう．欧州司法裁判所の判例を懐疑的にみていくのか，あるいはそれに順応する形で運用していくのか，という問題が残されていると思われる．

しかし，少なくともそうした変更がない段階では，イギリスの裁判所は，ある著作物が「著作者自身の知的創作物」の要件を満たすかどうかを判断しなければならず，それはコンピュータ生成物との関係でも基本的には同様であるということになるであろう．

(e)　コンピュータ生成物との関係

イギリス著作権法が，コンピュータ生成物に関して，何をもってオリジナリ

39　Intellectual Property Office, Artificial intelligence call for views: copyright and related rights（Updated 23 March 2021）〈https://www.gov.uk/government/consultations/artificial-intelligence-and-intellectual-property-call-for-views/artificial-intelligence-call-for-views-copyright-and-related-rights〉（2023 年 9 月 8 日閲覧）

40　2018 年 EU（離脱）法（以下，EU（離脱）法）（European Union（Withdrawal）Act 2018（revised），2018 c. 16.）により，イギリス国内法に対して EU 法の優越を定めていた 1972 年欧州共同体法（European Communities Act 1972（repealed），1972 c. 68.）は廃止された（EU（離脱）法 1 条）．しかし，イギリスが EU の構成国であった間に，指令を実装して生じた国内法の有効性に関して，EU（離脱）法は，「保持された EU 法（retained EU law／Retention of existing EU law）」について定めを置いており，EU 由来の国内法で離脱日の直前に効力を有していたものや，イギリス法に直接適用される規則などはそのまま有効である（同法 2 条，3 条参照）．イギリスの裁判所は，引き続き離脱後以降の欧州司法裁判所などによる判断を考慮する権限を有しており（EU（離脱）法 6 条 2 項），裁判所は「保持された EU 法」の部分について，離脱後に変更がない限りは，保持された判例法（離脱前の国内判例法，EU 判例法）にしたがって解釈することになる（同法 6 条 3 項）．なお，2023 年の法改正について，章末の付記を参照.

ティがあるとするのかは議論がある．これについては，いくつかの見解が示されている．具体的には，(1) コピーしたものでなければ，オリジナリティを満たすという考え方[41]，(2) 新規性，すなわち以前の著作物とは異なるかどうかで判断する考え方[42]，(3) 仮に人間の著作者が創作した場合に，オリジナリティの要素を満たすと言えるのであれば，オリジナルと言えるという見解[43]，(4) オリジナリティの認定に必要な技能や労力は，著作物の創作に必要な手配を行った者のものであることを示唆する考え方[44]がある．

これに対して，そもそも9条3項がオリジナリティの要件を求めていることには矛盾があるとする学説もある．この点については後述する．

(3) 権利の内容

(ア) 付与される著作権の種類

オリジナルな文芸，演劇，音楽又は美術の著作物として成立する場合，付与される著作権の内容は，コンピュータ生成物とそれ以外の場合とで異ならない．イギリス著作権法では，著作権について，複製権（17条），頒布権（18条），レンタル・レンディング権（18A条），公の実演・上演・演奏権（19条），公衆への伝達権（20条），翻案物の作成・利用権（21条）を規定している（16条1項）．著作物の種類によって与えられる権利に違いがあるが，コンピュータ生成著作物であっても，文芸，演劇，音楽又は美術の著作物に対して与えられる権利と同じ権利が与えられることになると考えられる．

(イ) モラルライツとの関係

モラルライツ，すなわち日本の著作権法でいう著作者人格権の一部は，コンピュータ生成著作物には発生しない．具体的には，コンピュータ生成著作物が成立する場合，著作者として確認される権利（氏名表示権），著作物を傷つける

---

41 Bently et al.,（n 4）127.

42 Bently et al.,（n 4）127. ただし，いずれの考え方も可能性のレベルで示唆されているにすぎない．

43 Jani McCutcheon, 'Curing the Authorless Void: Protecting Computer-Generated Works Following IceTV and Phone Directories'（2013）37 Melbourne U L Rev 46, 51.

44 Harbottle et al.,（n 24）para, 3-238.

取扱いに反対する権利が発生しない（79条1項，81条2項）.「私たちは9条3項によって著作権について著作者として特定された人物がモラルライツを持つべきとは考えていない．モラルライツは，創作的努力の個人的性質に密接に関係しているが，コンピュータ生成著作物の創作に必要な手配を行った者自身は，個人的な創作的努力を行っていないことになるからである」とする貴族院でのビーバーブルック卿の発言は，モラルライツがコンピュータ生成著作物には与えられない根拠を示唆する[45].

(ウ)　保護期間

コンピュータ生成著作物の保護期間は，生成された年の翌年の1月1日から50年間と定められている（12条7項）．これは著作者の死後70年までとする一般原則に対する例外である．

(エ)　保護範囲

侵害判断について，特別な規定はないため，文芸，演劇，音楽又は美術の著作物の場合と同様に類似の範囲まで権利が及ぶと考えられる．通常のこれらの著作物の場合，デッドコピー（完全な複製）だけを対象とするのではなく，「十分な客観的な類似性」があれば，複製には該当する[46]．この点については，コンピュータ生成著作物の場合も同様であると思われる．これに対して，事業投資的著作物（録音物，映画，放送，発行された版の印刷配列）は，「シグナル著作権」と呼ばれることがあり，信号をコピーすることによってのみ侵害される[47].

45　73 HL Deb vol 493 col 1305（25 Feb 1988）

46　See Harbottle et al.,（n 24）para, 7-15.

47　アーノルド判事は，「文学，演劇，音楽，美術の著作物（つまりコンテンツ）の著作権は，著作者が記録したシグナルや媒体，出版社が発行した媒体をコピーしなくても（それらが異なっていたとしても），侵害されることがある，というのがよく知られた法理である．これに対して，録音物，映画，放送，発行された版（つまりシグナル）の著作権は，「著作者」によって作成された信号をコピーすることによってのみ侵害される可能性がある」と述べている（Richard Arnold, 'Content Copyrights and Signal Copyrights: The Case for a Rational Scheme of Protection'（2011）1（3）QMJIP 276）．たとえば，録音物に対する著作権は，同じ曲をリメイクするような行為については，シグナルを利用していない以上，録音物の著作権者の著作権は及ばない．しかしすべてのシグナルの断片が侵害の対象となるわけではなく，録音物，映画又は放送については，後述するように，コンピュータ生成著作物の法的性質には議論があり，文芸，演劇，音楽又は美術の著作物と捉える見解，事業投資的著作物の一類型と捉える見解，スイジェネリス保護を与えたものと捉える見解がある．そのことは保護範囲の解釈にも影響を与える可能性はあるだろう．この点に関して，コンピュータ生成著作物を事業投資的著作物として保護しているものと捉える場合，AIが生成して固定されたもの自体を使用しなければ，特定の信号のコピーではないため著作権侵害とはならず，その保護の狭さから特にAIの文脈では保護の抜け穴が生じるとの見方が示されている[48]．

4　Nova Productions Ltd v Mazooma Games Ltd 事件

1988年に現行著作権法が制定されてから，コンピュータ生成著作物に関して言及した事案は，Nova Productions Ltd v Mazooma Games Ltd 事件の1件しかないようである．この事件における第一審の高等法院（High Court）におけるキッチン判事の判決[49]では，コンピュータ生成著作物について認定した部分が存在する．

この事件は，ジャックポットプール[50]と呼ばれるコイン式ビデオゲーム「Pocket Money」を作成した原告会社（Nova Productions）が，類似のゲームを作成した被告会社（Mazooma Games Ltd）を訴えたものであった．

この事件の争点の一つは，ゲームをしたときに表示されるビットマップファ

著作物全体又はそのいずれかの実質的部分を複製した場合に，侵害が問題となる．過去の裁判例では，90分のフットボールの試合の映画から数秒を用いた場合に，映画の著作物の実質的部分と判断された事例がある（*Football Association Premier League Ltd and ors v QC Leisure and ors*［2008］EWHC 1411（Ch）［209］）．なお，発行された版の印刷配列の複製権は，「その配列のファクシミリ複製物を作成すること」に限定されている（178条）．これは「複写，コピー，デジタルスキャン，ファックスなどの方法による複製に限定されているように思われ，それ以上のことはできない」とされる（Bently et al.,（n 4）159）．

48 Jyh-An Lee,（n 3）186.

49 *Nova Productions Ltd v Mazooma Games Ltd*［2006］EWHC 24（Ch）.

50 イギリスでは溜まり場のことをプールといい，そのプールにビリヤードが置いてあったことから，プールというとイギリスではビリヤードを意味する．

イルを使用したコンピュータプログラムによって生成された一連の合成フレームが，美術の著作物として誰に帰属するのかという点であった．原告会社が制作したゲームでは，プレーヤが遊んだときに画面上に個々のフレームが出力されるが，被告会社は，その個々のフレームを模倣して，類似のゲームを作ったことが問題とされたのである．

高等法院は，コンピュータゲームを遊ぶときに表示される合成フレームの権利の帰属について，「これらの合成フレームは美術の著作物である．これらは，ビットマップファイルを作ったジョーンズ氏によるもの，または，ジョーンズ氏が作成したコンピュータ・プログラムにより作成された．後者の場合，その位置付けは9条3項および178条により定められる」[51]とした．

他方で，美術の著作物の著作権侵害については，被告が模倣したのが非常に抽象的なレベルに過ぎないために非侵害とされた．第二審の控訴院（Court of Appeal）の判決[52]も，一審の結論を維持しているが，ジェイコブ判事とロイド判事は，特にコンピュータ生成著作物については特に議論していない．

なお，一審の高等法院のキッチン判事は，ゲームプレーヤーが創作した著作物とはいえないとして，次のように言及している．「このトピックを去る前に，もうひとつ複雑なことを考えなければならない．どのような画面でも，そのゲームがどのようにプレイされているかにある程度依存する．例えば，回転ノブを回すと，手玉を中心にキューが回転する．同様に，ショットの威力は，プレイヤーがプレイボタンを押す正確な瞬間に影響される．しかし，プレーヤーは，連続するフレーム画像の中に作られる美術の著作物の著作者ではない．彼の入力は美術的な性質のものではなく，彼は美術的な種類の技術や労力を提供していない．また，彼は，コマ画像の創作に必要な手配を何一つ引き受けていない．彼がしたことは，ゲームをプレイすることだけである」[53]．

この判断については，「ユーザーについては「美術的な性質をもつ技術と労力を提供した」者だけが著作物の著作者とされる可能性を開くものである」と評価する見解がある[54]．

51　*Nova Productions Ltd v Mazooma Games Ltd*［2006］EWHC 24（Ch）104.

52　*Nova Productions Ltd v Mazooma Games Ltd*［2007］EWCA Civ 219.

53　*Nova Productions Ltd v Mazooma Games Ltd*［2006］EWHC 24（Ch）106.

5　学説の状況

コンピュータ生成著作物に関しては，イギリス著作権法の体系における整合性という意味での学理上の問題点と，この規定それ自体の理論根拠に関する正当化根拠論をめぐる問題という，２つの観点から議論が存在する[55].

(1)　学理上の問題点：コンピュータ生成著作物の法的性質

著作権法９条３項については，特にオリジナリティ要件との関係の説明をめぐって，同条の存在自体に懐疑的な学説と，その存在自体に肯定的な学説がある．コンピュータ生成著作物の法的性質に関わる議論である．

グールドによると，コンピュータ生成著作物について定める９条３項は，a）コンピュータで生成された著作権で保護される文芸・演劇・音楽・美術著作物について定めたもの，b）著作権で保護される事業投資的著作物に新たなカテゴリを創設したもの，c）著作権ではなく新たな関連権を創設したもの，という３つの分類の可能性があるという[56].

しかし，グールドは，a）のカテゴリに分類する場合，文芸・演劇・音楽・美術著作物がオリジナリティの要件を求めているところ，オリジナリティの要件との関係で矛盾が生じることを指摘している．オリジナリティの要件をクリアするには，結局のところ人間の著作者の存在を必要とするにもかかわらず，コンピュータ生成著作物は，その定義上，人間の著作者が存在しない状況で作成される必要があるからである．グールドは，a）の解釈を９条３項の「最も妥当な」解釈としつつも，「本質的に矛盾している」ということになるので，「どちらかといえば，イギリスは９条３項の廃止を検討すべきである」と主張している[57].

54　Andrés Guadamuz,（n 8）177.

55　Patrick Goold, ‘The Curious Case of Computer-Generated Works under the Copyright, Designs and Patents Act 1988’（2021）2 IPQ 120, 122, 127.

56　Patrick Goold,（n 55）123.

57　Patrick Goold,（n 55）123–124.

これに対して，事業投資的著作物の一類型とするb）の考え方のポイントは，この類型の著作物はオリジナリティを要件としていないという点にある．b）の考え方は，コンピュータ生成著作物は，この事業投資的著作物の新たなカテゴリであり，それゆえにオリジナリティ要件の例外となるとするのである．グアダムズは「一般的に言えば，9条3項は著作権法におけるオリジナリティの例外として機能する」と述べており[58]，結論としても，この規定は「著作権法9条3項に含まれるイギリス独自のコンピュータ生成著作物条項に基づく保護モデルこそ，より広く採用されるべきであると提案する」と主張している[59]．

しかし，これに対してグールドは，9条3項は，著作権で保護される著作物の新しいカテゴリを創設するものではないことを明確であるし，仮に新しいカテゴリを創設するものだとすれば，1条1項の著作物のリストに追加される必要があると指摘する[60]．

c）は，AIの開発等のための投資保護のために，著作者性やオリジナリティの要件が不要なスイジェネリスを創設したとする考え方である[61]．グールドは，c）のスイジェネリス保護という考え方について，9条3項が著作者の権利を割り当てる節に規定されていることから，同規定は実演家の権利やデータベース権のように新しい関連権を創設するものではないと指摘している[62]．

⑵　正当化根拠論

グールドは9条3項の解釈においてオリジナリティを要件とすると，コンピュータ生成著作物が人間の著作者が存在しない状況で作成される必要があるこ

58　Andrés Guadamuz，（n 8）177.

59　Andrés Guadamuz，（n 8）186.

60　Patrick Goold，（n 55）126.

61　コンピュータ生成物に関する著作権保護の制度を持たないオーストラリアにおける議論の文脈で，Jani McCutcheon, ‘The Vanishing Author in Computer-Generated Works: A Critical Analysis of Recent Australian Case Law’（2013）36 Melbourne U L Rev 915, 965–966は，コンピュータ生成著作物の創作の手配をした人物に著作権を帰属させるオプションと，オリジナリティを要しない新たな主題を著作権の保護対象に加えるオプションに加えて，スイジェネリス保護をオプションの1つとして提案している．ただし，マカッチャンは，スイジェネリス保護は他の2つのオプションに欠陥があって受け入れ難い場合にのみ必要であるとの見解を示している．

62　Patrick Goold，（n 55）126.

とと矛盾をするが，他方で，この規定がオリジナリティ要件の対象外であることを認めるとした場合，オリジナリティ要件を満たさないコンピュータ生成著作物に対して保護を拡大する結果となる．しかし，そのような保護を認めることについて，功利主義的な考え方からも，自然権論的な考え方からも，説得力のある根拠は見出せないと主張する[63]．功利主義的な立場からみたとき，オリジナルでないコンピュータ生成著作物を保護しない場合に，市場が失敗し，こうした作品の供給不足が生じるという根拠は見出せないし，自然権論の考え方からすると，オリジナリティを提供した著作者には，他の著作者と同様に，オリジナリティと労働の対価として保護に値するが，オリジナリティを伴わないコンピュータ生成作品にまで保護を拡大すべき理由は見当たらないとする[64]．

その他にも，同条がAI技術への投資となるという議論に対しては，次のような批判からインセンティブ論が適用できないことが示唆されている．第一に，AI開発者はすでに生成AIソフトウェアの著作権を保有しており，特許法でも保護される可能性があるため，追加の著作権取得は過剰な報酬をもたらすおそれがあること，第二に，AI技術への投資は増加しているものの，多くの法域でAIによって生成された作品が著作権で保護されていないことから，AI開発者がAIによって生成された作品の商業的価値を活用するには，必ずしも著作権が必要ではないと考えられるという点である[65]．

6　知的財産庁のコンサルテーション（2021年）

イギリスにおいてコンピュータ生成著作物の規定に関連する判例が少ないのは，おそらく，「著作物の人間の著作者が存在しない状況における」著作物の発生が，あまり見られなかったからであると考えられる[66]．上記のNova Pro-

63　Patrick Goold,（n 55）128.

64　Patrick Goold,（n 55）129.

65　Jyh-An Lee,（n 3）190–191.

66　Ryan Abbott, ‘Artificial Intelligence and Intellectual Property: An Introduction’, in Ryan Abbott ed., *Research Handbook on Intellectual Property and Artificial Intelligence*（Edward Elgar 2022）14は，訴訟が少なかった理由として，イギリスは米国とは異なり著作権登録制度がない

ductions Ltd v Mazooma Games Ltd 事件で紹介したアーケードゲームの出力フレームも，裁判所の判断によれば，出力フレームを構成するビットマップファイルを作った作者によるもの「または」プログラムによるコンピュータ生成物，と述べられている．すなわち，本件も完全には著作物の人間の著作者が存在しない状況における著作物の事案ではなかったということである．

しかしながら，人間の著作者が関わらないで，コンピュータ自体が仮に人間が創作したのであれば「オリジナリティ」のある成果物と言いうるような作品を独自に出力できる状況が進むにしたがって，この条文の重要性にも変化が出てくる可能性がある．他方で，先に述べたように，そもそも9条3項はオリジナリティの要件について矛盾があるのではないかという考え方や，経済的な観点から，AI時代のコンピュータ生成著作物に対する著作権保護は過剰になるのではないかという議論が存在する．

そうしたこともあるため，イギリスでは，2021年に，AIが生成した著作物をどこまで保護するべきなのかについて，政策的な検討が行われた．具体的には，2020年9月7日から2020年11月30日まで最初の意見募集がなされ[67]，その後，その意見を取りまとめた上で，コンサルテーションが2021年10月29日から2022年1月7日まで実施された．コンサルテーションにあたっては，「オプション0：変更を行わない」，「オプション1：現行規定を削除する」，「オプション2：成立範囲や保護期間を縮小した新しい権利に置き換える」といった選択肢が示された．コンサルテーションには多数の意見が提出された．しかし，検討の結果，イギリスの知的財産庁は，2022年6月，今回は変更を行わないとの結論を公表した[68]．

ので侵害に関する訴訟しか起こらないこと，イギリスでは著作権の存続が問題となる著作権訴訟はそれほど多くないこと，ある作品がAIによって生成されたものであることを誰かが認識していたとしても，イギリス法の状況を考えれば，その存続を争う意味はないこと，最近までAIが生成した作品にはあまり商業的価値がなかったために訴訟を起こす価値がなかったことの4点を挙げている．もっとも，最後の点については今後状況が変化することも示唆している．

67　Intellectual Property Office,（n 39）.

68　Intellectual Property Office, Artificial Intelligence and Intellectual Property: copyright and patents, 28 June 2022 available at 〈https://www.gov.uk/government/consultations/artificial-intelligence-and-ip-copyright-and-patents/outcome/artificial-intelligence-and-intellectual-property-copyright-and-patents-government-response-to-consultation〉（2023年9月8日閲覧）.

イギリス知的財産庁は，コンピュータ生成物の規定を変更しないというオプションを提案した根拠として，「コンピュータで作られた作品については，法改正を行わない予定である．コンピュータ生成著作物（CGW）の保護が有害であるという証拠は今のところなく，AIの利用もまだ初期段階である．そのため，選択肢の適切な評価は不可能であり，いかなる変更も意図しない結果をもたらす可能性がある．私たちはこの法律を検討し続け，将来，証拠が裏付けとなった場合，保護を修正，補充，削除する可能性がある」と述べている[69]．すなわち，コンピュータ生成著作物の保護が有害であるという証拠がなく，AIの使用はまだ初期段階にあるため，現段階では，上記の選択肢を適切に評価することができないということであった[70]．

最初の意見募集とコンサルテーションの時期をみると，ChatGPT（OpenAIが2022年11月に公開）やMidjourney（2022年7月13日にオープンベータ版への移行）などの生成AIがリリースされ，人口に膾炙するより前に行われている．AIの使用はまだ初期段階という判断は適切であり，また遠くない将来に改めてこの問題がイギリス国内において検討がなされることもあるのではないかと推察される．

7　類似の制度を有する法域

イギリス以外では，アイルランド，ニュージーランド，インド，香港，南アフリカ共和国に，このような保護が存在する[71]．いずれもイギリスが1988年に採用した制度に倣って，類似の規定を設けたと考えられる．

(1)　アイルランド

アイルランドの2000年著作権及び関連権法[72]では，21条の本文が創作者主

69　Intellectual Property Office,（n 68）.

70　Intellectual Property Office,（n 68）.

71　Jani McCutcheon,（n 61）956.

72　Copyright and Related Rights Act, 2000（No. 28 of 2000）.

義の原則について述べた上で，同条f号が「コンピュータによって生成された著作物の場合には，当該著作物の作成に必要な手配を行った者」を著作物の創作者とするとしている．解釈規定の2条において「著作物に関する「コンピュータ生成」とは，著作物の著作者が個人（individual）ではない状況において，当該著作物がコンピュータによって生成されることを意味する」と定義されている．

アイルランド著作権法において，著作物（works）とされているのは「オリジナルな文芸，演劇，音楽または美術の著作物」（17条2項a号）だけであり，したがって，イギリス法と同様にコンピュータ生成の対象となる著作物もそれらに限定されると解される．

イギリス法と異なり，モラルライツに関する除外規定は，特に置かれていないようである．他方，保護期間については特別な規定が置かれており，コンピュータ生成著作物の場合，当該著作物が最初に合法的に公衆に利用可能となった日から70年後に失効し（30条），その計算は暦年主義で行うことになる（35条）．

⑵　ニュージーランド

ニュージーランドの1994年著作権法[73]5条1項は，創作者主義の原則について述べた上で，同2項a号が「文芸，演劇，音楽または美術の著作物でコンピュータにより生成されるものの場合には，その著作物の創作に必要な手配が行われた者」を著作物の創作者とするとしている．解釈規定の2条において，「コンピュータによって生成された著作物とは，著作物に関して，人間（human）の著作者が存在しないような状況においてコンピュータによって生成された著作物を意味する」と定められている．

オリジナルな著作物に著作権が生じることが，14条に規定されている．ただし，イギリス法と異なり，通常の著作物（文芸，演劇，音楽または美術の著作物）と事業投資的著作物（録音物，映画，コミュニケーション著作物，発行された版の印刷配列）とを区別せずにオリジナリティを求めている．また，オリジナ

73　Copyright Act 1994, version as at 31 May 2023.

ルが何かを定義する規定が置かれている点もイギリス法と異なる．具体的には，14条2項において「ある著作物が，他の著作物の複製である場合，または複製である範囲において，または他の著作物の著作権を侵害する場合，または侵害する範囲において，オリジナルとはいえない」と規定している．

著作権法の第4部で規定されるモラルライツのうち，氏名表示権（94条）と同一性保持権（98条2項）は，コンピュータ生成著作物には生じない（97条2項b号，100条2項b号）．コンピュータ生成著作物の保護期間は，生成された暦年の終わりから50年間である（22条2項）．

⑶　インド

インドの1957年著作権法[74]は，1994年の法改正[75]によりコンピュータ生成著作物の規定を導入した．解釈規定において，「著作者」とは「コンピュータにより生成された文芸，演劇，音楽または美術の著作物に関しては，当該著作物の創作を生じさせた者」とする規定が置かれている（第2条（d）（vi））．他方で，コンピュータ生成とは何かについて，特に定義は置かれていない．また，著作権のある著作物の規定において，「オリジナルな文芸，演劇，音楽または美術の著作物」には著作権があることを示しており，オリジナリティの要件が課せられているように思われる．コンピュータ生成著作物のモラルライツや保護期間に関して，特別な規定は置かれていない．

⑷　香港

香港の著作権条例[76]では，「コンピュータ生成（電脳產生）とは，ある著作物に関して，当該著作物の人間の著作者が存在しない状況においてコンピュータにより生成されることを意味する」という定義規定が置かれている（198条）．11条1項が創作者主義を規定し，同条3項に，「コンピュータにより生成される文芸，演劇，音楽又は美術の著作物の場合には，著作者は，著作物の創作に必要な手配をした者とみなされる」とする規定が置かれている．

74　Copyright act, 1957（14 of 1957）.

75　Act 38 of 1994, s. 2（w. e. f. 10-5-1995）.

76　Copyright Ordinance（Chapter 528）.

著作権法の第 4 部で規定されるモラルライツのうち，氏名表示権（89 条）と同一性保持権（92 条）は，コンピュータ生成著作物には生じない（91 条 2 項 c 号，93 条 2 項）．コンピュータ生成著作物の保護期間は，生成された暦年の終わりから 50 年間である（17 条 6 項）．

⑸　南アフリカ共和国

南アフリカ共和国の 1978 年著作権法では，1992 年法律 125 号 1 条 d 号により，コンピュータ生成著作物の著作者に関する規定が新たに付加され，著作者とは「(h)　文芸，演劇，音楽，美術の著作物またはコンピュータ・プログラムであって，コンピュータにより作成されたものの場合，当該著作物の作成に必要な手配を行った者をいう」とする規定が設けられた（1 条（h））．コンピュータにより生成されたこれらの著作物について，他に特別な規定は置かれていない．

8　おわりに

著作権制度の下におけるコンピュータ生成物の法的保護については，法人格，著作者性，オリジナリティという 3 つの点から課題があると指摘されている[77]．AI それ自体に，法人格や著作者性を肯定することは難しいが，法定著作者を規定することは可能なので，コンピュータ生成物の著作者性を，法人格を持つ「手配をした者」に割り当てるイギリス著作権法の 9 条 3 項の仕組みによれば，この 2 つの問題を解決できる．しかし，オリジナリティ要件との関係については，その生成物がオリジナリティ要件を具備し得ないコンピュータがオリジナリティ要件を具備する著作物を生成するという，ある意味で撞着語法ともいえる規定になっており，また，イギリス独自のオリジナリティの捉え方と「保持された EU 判例法」との関係も含めて，難しい問題が残されているようにみえる．

77　Giancarlo Frosio,（n 2）159.

ただ，いずれにしても，他方において「著作物の人間の著作者が存在しない状況において著作物がコンピュータにより生成されること」との条件があるため，人間の創作をアシストするために人工知能を利用している限り，コンピュータ生成著作物の成否を議論する実益は少ない．人間が自己の創作の道具として補助的に人工知能を利用している限り，その者に著作権が生じるからである．この場合，よく考えると不可思議な状況も生じる．表現の創作には関与せず必要な手配をしただけであれば，コンピュータ生成物の生み出した表現全体について著作権を取得する可能性があるのに対して，人工知能を補助的に使って創作した場合，自らが創作的に寄与した表現部分だけに，著作権が生じる可能性が示唆される点である．この点については，コンピュータ生成著作物の法的性質を考慮した上で，その必要な保護範囲を検討しなければ，歪な結果が生じることになるように思われる．

他方で，「著作物の創作に必要な手配をした者」が誰であるのかという点も，判例がほぼないといえる状況で，はっきりとしてはいないようである．この点については，条文の文言を読む限り，一義的に定まるものではないと解されるので，ケースバイケースで適用すれば妥当な解決を導ける問題であるとのグアダムズの主張には理解ができる部分もある．その際，「著作物の創作に必要な手配をした者」の判断において，インセンティブの必要性も考慮した認定を行えば，コンピュータ生成の分野の関係者に過剰な保護を与えることにもならないかもしれない．

問題なのは，現在の人工知能の発展により，著作物の創作に必要な手配に対してほとんど何らのインセンティブがなくても，水道の蛇口をひねれば水が出るが如く，コンピュータ生成物の供給がなされる状態になったときに，著作物の創作に必要な手配へのインセンティブを与え続ける必要があるのか，果たしてこの規定の正当性は維持できるのかという点である．コンピュータ生成物に著作権を与えることは，パブリックドメインを増やさないことを意味するが，インフレ化するコンピュータ生成物に著作権がない場合と，インフレ化するが著作権もある場合とで，このことが人間の表現活動に与える影響に違いがあるのかも計り知れない部分がある．

将来のことはまだ評価が難しい部分であり，少なくともコンピュータ生成物の規定の存在が有害ではないという理由から，評価を先延ばしにしたイギリス知的財産庁の判断は妥当なものであったといえるかもしれない．

〔付記〕本稿脱稿後に，竹内誠也「AI創作物への著作権保護に係る法政策再論——英国法制アプローチ等施策に係る各国比較法検討」パテント76巻13号（2023年）101頁に接した．

また，三校の段階で，本文で述べた「保持されたEU法・EU判例法」にも動きが生じることとなった．2023年保持されたEU法（廃止・改革）法（Retained EU Law（Revocation and Reform）Act 2023, 2023 c.28）により，2023年12月31日より以降，著作権関連分野のものも含めた「保持されたEU法」の大部分は「同化された法」と改称されるとともに，控訴院等の上級裁判所が「保持されたEU判例法」（「同化されたEU判例法」と呼ばれることになる）から逸脱することも，一定の要素を考慮する必要はあるものの，これまでよりも容易となる．それにより，理論的には，本文で述べた司法解釈におけるオリジナリティ要件の解釈について，EU判例法における「著作者の知的創作物」のテストから，より容易に逸脱できる可能性はある．

しかしながら，2023年11月の判決でも控訴院は，ソフトウェアによって生成されたグラフィックユーザーインターフェース等がオリジナリティのある美術の著作物として保護されるかを判断した際に，イギリス著作権法におけるオリジナリティについての「労働と技能」テストが，EU判例法の「著作者自身の知的創作物」アプローチに取って代わられたことを明確に述べている（THJ Systems Ltd v. Sheridan［2023］EWCA Civ 1354参照）．こうした最近の状況を踏まえると，2023年12月31日より以降であっても，近い将来において，控訴院等の上級裁判所が，オリジナリティについて「著作者自身の知的創作物」アプローチから逸脱する可能性は非常に低いのではないだろうか．

Part V
座 談 会

座談会参加者（※五十音順）

今村　哲也
上野　達弘
愛知　靖之
奥邨　弘司
谷川　和幸
前田　　健
横山　久芳

I　AIによる学習の侵害成否

■30条の4第2号にいう「情報解析」と非享受利用

上野：最初に取り上げたいのはAIの学習段階です．日本の著作権法30条の4第2号は「情報解析」という，まさに学習を対象とした権利制限規定でありまして，このような規定が2009年に設けられていた（当時47条の7）というのは非常に注目されることでありますが，現在この30条の4が激しい議論を巻き起こしております．そこで，いきなりで恐縮なのですけれども，その解釈論についてご意見をお伺いします．

まずは，情報解析と非享受利用との関係です．と申しますのも，日本の情報解析規定は，もともと47条の7という独立した規定でしたが，それが平成30年改正によって，いわゆる非享受利用を対象とする30条の4の1つとして位置づけられました．つまり，「情報解析……の用に供する場合」（同条2号）というのは，同条柱書本文における「当該著作物に表現された思想又は感情を自ら享受し，又は他人に享受させることを目的としない場合」の一例として掲げられています．しかし，他方では，平成30年改正によって設けられた47条の5第1項2号にも，「電子計算機による情報解析を行い，及び，その結果を提供すること」という規定があります．したがって，平成30年改正前は47条の7という1つの規定だけに見られた「情報解析」という言葉が，同改正によって，2つの条文に見られるようになったというわけです．そして，現行法47条の5というのは，「情報解析……の結果を提供する」ことに伴う著作物の出力についても軽微な範囲で許容しています．

そうすると，現行法上，「情報解析」のための著作物の入力行為は常に30条の4が定める非享受利用に当たるということになるのか，それとも，「情報解析」を目的とする著作物の入力行為であっても，出力段階における享受目的が併存するような場合には「自ら享受し，又は他人に享受させることを目的としない場合」に当たらない――すなわち非享受利用のみを目的としているとは言えない——ために30条の4は適用されないと考えるべきなのか，という点については議論のあり得るところです．

というわけで，いきなりマニアックな論点かもしれませんが，この点はこの規定の適用範囲に関わる重要な問題かと思いますので，先生方のご意見をお伺いしたいと思います．では，愛知先生いかがでしょうか．

愛知：私の考え方は論文に書いた通りではありますので，繰り返しになって恐縮ですが，まず，条文の規定の仕方というのを出発点にした場合，30条の4には，「次に掲げる場合その他の……自ら享受し又は他人に享受させることを目的としない場合」と定められています．基本的に，法令用語として「その他の」という文言が使われる場合には，その前に置かれている用語がその後に置かれている用語の例示であるということを示すものです．ですから，「次に掲げる場合」，つまり，1号から3号というのは，非享受利用の例示に他ならないということになるのではないかと考えます．したがって，こういった通常の文言解釈と言いますか，法令用語通りの文言解釈を行う限りは，2号が非享受利用の例とされている以上，同号に該当するとされれば，常に非享受利用に該当するということになるのではないかと考えます．結論としては，情報解析に該当すれば，常に非享受利用に該当するというのが，論文にも書いた私の考え方ということになりまして，その形式的な論拠は，今申し上げた通りです．もちろん出力による享受目的が併存することを無視するわけではなくて，それは但書で処理すればよいと考えています．

次に，実質的というほどのことでもないのですが，文言以外の理由を挙げますと，あくまで，2号は，入力段階のことを考えているのではないかと思います．つまり，AIに著作物を学習のために入力するわけですから，利用の相手方と言いますか，対象は，直接にはAIという機械ということになります．このプロセス，入力段階だけを切り出せば，入力対象はあくまでAIということになり，その時点では，人が著作物に表現された思想・感情を享受するものでないという考えの下で現行法の規定になったのではないかと思います．実際に立法段階でどのように考えていたかはよくわかりませんが．

仮に，被疑侵害者が「情報解析である」という主張立証に加えて，さらに，その享受目的を有さない，併存しない，純粋な非享受目的だということも追加的に立証しないといけないということになりますと，結局，非享受利用だということさえ言えれば，情報解析に該当するかどうかを問わず，そのまま30条の4が適用できてしまうのではないかと思うわけです．なにゆえ情報解析であるということを，むしろ追加的に立証しないといけないのかということが問題となるのではないかと思いました．1号から3号に該当しなくとも非享受利用（＋必要と認められる限度）だということが言えれば，柱書が適用できると考えられているわけです．ですので，享受目的が併存しないということを，被疑侵害者が立証しないといけないということになりますと，結局，30条の4の適用を受けるにはそれだけで十分でして，1号・2号・3号に該当するということの主張立証の必要性と言いますか，その意義はむしろ没却されるのではないかと思います．

もちろん，立証責任が転換されるのだという考え方はあり得るかもしれません．すなわち，情報解析だということをとりあえず被疑侵害者が立証すれば，著作権者側で「いや，享受目的がある，併存している」ということを抗弁として出すという考え方もあり得るかもしれません．そうしますと，情報解析だという主張立証に意義が出てくるわけです．しかし，それを現行法のこの30条の4の条文から果たして導くことができるのでしょうか．つまり，1号・2号・3号に該当すれば，その享受目的の立証責任が著作権者側に転換されて，他方，1号・2号・3号に該当しない場合については，被疑侵害者が非享受利用であるということを自ら主張立証するということが，果たして現行法から導けるのかということが問題になりそうです．30条の4柱書では，「次に掲げる場合」すなわち1号から3号に該当する場合と，「その他の」場合とが並列的に規定されていますので，そのような多層的な規範構造を要件事実として導くことは難しいのではないかと思います．もちろん政策的には，十分あり得る考え方だとは思いますが．そういうことから，私自身はちょっと文化庁の考え方とは違いますけれども，情報解析に該当すれば，非享受利用にそのままとりあえず該当し，あとは但書で検討すべきではないかと，差し当たっては，そのように考えているというところになります．

上野：どうもありがとうございました．今の点に関しまして，奥邨先生，いかがでしょう．

奥邨：私は，情報解析については2つ規定があるわけですから，状況によって使い分けるというのが，条文を作ったときの位置づけだろうと理解をしております．

2点お話ししたいと思います．

まず，愛知先生がおっしゃるように，「その他の」という規定ぶりであるのだから，情報解析に当てはまれば自動的に30条の4が適用されるという立場，仮にそういう立場を採るとした場合，利用の目的が複数ある場合はどうするのだろうかという疑問が生じます．1つの複製という行為に対して複数の目的が存在することは一般的にあることだと思うんです．例えば，私がテレビ番組を録画するときに，あとで自分で見るという目的と，同時に，あとで授業で使う目的の，両方の目的を持って複製するということはあるわけです．

同じように，ここでは，機械学習目的＝情報解析目的，これは非享受目的ですが，それと同時に享受目的がある場合はどうなるのでしょうか．享受目的と非享受目的が同時に併存する場合，30条の4は，「享受……（す）ることを目的としない場合」と規定しているので，適用されないんではないかと思うのです．この点は，文化庁も，改正時の国会審議なんかも含めて，非享受目的に享受目的が併存してはダメなんだということをずっと言ってきております．それらも踏まえますと，非享受目的である情報解析目的と，学習した著作物の一部を見聞きさせるという享受目的が併存する場合は，30条の4のカバーするところではなく，その場合は47条の5の問題と捉えるということで切り分けの整理がなされていたのではないかなと思います．

もう1つはですね，愛知先生のご指摘の考え方ですと，各号に明記されているものであれば，直ちに非享受だということになるかと思うんですが，そうだとすると，2号ではなくて，1号の「試験の用に供する」場合についても同じように考えるんでしょうかという疑問が出てきます．

1号に関して文化庁が改正法の審議の際に国会でも言っていますし，加戸逐条講義にも載っている例があります．具体的には，人を感動させるような映像表現の技術の開発を目的とする，こう言えば，一般人を招待して，映画の試写上映を行うことも可能となるのかという設例です．この場合，確かに「試験の用に供する」わけですから，1号該当だと思うんです．では非享受目的利用になるかというと，文化庁としては，技術開発の試験のために映画を上映していると称しても，客観的，外形的な状況を踏まえると，映画の上映を通じて精神的欲求を満たすという効用を得ることに向けた利用，つまり享受目的利用が行われているので，非享受とは言えないと言ってるんですね．そうすると，形式的に試験目的に見えて1号該当であっても，実際のところは，試験目的すなわち非享受目的だけなのか，それとも享受目的があるのか，というところをもう

1回見ないといけない，ということを改正法の国会審議以来，文化庁は一貫して言っているわけです．そういう意味で，目的併存時は30条の4は適用されないという意外な解釈が，今回，機械学習で初めて採られたんではないと思っています．

もう1点，追加で申し上げると，愛知先生のご担当部分を拝見すると，論文剽窃チェックAI，そういうものの場合，軽微利用の部分は47条の5第1項が適用されるけれども，その準備のための機械学習のところは，30条の4でも47条の5第2項でもどちらでもいいのだというご趣旨だったかと思います．ただ，両規定は，結構違うんです．まず主体が違う．30条の4は主体の限定がありませんが，47条の5第2項だと，政令指定の条件を満たさない主体には適用されません．それから対象著作物も，30条の4は，全く限定がありませんが，47条の5第2項の場合は公衆提供等著作物でないといけません．これが47条の5第1項だと，さらに限定されます．ということで，30条の4と47条の5とでは，かなり違うのですね．そうすると，どちらでもよいというようには，やはり作ってないんじゃないかなと思うわけです．

つまり，47条の5第1項が適用される場合は，その準備は，当然第2項でないと，繋がらないんじゃないかなと思うんです．30条の4とどっちでもいいんだということになってくると，47条の5第2項も，さっき申し上げたような限定がなくてもよかったんじゃないか，逆に言うと，なぜそうなっているのか説明できないと思うわけです．そういう意味で，使い分けるということが元々意識されていたのではないかなという気がしております．

上野：ありがとうございました．30条の4第2号にいう「情報解析」というのが同条柱書本文に定める非享受利用の例示であることは間違いないと思うのですけれども，同条2号にいう「情報解析」という言葉が同条柱書本文の影響を受けて，言わば限定解釈されることになるのかという点が問題になるのかもしれませんね．この点に関しまして，他の先生方はいかがでしょう．では，前田先生，お願いいたします．

前田：すでに出た話も含まれますが，先ほど奥邨先生からもありましたように，1号から3号まではさしあたり措いて，柱書本文の解釈の問題として考えたときに，享受を目的としない場合に30条の4が適用されるという基本的な構造になっていて，非享受目的と享受目的が併存している場合には，30条の4は適用できないというのが，基本的な考え方だと思います．文化庁は，立法当初からそう説明しており，立法担当官の解説（秋山卓也・ジュリスト1525号41頁注8）の中でも漫画教室の例を挙げて，練習目的であれば非享受目的が認められるとしても，同時に絵を鑑賞する享受目的も併存しているので，30条の4は適用できないという説明があります．目的併存の場合には，30条の4の適用できないという基本的なスタンスはずっと一貫してると思います．そして，1号から3号は例示であり，例示というところをどう捉えるかということですが，私の理解では，結局，この30条の4を適用するためには，要件事実的には，やはり柱書本文該当性が最終的には示されなければいけないと思っています．このときに，1号から3号に該当すれば，形式的には直ちに柱書本文該当性も示されたということで構わないのかもしれませんが，そうだとしても1号から3号を解釈する際に，やはり本文で非享受目的のみでなければいけない，享受目的の併存は許さないと書いてあることも加味して，解釈しなければならないと思います．したがって，本文と1号3号の関係というのは，1号3号があることによって，本文で言うところの享受目的とは何かを考える手助けになると同時に，1号3号の該当性を判断する際に，本文の趣旨を読み込むという双方向性があると思っています．ですので，2号の「情報解析」というのも，機械学習であれば直ちにそれに当たると解釈していいわけではなく，享受目的が併存するような状況において機械学習に供する場合というのは，2号でいうところの情報解析の用に供する場合には当たらないという解釈もできるのではないかと思います．このあたりの説明は，もう少し違う洗練された説明があるのかもしれませんが，基本的には，そういうことかなと思います．

あと，もう1つ，愛知先生のご発言およびご論文に，情報解析のプロセスそのものに着目すれば，享受されていないのではという趣旨のご指摘がありました．それはその通りだと思いますが，ただ，ここで言う享受目的というのは，目的という文言からも明らかな通り，最終的にどういう用途に供するのかというところも考えると思います．その行為そのものに着目しすぎてしまうと，例えば，複製してる瞬間には享受していませんから，およそ複製行為の場合には非享受目的という議論になりかねません．ですので，さすがに，先生もそこまでおっしゃらないと思うので，やはりその行為が終わった後に何をするかというところにも着目するのだと思います．機械学習の場合でも，機械学習が終わった後に，それを出力して著作物を享受するという，その先のところも見た上で判断するということになると思います．

奥邨：すみません，1点だけ，今の前田先生のご発言に関連して，付け加えておきたいのですが，「目的」というのは，まさに前田先生がおっしゃったように扱われてきたんだと思います．例えば，30条の私的使用目的の複製の場合の目的というのは，複製そのものが私的な目的かだけを問うているのではなくて，その先の使い方も見ている，つまり，複製したものを私的な目的で使うかというのを問題としてますし，42条の立法・行政の目的のためというのも，複製そのものが立法・行政の目的のためかだけを問うているのではなくて，その先も問うている．その意味で，私自身は，目的で，先の方を見ることは違和感はないですね．

谷川：谷川でございます．本書の論文の方は書いていないのですが，座談会にお招きいただきありがとうございます．今，複製行為が終わった後にどう使うかという話があったのですが，その点に関しましては，49条1項2号の目的外使用としてカバーできる部分があろうかと思いますので，私としては，やっぱり行為当時の直近の目的だけを考えておけばいいのではないかと考えています．機械学習の段階で，将来その学習済みモデルをどう使うかまで見越して享受目的を認定してしまうと，非常に様々な利用態様が想定できるようなモデルを作った場合に，例えばAGI（汎用人工知能）が完成して1つのモデルで分類も検出も生成もできますというようなものが出てきたときに，その中に1個でも享受目的があるということで簡単に30条の4の適用が否定されてしまうことになると，かなりAIの学習を制約しそうだということを懸念しています．なので，やはり当該学習段階では機械だけが享受するということだけを見ておけば，つまりその現場の目的だけを見ておけば十分であって，その後，そのモデルが具体的表現の享受のために利用された場合には，別途49条1項2号で，あるいは推論段階で侵害物が生成された場合の著作権侵害の成否の問題ということで切り分けて考えるのがよいのではないかと思っていまして，愛知先生の見解に賛同しております．

上野：面白くなってきました（笑）．広い意味では「情報解析」の定義に該当する行為ではありながら，非享受のみを目的としているとは言い難いものがあるとしますと，それは現行法30条の4の適用対象になるかどうかが問題になりましょうか．現行法では非享受利用の一例として「情報解析」が掲げられているからこういう議論になりますけれども，平成30年改正前は，単に「情報解析」が許容されると定められていましたので，この文言にいう「情報解析」に当たれば，それだけで改正前は許容されていたわけですよね．しかし，改正前も，実は非享受利用のみを目的とした「情報解析」だけが許容されていたと理解することになるのでしょうかね．

奥邨：改正前 47 条の 7 については，いい例があんまりないんですが…….改正前の 30 条の 4 は，技術開発の試験のための条文だったんですね．それが非享受目的利用に吸収された．その意味で，さっき上野先生が言われた点と，同じ構造だと思うんです．改正前は，技術開発の試験のためと定められているだけで，非享受ということはわざわざ書いてなかったんですが，当時も，映画の再生の目的が，技術開発の試験目的と，試写会目的とが併存している場合は，対象外だと文化庁は説明していました．もっとも，理由としては，必要な範囲を超えるから，という説明でした．ただ，結局のところ，許される範囲というのは，改正前の 30 条の 4 と改正後の 30 条の 4 第 1 号とでは，変わってないんだと思うんです．同じことは，改正前の 47 条の 7 についても言えるんじゃないかと．

旧 47 条の 7 に関して，愛知先生のご担当部分で，富士通さんの自動翻訳の例が出てきます．ただ，当時審議会での議論に参加したときの実感としては，富士通さんの例があったんで現在の 47 条の 5 ができたという認識なんです．自動翻訳とかのときに，学習したもとの文章の一部を参考として出力したい，だけど，旧 47 条の 7 では，情報解析目的でしか使えないので，出力できないですよねと，それだと困るんですということだったと思うんです．学習のところは旧 47 条の 7 でできるんですけど，出力の時に，自動翻訳した文章に参考として例文を 1 つ 2 つ短く出したいんだけど出せない．軽微なスニペットみたいな感じでも出せないですかね，という要望を受けて，現行の 47 条の 5 ができたと思うんです．

ちなみに，47 条の 5 が軽微利用に限定したのは，あまりたくさん出力して享受できることにすると，コンテンツ視聴サービス・提供サービスになっちゃうからということだったわけです．あの審議会のときの感覚からすると，情報解析のところは 2 つに分かれたって認識があるんですよね．機械学習だけ特別扱いということは意識してなかったなと思います．

上野：そうしますと，ひょっとしたら，平成 30 年改正前の 47 条の 7 についても同様に，非享受目的のみを目的としているわけではない情報解析は，「必要と認められる限度」という要件を満たさないということで切っていたのかもしれないということでしょうかね．

奥邨：47条の7についてはちょっと見つけられなかったんですけど，30条の4は，池村聡・壹貫田剛史『著作権法コンメンタール別冊 平成24年改正』（勁草書房，2013年）122頁では「必要と認められる限度」じゃないという形で切ってましたね．

愛知：だとすると，現行法でも，そちらで切るっていうのも…….

上野：そうですよね．「必要と認められる限度」という要件は今の30条の4にもあるわけですから．

愛知：1号の場合ですね．

上野：つまり，少なくとも1号の場合は「必要と認められる限度」という要件で排除できるのだから，1号にいう「試験の用に供する」というのを非享受のみを目的とする場合に限定して解釈する必要はないということになるのでしょうかね．

奥邨：うーん．ただ，併存する場合は対象外というのは，国会審議でもそういう解釈ですと言っているので，かなり重いんじゃないかとは思いますが……（笑）．この部分では，改正の前後で，変更が起こったということで十分いいんじゃないかなとは思います．

上野：なるほど．横山先生や今村先生はいかがでしょうか．

横山：私も，情報解析を目的とする場合でも，享受目的が併存しているときは，30条の4は適用されないと解釈すべきだと思います．30条の4は，非享受目的の利用は著作物の本来的な利用でないから，著作権者の対価取得の機会を奪うものではないということを前提にしていると思いますが，享受目的が併存するということは，著作物の本来的な利用が意図されているということなので，同条の適用の前提を欠くのではないかと思います．

また，先ほど前田先生もおっしゃっていましたけれども，私も，享受目的の有無は，最終的にどのような利用が想定されているかという点も考慮して判断すべきだと思います．AIの学習のための入力行為は，それだけをみれば非享受目的の利用ですが，出力において著作物を享受することが意図されているのであれば，享受目的の利用と評価すべきだと思います．著作物の享受がされた段階で49条1項2号を適用することも考えられますけれども，出力において著作物の享受が意図されているのであれば，入力の段階で著作権の行使を認め，著作物の享受が生じることを未然に防止するのが著作権者の保護を考えると妥当ではないかと思います.

今村：あまり考えていなかった点なので，先生方の議論をディベートのように聞いておりました．やっぱり少しは意見を述べた方がよいと思うので申し上げますと（笑），まず30条の4では享受することを「目的としない」と書かれていることから，享受目的が併存する場合には，この規定の適用は排除されると考えることになると思います．この点に反対する方はあまりいないと思います．他方で，2号の情報解析であれば常に享受目的はないと判断できるのかと問われれば，それは疑問です．少なくとも1号に関しては，享受目的の併存はあり得るわけですから，各号列記の部分でも享受目的の併存は生じ得るわけです．そして，2号の情報解析の過程でも機械学習と同時並行して人間が享受利用することが可能かもしれませんし，さらには学習段階での情報解析の方法やその過程が，利用段階で想定する結果の出力のあり方から影響を受ける場合もあるでしょうから，学習段階の目的から利用段階の目的を完全に分離できるわけでもないと考えられます．

そのほか，学習段階での情報解析による利用について，但書の適用を情報解析用のデータベースの無断利用のような非享受市場での競合のケースに限定せずに，その後に行われる出力段階での享受市場に影響を与える行為を含めて考えるという立場もあると思います．

上野：ありがとうございます．但書については，後ほど詳しく議論できるかと思いますが，その前に享受の対象は何かという点が問題になりますよね．条文上は，「当該著作物に表現された思想又は感情を自ら享受し又は他人に享受させることを目的としない場合」と規定されていまして，文言からすると，享受の対象は「思想又は感情」とも読めるのですけれども，例えば，既存の著作物の作風やスタイルで新しいコンテンツを生成するAIを開発する目的で当該既存の著作物をAI学習する行為というのは，アイデアという「思想又は感情」を享受する目的があることになるかと思います．そのようなAIを開発するための著作物の入力行為は，そもそも非享受利用に当たらないのではないかということも問題になり得るかと思いますけれども，この点につきまして何かご意見ございませんでしょうか．奥邨先生，お願いいたします．

奥邨：条文を見ると，「当該著作物に表現された思想又は感情」となっていますので，むき出しの「思想又は感情」ではなくて，「表現された」状態の「思想又は感情」でなければならず，しかもそれは「当該著作物」としてでなければならないわけですから，「当該著作物」の表現の知覚というのが大前提になっていると思います．したがって，既存の著作物の表現が知覚されない中で，思想または感情の享受を問題とすることはできないと考えます．結果，表現ではなくて，思想だけ，感情だけ，をAIが持っていて，それを出力に含めたという場合，つまり，結局，画像であれば画風だけが似ているというような状況になるわけですが，その場合は「表現された」というところを満たさないのだと思います．

ただ，これは理論的な話であって，思想だけ感情だけが似ているという状態がどういうものか，実際に，入力画像と出力画像を比べて似ているという場合，思想・感情だけじゃなくて表現も似ているというものが多いのではないか，というご指摘があることは十分承知しております．

30条の4は1号も2号も，表現を知覚するけれどもなお非享受という場合と，表現を知覚しないので当然非享受という場合の両方が存在することを前提に作られています．ただ，いずれにしても，表現の知覚がないという状態については非享受であることが前提であり，この点は3号からもわかると思います．プログラムの場合は，表現を知覚しなくても機能を享受すれば享受目的だと解釈されていますが，それ以外の場合は，表現を知覚しない場合は思想・感情を享受しない，逆に言うと表現の知覚が，思想・感情を享受する前提というふうに作られています．したがって，今回のところは，表現が知覚されてないということを前提にすると，思想・感情の享受というのはないということなんだろうと理解をしております．

上野：平成30年改正に向けた審議会の議論では，かつて平成23年報告書にあったC類型「著作物の表現を享受しない利用」を踏まえて，平成29年報告書でも，「著作物の表現の享受を目的としない著作物の利用」というものが「権利者の利益を通常害さない」ものとして柔軟に権利制限規定の対象になるということで議論され，そこでは基本的に享受の対象は「著作物」と考えられていたように思うのですが，その後，内閣法制局を含めた政府部内における検討過程を経て，条文の中に「思想又は感情」という言葉が入ったようでありまして，これによって解釈上の問題が生じることになったように思います．例えば，リバースエンジニアリングを目的とする著作物利用は非享受利用に当たり，30条の4柱書によって許容されるというのが通説であり，文化庁の文書や加戸逐条講義でもそのように書かれているのですけれども，特定のプログラムを解析してそのアルゴリズムを知得する目的というのは，アイデアを享受する目的に他ならないではないかという見方もあるところです．にもかかわらず，リバースエンジニアリングが30条の4柱書に当たると解釈されていることからすると，この条文で享受の対象として「思想又は感情」と書かれている部分は，事実上スルーして読んでよいのではないかと思ったりしているところです．

前田：私も基本的には，奥邨先生と同じように考えていて，表現された思想・感情ということなので，表現の知覚が前提だと思います．基本的には，表現の知覚が伴うことが前提だというのは，30条の4第3号に，表現についての人の知覚という文言があることにもあらわれていると思います．

発言の機会をいただいたので，若干話は変わりますが，アイデアと表現に関して発言させていただきます．こういう議論をすると，よくある批判として，学習をさせている段階では，出力されるものが，アイデアが共通するものにとどまるのか，それとも，その表現まで共通することになるのか，予測できないというものがあります．それは確かにその通りですが，あくまで基本的な考え方としては，出力がアイデアのみ共通する場合には学習はOKだが，表現においても共通する場合には問題だということになると思います．しかし，享受目的か非享受目的かというときに，享受目的の併存をあまりにも厳格に捉えすぎると，当人としてはアイデアが共通する範囲しか出力させないことを基本的なスタンスにしているが，開発の過程で表現が共通するものも出力されてしまうかもしれない，ただ，それは後で調整するつもりだというときに，それも享受目的があると認定されてしまうと酷ではないかということです．AIの開発が過度に制限されないよう，柔軟に考えてもよいだろうと考えております．

愛知：結局，被疑侵害者は，何を立証すればよいのでしょうか．その後の利用態様を含むといった場合，その後の利用態様をどこまで考えるかという問題も，もちろん出てくると思いますし，おっしゃったように，後の段階に行けば行くほど，目的というのはぼやっと抽象的になるわけで，少しでも併存目的の可能性があればアウトなのか，むしろ主観的に，被疑侵害者が，「いや，これはもうアイデアの抽出だけを目的としているのだ」ということさえ言えばよいのか．そのあたり，場合によっては，刑事罰の可能性もあるような規定ですので，できる限り，その解釈指針を明確にしておいた方がよいのではないかという気がしております．そのあたりをどう考えるのかというのはちょっと悩ましいところではあるかなと思います．

ついでに，立証の話を，先ほども少し申し上げたのですけども，仮に，1号・2号・3号に加えて，その享受目的が併存しないということを追加的に立証しないといけないということになりますと，この1号・2号・3号が例示として設けられている意味をどのように考えればよいのでしょうか．前田先生のお考えは，どうも柱書で見るというより，1号・2号・3号の中に，享受目的があるということを取り込むような形で解釈すべきだというお立場のようにお聞きしましたので，むしろ1号・2号・3号が例示されている意義があるという結論に結びつくのかもしれません．やはり基本的に非享受利用であるということの立証責任自体は，被疑侵害者側にあるということは大前提であって，ここを例えば著作権者側に転換するということは，なかなか現実的ではないだろうと思う中で，その1号・2号・3号が例示されている意義というのはどのように捉えるべきなのでしょうか．要するに，柱書だけでいいのではないかということになりはしないかと思います．結局，どんな行為であろうが，享受目的はない，純粋に非享受利用であれば，それでもう30条の4を適用していいと思いますので，なぜそれに加えて1号・2号・3号があるのかというところをどう考えたらよいか．つまり，1号・2号・3号に該当するかしないかを問題とすることなく，端的に「自分のやっている行為は，非享受利用である」ということさえ言えば済むような気もするのですが，それをどう考えればよいのでしょうか．

上野：そういえば，同一性保持権に関しても，20条2項において，4号が「前3号に掲げるもののほか……やむを得ないと認められる改変」と規定していますけれど，1号では「学校教育の目的上やむを得ないと認められるもの」と定められているのに対して，建築物の増改築を対象とした2号においても，また，プログラム著作物の「必要」な改変を対象とした3号においても，「やむを得ない」という文言は用いられていないんですよね．そうすると，2号や3号についても「やむを得ない」改変といえる必要があるのか，とか，4号についても1〜3号の場合と同等の事情が必要か，といった議論があって，これと似たような状況なのかもしれません．前田先生，いかがでしょうか．

前田：はい．まず30条の4を適用するために，何を立証すればよいのかですが，これはなかなか難しい問題で，明確化が非常に望まれていると思います．先ほど，愛知先生から，主観でいいのかというお話がありましたが，主観だとある種の水掛け論になり，安定した判断ができないと思います．したがって，私の意見では，目的はやはり客観的に認定するべきだと思います．その行為の性質に照らして，どういう目的があったと客観的に言えるかどうかによると思います．ですから，機械学習の文脈で言えば，こういった態様で機械学習をさせているときに，結果物としてその表現が共通するものが出力されて，それが利用に供される可能性というのがどれほど高いものなのかによるだろうと思います．著作物を利用する者が，機械学習した結果，その表現が共通するものが出力されないような防御措置をとっているかといった事情が立証されれば，享受目的はなかったと言えるということになると思います．したがって，結果として表現が共通するものが出力されることが起きるとしても，それが実際に享受されないよう措置をとってるということが言えれば，享受目的が否定されるということはあり得ると思います．

もう1点，愛知先生がおっしゃっていた，1号から3号を規定してる意味，特に立証との関係での意味，ということについてです．これもなかなか難しいですが，例えば，著作物利用者の行っている行為が，情報解析の定義に当たることを立証した場合には，その時点で，非享受目的があるということについて，ある種，事実上の推定がされて，享受目的があることを著作権者の方が立証しなければいけないという，立証責任のある種の転換のような処理をするということが，あり得なくはないと思います．ただ，1号から3号に形式的に当たることを立証したら常にそうすべきかということについては，あまり今まで深く考えたことなかったので，今申し上げたことは思いつきの域を出るものではありません．ただ，立証責任の分配の足掛かりとして，1号から3号に形式的に当たるかをまず見るという考え方は，あり得なくはないと思う次第です．

奥邨：私は，元々，文化庁が言っているように，目的は，主観だけで判断せずに客観的なことや外形的なことも踏まえて総合的に判断するのだと考えています．さっき申し上げた試写会の例なんかも，技術開発目的だと本人が言い張っても，客観的・外形的な部分も考慮すると享受目的だと評価されるということだと理解しております．

あと，もう1つ前の発言の中で前田先生がおっしゃっておられた，開発の途中で，出力の中に，学習対象著作物の表現が見たり聞いたりできる場合について，あまり厳しく考えると……という話があったのですが，AIを開発している途中に，画風だけじゃなくて，表現まで似たものが出力されてしまうというのは，そういう出力をするAIを開発するつもりなら享受目的が併存していますが，そうでなければそもそも併存していないのではないかとも思います．また，そういう場面は，技術開発・試験目的の利用として，30条の4第1号でも対応できると思うんです．出力をチェックするAIの開発者は，出力中に含まれる学習対象著作物を鑑賞とかしているわけではなくて，「あ，表現が出てしまっている」「まずい」と言ってですね，そういう出力にならないようにAIを開発していくわけですので，それは非享受目的ではないかと思うんです．ですから，AIを開発している過程では，あんまり萎縮しないで，どんどんやってもらってよいのだと思います．その際に表現が出力されてしまった場合には，画風だけになるようにしないといけないっていう具合に，試行錯誤をしてもらっていいと思うんですね．ここまでは1号の問題．で，その後に製品としてリリースした時以降は2号の問題となる．その場合は，主観的な部分に加えて，学習対象著作物の表現が，出力に含まれているのかいないのか，それがあまりにも高頻度で出るのか，それとも1万回やって1回しか出ないのかなどの，客観的・外形的なところも含めて，非享受目的か否かを認定していくのだろうと思っております．

■30条の4柱書但書

上野：では，次のテーマとして，30条の4柱書但書に移ります．この但書は，「当該著作物の種類及び用途並びに当該利用の態様に照らし著作権者の利益を不当に害することとなる場合は，この限りでない」と規定したものでありまして，その解釈が今非常に大きな問題になっております．ご存じのように，平成30年改正前の47条の7における但書は，「情報解析を行う者の用に供するために作成されたデータベースの著作物については，この限りでない」という条文でありましたけれども，これが平成30年改正によって「著作権者の利益を不当に害することとなる場合」という形で一般化されました．したがって，現行法上の但書がどのような場合に適用されるのかというのが議論になっているわけです．少なくとも，改正前に定められていた解析用データベースが現行法上の但書に当たる典型例だとしても，他にどのような例があるのかといった点が問題になるところです．

従来の議論においては，特定のクリエイターの作風ないしスタイルが共通する新たなコンテンツを生成するAI（特化型AI）を開発するにあたって，特定のクリエイターの著作物を網羅的に学習する行為が30条の4柱書但書に当たるかという点をめぐって論争があるようですので，この点に関しまして，先生方のご意見をお伺いしたいと思います．まずは，ご論文でもお書きになってらっしゃいます愛知先生からご意見を伺えればと思います．

愛知：むしろ，通説の先生方から先にご発言された方がいいかもしれませんが……（笑）．私自身は，いろいろなところで取り上げていただいているように，以前の論文では，基本的には，特定の著作権者の作品のみを学習させる特化型のケース，例えば，ディズニー映画を全部入力するようなものについては，但書に該当するのではないかということを申し上げました．こういった特定の著作権者の作品を対象としたような特化型のAIについては，その鑑賞という「用途」に用いられる特定の著作権者の著作物だけを大量に収集して，学習なり推論に用いるという，著作物利用の「態様」（但書に規定されている「態様」）に照らしても，AIを用いることで，潜在的なそれこそ将来の行為を見るということになるのですが，潜在的な将来の著作物の利用市場（享受利用市場）との衝突が生じるのではないかと考えております．

確かに，但書で保護される「著作権者の利益」は，あくまで著作権で保護される利益であって，「作風」とか「画風」といった，そもそも著作権で保護されないものが共通することによって市場競合が生じるというような場合については，そのような利益は含まれないのではないかという，非常に厳しいご批判を受けているということは，もちろん承知しています．ただ，一口に「作風」とか「画風」，あるいは，「スタイル」という言葉も使われているようですけれども，一口に，「画風」とか「作風」と言っても，やはりその抽象度というのは，かなりレベルの差があるわけでして，例えば「ファンタジー風」であるとか，「おとぎ話風」であるとか，こういった極めて抽象度が高いものはもちろんダメだと思うのですが，特定の著作権者が固有に生み出した，まさにその著作権者の特定・識別が可能なようなオリジナリティのある，そういった非常に具体性のある「作風」というのは，極めて表現との近接性が高いということになるわけでして，だからこそ，潜在的な市場競合をもたらすのではないかと思います．特定の人の「作風」を真似ているということが，まさに市場で明確になるからこそ，市場競合が生じるわけです．反対に言えば，無断利用することによって，市場の簒奪をもたらすような，そういった「作風」や「画風」というのは，表現と非常に距離が離れた抽象度の高いものではなくて，むしろ，その作品に接した人が，特定の著作権者の著作物だと認識，ここでは誤認ということになるのですが，そういうものを容易にもたらすような，非常に高い具体性を持つ，表現との高い近接性を持つ，そういったものです．ここまで言うのであれば，端的に，もう「アイデア」じゃなくて「表現」だと言ってしまってもいいのかもしれませんけれども，仮にですね，「作風」・「画風」というラベルを一応貼りますので，「表現」ではなくて，「アイデア」だということになったとしましても，そういった特定の著作権者を特定可能とするようなオリジナリティが認められるわけですから，それを間接的に保護することになったとしましても，後発創作者の創作活動に対する影響というのも，過度に大きくはないのではないかと思います．他方，こういった特定の著作権者の著作物に特化したような，そういったものであれば，許諾は取りやすいということになろうかと思いますので，仮に但書の適用を認めたとしましても，その特定著作権者との許諾交渉を行えば足りるということになります．少なくとも，こういった特化型につきましては，取引費用が大きなものとなるわけではないというようにも思います．差し当たりは以上です．

谷川：私は基本的な考えとしては，具体的な生成結果を見た後で，つまり生成（推論）段階で侵害かどうかを個別具体的に判断すればいいと思っておりまして，学習段階で，その可能性を考えてあらかじめ広く規制するのというのは行き過ぎだろうと思っております．理由としては，学習済みモデルを作るということは，ある種，中立的な行為だろうと認識しておりまして，できたモデルをどう使うかについては様々な利用方法があると思うのです．例えば，ジブリ風の画像が生成できる特化型のモデルを作ったという場合でも，そのジブリ風のモデルと，別の例えばワンピース風のモデルをマージ（統合）することで，どちらとも類似しない中間的な斬新な表現が出てくるモデルを作り出すということが実際できるようなのですね．また，ネガティブ・プロンプトといって，ネガティブな方向で，つまりジブリっぽくなくしようという方向で，あえて画風を遠ざけるために使うということも考えられます．このようにいろいろなモデルの利用方法があるということを考えますと，その事前の学習段階で，そういった様々な利用の上流で規制してしまうと，下流の具体的な利用態様による様々な表現の可能性をまるごと損なうことになるので，そこはちょっと行き過ぎではないかと感じるところです．

したがって特化型モデルであっても，基本的には，学習は自由にしておいて，具体的な生成段階で問題のあるものが出力されたときに個別に対応するのがよいのではないかという発想をとっております．まだ生成 AI が普及し始めてからわずか数年しか経っておらず，技術も日々進展している状況ですので，この後，生成 AI をクリエイターの方々がどう使っていくのか，AI を活用した創作がどう発展するのか，その状況をいましばらく観察した上で，あまり時期尚早な段階で規制せずに，もうちょっと寛容な態度で推移を見守った方がいいのではないかと思っております．その一方で，推論段階で類似性のあるものが生成された場合や，i2i（Image to Image）で改変された場合など，問題のある具体的利用については現行法でも対応可能なものが多いと思いますので，権利者の皆さんにはまずはそちらを個別に問題視していただいて，学習段階の適法性と利用段階の適法性とは異なるのだということを AI 利用者に周知していくのがよいのではないかと思います．

奥邨：今，谷川先生がおっしゃったのと，私も同じように思っています．特化型については但書に当たるとすると，類型的に，特化型的な機械学習ができなくなってしまうんですね．後でどういう使い方がされるか，何が生成されるか，その辺を見ないで，入口で全部決まってしまうというのは，ちょっと広すぎるんじゃないかなと思うんです．

しかも，画風と絵柄というのは区別が難しく，絵柄だと思っていても画風と判断されてしまうかもしれないということになると，機械学習をする人や企業は，リスクを減らそうと，安全サイドに動くことが考えられるわけで，その結果，すごくブレーキが効いてしまうのではないかという気がするのです．類型的に忌避されてしまうのではないか．しかし，本来，但書というのはそういうものではなくて，個別個別に適用されるもののはずです．にもかかわらず，但書が，特化型について類型的に排除するような形に働くというのは，ちょっと広すぎるかなと思っております．

というわけで，愛知先生とは立場がだいぶ異なるのです．ただ，愛知先生の以前のご論文を読んだときは，そう思っていたんですけれど，今回のご担当部分を拝見すると，さっきもご自身でおっしゃってたんですけど，あと一言，愛知先生が「アイデア」「画風」とおっしゃっているところを「表現」だとおっしゃっていただければと思うんです（笑）．アメリカの Stable Diffusion に関する集団訴訟で，原告が「スタイル」と言っているのは，画風ではなくて具体的な絵柄，つまり，アイデアのことではなくて，表現のことを指していると私は理解しています．日本だとスタイルは画風側に理解されるかもしれませんが，あの訴状の文脈を踏まえると原告が言っているスタイルは画風側ではないと思います．

ちょっと話はずれてしまいますが，例えば日本ではキャラクターはアイデアであって保護されません．一方，アメリカではキャラクターは保護されるとも言われますが，ここで注意しないといけないのは，じゃあアメリカがアイデアを保護するのかというとそうではなくて，アメリカで言っているキャラクターというのは，日本で考えている抽象的なものではなくて，ものすごく具体的なものを指していて，日本的には，「表現」にあたるものを言ってるんです．

話は戻りますが，さっきの愛知先生のお話だと，著作権法で重要なアイデアと表現の区別を揺るがすことになりかねないと心配になるんですね．なので，もうちょっと頑張ってもらって「表現」だと言っていただいたら（笑），そのままスムーズに収まるんじゃないかなって気がしました．実は私も，愛知先生が思っておられる「画風」の多くは，「絵柄」つまりアイデアではなくて表現ではないかと思っていて，それだったら30条の4柱書但書の話とせずに，ほぼ同じ結論になるかなと思っているんですね．私のように「絵柄」＝「表現」だと捉えると，そういうものを出力する目的がある場合は，非享受目的と享受目的が併存しているので，そもそも30条の4の柱書本文を満たさない．よって，但書に行かずに本文でダメということになるんです．

上野：今の話を伺っておりますと，最終的な結論はあまり異ならない可能性もあるようには思いました．もちろん，法律構成として，非享受利用に当たらないと見るのか，それとも但書に当たると見るのか，という違いはあるのかもしれませんね．前田先生，いかがでしょうか．

前田：今の奥邨先生の意見に私も近いのですが，基本的に著作権法は，表現は保護してアイデアを保護しないという大原則を取っていて，但書で言うところの著作権者に保護された利益というのも，あくまで，その表現が共通する範囲のものを利用したことによって侵される利益に関してだと思います．ですから，もしそのスタイルなど極めて具体的な部分について共通したものが出力されることによって侵されるその著作権者の市場を，著作権法によって保護するということは，それは表現であるという価値判断をしているということに他ならないと思います．だから，価値判断そのものについては，私も共感する部分はあるのですが，そういう価値判断をするのであれば，もはやそれを表現と呼ぶべきだと思います．その方が，著作権法の体系との整合性は高まると思う次第です．

上野：平成30年改正によって，但書の書きぶりが変わって，「著作権者の利益を不当に害することとなる場合」というふうに一般化されましたので，スタイルの利用を目的とした特化型AIについては現行法30条の4柱書但書に当たるのではないかという議論が出ておりますけれども，改正前47条の7では解析用データベースのみが但書の対象でしたので，改正前は，特化型AI開発のための著作物利用は適法だったと考えざるを得ないようにも思うのですが，改正前からそのような利用は著作権侵害だったということになるんでしょうか．

ここでは，平成30年改正によって，情報解析の権利制限規定が拡大したのか，それとも縮小したのか，という点についてどのように理解するかが問題になるところです．同改正時の国会附帯決議では「柔軟な権利制限規定の導入に当たっては，現行法において権利制限の対象として想定されていた行為については引き続き権利制限の対象とする立法趣旨を積極的に広報・周知すること」とされていますので，ここでは，改正前に適法だった行為は改正後も適法と解されるべきという考えが示されているように思えます．もちろん，附帯決議に法的拘束力はないかと思いますが，一般に，著作権法の解釈を論じる際，加戸逐条講義や審議会報告書などを立法趣旨として参照することが多いことを考えますと，国会附帯決議というのは立法機関によるものである以上，尊重すべきものと言えそうです．そうすると，少なくとも改正前47条の7本文の要件を満たし，同条に基づき適法だったような情報解析については，解析用データベースの場合だけが現行法上の但書の対象になるのに対して，改正後に新たに権利制限の対象になった情報解析については，「著作権者の利益を不当に害することとなる場合」が一般に但書の対象になると解すべきではないかと思っています．例えば，平成30年改正によって，「電子計算機による」という文言を削除しましたので，コンピュータを用いない情報解析も新たに権利制限の対象になりましたし，また，「記録媒体への記録又は翻案……を行うことができる」という文言を「いずれの方法によるかを問わず，利用することができる」と変更しましたので，情報解析を行う他人にデータセットを公衆送信することも新たに権利制限の対象になりましたので，そうした行為については，解析用データベースの場合のみならず，「著作権者の利益を不当に害することとなる場合」が一般に但書の対象になるというのが私自身の立場ということになります．他の先生方，いかがでしょうか．

横山：そうですね，私も，アイデアの利用による利益は著作権で保護されないと考えているので，特化型AIがアイデア的な作風しか再現しないのであれば，但書に当たらないと思うんですけれども，アイデアと表現の境界線は微妙なので，愛知先生のおっしゃるような，具体性のある作風の再現を目的としたAIは，結果的に，作風を超えて表現が類似していると評価される生成物を出力する蓋然性が高いのではないかと思います．その場合は，但書に当たると解する余地があるように思います．特化型の場合，著作権者の許諾が必要となっても，そんなに交渉費用がかからないので，開発が過度に制約されることにはならないし，既存の著作物と類似する表現を出力する蓋然性の高いAIを開発する以上は，著作権者の許諾が必要と解することに合理性があるように思います．他方で，そのようなAIを開発する場合でも，営利目的じゃなくて，研究目的で行われる場合には，但書に当たらないと解する余地はあると思います．

今村：私も，先生方のお話を聞いていろいろ考えるところがあったんですけど，先ほど，谷川先生がおっしゃっていたように，学習段階ではなるべく自由に，時期尚早にあんまり規制しない方がいいというようなこともあるとは思います．けれども，権利者側の立場からすると，手遅れになるという，1度学習されたらおしまいとみんな思っているわけですよね．時期尚早論というのと，手遅れ論というのがあるんじゃないかなと思うんです．

また，生成AIのための機械学習の素材は主にインターネット上で自由にアクセスできる画像やテキストが素材になっていると伺っていますが，ネット上のゴミのような情報も食べて成長しているわけです．本来であれば，新聞社が保有している膨大なテキストデータであるとか，著作権者が保有している質のよいデータを活用した方がよいわけですが，それらは物理的に低コストでは手に入らないので，学習素材にはできないわけです．例えば，新聞の縮刷版から学習させるのは大変なコストがかかるわけですから．世の中にはネットで公開されていない情報の方が圧倒的に多いわけです．世の中のあらゆる情報のうち，著作物に限定して考えた場合も，公表著作物と未公表著作物とがあり，30条の4によればいずれも学習素材にはできますが，実際のところはネットで自由にアクセスできる公表著作物しか学習用のデータにはなりにくいのが現状です．質の高いデータを機械学習させた方がよりよい生成AIが開発できるのだとしたら，著作権者などが物理的に保有する質の高い著作物データを利用する必要があります．しかし，著作権が保護されないという話であれば，当然ですがそうした価値のあるデータを権利者は世の中に出しにくいです．交渉もしにくいわけですから．

著作権法をはじめとした知的財産法の基本的な発想に，権利を保護するから価値ある情報が公開され，初めて活用されるということがあると思います．機械学習パラダイスという言葉がありますが，パラダイスで食せるのは実際には物理的な入手コストが低くて済む食材ばかりで，入手コストが高いものは手に入らないのですから，さほどパラダイスではないのかなと思うこともあります．むしろ，著作権者が機械学習を妨げようとするばかりに，情報へアクセスが物理的にしづらくなったり，契約をしないと閲覧できないようなケースが増えるのではないかと心配すらします．ネット上での自由な情報公開の妨げになりはしないかと．情報を権利で保護しないと，情報生産やその利活用に関して市場の失敗を生み出す場合があるという発想は，逆説的でもなんでもなくて，知的財産法の基本的な発想だと思います．

あとですね，先ほど，30 条の 4 の「思想又は感情」というのは特に重要な意味があんまりないというか，「当該著作物に表現された思想又は感情」という部分のどこにこのアクセントを置くのかということで，当該著作物に「表現された思想又は感情」というところが大事なんだということは，この規定の目的や著作権法の体系から考えると解釈として明確だと思います．ただ，条文の文言を見る限り，目的論的解釈あるいは体系的解釈をしないのであれば，「思想又は感情」それ自体が享受の対象であるように読めなくもないし，また何を通して，当該著作物に表現された思想または感情を享受するのかということは，あんまり明確じゃないんですよね．文理解釈からは必ずしも明確ではないと，少なくとも私は思います．

何を通して享受するのかという問題は，情報解析の場合に出力段階の目的も考慮する考え方を採る場合，特に問題になってくるように思います．この立場を採る場合には，出力されたものの一部に，元の当該著作物の表現それ自体が一部でもそのまま再現されていれば，それは当該著作物に表現された思想または感情を享受するということになるのでしょう．しかし，さらに踏み込んだ解釈として，その享受の対象となるのが，当該著作物に表現された「思想又は感情」ということになれば，生成された側の著作物を通じて，当該著作物に表現された思想または感情を享受すると，そういう読み方をする人もいるとは思うんです．もちろん，私自身はそのような解釈は全く間違っているとは思いますが，要するに，出力されたものに表現するために，元の著作物に表現されたアイデアとか，事実とかですね，そういったものを情報解析の際に抽出するようなことがあれば，それもここでいう享受なんだというふうに捉える人も，その条文を素直に読む限りはいると思うんですね．そこは条文の文理解釈としては，幅があるんだと思うんですが，目的論的解釈あるいは体系的解釈からすれば，アイデア／表現二分論の建前からは，少なくとも元の著作物と類似した表現の知覚を通して思想または感情を享受するということが求められるのだと思います．

しかし，「思想又は感情」それ自体が享受の対象かどうかの問題は，但書の解釈において再燃するわけです．但書というのは，あくまでこの非享受目的の規定の但書だと思うんですね．ですので，非享受であるということを前提に，但書の該当性を考えるということになるように思われるわけです．30条の4に限らず，この条文にあるような，著作権者の利益を不当に害しないかどうかを問題とする但書の規定というのは，著作権法にたくさんあるとは思うんですけども，この条文以外の但書の規定は全てその著作物の表現との関係で問題になるということは間違いないと思うんです．ただ，この30条の4に限っては，非享受利用だということが前提となった上での但書なので，だからこそ，画風とかスタイルとか，あるいは事実の抽出とかそういうことも含めて，但書に該当するのではないかということが議論になると思うんです．というのも，著作権者の利益が害されるという事態が表現を享受する場合にだけ生じるとしたら，但書はほとんど適用される余地がないはずですし，また，そもそも元々の著作物の表現を利用しているのであれば，それは但書の問題に至らないんじゃないかなと思うので，但書に意味があるのだとしたら，事実やアイデアを享受することが著作権者の利益に影響を与える場合も考慮する必要があるのではないかということです．そうすると，この特化型AIの開発などの問題は，まさに但書の問題になってくるのだと思います．

もちろん，但書は個別具体的な判断になると思われるので，特化型AIっぽいものだから全部ダメというわけじゃなくて，結論にはいろいろと幅があるとは思います．著作権者の利益を不当に害するようなものだということを，ここに挙げられているような当該著作物の種類とか用途とか利用の態様に照らして不当だと判断される場合には許されないし，不当じゃない場合にはいいし，ということになると考えられます．例えば，イラストにとって画風とかスタイルというものが持つ意味と，後でも新聞記事の話が出てきますけど，新聞記事にとって，事実とかアイデアというものが持つ意味というものが，著作物の種類とか用途という観点からすると随分違うような気もするんですね．ですから，私は，どちらかというと，愛知先生のお考えに近くて，作風とか画風のような思想や感情に類する部分が，著作権法上，類似しないと判断される表現の中で享受されるという場合も，当該著作物の種類および用途ならびに当該利用の態様によっては，当該著作物の将来の潜在的な販路とか，当該著作物の利用市場と競合してしまう場合があり得るように思います．イラストの画風とか作風以外でも，新聞記事の事実やアイデアは，著作物の種類や用途として情報の鮮度が大事だったりするので，情報の鮮度を横取りするような行為が，利用の態様も考慮して著作権者の利益を不当に害することになる場合もあるかなというふうに思います．ケースバイケースで考えなければならないのが但書であると思うので，特化型 AI といってもいろんなものがあるのかなというのが，今のところの意見です．

上野：30 条の 4 というのは，ある行為が非享受利用に当たることを前提に一定の場合には但書に当たるという規定なんですけれども，解析用データベースというのは情報解析を行う者の用に供するために作成された著作物ですので，これを情報解析の目的で利用するというのは解析用データベースの本来的利用と言えるのかもしれませんね．だとすれば，解析用データベースを情報解析のために利用するというのはそもそも非享受利用ではなく，そうである以上，そもそも但書の問題になり得ないのではないかという見方もあるように思います．ただ，現状ですと，加戸逐条講義や文化庁の解釈などでも，情報解析を行う者の用に供するために作成されたデータベース著作物の情報解析目的での複製が 30 条の 4 柱書但書の典型例として議論されていますので，この点どのように考えるべきか実は難しいところかもしれませんね．先生方，いかがでしょう．

奥邨：今，上野先生がおっしゃった話の背景には，非享受の意味するところについて 2 つの判断基準があるためだと思うんです．具体的には，人間が知覚して効用を得るか得ないかで判断する場合と，プログラムのように機能的な著作物の場合は，機能から生じる効用を得るか得ないかで判断する場合の 2 つがあるわけです．そうすると，既に前田先生がご論文で指摘されていますけれど，情報解析用データベースというのは，元々が機能的な著作物なので，プログラムと同じように考えられるわけで，その場合は，但書の適用云々の前に，そもそも本文の非享受利用に該当しないという処理になるわけです．一方で，情報解析用データベースを機能的なものと捉えない場合は，情報解析での利用は，人間が知覚して効用を得るわけではないので非享受になりますが，今度は但書に当てはまるということになる．情報解析用データベースの位置づけ次第で，どっちもあり，でも，どっちでも30条の4の適用はないということなのかなと思っています．

ただ，情報解析用データベースを情報解析に使う場合は，但書が挙げている要素に綺麗に当てはまるんですよね．著作物の種類はデータベースで，用途は情報解析用途で，そして，態様というのは情報解析機器での全部複製ですから，これって明らかに不当だよねと言えると思うんです．一方で，例えば，一般的な印刷用とかウェブサイトの挿絵用とかでライセンスされているフォトストックのデータベースだと，著作物の種類はデータベースでも，用途は観賞用，利用態様は，情報解析用機器で全部複製する，という当てはめになります．これは，元々，柱書本文がやってもいいよと書いてあることをやっているだけなので，不当に害する余地はない，大丈夫じゃないかなと私は思います．

但書の要件への当てはめのところで，利用態様として，出力するためというのは考慮できないのではないかと思っています．それはあくまでも「目的」であって「態様」ではない．例えば，最近の音楽教室の最高裁判決なんかも，利用の目的と利用の態様を分けています．「目的」だと柱書本文の話で，「態様」だと但書の話になるという整理でいいんじゃないかと思いました．

あと，愛知先生のお考えでちょっと微妙に私とズレるのは，目的は先を見てはいけないんだけど，態様は先を見てもいいっていうところですかね．さっきも言ったように，著作権は，どっちか言うと，目的のところは，結構，あとで使う目的でいろいろ見ているケースが多いんですが，なんか態様というのは，その場，それこそ，その複製そのものの態様を問題としているというような気もします．

前田：先ほどから出ているその但書のデータベースに関してですが，30条の4の基本的な考え方は，享受目的利用は本来的利用であるから，これについては著作権者の利益を保護するけれども，非享受目的利用は非本来的利用だから保護しなくてよいというものだと思います．これを前提に，データベースの本来的利用とは何かと考えてみると，情報解析用のデータベースを，情報解析の用に供するというのは本来的利用といえますから，データベースの話は，享受目的の話として処理する方が説明としては綺麗だと思っています．だから，文化庁は，但書の問題だという説明をしていると思いますが，私は，個人的には，その説明はおかしいのではないかと思っています．

これを踏まえた上で，では，但書に当たる場合とはどういう場合なのかと考えてみると，先ほど今村先生もおっしゃったように，但書を検討している時点で非享受目的という前提なので，実は，但書に当たる場合というのは，ほぼないのではないかと思っています．私は，但書に該当する場合というのは，非享受目的なのだけれども，例外的な事情があって享受目的に転用される可能性が非常に高いとか，そういうケースに限られると思っています．そういう場合でも，翻ってみて，実は享受目的があったと認定される場合がほとんどかもしれないので，その可能性も含めたら但書の適用場面はもうないのかもしれません．いずれにしろ，但書が適用される場合というのはほとんどないということでいいのかなと思います．

さらに少しコメントさせていただくと，先ほど，横山先生が挙げられた例で，特化型 AI の場合，実は，結構，表現が出力されてしまう蓋然性も高いから，但書を使ってもよいのではというお話がありました．私の立場だと，それも，翻って享受目的があったというところで処理すればよく，但書を持ち出さなくてもよいのではと考えます．

上野：確かに，平成 30 年改正においては，「著作物の表現の享受を目的としない」利用というのは，「第一層」と呼ばれる「著作物の本来的利用には該当せず，権利者の利益を通常害さないと評価できる行為類型」なのだから，「柔軟性の高い規定を整備することが望ましい」とされたものなんですよね．その背景には，「著作物の本来的利用」でない行為については，たとえ形式的には著作物の複製等が行われているとしても，著作権という権利が及ぶ必要はないという考えがあるのではないかと思っていまして，私はこれを著作権の「内在的制約」（internal limit）と呼んでいます．そのように考えますと，非享受利用というのは，そもそも「権利者の利益を通常害さない」行為ということになりますので，そうであるにもかかわらず「著作権者の利益を不当に害する」として但書に当たる場合というのは，かなり限られるのではないかという気もするところです．

愛知：1 点だけ．本文と但書は，立証責任の公平な分担という観点も加味した上で，立証責任を分配したという形になっているわけですが，但書は，事実上，あまり発動せずに，基本的に本文の方でやるということになりますと，被疑侵害者側が一方的に，将来の市場競合も含めて非享受目的であるという要件事実の中で全て主張立証しない限りは，30条の4の適用を受けられないということになります．そうしますと，利用者側にとって，不利になりかねないところもあるのではないかと思います．ちょっと抽象的な話なので，先ほどの個別具体的に考えていかないといけないというのはおっしゃる通りですので，常に利用者側が一方的に不利になるわけではないのですが，抽象的に申し上げると，そういった懸念もないわけではないかなというところは少し気になりました．なるべく但書の方にも仕事を分けることによって，立証責任のできる限り公平な分担を図っていくということも，政策的な判断としてあり得るかなという気は少ししました．

横山：よろしいでしょうか，享受目的が併存していることが明らかな場合は本文に当たらないということになると思いますが，そうでない場合は，本文に該当するとしつつ，但書で実質的な判断を行うことはあってよいと思います．特化型AIに関しては，AIの学習が明らかに不適切なために，表現が類似したものが出力されるという場合には本文に該当しないと判断されると思いますが，アイデア的な作風のみを再現するように適切な学習が行われていると一応評価できる場合には，本文該当性を認めた上で，著作権者の側が，実際の出力状況などを踏まえて，表現が類似したものが出力される蓋然性が高いという事情を立証した場合には，但書を適用するということも考えられると思います．あと，営利目的の場合と，研究等の非営利目的の場合とでは，著作権者に及ぼす不利益に違いがあるので，同じようなAIを開発する場合でも，場合によっては30条の4の適用に差が生じてよいと思います．その意味で，本文を適用して一律に門前払いとするのではなく，但書に落として，営利目的の有無などの事情を考慮しながら，ある程度，柔軟に判断できた方がいいのかなと思いました．

前田：いろいろ喋って恐縮ですが，今，愛知先生と横山先生がおっしゃったことについてです．全ての立証責任を被疑侵害者が負うということになると，負担が重すぎるというのはその通りで，それを解消するために，本文と但書とを使い分けた方がいいというご提案も，ご趣旨としてはそうかなと思うところもあります．ただ，私の個人的な意見では，この条文の趣旨や体系を考えると，要件としては，本文の問題と整理した方がすっきりすると思っていまして，立証責任の分配については，別途，手当てすればいいのかなと思います．非享受目的というのは，要件事実的に言えば，規範的要件みたいなところがあると思いますので，評価根拠事実と評価障害事実につき，それぞれ立証責任を分配できると思うので，そこで，ある程度，外形的に非享受目的だという事実が出てきたら，その時点でいったん非享受目的だとことを認めつつ，例外的な事情については著作権者の方に立証責任があるという形でうまく解決が図れないだろうか思っています．

今村：今のお話とは少しずれてしまうんですけども，この特化型 AI の開発について，いただいた資料では，特定のクリエイターの著作物の作風ないしスタイルなどのアイデアのみ共通するコンテンツを生成して販売する AI ということで検討例が挙がっているんですけども，特化型 AI を議論するときに，それぞれの分野によって，いろいろな著作物のイメージを皆さん抱くと思うんですよね．スタイルとか作風となると，小説とかイラストとかそういったフィクション的な，ある種の芸術的というか，そういう作品をイメージすると思うんですけど，データベースもそうですけど，もっと事実的な，例えば，新聞記事とかですね，あるいは今回私たちが執筆する書籍なんかも問題になると思うんです．例えば，今回の私たちの書籍を特化型 AI に学習させて，そのポイントだけを抽出するみたいなことを許すということになると，なんとなくこう認めたくないという気持ちがあって，これがなんなのかっていうことを考えています．人間が学習して，ポイントを鉛筆でまとめてくれたりするのは許したいんですけども，コンピュータで数秒の時間で一気に学習されて，それで，1 回学習されたらもうおしまい，みたいなことですよね．1 万人の人が本を買って各々学習してくれるわけじゃなくて，1 つのコンピュータに 1 冊だけ買って学習させればいいという，その学習の仕方自体が，普通の人間の学習と違うということも前提として考えなければならない．しかもその学習済みモデルを生成・利用段階でも何万人もの人が使うということです．そういう意識もあって，何とかならないかと考えたくもなるわけですね．

例えば，イラストとか小説などはスタイルとか作風が大事かもしれないけど，新聞記事や実用書のように事実とかアイデアが核心部分にある著作物もあるわけです．もちろん，小説はネタ命かもしれないですけれども，作品中の個々の事実自体にはあんまり意味がないようなものも多いでしょう．問題となる著作物にはその種類や用途などに違いがあるということで，「特化型 AI」ということで一律に考えちゃうと，全部いいか全部ダメかみたいな話になりかねないと思います．ですので，但書を適用するとしても，特化型 AI だから一律いいとか一律ダメとか，そういった議論にならないように，ケースバイケースで検討していく必要があると思います．

上野：スタイルや画風というのは，それが抽象的なアイデアに当たる以上，著作権保護されませんし，事実についてもそれ自体は著作権保護されませんので，もしある人が他のクリエイターのスタイルだけを真似て別の新しい作品を作っても著作権侵害に当たりませんし，ある人が他の新聞記事の事実だけ利用して新たな記事を作っても著作権侵害に当たりませんよね．アイデアや事実というのは，いかに価値があっても著作権保護を認めると過剰な独占になってしまうからです．もちろん，その結果として，スタイルを真似されたクリエイターの仕事が減って不利益を被ったり，事実を無断利用された新聞社の売上げが減って不利益を被ったりすることがあるかもしれませんが，それは著作権法上，何ら問題ないのだという点は，日本のみならず世界中で異論がない大原則かと思います．ただ，同じことを人ではなく機械がやっても同じように考えるべきかという点については問題になるところで，機械がやる場合には複製が生じる以上，別に考えるべきだという考えもあるところです．これが 30 条の 4 柱書但書をめぐって議論されており，実際にも見解が分かれるところなのかなと思いますが，いかがでしょうか．

奥邨：その点は，リバースエンジニアリングにおけるアイデア抽出のための解析のときに議論したことと同じではないかと思うんです．人間であれば解析してアイデアを抽出するのに複製をする必要はないけど，コンピュータが解析する場合は複製をしないわけにはいかないという状況にあるときに，そこで複製が行われることを奇貨として，複製を禁止することで，解析つまりリバースエンジニアリングをさせないことができるというのは，本来保護されないアイデアを，著作権を使って結果的に保護することを可能とする，これは，著作権の濫用とまでは言いませんけども，やりすぎじゃないかということで，アメリカの裁判所はフェアユースを認めたわけです．それと同じ問題なんじゃないのかなという気はします．

画風とか作風とかの保護されないものを抽出するのに，AI を使って抽出しようとすると，どうしても複製が伴うというようなときに，複製を禁止することを認めると，ベニスの商人的に，心臓は取り出してもいいけど血を流してはダメだよっていうのと同じことになりかねないのだと思うんです．ちょっと違うかもしれませんが，平成30年改正で柔軟な権利制限規定として整備された47条の4なんかにも，結構そういう趣旨で入っているものが多いと思います．本来的には，著作権法上許される行為なのに，形式的に複製などの支分権該当行為が伴う場合に，その形式的な部分は許してあげましょうというような話です．

あと，さっき今村先生がおっしゃったように，許したくないっていう感覚的な部分はわからなくはないです．たぶん，この座談会を一緒に聞いておられる勁草書房さんも，出版社の立場としては同じように思うと思うんです．ただですね，私たちも普段使ってる，検索エンジンとかも似たような話なんですよね，実際問題．その事実のところをもう見せてもらっています．全部のウェブサイトをいちいち自分で見なくてもですね．その中で1番関連性の高いウェブサイトを見せてくれるわけですが，裏ではAIが動いて実現してるわけです．なのに，書籍だけ，絵だけ，ちょっと特別っていうことにならないんじゃないかなと．事実は自由に使える．で，それが機械を使うことで今までよりもっと便利に使えるようになったというのは，もうこれは当然の進化であって，好き嫌いとしては嫌いだとしても認めざるを得ないのかなというふうに思いました．

前田：要するに，著作権が保護する利益と保護しない利益があるときに，技術の変化に伴って，著作権が本来保護していなかった利益が，事実上保護されるようになったり，あるいは逆に事実上保護されていたものが，保護されなくなったりするということをどう考えるかという話だと思います．今の奥邨先生の話は，どちらかというと，技術の変化によって，従前は保護されていなかった利益が，事実上保護されるようになったものを，本来の保護されない状態に戻しましょうという話だったのかなと思います．一方で，先ほど，今村先生がおっしゃっていたことは，どちらかというと，従来は，本来，保護されていないけれども事実上保護されていたものが，技術の変化によって保護されないことになったときに，やはり保護する状態に戻した方がいいんのではというような話なのかなと思いました．

奥邨先生のケースだと，今まで保護しないでやってきたわけだから，一時的に保護されるようになってしまったけれども，本来の保護しない状態に戻すべきだと言いやすいと思います．しかし，長年，既得権益的にそこが事実上保護されていたというときに，今「既得権益」と言ってしまいましたが，単なる既得権益として切って捨ててしまうのか，実は，何か大切な役割があったのではないかと1歩立ち止まって考えてみるのか，両方あり得ると思います．私は，別にそういったものについて保護したいという立場ではありませんし，かと言って，全部切り捨てろというつもりもありません．事実上，長い期間にわたって保護されてきたもの，例えば，新聞記事の話とかで言うと，その新聞の記事における事実そのもののは，著作権法上保護されていないわけですが，著作権があることによって，その事実に対する投資がある程度保護されてきた部分もあったのだとは思います．それについて，本来保護は不要であったと言って全部切り捨ててしまうのか，それとも，著作権のある種の流用ができなくなったときに，もしかしたら，何らかの保護が必要なのかもしれないし，要らないかもしれないということを，立ち止まって考えること自体はしてもいいと思っています．

上野：結局のところは，著作権法上のアイデアの自由という大原則をどこまで確保すべきかという問題になるのかもしれませんね．愛知先生のご論文でも，スタイルや画風の「間接的な保護」という興味深い記述があるんですけど，これを認めるべきかどうかで立場が異なってくるのかなという気がするところです．

あと，権利制限規定の但書というのは，諸事情を考慮した一般規定のようなもので，例外の例外みたいなものですので，実際にも，但書の適用を認めた裁判例はこれまで1つもないようです．もちろん，権利制限規定における但書というのは，条約上のスリー・ステップ・テストに関わるものでもありますので，一般論としては，裁判所も，条約上のスリー・ステップ・テストを考慮して権利制限規定を解釈すべきであると私は思いますが，日本というのは，条約上の義務はもちろん憲法上の基本権も，すでに立法において考慮済みであって，条約や憲法上の要請は制定法の要件にビルトインされていると考えられる以上，訴訟の場で，制定法の解釈として，条約を持ち出したり，憲法を持ち出したりしても，裁判所にはまったく考慮されず，むしろ負け筋を自認したかのように受け止められるために，現実の訴訟の場では条約や憲法に言及しない傾向が強いように思いまして，これは欧米を中心とする諸外国と大きく異なるところではないかと思っております．いずれにいたしましてもこの但書については，これから議論の焦点になるのかなと思っております．

■ライセンスビジネスを展開している場合

上野：但書に関連する議論として，権利者が情報解析に関するライセンスビジネスを行っているという場合に30条の4柱書但書に当たるかどうかが問題になります．そのような場合において，権利者に無断で情報解析目的の著作物利用が行われてしまうと，ライセンスビジネスに関する権利者の利益が不当に害されるという考えもあるようですが，他方で，そのように考えてしまうと，但書のある権利制限規定については，権利者がライセンススキームを用意すれば，それだけで権利制限を免れることができてしまうのではないかという気もするところで，この点は今回のご論文中でも論争があるように思います．いかがでしょうか．

奥邨：愛知先生は，否定ですよね．私は，ここ100パーセントアグリーです．元々権利が及ばないところでビジネスしていて，だんだんそれが拡がっていったから，但書に該当するようになって，権利制限が適用除外になり，権利が働くようになるというのは，事実状態次第で権利が発生するみたいな話なので，ちょっといかがなものかなと思います．権利が及ぶかギリギリのところならまだ議論の余地がないわけではないとも思うんですけど，そもそも権利が及ばないところは，全く無理だと思います．ここは，愛知先生のお書きになったことに関して，私は異論ありません．

愛知：今まさにおっしゃっていただいた通りでありまして，本来，侵害を構成しないけれどもライセンスを受けているという場合，事を荒立てたくないからとか，訴訟で争うのが嫌だからとか，いろいろな理由があるわけです．そういうことだけでライセンスに応じているというときに，それが取引慣行として既成事実化した場合に，なぜそれを追認しないといけないのか，なぜ，それだけで非侵害行為が侵害行為に転化するのか，その理由がないと思います．単にライセンスビジネスが存在するという一事をもってはやはり難しいのかなと思います．

上野：この点，イギリス法などですと，権利者がライセンススキームを用意している場合は，そのライセンスを優先して権利制限の対象外とするという立法例もあるように思われます．このあたりは今村先生がお詳しいかと思うんですけど，何かご意見はございますでしょうか．

今村：はい．ライセンス優先型の権利制限規定というものですね．教育機関による著作物の抜粋の複製および使用に関する規定などにそのようなタイプの権利の例外規定があります．ただ，それは世界的にみても非常に珍しい規定だと思うので，ライセンスを重視する国だったら，そういう考え方を参考にする余地はあるかなとは思うんですが，いきなりよその国でそういった斬新な考え方を導入するというのは難しいかもしれません．とはいえ，30条の4の解釈論として，ライセンススキームが用意されているということの一事を持って同条の柱書但書が適用されないとするということは，結果的にはライセンス優先型の権利制限規定を採用するのと同様の結果になるんだと思います．

イギリスでも，ライセンスがある場合には制限規定は適用がなくなってライセンスの方が優先するというタイプの権利の例外規定も，全ての例外規定にそういうものがあるわけでもありません．あれはライセンススキームの構築を促進するための仕組みなんですね．ライセンスがない分野において，ライセンスを誘発するようなインセンティブを与えるというものになっています．ですので，そういう必要性がこのAIの分野にあるのだとすれば，導入する価値はあるかもしれません．要するに，特化型AIをやられたら困ると思ってる者がいてですね，その者が自らのコンテンツを公表するサイトをデータベースとして作り，その情報解析利用については有償ライセンスを第三者に提供するということはできると思います．例えば，ある新聞社が保有する過去全ての新聞記事を含む有料の新聞記事データベースがあるときに，それに情報解析の機能も具備させて，AI開発業者には追加のライセンス契約に基づいて学習用データセットとしての利用も認めているとしましょう．その場合，ライセンス契約を締結して機械学習をする会社は，30条の4が適用されない場面をライセンスによって対応し，著作権の行使を受けない立場を担保できることになります．一方で，データベースの利用契約はしたが，情報解析利用についての追加の契約をしていない業者が，データベースに含まれる相当な部分の著作物を無断で機械学習をさせた場合，但書に基づいて30条の4の適用が認められないことになり，著作権者である新聞社は，たとえ情報解析のための複製でも複製権侵害になりますよとの主張をできることになるかもしれません．

私は，特化型AIについては，先ほど述べたように場合によっては但書によってその開発が認められない場合もあるんじゃないかと考えているのですが，それが仮に認められないとしても，情報解析用データベースとしても利用可能な作品データベースがライセンスに基づいて利用可能となっている場合には，但書に基づいて30条の4の権利制限は受けられませんよという形での保護を解釈論として考える余地もあると思います．

どのような場合が，情報解析用データベースとしても利用可能な作品データベースになるかですが，例えば先ほどの新聞社のデータベースでいえば，自社の記事データベースに含まれる記事に関して学習用データセットとして利用するための有料オプションを付けて，「本新聞記事データベースを機械学習のために利用する場合には，学習用データセット利用契約を別途締結する必要があります」という利用規約を用意した場合，加戸逐条講義でも但書の該当例であるとしている「情報解析を行う者の用に供するために作成されたデータベースの著作物を，情報解析の目的で利用する場合」に該当し得るような気もします．これは新聞記事データベースのようなものだけでなくて，動画や音楽のサブスクのようなコンテンツ提供サービスのプラットフォームであっても，可能な手法であるように思います．もっとも，但書に該当するのは，情報解析用データベースの市場に影響を与える程度の分量を無断で機械学習に供する場合に限られるとは思います．

ただし，いずれにしても，単にある作品がライセンスの対象になっているというだけでは，但書には該当しないということは言えると思います．

上野：ありがとうございます．前田先生や横山先生も何かございましたら，お願いいたします．

前田：私も基本的には奥邨先生や愛知先生と同じ考え方です．繰り返しますけども，30条の4というのは，非本来的利用についての条文ということだと思いますので，著作権者に本来保護されていない利益が，ライセンスビジネスをすることによって，保護されるように変わるということはないと思います．基本的に，ライセンスをしてるかどうか自体は，無関係と解すべきと考えます．

横山：はい．私も，基本的には，奥邨先生や他の先生方と同じで，権利が及ばないとしているところで，事実として，ライセンスがあったからといって，権利制限規定が適用されなくなるのはおかしいと思うんですけど，他方で，30条の4は，非享受利用というのは本来的利用ではないから，著作権者の対価取得機会を奪わない，だから，権利制限を認めていいんだという考え方をとっていて，前提として，非享受利用については，著作権者の利益を保護しなくても，インセンティブが害されないということがあると思うんですね．ただ，非享受利用といってもいろいろあり得るので，ものによっては著作権者のインセンティブを大きく害することがあるかもしれない．そういうことを想定して但書が設けられたと思いますので，著作権者が合理的なライセンスビジネスを展開していて，それを保護しなければ，インセンティブが大きく減殺されるという場合には，但書を適用して権利制限を認めないという考え方もあるのかなと思いました．

例えば，今村先生がさっきおっしゃったように，特化型AIに関しては，著作権者が合理的なライセンスキームを提供しているときは，権利制限を認めないという考え方もあり得ると思います．特化型AIについては，特定の著作者の作品への依存度が大きいため，非享受利用といっても，インセンティブの観点からは，著作権者に対価取得の機会を与えることに合理性があるように思いますし，著作権者が適切な条件でライセンスしているのであれば，権利制限を認めなくても，AIの開発が過度に阻害されるということもないと思います．例えば，ディズニーが，自ら精度の高い，ディズニー風の画風を再現するAIの開発を進めるために，AI開発者に合理的な条件でライセンスを与えている場合に，他者が許諾を得ずにその種のAIを開発する場合には，但書に該当し，30条の4の適用が否定されるということも考えられるのではないかと思います．

上野：平成30年改正を経た日本の著作権法においては，その背景に，著作物の非享受利用というのは著作物の本来的利用でない以上，そもそも著作権が及ぶべき行為の対象外だという考え方があるんだと思います．そうすると，著作物の本来的利用ではない非享受利用というのは，著作権が及ぶべき行為ではないために，たとえ権利者がこれに関するライセンスビジネスを展開して利益を得ている実態があるとしても，それは著作権の及ばない行為についてライセンスしているに過ぎないため，そのような利益は「著作権者の利益」とは言えないということになるのかと思います．

もっとも，時代の変化や技術の変化があったときに，一体何が著作物の本来的利用なのかは問題となり得るところです．そうすると，情報解析とかビッグデータ解析というものが，時代や技術の変化によって大きな経済的価値を持ってきたときに，それは著作物の本来的利用ではなく，著作権が及ぶべき行為ではない，ということをどのように正当化できるのか，という点は課題になるかもしれません．結局のところ，「著作物の本来的利用」というものは一体どのようにして決まるのかという根本的な問題がそこにはあるように思っております．情報解析の権利制限規定をめぐって国際的にも盛んな議論が行われている中，こうした問題に関する基礎的な研究はいっそう重要になると思います．

■ 47 条の 5 の適用可能性

上野：さて，47 条の 5 についても議論したいと思います．この規定は，インターネット検索サイトにおけるスニペットやサムネイルのように，著作物の創作的表現の出力についても軽微な範囲で許容しておりますので，検索拡張生成と呼ばれるような AI についても適用可能性があるのではないかという議論があります．平成 30 年改正に関する文化庁の文書でも，「患者の病状を踏まえて，過去の症例，治療方法，薬効等に関する様々な情報から最適な治療方法を分析し，その結果を提供する行為は，情報解析……及びその結果の提供に該当するものと考えられることから，第 47 条の 5 第 1 項第 2 号に規定する情報解析サービスに該当する．そして，当該サービスにおいて結果の提供とともに最適な治療方法と判断した根拠となる情報の一部分を利用する行為は，分析結果に示される治療方法が適切な根拠に基づいて示されたものであるかを確認するためのものであり，通常は，結果の提供に『付随』するものと考えられる．このため，当該サービスにおける結果の提供とともに著作物の一部分を利用する行為については，軽微性など，同条に規定する他の要件を充足する場合には，法第 47 条の 5 による権利制限の対象となるものと考えられる」という説明が見られます（文化庁著作権課「デジタル化・ネットワーク化の進展に対応した柔軟な権利制限規定に関する基本的な考え方」〔令和元年 10 月 24 日〕31 頁）．この点に関しまして，奥邨先生や愛知先生などはいかがでしょうか．

奥邨：はい．これはもう，表示の仕方によって変わってくるんだろうなと思っております．付随性と軽微性があるので，47 条の 5 をクリアするケースというのは，結構，狭くなるかなとも思います．例えば，生成 AI の場合ですと，創作的な表現は使わない形で著作物を要約するのが基本機能で，そのうち，ポイントのところだけ，「参考」とか表示して，元の表現をちょっとだけ出力するとか，そういうものが考えられそうに思います．

私，失敗というのはおかしいんですけど，条解著作権法で 47 条の 5 を担当したとき，いわゆる外側説を前提に記述しています．実はこれまで，前田先生たちがおっしゃっていた内側説が活躍する状況ってあんまりよくわかってなかったんですけど，さっき，例に挙がっていた検索エンジンタイプのものなんかは，内側説でないと難しいのかなと思うようになりました．私の場合は，外側説ですので，著作物の創作的表現を抜きにした結果提供だけで一応サービスとして成立すると，で，それにプラス添え物として著作物を提供というか表示すると便利だなっていうときに付随性を満たす，という説明をしておりまして，かなりこう主従関係がはっきりしておりますので，そもそも取り込んでしまうというのは非常に難しいってことになるんです．外側説の立場では，非常に見せ方を工夫しないと，現状の検索エンジンタイプのものなんかは，結構厳しいんじゃないかなと思います．ただ，見せ方の工夫，やり方はあるとは思ってますけれども．

愛知：私はあまりよくわからずに本書の論文を書いたのですが，やっぱり直感的には，付随性要件があるために，47条の5の適用は難しいのではないかと思うところがあります．先ほどの議論とも関連するのですが，出力されるものについては非享受利用に該当しないという形で30条の4からは放り出されて，47条の5で処理すべきではないかという考え方を取った場合に，いわゆる画像生成AIとかそういうものについては，むしろ47条の5でも救えないということになって，私の但書説よりもかなり厳しい結果になるのではないかというところに少し危惧を覚えます．

先ほど上野先生に挙げていただいた例における「最適な治療方法と判断した根拠となる情報の一部分を利用する行為」は，結果提供に付随するものと認めて問題ないと思います．しかし，私が念頭において置いていたのは，まさにイラスト生成AIのケースでして，AI内部に保存された元の著作物がいろいろな著作物a，b，c，dとあって，それらを基に1枚のイラストが出来上がりましたと．それで，学習対象著作物aの創作的表現も引き継がれてそのイラストの一部として出力されているとします．この場合，著作物aの創作的表現部分とそれ以外の部分が一体となって1枚のイラストを形成しています．行為としましては，あくまで1枚のイラストの提供行為が観念されるだけで，これ自体が結果提供行為そのものとなるのではないでしょうか．著作物a以外の部分の提供行為（結果提供行為）と著作物aの提供行為（著作物提供行為）として，それぞれ別個の行為に区分して把握することはできません．やはり付随性要件は充足しないと思います．

確かに，通常の侵害判断におきましても，著作物 a とその出来上がったイラストを対比して，創作的表現部分が共通するかどうかという形で判断するわけですので，もちろん，被疑侵害物件の中に著作物 a の創作的表現が含まれるということは判断できると思います．しかし，だからといって，主従関係はともかく，1 枚のイラストの中で結果提供行為と著作物 a の利用行為とを区別できるとして，付随性を満たすと言うのは，かなり難しいのではないかと思います．区別できると言うためにはもちろん内側説に立つことが前提となるのは間違いないのですが，この見解に立ったとしても，無限定に，あるいはちょっと言葉は悪いのですが，恣意的に概念的な区別ができると言い切ってしまうのはかなり行き過ぎた判断になってしまうのではないかと思います．1 枚のイラストとして生成されているにもかかわらず，著作物の利用とは区別される結果提供行為なのだというのは，なかなか難しいのではないかなと思います．これも別の座談会で，上野先生が発言されたところで，いわゆる鳥山明風の例を出されていましたが（加戸守行ほか「〈座談会〉平成 30 年改正著作権法施行に伴う柔軟な権利制限規定による著作物の利用拡大とこれからの課題（下）」NBL1145 号（2019 年）34-35 頁），まさにああいう例を念頭に置いていたわけです．私自身は外側説が妥当かなと思っているのですが，仮に内側説に立つとしても，ああいうケースについてまで概念的な区別が可能なのだということで，付随性要件を満たすというのは，ハードルがかなり低くなりすぎるのではないかなという気がしており，やはり内側説でも限度があるだろうと思います．少なくとも，1 枚のイラストなり音楽なりに生成されて，そこに含まれているというケースについてまで，47 条の 5 を適用するのはちょっと現実的ではないという気がします．

仮にそうだとすると，イラストを出力しているので享受目的ありとして，直ちに 30 条の 4 の適用が否定されるという見解に立った場合，47 条の 5 でもダメということになってしまいますので，果たしてそれでもいいのかということが次に問題となります．30 条の 4 の方を緩めるか，47 条の 5 の方を緩めるか，なにかしないと，コンテンツ生成 AI というものは，権利制限の適用を受けにくくなるということになってしまうのではないか．それでいいのかというところが，少し気になるというところです．私自身は，30 条の 4 の方で，但書の中で調整を行うという立場です．

前田：はい，私は内側説を採っておりまして，47 条の 5 の要件としての付随性の要件を，おそらく他の先生方より緩やかに捉えていて，著作物の享受が主目的になっていなければいいというようなことを，以前，論文で申し上げたと思います．そうだとしても，今，愛知先生もおっしゃったように，特に画像生成AIなどで47条の5が実際に適用できるかというと，やはり厳しいと思います．今，愛知先生も挙げられましたが，上野先生が別の座談会で挙げられていた鳥山明さん風のイラストに変換しますという例についてですが，見返しましたら，私も自分の論文で言及しておりまして，さすがにこの例では内側説でも付随性を認めるのは難しいと言っておりました．やはり，ある程度内側に取り込むことが許されたとしても，表現自体を享受させることが，出力する目的の重要な一部を形成しているような場合には，内側説を採ってもなかなか厳しいと思います．だから，生成AIについて，47条の5を活用できる場合というのは，もちろんあると思いますけれども，その場合というのは，結構限られるのだと思います．やはり生成AIだと，その出力される内容によっては，そもそも，軽微利用ではないというところでも引っかかると思います．なので，可能性としては47条の5はありますが，そんなに期待できるものではないのかなと思っている次第です．

上野：先ほどご紹介した文化庁が挙げている例，つまり，患者の症状に対応して，あなたはこういう病気ですという解析結果を提供する際に，その根拠となる論文を軽微な範囲で表示するというサービスは，AIの例と言ってよいかと思いますけれども，生成AIの例ではないのかもしれませんね．ここでは，そもそも「生成AI」とは何なのかということが問題になりますけれども，何かコンテンツを生成するものを生成AIと呼ぶのであれば，このようなサービスは，解析結果の提供はするもののコンテンツを生成しているとは言いがたいように思われるところです．そうすると，47条の5が生成AIについてどこまで適用可能かということが問題になろうかと思いますが，例えば，AIに「最近，AIと著作権についてどのような事件がありましたか？」と質問したときに，「こんな事件がありました．その根拠はこの新聞記事です」というように，回答の根拠として，他人の新聞記事を軽微な範囲で表示するというようなサービスも考えられますよね．奥邨先生がおっしゃったように見せ方の問題かもしれませんが，このような検索拡張生成AIについても，それが「付随」性や「軽微」性を満たすようであれば，47条の5の可能性があると考えてよいのかもしれませんね．

奥邨：少しよろしいですか．アニメのキャラクターの絵柄のバリエーションを作るみたいなLoRA，これは，30条の4でも47条の5でも対応できなくて，私的使用（30条）だとか教育目的（35条）だとかでない限り原則許諾が必要でいいと思うんですよ．そもそも，情報解析に関する権利制限の背景には，大量のデータを偏りなく解析対象にすることが必要であり，それを可能にするという趣旨が存在したはずなのですが，特定のアニメキャラクターの絵柄のバリエーションを作るような場合は，学習対象は少なくてよいし，そもそも偏っているわけですから，権利制限の必要はなくて，許諾を取るべきだと思うんです．そうじゃなくて，同じLoRAでも，瞳だけを少女漫画の瞳みたいにキラキラに変えるとか，そういうようなLoRAがあるんですよね．自分で人物の絵を描いたけれども，その絵の中の，例えば瞳の部分だけを少女漫画風にしたりとか，劇画調にしたり，というようなケースはあるわけです．その場合，軽微ですし，内側説をうまく使えば，そこだけを注目するもんじゃないって状況なら，付随性もクリアできて，47条の5で対応できたりするんじゃないかなと思っています．ただ，非常に限られた状況じゃないかなと思います．

横山：他の先生方と全く同じなんですけれども，生成AIに関しては，やはり47条の5を適用するのは難しいように思います．47条の5は，結果の提供との関係で著作物の利用が付随的であることを要件としているので，提供される結果と利用される著作物が区別可能であることが必要になると思います．例えば，結果の中に著作物が利用されている場合でも，いわゆる引用と言いますか，結果と明瞭に区別して認識できる形で著作物が補足的に利用されていれば，付随的利用と言えるかもしれませんけれども，画像生成AIみたいに，生成された表現に著作物が一体的に取り込まれて提示される場合は，その全体が同時に享受の対象になるわけで，著作物の利用と区別された結果の提供があるとは言えないので，47条の5の適用は難しいんじゃないかなというふうに思いました．

今村：上野先生が先ほどのご発言の中で，検索拡張生成AIが事件についての問い合わせに関して，既存の新聞記事の所在とともに記事の創作的表現を軽微な範囲で回答する場合といったように，新聞の例が挙げられていましたけれども，この場合，付随的な利用というよりも，もはや主たるコンテンツになる場合が多いのではないかと思います．また，付随的であると言えたとしても，著作物の種類によって，やはり軽微性の要件の捉え方が変わってくると思うんです．例えば新聞で言ったら，こういったシステムで事件に関連する表現を抽出して，それが検索結果で表示されるという，その表示の仕方にもよりますけど，それがコンテンツ提供サービスのようなものになるんだとしたら，当該著作物の利用市場にとっては結構致命的で，ごく短い文章の利用であっても元の新聞記事の表現を伴う利用であるとすれば，軽微とは全く言えないと思います．また，新聞記事は個々の記事は絶対的な分量が少ないから，利用に供される部分の量という点からも，相対的に軽微性の要件を満たす場面も狭まるとは思いますので，新聞記事のこういった検索拡張生成 AI などは，軽微利用ではないと判断される場合が多いのではないかなと思います．他のタイプの著作物もそれぞれ個別具体的に見ていって，この 47 条の 5 について，当該検索拡張生成 AI が同条の各要件を満たすかどうかっていう判断をしていかなくてはいけないのかなと思いました．ともかく元の著作物に関するコンテンツ提供サービスを目的としているものは付随性という点からみて，本条の適用は基本的に排除されることになると思います．検索拡張生成 AI というのはコンテンツ提供とほぼ同義のように思われますし，そうじゃなかったら，単なる検索結果の表示なので，検索拡張生成 AI が 47 条の 5 で許されるというケースはあまりないんじゃないかなとは思います．

したがって，検索拡張生成 AI による出力に，学習した記事と同様の表現が含まれる場合，著作権侵害とはなり得ることになります．しかし，検索拡張生成による出力内容次第で，32 条の引用の成否も考えられるところです．引用については，著作物についてのみ成立するとする学説・判例と，非著作物でも成立するとする学説・判例とがありますね．著作物についてのみ成立するという説を採用する場合，AI がどんなに引用要件を満たすような形で文章を作っても，検索拡張生成の出力結果には引用は成立しないことになりそうです．他方で，非著作物についても成立するという説を採用する場合，検索拡張生成の出力結果には引用は成立するということになろうかと思います．

■情報解析を禁じる契約の有効性

上野：情報解析を禁じる契約の有効性は日本では明確ではありませんが，その重要性は以前から指摘されているところです．イギリス法や欧州指令ですと，少なくとも学術研究目的の情報解析については，これを禁じる契約を無効とする明文の規定がありますが，他方，日本法にはそのような明文規定がありません．したがいまして，日本の場合，もしそのような契約が有効に成立しますと，これに違反して情報解析を行った者は，著作権侵害には当たらなくても契約違反には当たることになると考えられます．ただ，そもそもそのような契約が成立したと言えるのか，成立したとして有効と言えるのかという点は問題になるところであります．例えば，ウェブサイトの利用規約に情報解析禁止と書かれているだけの場合もありますし，明確に同意ボタンを押させる場合もあるかと思います．そのほか様々なケースが考えられるかと思いますが，経産省の受託研究として2022年2月に公表された報告書では，「個別の事情における諸般の事情を考慮する必要があるものの，AI学習等のための著作物の利用行為を制限するオーバーライド条項は，その範囲において，公序良俗に反し，無効とされる可能性が相当程度あると考えられる」と述べられており，注目されます（「新たな知財制度上の課題に関する研究会報告書」［令和3年度産業経済研究委託事業］（2022年2月）41頁）．このあたりの点について，何かお考えがあればお聞きしたいと思いますが，いかがでしょうか．

奥邨：私もその研究会に参加しておりました．ニュアンスのところは微妙なところがあります．どこまで踏み込むかという議論はあったと思うんです．そもそも機械学習に関する権利制限を認めている理由の中には公益性の観点もある，とすると，状況によってはオーバーライド自体が許されるかどうかということがあり得るんではないか，という議論だったと思います．

あともう1つ，今，上野先生が場合分けされましたけれども，そもそも，どういう形で約束したのかということが議論の柱としてあったと思います．個人的な理解としては，法律上，オーバーライドができる・できないという大上段の議論よりは，そもそも，オーバーライドの根拠とされている約束がちゃんと成立してるのかという点の方が問題になるのではないか，そして現状においては，成立していると言えるか難しいものも多いんではないかというような議論だったのかなと理解しております．当事者間で本当に交渉して約束したというようなケースを除くと，果たしてそれで大丈夫なのかという議論が，どちらかというと民法上のご議論としてあったと思います．その辺は，従来，ネット関係のサービスについては，どちらかというと，緩く解されてきたところがあったわけですけれども，改めて検討すべきところかなとは思います．

愛知：本来，論文に書かないといけない論点でしたが，完全に抜け落ちてしまって，申し訳ございません．この問題をどう考えればよいのかはなかなか難しいと思います．いろいろな切り口があるかとは思いますが，かなり抽象的な話からしますと，情報解析に関する30条の4なり，47条の5なりが，そもそも任意規定か強行規定かということが取っ掛かりにはなるかなと思います．この問題もなかなか難しいところで，例えば，『著作権法入門』で島並先生がお書きになったところ（島並良＝上野達弘＝横山久芳『著作権法入門〔第3版〕』178-179頁（有斐閣，2021年））では，そもそも権利制限規定は全て任意規定だと解されるとされておりますが，十分あり得る理解ではないかと思います．少なくとも，いわゆる権利制限規定に関する「第3層」の公益的政策実現ではなく，「第1層」と「第2層」については，任意規定と解する余地はあるのかもしれません．ただ，その場合でも，今，奥邨先生がおっしゃいましたように，少なくとも，両当事者が，交渉力格差あるいは情報力格差がない状態で，真摯な合意をしているという場合（個別交渉に基づく真摯な合意をしているという場合）には，任意規定からの離脱と言いますか，逸脱を認めてもよいのではないかと思います．しかし，民法でいわゆる「任意法規の反強行法規化」というものだったかと思いますが，そこで議論されていますように，任意規定と言っても，立法者が，一定の正義内容を実現するということで，正義にかなった合理的な内容と一応定めているのだから，それをむやみに，少なくとも一方的な意思表示のみで逸脱するということに対しては，合理的な正当化理由をしっかり明示しない限りは許されない，そういう議論があるようでして，権利制限規定も仮に任意規定だと解釈する余地があったとしましても，これも言うまでもなく，権利保護と情報の自由利用の調和を図るという観点から一定の正義内容というものを，立法者が定型的に定めているということになり，ベースラインということになるわけですので，少なくとも，その逸脱を正当化するだけの合理的な理由というものが必要だろうと思います．その合理的な理由の1つとして，両当事者が真摯に合意していること，もちろん合意はしていても，情報力格差あるいは交渉力格差がある中で，著作権者側が一方的に自己に有利な契約を結ばせたという場合には，別途，公序良俗違反ということになるかと思いますけれども，そういった公序良俗違反にはならないような形での両当事者の合意があるということが，任意規定からの離脱を認める1つの合理的な理由になるかもしれません．しかし，少なくとも，今，お話にありましたように，何か規約を作るとかですね，ウェブサイト上の利用規約において情報解析を禁じるという一方的な意思表示があるだけでは，少なくとも著作権者側がそういう逸脱を正当化するだけの合理的な理由というものを積極的に説明できない限り，やはりこういったことは許されないのではないかと今のところは考えています．とりあえずは以上です．

上野：ありがとうございます．確かにこの問題は，基本的には民法の問題なんですけれども，ドイツなどですと，著作権法の中で，個別の権利制限規定ごとに，契約によるオーバーライドが認められないものが特定されているんですよね．日本著作権法にはそのような規定が一切ありませんので，ざっくりと権利制限規定はすべて契約によってオーバーライド可能であるといった議論がなされるんですけど，本来であれば，一般論として，権利制限規定が許容している行為を禁じる契約がどのような場合に無効となるのか，という点について立ち入った検討が必要のように思います．

奥邨：すみません，1点だけ．今，愛知先生のお話を伺って思い出しました．ちょっと前の研究会だったんで，だいぶ記憶が薄くなっておりました．30条の4が他の権利制限規定と違うのは，30条の4が権利制限している利用行為は，著作物の本来的な利用ではないという整理がなされているところだと思うんです．で，本来的な利用ではないんだけれども，形式的には著作物の利用行為があって，そのままだと著作権侵害が懸念されるかもしれない，だから権利制限をしたという位置付けなわけです．となると，契約によるオーバーライドによって，形式的な利用行為を禁止するということを通じて，本来的ではない利用を結局禁止できるということになってしまうと，政策的な問題も出てくるのではないかというような議論もあった記憶があります．すみません，最初に申し上げておかないといけなかったんですが，忘れておりました．以上です．

谷川：今の点についてですが，そもそも著作権が及ばない情報の利用について拘束を課す契約も一般的には有効ですよね．そうであれば確かに著作物の本来的利用でないとしても，そのような利用について契約上，一定の拘束を課したり対価の支払いをしたりという内容の合意をすること自体は自由で，本来は私的自治に委ねてよい領域なんだと思うんです．ただ，例えばウェブサイトに規約があって，そこに一方的に禁止条項が書いてますというのは，これは当事者間の合意がないので，そもそも契約の拘束力がないわけです．微妙なのがクリックラップ契約のように，利用規約を読ませたことにして形式的にボタンを押したことをもって合意があったと扱うという，極めて形式的に契約が成立しているとみられる場合に，それも契約は契約なんだからということで拘束力を肯定していいのかという点です．ここでは利用規約を一方当事者が作成していて交渉の余地もない，そのようなものを一方的に受け入れざるを得ないし，そもそも実態として読まずにボタンを押すことも多いとなると，このような契約が本当に有効と言えるのかは民法90条や約款規制などに基づいてケースバイケースで有効性の判断すべきであろうと思っております．

その判断の際には，この種の契約がAIの開発を阻害するという効果を持つことを踏まえるべきだと考えています．30条の4の位置づけについては第一層の本来的利用ではないという側面が強調されていますが，2号の情報解析に関して言えば同時に第三層の公益的政策実現という側面も有しているのではないでしょうか．情報解析をしてAIを開発するという社会的に価値が高い利用をクリックラップ契約のような形式的なもので簡単に一律に禁止できてよいのか．そういうふうに考えますと，本来は私的自治に委ねる場面とはいえ，あまりにも制約が大きすぎて均衡が取れていないことから，この種の形式的な契約は無効であると判断される余地も相当あるのではないかと思っております．

前田：よろしいでしょうか．今，谷川先生もおっしゃいましたけれども，原則は，契約自由の原則ということなので，著作権がない情報について利用禁止するという契約は有効だというのが，一応，議論の出発点だと思います．著作権が及ばない情報であっても，例えば，お寺の外観とか仏像とか，これは宗教的なものでもあるので，単純に同列に並べることはできないかもしれませんけれども，そういった情報について利用を禁止をするという契約がなされることはあり，それらが有効な場合もあると考えられてきたと思います．30条の4は，本来的利用ではないので著作権が及ばないというものではありますが，その場合であっても，情報の利用を禁止する契約も，有効たり得るというのが議論の出発点となるのは異ならないと思います．

しかしながらそうは言っても，先ほどから，先生方がおっしゃってますように，ウェブサイトの利用規約のようなケースだと，当事者の合意というものをそもそも認定できないケースが多いと思うので，その場合には，契約自由の原則が出てくる以前に，契約が存在しないということになるのだと思います．利用規約のケースにおいて，両当事者の合意が認められ，契約が成立するというためには，対等な両当事者が，合理的な判断のもと，真摯に合意に達したと言えることが必要だと思います．これは契約を論じる上での原則かと思います．

これを前提に，30条の4が適用される場面を考えてみると，全く著作権が及ばない情報について，他方当事者がその利用をしませんということに真摯に合意する場合というのは，一体どういう場合なのだろうかということは，慎重に考えた方がいいのかなと思います．利用規約のようなケースでは，利用を禁じられる方が，特に合理的な理由もなく，強大な交渉力を背景に無理やり合意させられていると評価できるような場面も少なくないと思います．真摯な交渉の結果なのか，合理的な判断がそこにあると言えるのかについて，慎重に検討するべきだということだと思います．

特に，情報解析を行うことができる地位を，ある種，放棄させられているような状況のときに，それを放棄することによって，どれほど対価を得てるのかというところは見た方がよいと考えています．契約の中に，その放棄をすることに見合うような対価関係があり，確かに合理的に，本来してもいい情報解析をしないということを自ら約したと見られるのであれば，契約は有効だと考えてもいいのかもしれません．しかし，そうでなければ，慎重に考えた方がいいのだと思います．そういう慎重な判断が求められる背景には，30 条の 4 の立法趣旨や，AI における情報解析の公益性もあると思います．

上野：横山先生や今村先生はいかがですか．

横山：私も，他の先生方の意見と同じで，情報取引は原則自由だと思いますので，当事者の真摯な合意があれば，基本的にその合意の効力を認めてよいと思います．問題は，真摯な合意があるかどうかということで，そこは慎重に判断されるべきだと思います．例えば，著作権者が利用規約等で利用を制限していたとしても，それだけでは合意が成立したとはいえないと思いますし，クリック等の操作が介在する場合も，ケースバイケースで合意の成立が否定されることもあると思います．

あと，先ほどご指摘があったように，30 条の 4 には，AI の自由な開発を促進するという公益的な意義もありますから，真摯な合意があったとしても，公益的見地から無効とすべき場合もあると思います．ただ，著作権者がわざわざ利用を禁止する合意をしているということは，著作権者の利害に大きく関わるということなので，合意に反した利用を認めてしまうと，著作権者のインセンティブを害するおそれがあると思います．30 条の 4 も，著作物の本来的な利用でないということで，著作権者のインセンティブが通常害されないということを前提にしていると思いますので，その趣旨からしても，合意の有効性を判断する場合には，公益的観点と著作権者のインセンティブとのバランスを考慮する必要があると思います．例えば，EU の指令のように，非営利の研究目的で行う情報解析を禁じる契約は無効としつつ，商業目的の情報解析を禁じる契約は有効とするという考え方も，1つのバランスの取り方としてあり得るように思います．

今村：当事者がその情報解析を禁じるという約束をした上で，例えば，データベースの利用契約をするとか，そういった場合において，情報解析はしない，大量に情報を読み込ませて何か学習用のデータとして使うようなことをしない，という，そういう明確な意図があって，それが合意するようなケースもあるでしょう．そういった場合には，その契約は，利用契約自体も有効だし，その情報解析を禁止するという条項自体も有効なものとして解するのが自然のような気がします．また，仮にその条項に反して情報解析したとしても，その結果生じるのは契約違反の問題であって，30条の4のような権利制限条項の要件に該当する以上，著作権侵害にはならないわけです．ですから，あとは当事者間で債務不履行の問題として解決してもらうということでよろしいのではないでしょうか．

あとは，契約が成立しているか否かという問題については，クリックオン契約とか，そういった契約であっても契約として成立し得るとは考えられますが，情報解析で，そういった利用まで一切禁じる条項をしっかり読んでクリックしたのかどうかよくわかりませんので，こうした記載まで有効かどうかは慎重に判断をしなければならない場合もあると思います．また，そういったものがある種の定型約款を契約の内容とするようなものだとしましたら，それはその定型約款の当該条項の有効性についても考えなければいけないと思います．

実際，私の大学でも，データベースを契約していて，それを大学院生が，AIの学習かどうかわかりませんけど，何かの情報解析のために新聞記事を大量にダウンロードして利用したといったことがあって，その後，新聞社からクレームが来ました．それ以来，大学が契約しているデータベースにアクセスするたびに，画面上にポップアップが出てきて，「大量にダウンロードすることは利用規約に違反する行為なので認められません」といった表示が出てくるようになりました．でも，それは仕方ないことかなと思いますね．通常の利用を目的にデータベース利用契約を締結しているのだから，情報解析を目的に利用したければ，別途契約して対価を払って，というのは自然に受け入れられるような気がいたします．それが大学のように非営利の研究をしている組織とかその構成員だったとしてもそうだと考えられます．ですから，基本的には，契約の方が有効だと考えて，場合によっては，民法の定型約款の規律などにしたがって，例外的に当該条項は当事者間の有効な合意内容ではないと判断されるケースもあるかなと思います．

上野：ありがとうございます．今の点に関連して，1つ先生方にお伺いしてみたいことがあります．情報解析を禁じる契約が有効に成立している場合，これに違反して情報解析を行うと債務不履行になりますけれども，著作権侵害にはならないと考えるのが一般的かと思います．しかし，このように有効に成立した契約に違反して情報解析を行った場合は，特に営利目的で提供されているコンテンツに関しては，「著作権者の利益を不当に害する」として30条の4柱書但書に当たるとする見解もあるようです．これに従うと，そのような契約に違反して情報解析を行った場合は，単に債務不履行になるだけではなく，著作権侵害に当たることになろうかと思います．この点について，特に但書を広くお読みになる愛知先生，いかがでしょうか．

愛知：いや，さすがにそこまで考えていなかったのですが，著作権者の利益を不当に害するかどうかは，やはり客観的に判断されるものであって，当事者間で対等に行った契約とはいえ，契約違反があったということのみを理由に直ちに但書を適用するというのは，ちょっと違和感が残るというか，どうなのかなというところはあります．そういう考え方があるんですね．全然知りませんでした．

上野：奥邨先生はいかがでしょうか．

奥邨：そもそも，権利制限されている部分は，本来的な利用ではないということですから，その部分について契約を結んでいるかどうかは，まず，柱書本文の適用を考える上では，関係がありません．次に，但書に該当するということは，本文の適用をひっくり返す効果があるわけですから，契約を締結しているという事情が但書該当性を肯定する形に働いてしまうと，結局，本文の適用に，契約を締結していたかどうかが影響するということになり，矛盾してくるんじゃないかと思うわけです．

しかも，但書に該当して，本文の適用がひっくり返されることになると，民事責任が発生するだけじゃなくて刑事責任も生じてくるわけです．もちろん，故意があったかどうかという別の議論はあるので，直ちに，刑事責任が発生するかどうかは別問題ですが，そうはいっても，契約があったかどうかで，全部ひっくり返ってしまうというのは，やはり問題だと思うんです．私としては，著作権法上は，許された行為に過ぎない，契約違反かどうかは別問題で，と分けて考えるのでいいんじゃないかなと思っております．

前田：私も基本的に愛知先生・奥邨先生に近い考えです．30条の4が適用される場面というのは，著作権者にとって，本来保護されるべき利益がない場面です．著作権法で保護されてない利益について，契約法による保護を求めることは，当然許される場合もあるのですが，それはあくまで，著作権法とは無関係な利益ということになると思います．ですから，ライセンスがあるからといって，但書が適用されることはないと考えるのが原則だと思います．例外的に，ほとんどの著作権者がライセンスをしてるというような社会的な事実があってて，それを元に，例えばこれも本来的な利益に含まれるという議論が，極限的な場合にはあり得ないとまでは言わないですが，そういった場面というのは，相当例外的なのではないかなと思っています．

■30条の4改正の余地，立法論など

上野：ありがとうございます．ここまで30条の4の解釈論について議論してきましたが，この規定については立法論も問題になるところです．といいますのも，この規定は，同様の明文規定を有する諸外国と比べて要件の点でも効果の点でも権利制限が大きいとは言えようかと思いますので，これを問題とする立場からは，何らかの法改正をすべきだという主張が見受けられるところです．もちろん，法改正にはいろいろなものが考えられるところで，30条の4に関しては，欧州指令を参考に，営利目的の情報解析に限ってオプトアウト・メカニズムを導入するとか，適法アクセス要件，すなわち情報解析に用いるコンテンツが適法複製物でなければならないとする条件を導入するとか，あるいはシンガポールに見られるような適法コピー要件を導入するという考えもあり得ます．また，現状のままで，営利目的の情報解析に限って補償金制度を導入するという考えもあり得ます．さらに，権利制限とは別に，どこからデータを学習したのかという開示義務をAI事業者に課すという考えもあります．他方では，諸外国に見られるように，一定の情報解析について契約や技術によるオーバーライドを禁止する規定を導入する考えもあり得るところかと思います．一方，以上のような法改正ではなく，ガイドラインなどのソフトローによって，規定の解釈をある程度明らかにするという考えもあるところです．このように，30

条の4に関する立法論等について，先生方のご意見をお伺いしたいと思います．どなたからでも結構ですが，いかがでしょうか．

愛知：30条の4担当として口火を切らないといけないかもしれませんが（笑），もちろん，30条の4，47条の5を作ったときには，アウトプットされるということは，一応，念頭に置かれていたということは言われていますので，全く現在の状況は予見不可能だったので端的に改正すべきということにはならないのではないかとも思います．ただ，他方で，今AI技術はかなり急速に進歩していて，それが著作権者に影響があると言われているという状況の中，それでは，日本で，いわゆる機械学習パラダイスが本当に実現してるのかと言われると，なかなか日本におけるAI開発というのは，諸外国に先んじて進んでいるという状況でも必ずしもないような気もいたします．その中で，著作権者が，少なくとも諸外国に比べて，当初の想定を超えるような不利益を一方的に押し付けられているだけではないかという懸念もわからなくはありませんので，最終的に，改正すべきかということはともかく，少なくとも，一度立ち止まって議論する，再検討するということはあってもいいのかなと思います．公益的な側面と著作権者の利益保護について，本当にバランスがとれているのかということは，結論はともかく，再検証はしていく．その上で，もし必要となれば，法改正も辞さないということは，十分あり得るのかなと思います．

ただ，仮に改正するとして，どう改正するのか，なかなか個人的にはアイデアがないところですけれども，ただ，先ほどの話にありましたように，一方的なオーバーライトの禁止とか，あるいはオプトアウトとか，このようなことを当事者の一方的な意思表示のみで可能とするのは，なかなか難しいのではないかという気はしています．他方，例えば，これは改正とは違いますが，現行法の解釈に関するガイドラインを出すということはあり得てもいいのかなと思います．但書の解釈が不明確だということであれば，もちろんガイドラインで明確化するということもあるのかもしれません．あともう1点，これはそんな大した話ではないのですが，仮に改正するとした場合，情報解析に関する規定を30条の4の中に入れておくのがよいのかという点は少し気になります．やはり情報解析固有の権利制限という形にして，もう少し緻密な規定にする方がよいのではないでしょうか．旧47条の7のような独立した規定に戻すというのも，具体的な要件等まで元に戻せと言うつもりはありませんが，選択肢としてはあり得ると思いますね．ちょっと30条の4の中に入れてしまったのが，この座談会の冒頭で検討した同条2号と非享受利用の関係や但書の解釈などいろいろな議論を生む，1つの遠因と言いますか，原因のようにも思いますので，そういったことも考えて，仮に改正するのであれば，積極的に改正すべきかどうかというところにはちょっと踏み込みはしませんけれども，ただ，少なくともそういうことも含めた議論はしていくというのはあり得るのかなという程度しかちょっとお答えできません．とりあえずは無難なものになりましたけれども，以上です．

谷川：私の基本的なスタンスは先ほどお話しした通り，基本的に，著作権を侵害するような生成物が登場した段階で，個別に侵害判断をして対処していけばいいというものです．日本新聞協会をはじめとして，著作権者の方々が生成AIに対して非常に危機感を持っておられることはもちろん承知しているわけですが，他方で，具体的に侵害生成物が出ていない状況で，その危険性がどの程度あるのかもよくわからない機械学習の時点で，一体どんな不利益があるのかというのはよくわからないところがあるなとずっと思っています．潜在的な著作権者の利益を保護するために30条の4を改正し，機械学習をより規制すべきだという議論については，個人的にはまだあまりシンパシーを感じる段階には至っていないというのが率直な感想です．

仮に機械学習を規制していくということになった場合に何が起こるのかというと，これは別の例ですが，最近，ヨーロッパやカナダで，ニュース記事の利用についてプラットフォーマーに利用料を支払わせようという制度が導入されたんですね．そうすると例えばGoogleニュースがスペインから撤退するとか，カナダのFacebookではニュース記事を掲載できなくなったりといったように，プラットフォーマーが対価支払いを回避するためにサービスを縮小・制限することになったという出来事がありました．また，まともな報道機関は対価の支払いを要求する一方，フェイクニュースをばらまく質の悪いニュースサイトは逆に対価なんて払わなくていいからどんどん使ってくれと言って，その結果，対価無しで利用できるフェイクニュースばかりがSNS上で蔓延することになるのではないかという指摘もされています．

この例が示すように，機械学習について厳しい規制を課すと，GAFAMとかOpenAIとかが，じゃあもう日本語は学習しなくていいや，日本ではサービス提供しなくていいやということになって，日本が生成AIの恩恵を受けることができない未来が来るのではないかということを懸念しています．近い将来，AI が何でも知っていて，逆に AI が知らないものは「ない」ものと扱われる時代が来るかもしれません．現在でも，インターネットだけで情報を収集しようとする多くの人にとって，紙媒体のみで発行された論文は「ない」ものと扱われていると思いますが，同じようなことが AI についても生じるのではないかと予想しています．そのときに AI が日本語を学習していないとか，日本の歴史や文化を学習していないということになると，その世界には日本という国やそこで培われてきた過去の膨大な知見はもう存在しないも同然ということになるのではないか，それはとても怖いことだなと思っております．なので，やはりある程度 AI に学習してもらう利益というか，AI に日本語もちゃんと入っていて日本人も使えるんだという，これは国益だと言ってもいいと思いますが，その利益のことも考えておきたい．著作権者の潜在的な利益の保護を過度に考えて国益が害されることがないといいなと，すごく極端なことを言ってしまった気もしますが，そのように思っています．

奥邨：私も，基本的には，谷川先生のご意見に近いです．ただ，私の場合は，機械学習する目的だけでなくて，学習対象著作物の表現を保持して出力することも同時に目的とするような場合は 30 条の 4 は適用されないという立場を前提にします．その前提に立つ場合，30 条の 4 は今のままでよくて，何か変更が必要なところがあるだろうかと疑問に思っております．

30 条の 4 については，今は生成 AI との関係ばかり議論されているのですが，30 条の 4 に基づく機械学習は，認識系 AI とか識別系 AI とかの分野でも利用され，その結果が，既にいろいろなところで社会的に実装されて利用されているわけです．

今，30 条の 4 に関して，例えば，学習対象からのオプトアウトを保障するように制度変更をしてほしいというような要望もありますが，その要望は，認識系や識別系の AI の機械学習の場合にも同様に当てはまるのだろうか，という疑問があります．認識系や識別系の AI の機械学習であっても，オプトアウトがないと，制度として認められない，著作権者の利益を不当に害するんだ，ということかというと，そうではないと思うんです．生成 AI が出てくるまで，少なくとも日本で，そういう要望は大きな声ではなかったはずです．とすると，生成 AI に限った議論になるかと思うのですが，認識系や識別系の AI と生成 AI の違いは，出力の部分なわけです．出力の部分に関係する問題については，学習過程がらみは 30 条の 4 と 47 条の 5 の切り分けで対応し，谷川先生がおっしゃったように，生成過程がらみは依拠と類似で侵害かどうかの問題として議論する，ということなんだろうと思っております．

細かなことをいくつか申し上げると，オプトアウトって言葉，誤解を招きがちではないかと思うんです．オプトアウトというと，ついつい学習済みモデルから取り除いてもらえることまでイメージしてしまうかもしれないのですけど，そんなことはヨーロッパのデジタル単一市場（DSM）指令でも保障されていない．DSM指令が認めているのは，複製権の留保でしかない．だから，学習に伴う複製について，権利制限の適用対象外になるというまでの効果であって，学習に伴う複製がすんでしまえば，それで終わりなんですよね．だから，この辺もですね，精緻に議論をしていく必要がある．

それから，上野先生の冒頭のご発言にもありましたが，適法アクセスと適法コピーは，似ているけどやはり話が違うはずなわけです．DSM指令は，権利制限の対象を適法にアクセスできるものに限っているわけです．ただ，無断でインターネットにアップされていて，フリーにアクセスできるものは，適法コピーではないかもしれないけど，適法にアクセスできると評価する余地もあるわけです．アクセスだけなら，さすがのヨーロッパでも，違法ではない．しかも，クローリング・プログラムがアクセスした段階では，適法コピーかどうかなんて調べようがないわけだから，適法コピーでないと権利制限規定が適用されないなんて厳格なことを言うと，クローリング・プログラムでの素材収集なんて不可能です．これ，検索エンジンのときと全く同じ議論なんですね．日本で，機械学習についてヨーロッパは云々といわれる場合，この辺の話は全部捨象されているんですけど，法的な議論としては，その辺を丁寧にやらないといけない．個人的に心配しているのは，振り返ったら日本だけで，他には誰もいなかったみたいなことになってしまうっていうのはどうなんだろうと思うわけです．

それから，オプトアウトについて，気になっているのは，人工知能のハルシネーションとか中立性とかが非常に問題になっていることと整合するのだろうか，という点です．オプトアウトを認めるというのは，特定の人の特定の著作物は絶対に学習しないということになるんですが，これは人工知能の性能に大きく関わってくるわけです．よい例かどうかわからないのですが，例えば産経新聞だけ学習した人工知能と，朝日新聞だけ学習した人工知能があったときに，各人工知能に「日米安保についてどう評価するか」と聞いたら，それぞれ全く違うことを答えてしまうわけですね．で，もっとこう中立的なものを求めたいとなったときに，その場合必要なのは，大量のデータを偏りなく学習できていることなんですね．旧47条の7とか，現在の30条の4とか，47条の5が目指したものについて，よく大量の著作物を学習できるようにしたんだ，と言うんですけど，私はそれはちょっと違うと思っていて，単に大量にではなくて，大量かつ多様に，もしくは大量かつ偏りなく学習できることを可能にしたわけです．オプトアウト的なものをいれると，少なくとも偏りなくというのは，できなくなってしまう可能性がある．それは，この規定が本来持っていた，趣旨・目的，政策的・公益的な部分と合致するんだろうか，と思っております．

あともう1点だけ申し上げると，但書については，確かにガイドライン出すというのも魅力的なんですけど，裁判例がない中で，総合考慮の但書について何が書けるんだろうかと心配しています．非常に難しいことになるんじゃないかなと思います．

逆に言うとですね，柔軟な権利制限規定に関して，よくガイドラインの議論が出るんですけど，個別権利制限規定ではなくて柔軟な権利制限規定を採用したというのは，白か黒かはっきりさせたいときは，司法に任せる，裁判ではっきりさせて，権利の範囲や制限の範囲を明らかにする，というパラダイム転換をしたわけです．司法的な判断がある程度出た後に，それを整理する形のガイドラインはわかるんですけど，司法的な判断に先行してガイドラインとかソフトローとか言うのは，パラダイムとしては，ちょっと違うのではないかと．一定程度は訴訟をやらざるを得ない．立法と行政の仕事は終わっているので，そこに求めるのではなく，基本的には司法の出番だということになっているのではないかと思います．私たちは，柔軟な権利制限規定についてはアメリカ法的な方向に舵を切っちゃいましたから，いったんその方向に進んでどうなるのかを見極めた上で，改めて方向性を検討する時期が来るという話であって，今はまだ早いんじゃないかなというふうに私は思っております．

今村：先ほど，契約のオーバーライドの問題について但書の該当性について議論がありましたが，技術的保護手段を回避して学習するということに関しても，必ずしも，立法論の問題というふうに整理されるだけではなくて，条文解釈上，但書の問題との関係でも議論はできると思います．実際，権利者の側が一体なんの利益を失うことを恐れているのか，よくわからない部分はあるにせよ，技術的保護手段によって容易に複製などができないようにされているものについて，それが安易に回避されて機械学習されることに対しては，潜在的な懸念を覚えていたりします．

あとは，海賊版サイトからの学習というのは，褒められた行為ではないとしても，それはどうしようもないというか，特別な事情がない限りは但書に該当しないのかもしれません．ただ，たとえそうだとしても権利者が作るガイドラインにおいて，海賊版サイトからのダウンロードは但書に該当して権利者の利益を不当に害するおそれがありますよという主張をすることは自由だとは思います．

オーバーライドの問題についても同じだと思うのですが，柔軟な権利制限規定だからと言って，裁判で規範形成がされるとか，そもそも訴訟が起きるかどうかというと，これまでの状況を見ても，あまり期待できないように思います．そちらに舵を切ったという奥邨先生のご意見もわかるんですけれども，その前段階として，いきなり訴訟という感じではなくて，一方的なガイドラインか，関係者が合意したガイドラインか，行政府が運用指針みたいなもので出すのか，いろんなタイプのものが想定されますが，まずは，百家争鳴的にいろんな解釈論が出てきて，それでは収集つかなくなったというときに，それではいよいよ訴訟だ，となる，そうした段階であるような気もいたします．したがって，訴訟が先かガイドラインが先かと言ったら，ガイドラインが先なのかなという気もするんですね．

但書をめぐるいくつかの論点については，ものによっては心情的にはグレーに近いけどホワイトと言わざるを得ないから権利制限から外したいということであれば完全に立法論になるし，ものによっては解釈論で解決できるものもあるかもしれませんが，白黒はっきりつかずグレーゾーンの問題となるために，そこを権利者側あるいは利用者側がいろいろ理屈を組み立てて，30条の4には該当しない，該当する，そういった指針を示していく未来もあるかもしれません．そういう試行錯誤のプロセスも，この柔軟な権利制限規定というのは踏まえているのかなというふうにも思います．

もう1つ付け加えたいのは，やはり著作権者の方は，潜在的な懸念というか，何が本当に失われる利益なのかわからずに，闇雲にAI開発とその利用を心配しているっていう場合も多いかしれません．学習されたらもう終わりというかですね，1度学習されたら，もう2度と契約を結ぶ機会も失うとか，いろいろな懸念を覚えていらっしゃるのかもしれません．けれども，基本的には，失われる利益が，著作権法上，保護されると伝統的に認められてきた利益とは言えないものだとしたら，それを，解釈論はもとより，立法によっても，そうした利益，要するにアイデアとか，事実とか，画風とか作風とか，そういったものを保護対象に取り込むのは，難しい部分もあると思います．ただ，難しいとはいえ，法改正をすれば，例えば侵害とみなす行為として位置づけるなどして，著作権法が伝統的に保護してきたと考えられる利益とは少し性質の違うものを，著作権法の体系に組み入れることも，解釈論では無理かもしれませんけど，立法論では可能かもしれません．別に特別法ではなく，著作権法に盛り込んでもらっても，法体系を必ずしも崩すものじゃないような気もします．不正競争防止法のように何でも入れられそうな法律もありますので，そちらで対応してもよいかもしれませんが，立法ということであれば，著作権法でも対応ができないわけではないようにも思います．なので，適法アクセス要件など様々な制度的な仕組みを導入する中で，著作権法が伝統的に保護してきた利益とは言えないものも取り込みつつ，権利者と利用者の保護と利用のバランスを図っていくということもできるかなと思います．以上です．

前田：私からも一言．既に出ているところと重なるところも多いですが，柔軟な権利制限規定を作るときに，バックエンドでの情報解析は著作権者の利益を害さないが，出力は害する可能性があるという区分けをした上で，バックエンドでの解析はOKだという決断をしたのだと思います．この決断自体は，現在に至っても，間違っていたという証拠は出てきてないと思っています．権利者の方がいろいろ懸念を表明されていますが，私の理解するところでは，そのほとんどは，結局，出力された場合の話だと思います．ですから，バックエンドの複製について，やはり禁止すべきだったと話を変えなければいけないという状況にはなっていないと思っています．現行法を維持したまま，しばらく静観していくというのが基本だろうと思います．

出力で権利が害される懸念があるから，遡って，バックエンドの複製についても，何らかの規制を加えた方がいいのではないかというのは，確かにあり得る話だとは思います．しかしながら，出力の話ですら，そこで侵されている利益が何なのかというところが，まだ見えてきてないというのが正直なところだと思います．1つの可能性として，そこで侵されている利益というのは，画風などのアイデアに関わるものであるとか，あるいは，著作権とは異なる何らかの投資に対する保護であるということがあり得ると思います．

そして，そういった利益が侵害されること対する懸念が，今後，具体化されていくと，著作権法では保護していないけれども，何らかの法的な対応の必要性が生じるものも，出てくるかもしれません．その場合には，何らかの政策的な対応をした方がいい場合もあるだろうと思うんですが，それは少なくとも伝統的な著作権法の話ではないのだと思います．それを著作権法に入れ込んで，著作権法の保護する利益を拡張的に考えていくということは，決してあり得ないことではなく，将来の課題としては検討すべきなのだと思います．しかしながら，現状，直ちに対応しなければならないという状況ではないと思っています．

さらに，少し話が変わりますが，具体的に，著作権者の懸念に応えるために，導入が検討されている案というのは，どれもなかなか実際上は難しいものが多いという印象を持っています．例えば，オプトアウトについては，後から，学習用データから削除することは現実的にはできないわけで，もしやろうとしたら，多大なコストがかかるかもしれないときに，漠然とした著作権者の懸念のために，そこまでする必要性が認められるかという問題があります．適法アクセス要件や適法コピー要件にしても，適法アクセスの要件の設定の仕方によってはほとんど意味ないものになるというのは，先ほど，ご指摘があった通りですし，適法コピー要件は，違法なものだと知りながらの判断基準が難しいと思います．補償金請求権という話もありますが，分配にものすごく大きな課題を抱えていると思いまして，誰にいくら配分するのかを決定することは，ほとんど不可能だろうと思っています．このように対応策というのは，一応，可能性としては考えられるんですが，それをしたからといって，著作権者が本当に望むところは実現もされないのではないという気がしております．

ですから，結論としては，しばらく静観するということにしつつ，著作権者の懸念に真摯に耳を傾け続けるというあたりが落としどころかなと個人的には思います．

横山：私も他の先生方とほとんど同じ意見で，あんまり言うこともないんですけれども，30条の4は，整理としては，著作物の本来的な利用でないから，著作権者の対価取得の機会を奪わないということで権利制限を認めているものであって，しかも，但書があって，著作権者の利益を不当に害する場合は除かれているので，基本的には，今の状態を前提として，もし何か問題があるなら，但書を柔軟に運用して解決を図っていくというのでよいのではないかと思っています．オプトアウトや補償金制度などの新しい制度の導入については，今後検討していく必要はあると思いますけれども，先ほど来，指摘があったように，いろいろ課題があると思うので，すぐに導入することは難しいと思います．

あと，私は，30 条の 4 については，やはりガイドラインみたいなものがあった方がいいんじゃないかと思います．特に，現行法だと，実質的な利害調整は但書で行うことになっているので，但書の解釈ってすごく重要だと思うんですよね．同じような但書は，他の制限規定にも見られるんですけれども，他の制限規定は本来的利用に関するものなので，どういう場合に著作権者の利益が不当に害されるのかというのがある程度常識的に判断できると思うんですね．一方，30 条の 4 の非享受利用は，本来的利用でないということで，通常の利用行為とは性質が相当異なるので，著作権者の利益が不当に害される場合というのはどういう場合なのか理解しづらいところがあって，立場によっても解釈が大きく分かれるような気がします．日本の場合，裁判例が出揃うまで時間がかかりそうですし，但書の解釈が不明確なままだと，AI 開発に萎縮効果を生む可能性もあるので，権利者と利用者のコンセンサスがある程度得られるような形で，ガイドラインがまとめられるとよいのではないかとは思いました．

上野：ありがとうございました．私自身は，かなり以前から日本の情報解析規定に注目していて，2016 年にソウルで行われた Seoul Copyright Forum や 2017 年にメルボルンで行われた国際人工知能会議（IJCAI）でも，当時 47 条の 7 だった情報解析規定を紹介して，その頃から「機械学習パラダイス」を標榜し，2021 年には人工知能学会の学会誌でも小稿を掲載してエンジニアの方々からもそれなりの反響があったのですが，今日までの間に日本企業がこの規定を十分に活用できなかったとすれば残念なことで，今からでもこの規定が活用されるべきだと思っています．

もっとも，著作物の非享受利用を広く許容する 30 条の 4 については，特に営利目的の著作物利用についても補償金請求権が設けられておらず，無許諾無償で著作物利用を行うことができるとされていることは，条約上のスリー・ステップ・テストとの関係でも課題になり得るところで，実際私もそのような指摘をしたことがあります．ただ，先ほども触れましたように，平成 30 年改正の趣旨に従うならば，著作物の非享受利用というのは「著作物の本来的利用」ではなく「権利者の利益を通常害さない」のだから，著作権という権利が及ぶ必要はないということになるわけです．そのような意味で，30 条の 4 というのは，形式的には著作権を制限する規定なのですが，本来的には著作権の「内在的制約」と位置づけられるべきものと考えています．そして，著作物の非享受利用が「権利者の利益を通常害さない」とされる以上，たとえ補償金請求権が設けられていなくても，スリー・ステップ・テストにいう「権利者の正当な利益を不当に害しない」という条件に反しないと考えられるわけです．

非享受利用に関する30条の4はこのように説明されてきたわけですが，この規定は，わが国著作権法にアメリカ法のフェアユース規定のような一般規定を設けるべきかどうかをめぐって政府と学界が10年以上にわたって検討した末に到達した，わが国独自のアイデアに基づく柔軟な権利制限規定であり，その理論的正当化の観点からも国際的に注目されているものです．その意味では，昨今の生成AIの急速な発展を受けて，今はこの規定に対する懸念の声があるかもしれませんが，早晩より高度な生成AIが日常のものとなり，出力段階の権利侵害に関する対策も進めば，あくまで学習段階の著作物利用を許容するに過ぎない情報解析規定に対する懸念は小さくなるのではないかと思っています．むしろ，そのようなアイデアに基づく日本法は諸外国にとっても参考になるものであり，いずれその理論的正当性と社会的意義が広く理解されるものと考えています．

もっとも，法改正はしないにしても，30条の4柱書但書など，現行法の解釈を多少なりとも明確化するために，ソフトローとしてガイドラインなどを設けることは議論になり得るところです．例えば，先ほど今村先生もご指摘になったように，技術的保護手段を回避して可能になった情報解析は但書に当たるかとか，あるいは，権利者がrobots.txtによってクロールを拒否しているにもかかわらず，これを無視して情報解析を行った場合は但書に当たるかとか，そういった解釈も問題になり得るかと思います．ただ，日本法には，欧州指令に見られるような適法アクセス要件もオプトアウト・メカニズムもありませんので，但書によってそうした要件が存在するかのような解釈が可能かというと，私自身は疑問が残るところです．そもそも「著作権者の利益を不当に害することとなる場合」について権利制限の対象外とする但書は，現行法制定（1970年）時においては，わずか2箇所（当時35条但書，当時42条但書）にしか存在しなかったのに対して，現在は15箇所にも上ります．もし一般に，技術的保護手段を回避した場合や権利者の権利留保宣言を無視した場合には権利制限規定の但書に当たると解釈するとしますと，ことは情報解析の権利制限規定だけにとどまるものではありません．これまで権利制限規定の但書に当たると判断した裁判例がないとされる中で，そのような場合に但書の適用を認める判断を裁判所がするとは思えないところです．そのように裁判所が採用しそうにない解釈論をガイドラインに書いても信用されないように思いますので，結局，ガイドラインで但書の解釈を明らかにするというのはなかなか難しいのではないかと私は思っております．

そうすると，奥邨先生がおっしゃるように，もし権利者の利益が不当に害されていると主張する方がおられるのであれば，ソフトローに期待するのではなく，但書に該当するとして訴訟をするのが妥当ではないかと思います．もちろん，日本の場合，伝統的に訴訟自体を好まない傾向があるかと思いますし，日本法は日本国内における利用行為にしか適用されないと考えられる以上，訴訟するといっても日本で情報解析をしているAI事業者を相手にするしかないのかと思いますが，解釈論については，基本的に訴訟の場で議論することが重要ではないかと私は思います．

奥邨：すみません．ちょっと，今と流れ変わってしまいますがよろしいでしょうか．何らかの技術による対応のところなんですけども，これやはりいろいろと問題がありまして簡単ではないんですよね．そもそもの問題として，技術的保護手段になるのかどうかもよくわからないんです．というのは，技術的保護手段というのは，著作権侵害を防ぐための技術なんです．そうすると，そもそも機械学習は30条の4で適法ということになってますから，機械学習をさせないという技術というのは，著作権侵害を防止する技術だろうかという議論があり得るわけです．複製一般を，素材収集一般を，禁止するというような形で，かなり広いものなら，該当すると思うのですが，機械学習だけを防止する技術というのは技術的保護手段に当たらない可能性があると思います．

それからですね，学習される側が何らかの技術的対応をするというのは，裏返すと，学習する側に一定の反応を求めることになるわけです．暗号とかPWとかのように，その性質上反応が強制されてしまうようなものは別として，そうでない場合，結構問題が多いわけです．権利者がある日突然，自分で勝手に学習禁止フラグなんだと宣言してビットを1個立てたら，それを見ないと，但書に当てはまるとか，権利制限規定が適用されないなんてことになったら，これ学習する側は対応のしようがないわけで大変です．例えば，DSM指令でも，確かコミュニティーの中で合意が得られた標準的な手段ということが前文でうたわれていたかと思うんですけど，何らかのそういうものがないと対応が無理だと思うんですね．そういったものが今，AIの世界であるんでしょうか．

私よくわかっていないんですけど，robots.txtって元々検索用ですよね．ところで，権利者にとって，検索の場合にアクセスされたいか・されたくないかと，学習されたいか・されたくないかは次元が違うはずで，その辺分けて対応できるのでしょうか．

関連して言うと，実は47条の5と30条の4の構造的な違いも無視すべきではないと思います．47条の5は主体のところに政令指定要件があって，1項1号に関しては，robots.txtを見なさいというのが政令で定められています．この点，同時期に立法された30条の4には，そういう主体要件がない．ないのに，但書で，robots.txtへの対応が読めるんだということになってしまうと，じゃあ，47条の5の主体要件，政令指定要件って何だったんだろうな，となるわけです．現状では，他に対する波及効果も含めて考えると厳しいのかなと個人的には思っています．

この問題の議論をするときには，昔からあった技術的保護手段の議論と，それから，検索エンジンのとき，robots.txtは山ほど議論しましたので，それらの議論をもう1回整理して，復習して，そのときに課題とされていた点をクリアできるのかどうかを検討しないといけないのかなという気がしております．

II　AIによる生成の侵害成否

■依拠性

上野：さて，次に出力段階として生成について議論したいと思います．まず，かなり見解が分かれそうですが，生成AIが出力したコンテンツが，当該生成AIが過去に学習した既存の著作物と類似する場合，依拠性が肯定されて著作権侵害に当たるかどうかという問題です．例えば，既存の著作物を生成AIユーザーは知らないけれども，当該生成AIはその著作物を過去に学習していたという場合（検討例1）や，学習対象に含まれていなかったけれども生成AIユーザーは知っていたという場合（検討例2）など，いろいろなケースがあるかと思います．この点は，現実問題として，生成AIの提供や利用のリスクに関わる重要な問題と思われますが，いかがでしょうか．では，これについてご論文をお書きいただいた奥邨先生からお願いいたします．

奥邨：今のお話の順番と逆になってしまうんですけども，まず，ユーザー，AIの操作者について依拠が成立するかという議論を最初にした方がいいと思うんですね．例えば，いわゆる界隈で「版権キャラ」と呼ばれている著作権がある有名なキャラクターの絵柄の場合を考えてみます．この場合，有名キャラなので，操作者は見たことがあります．その上で，AIを使って，意図的に似たものを出力した，そしてそれを世間に出していくという場合には（出さなくてもいいですけども），これはもうユーザーにとって依拠が成立しているということになる．しかも，類似性があるので，この瞬間，AIを使うとか使わないとかということは全く関係なく，著作権侵害ということでいいんではないかと思うんですね（もちろん権利制限規定は別ですけれども）．今世の中で特に画像関係の方なんかが心配されているキャラクターの絵柄，特に商業ライセンスしているような方が心配されているような問題は，これでかなり答えが出てしまうんではないかなと思っています．

　補足すると，この場合は，AIが学習してるとか，してないとかも一切関係ないと思うんですね．例えばですけど，学習と関係なく，全くランダムに絵を書くというプログラムがあって，それを使って，自分が作りたい絵と全く同じ絵を自動的に作って選んで出したという場合だって，これはやはり著作権侵害だと思うんですね．とりあえず自分が見たものと似たものを，手段は何でもよくて，意図して出しちゃいましたという場合は，もうこれは依拠ありでいいんじゃないかと思っています．問題は，それが否定されたとき，逆に言うと，操作者は見たことも聞いたこともなかったものだけど，AIの学習対象ではあったという場合に，AIによる依拠の議論が表に出てくるんだろうと思います．結果，世の中的に有名じゃなかったものの場合がAIによる依拠の議論の実質的な対象なんだろうと思います．

私自身は，AIによる依拠の議論も，30条の4と47条の5の議論と同じで，何を学習して，何に基づいて生成をしたのかということを分けて議論すべきだろうと思っています．AIがアイデアだけを抽出して，そのアイデアのみに基づいて表現が生成されたというのであれば，依拠はないとすべきである．一方で，表現を何らかの形でAI内に保持していて，そしてその保持している表現に基づいて，表現を生成したというのであれば，これは依拠があるというふうに分けるべきだろうと思います．

ただ，理屈ではこうなるんですけれども，実際の訴訟のときに，原告である著作権者に，今お話ししたような形で依拠を証明せよということではありません．よく言われることとして，AIの中で，アイデアに依拠したのか表現に依拠したのかは，被害者側イコール権利者側からは，区別できないだろうと．

それはその通りで，そういう意味では実際の訴訟では，従来の依拠と同じような推認の議論をするしかないと思います．学習対象に入っていたということと，それから非常に類似性が高いということ，これは従来の依拠の推認と同じですが，それだけではなくて，AIの場合はそれにプラス，容易な操作で少ない試行回数で出てくる，ということの3つを，権利者側が示せば，それによって，表現を保持していて，その表現に依拠して出力が作られたということが一応推認されると考えております．これを，被告つまりAIの操作者や開発者がひっくり返せなければ，それで依拠は認められてしまう．

私は，操作者側・開発者側が，依拠の推認をひっくり返す余地を残しておくべきだろうと思うんですね．というのは，今の生成AIですら中身がよくわかりませんが，これから先どんなものが出てくるか，もっとわからないわけです．

なので，今の段階で，AIが1回でも学習したものはどんな状況でも依拠があるんだなんて言ってしまうとですね，AIのこれからの発展に対して，非常にマイナスだろうし，萎縮してしまうと思うんですね．だから，ひっくり返す余地は残しておくべきだと思います．もちろん実際には，ひっくり返せないかもしれません．それはAI開発者や使用者にはリスクとして負担してもらう．

で，今の3点を踏まえた依拠の推認を適用すると，AIが保持しているものが，アイデアか表現かで区別せずに依拠を考えるべきというお立場とも，現状においては，ほとんどのケースで，結果が変わらないと思っています．ただ，私の考え方で差が出てくるとするならば，純粋に画風だけを学習したAI，この場合，AI内には，一切元の画像の表現の要素は保存されていないわけですが，そのAIに学習した画風の絵を出力させる．そうすると，1万回やったら1回ぐらいはそっくりの絵が出るかもしれません．何せ画風が一緒なんですから，たくさん描いていたら，その中には画風だけでなくて表現も偶々似てしまうケースもあるかもしれない．私の立場だと，この場合は，依拠の推認はできないです．一方で，100回試みたら，50回も表現レベルで似たものが出力される場合は，表現を保持していてそれに依拠していると推認できると思います．1万回に1回と100回と50回とでは，話が違うわけです．

私の場合は推認ですので，100回に50回の場合も，いや画風のみしか保持していなくて画風に依拠して出力しましたと証明する余地は残りますが，ほとんどの場合，その証明は難しいだろうから，結果的には，そこそこの頻度で似ているものが出たら依拠ありと言われちゃうかなとは思っています．

上野：私なんかは，2016年の知財本部でこの問題が話題になったとき，「若干躊躇がある」としながらも，「機械は物を忘れるわけではないという観点から依拠ありと評価していいのでなはいか」と発言したところ，清水亮委員から「私の考えではAIは物を忘れることがあります．しかも結構頻繁に」と言われたのを覚えています（新たな情報財検討委員会第3回（2016年12月19日））．しかし，奥邨先生がおっしゃったように，これからAIがありとあらゆる著作物を学習してしまい，もはや依拠してない著作物がないような時代になると，そのようなAIが生成したコンテンツは，あとは類似性があれば著作権侵害になってしまい，その結果，これを出力した人も，AIの開発者も提供者も侵害責任を負うことになりはしないかという点は問題になるのかもしれませんね．他の先生方はいかがでしょうか．

今村：依拠性という要件に関してですが，著作権はよく相対的な権利だというふうに言われており，同じ表現を生み出したからと言って，後に，依拠せずに同じものを生み出した人に権利が与えられなくなるわけではないと言われるわけです．それを説明するために依拠みたいな話も出てくるんだと思うんですよね．それで，人間が創作する場合には，依拠というものを問うということが，当然に問題になってくるわけです．ただ，現時点でのAIはどうかわかりませんが，将来的にAIが自律的にある既存の作品に似せてこようというのをやり始めたようなケースが出てきたときに，機械に依拠は問えないということになれば，類似していても，依拠はなく，偶然に同じものができたに過ぎないと言った主張を認めることになりかねません．そういう主張は封じた方がいいような気もするのです．人間が創作するという場合には，依拠性の要件はあって当たり前というふうに思うんですけれども，AIとか，もっと自律的に何か生み出すようなものも含めてそういうものが登場した場合には，むしろ似ているということが重要であって，依拠したかどうかということを厳格に問い始めると，本当に自律的に似せてこようと思うAIが表現物を生み出したときに権利侵害が問えなくなるという可能性も，将来的にはあるような気がするんです．ちょっと将来の話で，今すぐに問題になることではないと思うんですけれども．

人間の場合でも，例えばコピー機でコピーする場合のように，機械で複製するような場合には，依拠性の有無はあんまり議論しないわけですよね．どちらかというと，人間がいて，その人が左に絵を置きながら右の画用紙に同じものを描くとかそういう場合や，過去に見た絵を思い出して描く場合に議論になるわけですよね．機械の場合には，依拠性の要件が全く必要ないという議論は，従来の著作権侵害の要件論との関係からは難しいかもしれません．ただ，法定利用行為を行う者やその時点と依拠の時点はずれていてもよいとも言えます．例えば，コピー機で絵をコピーしたら出力された絵は100パーセント依拠性がありますが，その後の利用でも依拠はいちいち問わないわけです．AIの開発と利用の一連のプロセスがある中で，開発段階でAIという道具を使っている場合に，開発段階での複製者は，依拠はしているけれど複製自体が非享受利用だから侵害にならないということになると言えます．また侵害の成否については，基本的には，法定利用行為がそれぞれ異なりますから，入力段階と出力段階とを分けて各段階で検討していくものと思います．ただ，実際の一連のプロセス自体は，いろいろなパターンがあると思いますし，全体のプロセスが１人の主体によって行われると把握できるような場合も出てくるかもしれません．また，入力段階と出力段階で法定利用行為を行なう各主体について依拠の有無を個別的に捉えるという考え方もある一方で，一連のプロセスのなかで，どこかの誰かがいったん機械的に依拠していれば，その後も依拠があるんだというふうに全体的に捉えることもできると思います．学習段階で依拠があれば，学習させた以上，依拠があるんだというふうに一律に捉える見方も当然出てくると思うわけですね．

私としては，依拠を否定するという議論になってしまうと，将来の技術の発展を考えたときに，類似したものをAIが生み出したときに，一切，侵害責任が問えなくなる事態を懸念しておりまして，依拠というものは，なるべく幅広に，柔軟に認める方向で考えていく必要があるのではないかと思っています．依拠がないと，入力段階と出力段階で依拠が切れるのだから，何が出力されようとクリーンなんだということになり，いくら類似しているものを出力したとしても，依拠性がないという一点をもって使い放題みたいなことになりかねません．したがって，まだ理論的には正確に考えの整理はできていないんですけれども，依拠については，主体論で対応できる部分は対応し，そのほか，入力段階と出力段階のプロセスを全体としてみて依拠性の有無を判断するということも十分にあり得るのではないかと考えております．

谷川：私は学習データに含まれていれば常に依拠を認めてよいという厳しめの考えを持っています．従来，依拠が必要だと考えられていた理由としては，独自創作の保護という観点があると思います．依拠せず偶然に先行作品と同じような表現を創作してしまったとしても侵害責任を問わないとすることによって，人間が創作する自由を保障していたのが依拠要件の意義でした．翻ってAIが何らかの表現を生成した場合に，それを独自創作としてAIの創作の自由を保障する必要があるのかというと，そういうことにはならないだろうと．意識を持った「強いAI」のような場合はまた別なのかもしれませんが，少なくとも現状の生成AIについてはそのように考えています．なので上野先生がおっしゃるように，AIがありとあらゆるものを全部学習している場合には，もう依拠要件が機能する場面はなくなるし，それでもよいのだろうと思います．そうすると後は類似性の判断だけで決着がつくということになります．

そのように依拠を広く認めた場合には，生成AIを用いて表現を生成させた人間がそれを利用する場合に，類似性が認められれば常に侵害になってしまうわけですが，例えばStable Diffusionのように数十億枚も画像を学習して，その中の1枚と似ているというような場合に当該利用者には具体的な予見可能性はなく，過失がないとされることがほとんどだと思います．刑事罰との関係でも当然，故意が否定されます．差止請求の可能性は残りますが（これも権利濫用で棄却できる場合があるかもしれませんが），当該利用者は同じ生成AIを用いて別の表現に差し替えるということも簡単にできるでしょうから，それほど悪影響はないのかなと思っています．つまりとりあえず生成・利用して，指摘があった場合に取り下げれば十分だというふうに考えています．

上野：前田先生や横山先生はいかがでしょうか．

前田：私は，どちらかというと，全面肯定説に近いと思います．谷川先生から独自創作という話がありましたが，私は，依拠性要件の趣旨は独自創作を救うということにあると考えています．依拠性要件は，客観的に判断されるものであって，既存の表現の上に乗っかる形で生成されたもの，換言すると，それによってある種のコストの節約等ができているもののみに権利を及ぼすことが趣旨であると思います．既存の表現とは独立に，コスト節約の恩恵を受けることなく生成されたものには，権利を及ぼす必要はないということだと理解しています．人間の場合は，既存の表現を知っていた場合には，既存表現の貢献があって初めてできたものでしょうと言いやすいと思いますが，AIの場合はそのような主観は無関係と思います．ただし，AIにおいて，例えば1枚だけある画像が学習素材に入っていただけで，本当に先ほど述べた意味での貢献が認められるかは別途問題となると思います．1枚のみでは特段の貢献はないから依拠性を認めなくていいといった議論はできなくはないと思いますが，技術の詳細に踏み込まなければならなくなり，依拠性の線引きが難しくなると思います．表現のまま保持されてるのか，アイデアにいったん昇華されてるのかという議論がありますが，そのような基準は線引きの1つのやり方だと思います．しかし，AIの技術がどうなるかわからないなかで，そのような技術の詳細に踏み込んだ議論は果たして適切であろうかと思います．そのように考えていくと，1枚でも素材に入っていたのであれば，何らかの意味で貢献していると言えると思いますので，差し当たり依拠性は認めた上で，あとは，類似性の問題を議論すれば足りると考えています．

上野：面白くなってまいりましたが，横山先生は少しお考えが違うかもしれないですね．

横山：そうですね，私は奥邨先生に近い立場で，AI の場合であっても，基本的に人の場合と同じように依拠は認定する必要があるんじゃないかというふうに思っています．そうすると，依拠が認められるためには，著作物の表現に依拠することが必要とされているので，AI 生成物について依拠が認められるためには，学習用データの表現に基づいて出力されたといえることが必要になると思います．例えば，学習用データの表現が記録されていて，それがそのまま出力に利用されていれば，依拠が認められるでしょうし，そうでなくても，学習用データの表現が一群のパラメータの形成に実質的に寄与していれば，依拠が認められるのだろうと思います．ただ，これはあくまで理屈の話であって，それを具体的に証明するのは難しいので，実際には間接事実から推認していくという手法を取らざるを得なくて，そのときには，先ほど奥邨先生がおっしゃったように，問題の著作物が学習用データとして使用されていたかということや，表現がどの程度類似しているかということ，さらには，類似の表現がどの程度の頻度で出力されるかといったようなことを考慮して，依拠を推認することになると思います．著作権者は必ずしも AI の技術に詳しくないので，依拠を厳密に立証することは難しいでしょうし，先ほど先生方からもご指摘があったように，既存作品を AI の学習に使用した以上は，既存作品が何らかの形で出力に貢献しているといえなくもないので，依拠の推認は比較的緩やかに認めてもいいかもしれません．ただ，出力された生成物が既存作品と類似していれば，それだけで依拠を完全に肯定しちゃって，あとは，類似性の問題にすればいいかっていうとそうじゃなくて，そこは，AI 提供者の側に反証の機会を与える必要があるんじゃないかなと思います．

上野：やや抽象的な言い方になりますが，AI の中に「存在」するものがアイデアだけだと言える場合は，たとえ既存の著作物を学習していたとしても依拠性を否定するかどうかという点で見解が異なってくるのかもしれませんね．ただ，少なくとも人間の場合は，過去に他人の著作物に接した以上，そのアイデアにだけ依拠しましたという言い逃れはできないような気もするところです．奥邨先生のお書きになってることに関係するかと思いますが，いかがでしょうか．

奥邨：人間の場合は区別ができないんだと思うんですね．著作物を見たり聞いたりしたのに，アイデアのみに依拠したに過ぎませんというのは，そういう証明のしようがないんだと思います．ただ，例えばですが，特別な病気にかかってて，表現を表現として認識できない状態だというようなことが証明できれば，やっぱりその場合は人間でも依拠を否定すべきですよね．

私は，人間だって，依拠が認められるのかどうか，突き詰めて考えると，結局は表現を表現としてメモリー，つまり記憶してるかどうかだと思うんですよ．脳の中に記憶して，それを出したかどうかだと．言葉でドラえもんと言われて，何も見ずにドラえもんが描けるのは，ドラえもんの具体的な表現を覚えているからだと思うんです．もっとも，私は覚えていますが，絵が下手なので，似たものは書けませんけど（笑）．その形，表現をきっちり記憶しているかどうかということはやっぱり重要だと思うんですね．

ただ，そうは言っても，人間の場合はアイデアだけ記憶していて表現は記憶していないということはあるかもしれないけど，証明のしようがないので，すごくよく似たものを描いたら，普通は表現を記憶していたと推認されるのでいいんだと思うんですよ．一方で，機械の場合は，アイデアだけ抽出して記録するということができないとは言えない．今の生成AI，特に画像生成AIなんかを見ていると，そんなことはできていないじゃないか，という批判があると思うんですけど，それは今だけの話かもしれないですね，としか申し上げようがない．技術の進歩は速いわけで，半年もしたら，状況が大きく変わって，アイデアだけを抽出して記録するのが主流になるかもしれない．そうなったときに，それでも，アイデア／表現二分論を反故にして，著作権を及ぼすんでしょうか，と思うんですね．

もっとも，私が申し上げているのは，理屈の話です．そういう反論の余地を残しておくことが重要だという理屈の上での指摘でして，そういう反論は，実際上は，容易だとは思ってはいません．特に現在の画像生成AIとかだとかなり難しいんではないかと思っていますので，結果的に，アイデアだけを抽出して記憶しているからということで依拠が否定されるケースは，現在の画像生成AIだとかなり少ないかなと思うんですが，ただ，技術の進展も含めると，そういう余地を残しておいた方がいいかなということです．

その関係で，ぜひ皆さんのご意見を伺いたいのですが，学習済みモデルは，学習対象著作物の複製物なのでしょうか．もし学習対象著作物の複製物だということになると，それを利用して似た表現を出力した場合，30条の4で学習しているときは，49条1項の目的外使用ということになって，似た表現を出力した利用者は学習の責任までとらされるとかになるんでしょうか？　複製物になる場合もあれば，ならない場合もあるという整理なのか，それとも，常に複製物になるという整理なのか．あと，その点と依拠の議論は別ということでよいのでしょうか．私は依拠が認められるというのは，学習済みモデルが，実質的に何らかの形で学習対象著作物の複製物になる場合だけではないか，と思っているものですから，ちょっとその辺のご意見を伺いたいなと思って質問しました．

前田：私は複製物だとは思っていません．いったんアイデアの状態になっていたとしても依拠を認めてもいいだろうという考えです．人間にしてみても，表現のまましっかり記憶しているというケースもあるかもしれませんが，いったん抽象化されて，具体的な表現については，無意識下に置かれた状態でということもあるだろうと思います．表現が無意識下にはあると言われればそうかもしれませんが，人間の場合でも，それはアイデアの状態になっていたと言っていいのだと思います．先ほども少し申し上げましたが，私が懸念しているのは，余り技術の詳細に入り込んだ議論をすると，技術の発展が歪むことはないのかということです．表現とアイデアを区別するとして，この場合だったら表現として保持されていて，この場合だったらアイデアとして昇華されているという基準を明確化すると，AIのアルゴリズムや内部の処理を工夫し，著作権法がアイデアと認めてくれる状態にすれば，依拠性は回避できるという話になるのではないかと思います．著作権法の適用を回避するために，アイデアと認められる状態にしましょうとか，そういう形で技術の発展が工夫されたりすると，それは少し歪んでるのかなと思います．そういった，ある種の迂回はさせない方がいいのではと考えていた次第です．

愛知：よろしいでしょうか．私の考え方自体は，奥邨先生がご論文でまとめてくださったように，全面肯定説です．私自身はよく技術がわからないときに書いたので，パラメータへの変換も，結局，表現の形式が変わるだけで，アイデアに変換するわけではないと書きました．ただ，仮にアイデアに変わるということでありましても，今，前田先生がおっしゃったこととも近いのですが，元々は表現を学習させており，それがいったんアイデアに変わるとしても，そのアイデアを抽出することによって，効率的な創作活動が可能になったのも，そもそも表現を含めた元の著作物全体にアクセスしていたからこそだと言えると思います．著作物全体にアクセスしていたという点では変わりがないと思います．このこととも関連するのですが，奥邨先生が御論文で言及されていた「クリーン・ルーム」について，私は，クリーン・ルームでも依拠ありと考えていいのではないかと思っています．実は田村先生がそういうことを書かれております（田村善之『著作権法概説〔第 2 版〕』55–56 頁（有斐閣，2001 年））．確かに，アイデアを抽出する解析班と，プログラムの作成班が違うということにはなりますが，ただ，プログラムの作成班が抽出されたアイデアを利用できるのも，元々は，その既存著作物自体に解析班がアクセスしていたからこそです．トータルで見れば，既存著作物にアクセスすることによってプログラムの開発プロセスが効率化されたということになるわけですので，そういった意味では，企業・組織全体で見れば，元の既存著作物にアクセスし，そこからアイデアを抽出し，それが結果として，既存著作物と類似のプログラムの作成に至ったということには違いがありませんので，そういった意味では，全体で見れば，依拠ありと考えてもいいのではないかと，かなり思い切った考え方かもしれませんけども，そういう考えもあり得ると思っております．したがって，AI が仮にアイデアを抽出するということがあったとしても，依拠を全面肯定するという結論には変わりがないというのが私の考え方です．これは，あくまで AI が学習しているというとき，すなわち，上野先生が冒頭のご発言で挙げてくださった検討例 1 の話ということになります．

他方で，ちょっとよくわかっていないのが，検討例 2 でして，奥邨先生のご議論によればこれは当然ではないかということなんですが，しかし，AI 自体には，その学習対象著作物に既存の著作物が含まれていないわけですよね．ということは，その AI としては，既存の著作物を元にしてそのコンテンツを生成したわけではないということになって，AI として，独自創作と言いますか，独自生成しているようにも思えるんですね．例えば，人による創作を考えた場合に，A さんが，B さんを道具として作らせたというときに，その背後者 A は元の著作物を知っているけれども，物理的な行為者である B は一切知らなかったとします．しかし，たまたま出来上がったものが，既存の著作物とよく似ていたという場合に，B としては，既存の著作物にアクセスせずに作っていますので，これは独自創作になりそうな気もするんですね．ただ他方で，今の例では，その背後者 A，あるいは，AI 利用者自身が，かなり詳細にこういうものを作れと，リスに似た形をしていて，耳の形はこうで，体の色が黄色でと，かなり具体的な指示をしていけば，たとえ B 自身や AI がその元の著作物にアクセスしていなくても，必然的に似たものはできるということはあり得ると思うんですね．そういった場合には，依拠ありと考えてもいいと思うのですが，単にそのAI利用者が既存の著作物を知っています，あるいは背後者Aが知っていますというときに，なんらAIがアクセスしていない，あるいはその直接行為者Bがアクセスしていないというときに，果たして依拠を肯定できるのかというのは，ちょっと疑問が残るところではあります．奥邨先生，これはAI利用者が認識していれば，依拠を認めるには十分だということでしょうか．

奥邨：その場合は，操作者の問題であって，開発者は依拠なしでよいのではと思います．さっき申し上げたように，全くランダムに絵を描くプログラムを使って，出力したものが，たまたま既存のものにそっくりになったという場合，それをわかって「よし」と思って世に出したということであれば，もうそこは責任を問うていいんじゃないかなと思うんですよね．

無意識の依拠を認める立場だと，人間が（AIを使わずに）あてずっぽうに絵を描いたとしても，結局，過去にアクセスしたものに似てたらアウトというふうに，非常に広く考えますよね．だとすると，AIのときだけ，なぜ丁寧にやらないといけないということになるのかなと思います．

愛知：本人が創作しているときはいいのですが，別主体がやっている場合どうなるのでしょうか．例えば，先ほど申し上げたように，AさんがBさんを道具，手足として書かせている．それで，Aさんは知っているけれども，実際に手を動かしたBさんは知らなかったという場合です．

奥邨：Bさんはその場合も非侵害ですね．でも，Aさんはやっぱり侵害だと思うんですね，Bが描いたものを，似てるとわかって世に出せば．そこは私は侵害でいいんじゃないかなと思っております．無意識の依拠と理屈は一緒なんだと思うんですよ．

愛知：無意識の依拠では，客観的には，既存著作物を元にはしていると思うんですね．先ほど独自創作というところが強調されましたが，ここでは反対に，既存著作物にアクセスしてそれを元にはしていると，むしろ，そういうところを重視すべきかなと思っております．

奥邨：そうすると，鉛筆の場合とは変わるということですね．なぜ変わるんでしょうか．

愛知：それは鉛筆が作ったわけではないからですね．

奥邨：そこは一緒だと思うんです．どんな道具でも道具である限りは，依拠の議論と道具の議論は，私は分けていいんじゃないかなと．

愛知：それは，その道具が人である場合にも同じってことですね．議論としては．

上野：これはひょっとすると田村先生の本に出てくる例に関係するかもしれませんね．つまり，山奥とかに住んでいて，ミッキーマウスを全然知らなかった人が，ある日，たまたまミッキーマウスと同じイラストを創作して，これを出版社に持ち込んだ場合，この出版社はミッキーマウスを知っているんだけれども，その山奥にいた人がミッキーマウスに依拠していなかった以上，この出版社がそのイラストを出版する限りはミッキーマウスに依拠していないと解すべきだというんですよね．なぜなら，もしこの出版社がその作品を出版できないということになると，この山奥にいた人は独自に著作物を創作したにもかかわらず，どこからも出版できなくなってしまうので，この人が本当に独自創作したのであれば，それを出版する人はミッキーマウスを知っていても依拠性が否定されるべきだと指摘されているわけです（田村善之『著作権法概説〔第2版〕』（有斐閣，2001年）49頁以下参照）．これとAIを同じように考えると，先ほどの例でも依拠を否定すべきだということになるのかもしれませんが，その場合，AIが山奥にいたと考えることになるのでしょうかね．

奥邨：上野先生の喩えは，操作者を出版社に見立てていると思うんです．でも，操作者は，出版社ではなくて，山奥にいた人になるんじゃないでしょうか．AIが山奥にいたわけじゃなくて．最初に作った人は誰だということなので，AIは出てこなくて，人間で考えないといけないんじゃないかなと思います．

愛知：そこは，その関与の仕方というのは見なくていいんですかね．あくまでAIを「道具」として用いて操作者自身が作ったと言える程度の関与をしていたと場合には，というご議論でしょうか．

奥邨：自動的に出てくる場合を考えています．そういう場合でも，基本的な議論は同じではないかと．簡単なインプットであっても，ドラえもんを出しちゃったら，100万回試した結果の1回であっても，操作者がわかって出力してるわけなので依拠ありではないかと思えるんです．その場合，AIが学習してないから問題ないということになるんでしょうか．

愛知：その事実を証明したら，ということにはなりますね．たまたま出てきたのだと．

奥邨：逆になのですが，AIによる依拠のときは，学習していれば，100万回に1回でも依拠が肯定されるのに，人間による依拠のときは，100万回に1回だったら依拠が否定されるのでしょうか．人間つまり操作者もアクセスというか，見たことがある状況は変わらないのではないかと．

愛知：操作者が自分で描いたわけではないんですよね．

奥邨：ええ，AI を使って 100 万回試みて，その結果 1 回出てきたのがそっくりで，このドラえもんがほしかったんだと．その全体を捉えて操作と考えているのですが．

愛知：100 万回やって，いろいろなものが出てきて，それで，その出てきたドラえもんを選んだということですね．それはもちろんいいと思います．関与の仕方を見て判断することになりますので，多数のイラストの中から，あえて選んだということであれば．元のそのドラえもんを知りながら，この似たようなものをあえて選んだと．

奥邨：そういう状況のつもりです．

愛知：それは，もちろんその通りだと思うのですが，操作者が非常に抽象的な指示だけをしていたという場合にはどうでしょうか．

奥邨：でも，なんていうのかな，ドラえもんとインプットしなくても，未来から来た猫型ロボットと入力して，100 万回試してそのうちの 1 回がドラえもんで，それを世に出すというのでも，操作者に依拠を認めてよいと思っています．

上野：具体的な指示をしていなくても，とにかく AI が生成したものの中に他人の著作物に類似するものがあり，その著作物を操作者が知っている以上，依拠性は認められるという考えかと思いますので，この場合には AI が道具になっているんでしょうね．他方，先ほどの山奥にいる人が創作した場合に依拠性が否定されるというのは，やはりその山奥で作った人の権利を守ってあげなければならないという発想があるからであって，その山奥にいる人が道具となっているわけではないという点で異なるのかもしれませんね．

谷川：今おっしゃった，山奥で作った人の権利を守るというのがまさに，人間による独自創作の保護ということだと思っています．

横山：山奥の人に対して指示を出して作らせたときって，どうなるんでしょうかね．その場合は，AI に指示を出して作らせたときと同じように考えられると思うんですが．

愛知：そうです．指示をして，こういう絵を描けと．山奥にいるのでドラえもんを知らないけれども，耳のない猫で，色が青でということで，かなり詳細な指示を受けると，ドラえもんを知らなくともドラえもんに似たようなものができると．そういう場合は，もちろん依拠を認めてよいと思います．

横山：はい．それは依拠ありでいいと思うんです．でも，すごく抽象的な指示だけ出して，例えば猫型ロボットについて何か絵を描いてくれとだけ指示を出して，たまたまドラえもんそっくりなものが出てきたとしても，それはもう独自創作じゃないんですかね．仮にその指示を出した人がドラえもんを知っていたとしても，独自創作と評価されるんじゃないですかね．そうだとすると，AIの場合も，操作者がドラえもんを知っていたとしても，猫型ロボットの絵を描けとだけ指示を出して，たまたま出てきたものがドラえもんに似ていたとしても，AIがドラえもんの絵を学習していなければ，依拠は認められないのではないかと思います．

奥邨：その場合は，AIの独自創作ということですね．そうすると，なんかさっきの議論では，AIにその独自創作を認める必要ないようなお話だったのですが…….

愛知：それは，学習していれば依拠を推認されるという話でして，今議論しているのは，学習されていない場合ということですよね．検討例2ですから．学習対象著作物に既存の著作物は含まれないという前提ですので，先ほどの議論とは同じではないと思います．出発点が違うというか，前提が違うと思います．

奥邨：類似する著作物をAIが学習している場合は，別に詳しい指示をしなくても，自動的でも，依拠が肯定される一方，類似するものを学習していないAIを，操作者である人間が道具として使用する場合は，詳しい指示をしないと依拠は認められないということでしょうか．後者の場合は，権利者側は，操作者がどういった詳しい指示をしたかを証明しなければならないということになるわけですね．それは，負担が重いんではないでしょうか．

私としては，詳しい指示をしなくても，操作者が見聞きした著作物に似てるものがAIから出力されて，操作者は似ていることが分かった上でそれを選ぶのならば，操作者による依拠ありだと思うんです．

さっきの山奥の人の例では，山奥の人の創作を保護してあげる必要性がありました．なので，指示が抽象的な場合は，その人は道具になってないんじゃないか，単なる依頼じゃないかってことで，山奥の人の独自創作を認める余地があるというのは分かるんです．ただ，AIは，人ではないので，その，いわばカギ括弧付きの創作を保護する必要はないわけです．どんな使い方をしても，AIの場合は，道具に過ぎないと思っています．今までのワープロとかの延長線上でいいんじゃないかなと思います．

そういう意味では，同じ道具という言葉を使っても人間を道具とする場合と，AIやその他の機械を道具とする場合は違うのではないか．やはり人間を道具にしていると言えるのは，かなり強い支配関係と指揮命令みたいなものがないといけないというのはわかるのですが，その発想をAIに当てはめる必要はないんじゃないかなと．ボタン1つで言うことを聞いてくれるというのが道具としてのAIや機械の便利なところなので，だいぶ違うのではないかと思います．

あと，結論から言ってしまうのはおかしいんですけど，操作者による依拠でアウトにした方が権利者は救われると思うので，逆にそこをセーフにする理由が私にはわかんないんですね．

愛知：そうすべきかどうかはともかく，依拠を考える前提として，アクセスしていなければ，これほど似ることはあり得ないだろうというものが出てきました，ということさえ言えれば，別に，作者がそれをAIで作ったかどうかということすら立証する必要はなくて，アクセスしていなければ似ることはあり得ないので，ともかく似てますねということを言えれば依拠は推認されます．その上で，侵害者側が，いや，これはAIで作ったんですよと．しかも，その際に，「いや，これは学習対象に含まれていません」，「たまたまAIが生成したんですよ」ということが言えれば，かつ，「私は詳細かつ具体的な指示もしていません」と言えれば，AIがたまたま偶然作った独自生成だということになるのではないかと，単純にそう思っています．というのは，AI自体は学習してないわけですから．

上野：最近の生成AIサービスでは，許諾を得たクリーンなデータのみを学習して適法コンテンツのみを生成するAIであることを宣伝して，もし生成されたコンテンツが著作権侵害に当たるとしてユーザーが訴えられた場合は賠償しますというものが見受けられますよね．そのようなAIは，ミッキーマウスやドラえもんを無断学習していないのだろうと思いますが，そのようなAIでも，ユーザーが毎日毎日一生懸命操作していたら，ついにドラえもんと似たようなイラストが生成されたという場合があるかもしれませんよね．そのようなときに，ユーザーはもちろんドラえもんを知っているのだけれども，これは適法コンテンツのみを生成するはずのAIからたまたま生成されたものだからといって依拠性を否定して，これを営利目的で利用することまで適法としてしまうのは妥当でないような気もしますよね．

愛知：それは次の問題で，その創作とその後の利用というものを分ける必要があるのかというのは，また次の問題かと思います．一般的な解釈かどうかわかりませんが，「依拠」というのが，条文のどこに書かれているかというと，「その著作物を」というのが，依拠の明文の根拠なのだと考えますと，支分権該当行為ごとに「その著作物を」という文言が規定されている以上，支分権該当行為ごとに依拠というのも判断する必要があるのだと．仮にそういう立場を採った場合には，仮に創作行為が独自創作だとしても，その後に，例えば公衆送信するとか，あるいは譲渡するというときに，その時点で既存の著作物を認識していれば，そのときは依拠して利用しているということになるので，その時点で侵害になるのではないかという考え方も，もしかしたらあり得るのではないかという気はしています（先ほどの田村説とは違う結論になるんですけれども）．ただ，田村先生のおっしゃっていることもよくわかりますので，私自身が今申し上げた立場を直ちに採っているわけではありませんが，もう少し考えてみたいと思います．あまり大した話じゃないのかもしれませんけど，仮にそういう解釈を採れば，創作行為の独自性とその後の利用の依拠というのは別に考えることになりますので，少なくとも利用する段階では，再度，注意しなさいよ，ということになるのかもしれません．

上野：利用段階については，結論としてあまり変わらないのかもしれませんね．

愛知：はい，あんまり変わらないんですけど．

今村：今の議論，とても面白く聞いていたんですけど，毎日毎日試してみて……といったようなことをおっしゃっていましたが，例えば，おばけの絵を１万枚ぐらい出力してもらって，その１万枚出力する中に，オバケのＱ太郎とそっくりなのがあったからそれをＴシャツにプリントして販売し始めるというケースがあったとして，これはなんかやっぱり侵害にした方がいいような気はするんですよね．どういう理論構成をするかは別として．それは，本人が頭の中で知っているオバケのＱ太郎に依拠してセレクションしてるから，少なくともＴシャツにプリントアウトした時点では依拠性があるというふうに見ることはできるんだとは思います．でも毎日やるって，結構手間ですよね．

あとは，偶然同じオバケのＱ太郎が出てくる確率ってものすごく低いわけですよね．ですから，毎日１個ずつ出力するときに，たまたま同じものが出てきた，オバケのＱ太郎と似てるというときには，それは結局知っていれば，依拠性があるから侵害品で使えなくなるっていうことはなんか気の毒な気もするんです．気の毒というか，現状の技術だと，無限の猿定理のようなもので，それは滅多に起きないことのような気がします．AI が自律的に既存のものに寄せてくるようなことであれば別ですが．たくさん出力したものから，既存の作品と似たものと自分の頭の中の記憶とを照合してセレクションするのと，ちょっとだけ出力したものが奇跡的に似てるという場合の，類似する確率の違いというものも，出力したものを使うことが侵害かどうかということに影響を与えないでしょうか．そうしないと，AI 生成物の文脈では，著作権は相対的な権利で独自創作は別途保護されると考える意味が，なくなってしまう気もします．あんまり関係ないですかね．

上野：谷川先生，いかがでしょうか．

谷川：独自創作の保護は，やはり人間の，山奥にいて本当に独自に創作を行った人の創作とか利用の保護だと思っているので，意識もないような AI が機械的に独自創作したからといって AI を保護しなきゃいけない理由はないと思うんですよね．結局そこは侵害でいいのではないかと思っています．確率が高いか低いかは，その利用段階における利用者の過失の問題として扱えば足りると思っているので，だいぶ違う見解だなと思って聞いておりました．

愛知：結果，AI 利用者に対する侵害が成立してしまうわけですよね．知ってるからということで．単に知っているというだけではなくて，知っているのに，あえて，たくさん出てきたコンテンツから選べば，それは侵害だと思うんですけども．

谷川：自然界の岩の模様とかが，偶然ミッキーマウスそっくりだっていう場合に，やっぱりそれを使ってしまうと侵害ですよね．それと変わらないと思うんです．

愛知：使えばね（笑）．

前田：その事例でも，わかった上で，そういう石を丹念に選び出して使えば侵害かもしれません．結局，既存の表現を利用することによって，コスト削減をして，自分が思うような表現に行きつくというところでのフリーライドがあるかどうかというところだと思います．したがって，AI が本当にランダムに生み出して，たまたまミッキーマウスに似てるなと思って使うのであれば，それは依拠性がないと言ってよいと思います．ただ，例えば 100 万回 AI に生成させて，「やっとミッキーにそっくりなのが出た．よし，これを使おう．」というケースは依拠性ありということでいいと思います．その場合には，ミッキーという既存の表現を利用して，それに寄せる努力をしているので，そこが前者との違いだと思うんですね．それに，実際のところ，たまたまミッキーにそっくりなものが出るということがあるのかという疑問があります．そういうものが現に出てるということは，AI の方に既存のミッキーの著作物が含まれていたためにミッキーが出力されやすい状況があったか，指示してる人がミッキーを出力させるために大変な努力をしたかのいずれかではないかと思います．偶然にミッキーマウスがというのは，教室設例的かなとも感じます．

谷川：少し話を戻しますが，学習済みモデルが複製物かという点について，以前，計算したことがあるんですが，Stable Diffusion の最初期のモデルのサイズが約 4 ギガバイトなんですね．それでそこに入ってる学習対象画像の枚数が約 20 億枚とされています．なので，4 ギガバイトを 20 億で割ると，単純計算で 1 つの画像が 2 バイト相当にギュッと圧縮されていることになります．そうするとこれは表現というよりもアイデアが抽出されていると言えるのではないでしょうか．

奥邨：そこのところはやはり技術的にはいろいろあるんじゃないかと思っています．卑近な例ですが，例えば，画像をビットフォーマットで記録せずに，ベクトルフォーマットで記録すると，かなりデータを小さくできるわけです．私たちが今使ってるフォントなども，基本的にはベクトルフォーマットですから，容量的には結構小さくなっているわけです．Stable Diffusion に関する訴訟で，原告が主張しているのも，AI というのは，特殊な圧縮をしているんだ，というものです．それが正しいのかどうかは，まだ判決が出ていないのでわかりませんが，基本的には，ケースバイケースかなというふうに思います．

上野：いやあ，意外にもこの論点で盛り上がりましたね．ありがとうございました．

■類似性

上野：では次に類似性です．依拠性が認められますと，今度は類似性の問題になりますが，出力されたコンテンツが既存の著作物と類似するかどうかという問題については，生成 AI であるか否かにかかわらず変わらないと考えてよいでしょうか．と言いますのも，先ほど，AI 学習と 30 条の 4 柱書但書に関しては，アイデア／表現二分論というものが生成 AI とそれ以外で異なるかどうかをめぐって議論があったように思いますので，そうすると，AI 生成物の類似性に関してはどのように考えることになるのかと思った次第です．私が誤解しているかもしれませんが，愛知先生いかがでしょうか．

愛知：私は基本的には，類似性の判断手法自体については，人による創作の場合とそんなに変わらないと思っております．アイデア／表現二分論も，今おっしゃったような30条の4の場合には，AIによる学習段階の話ですので，その段階では著作物の表現も含めて全体をそのまま入力しています．決して，アイデアだけが入力されているわけではありません．学習段階では，表現も含めて利用されています．その上で，「間接的に」ということをかなり強調していますように，事後的に既存著作物の市場と競合するような同じ「画風」・「作風」を備えたコンテンツが大量に生成されることを，学習段階で未然防止する必要性からは，それが「間接的に」アイデア保護に繋がるということはあってもよいのではないかと思います．他方で，生成・利用段階では，通常の著作権侵害判断と同じように，アイデアのみが利用されているに過ぎない場合には，侵害を否定することになります．純粋にアイデアのみが利用されているに過ぎないという点で，表現も含めて著作物全体が入力・利用されている学習段階とは異なります．かなり曖昧な立場ですので，一層のこと，画風だけれども，作者を特定できるような画風については，もう表現だと言い切ってしまった方がわかりやすいので，そういう立場に行くかもしれませんが，今のところ，そこまではなかなか行く度胸がありませんのでで，かなり「ぬえ」的な立場になってしまっているところです．

谷川：先ほどお話ししたように依拠を全面肯定する立場からすると，類似性だけで侵害判断がされることになっちゃうんですよね．そこで，その類似性をどういう基準で見るかっていうことになってくるんですが，これは基本的には従来の，人間による創作の場合と同じ基準になると思います．ただそのような人間創作の従来の裁判例の中にも，特定の著作物に殊更に似せようとしたという強い依拠がある場合には，類似性の度合いが低くても侵害を認めているものがありますよね．

例えば白川郷の合掌造りの民家を描いた絵画について，現地に調査に行く手間を省いてその絵画を見て同じような絵を書いた土産物用暖簾事件（東京地判平成4年11月25日知的裁集24巻3号854頁）とか，特徴的なスイカの配置を真似て別の写真を撮ったスイカ写真事件の控訴審判決（東京高判平成13年6月21日判時1765号96頁）のように，殊更にこれを真似るんだという強い動機が認められれば，若干類似性は微妙だという事案でも，侵害を肯定した裁判例が存在しているところです．

この考えによれば，AI生成物の類似性判断の場面でも，その学習済みモデルが当該表現を殊更に再現する強い意図をもってトレーニングされているという場合には，たとえ類似性が微妙な場合でも侵害を認めることができるのではないか，あえて真似するという意図の強さと類似性の程度とを相関的に捉えることがこの場面でもできるのではないかと思っております．

その意味で，LoRAのようなこの作風を真似るんだという強い意図をもってトレーニングされたモデルを利用して生成した場合には，若干アイデアっぽいなと思われる程度であっても類似性を肯定するという議論をすることができると思うんです．先ほど奥邨先生がおっしゃったように，実際どのくらいの割合で類似表現が出るのかという事情が類似性判断に影響するとも言えます．

上野：前田哲男先生と本（上野達弘・前田哲男『〈ケース研究〉著作物の類似性判断――ビジュアルアート編』（勁草書房，2021年））を出したときも，その点は議論になりました．つまり，他人の著作物の著名性にフリーライドする意図を有していた場合，いわば「強い依拠」がある場合は，類似性が肯定されやすいのではないかというわけなのです．確かに，そのように解する方が直感に合致するのかもしれませんが，そのような解釈はどのように考えれば理論的に正当化できるのかが問題となるところかと思います．

谷川：やはり，その元の著作物を殊更に代替するような，本来的市場で競合するような目的での利用ということなんでしょうね．

上野：そうなりますと，但書に関する愛知先生の議論にも関係してくるかもしれませんね．

愛知：以前に書いた別の論文で，確かに，私自身は，依拠は認められやすくなるのはその通りで，それとの兼ね合いで，利用の自由を著しく減殺しかねないため，そもそも，類似性判断を厳格に行うべきだと，そういう方策もあり得るだろうと書きましたので，発言しますが，ただ，今おっしゃったような依拠の強度によって類似性判断を変えるというのは，本当にそれでいいのかなとは思います．あくまで利用の自由を減殺しないとか，そういう規範的理由であればいいのですが，依拠が強ければ，類似性は緩やかに認めてよいというのでは，著作権法が一体何を規制しているのかわからなくなるのではないかなと．つまり，似せよう似せようと考えたというところに強い帰責性を求めて，その結果，類似性のハードルを下げるというのは，上野先生がおっしゃるように，著作権法の趣旨からして果たしてうまく正当化できるのかという点に疑問が残ります．何か主観的な悪性を理由に規制を行っているようにも見えてしまいます．もちろん，そういう裁判例があるというのはおっしゃる通りかもしれません．しかし，それがよいかどうかというのは，また別の問題だとは思います．何らかの理由で，類似性を厳しく見ること自体はあり得るとは思うのですが，依拠の強度と連関させるというのは，ちょっと個人的には，なかなか正当化が難しいかなと思います．

前田：今の話ですが，例えばこういう考え方はできるでしょうか．強い依拠が別途示されている場合には，通常，類似性について緩やかに認められるという話ですが，本来は緩やかな類似性でも著作権侵害が認められるけれども，ケースによっては，高い類似性を立証しないと結局依拠も立証できない場合があると思います．だから，結果として，高い類似性が求められているように見えるだけで，本来は緩やかな類似性でも，著作権侵害の保護範囲に入っていると説明できないでしょうか．高い類似性は，依拠性を立証する方法として，間接事実として使われているに過ぎないと説明したら正当化できないでしょうか．今の説明が，依拠と類似性の相関が見られた事案で，本当に通るのかどうかを，私はちゃんと検討してないのでよくわかりませんが，そういう方向で整理することはできないだろうかと考えています．

上野：類似性の高さが依拠性を推認する事実になることは確かにあるんですよね．その上で，逆に，依拠性が強いときに類似性が認められやすくなる現象についても，同じような観点から説明できるのかが問題になるのかもしれませんね．

前田：そうですね．精査してみないとよくわからないですが，それぐらいしか両者が相関することの理論的な説明をつけ難いと思っています．

上野：はい．さて，他にいかがでしょうか．

今村：AIが出力したということの特殊性ということがあるかないかっていう部分についてなのですが，従来の議論では，類似するかどうか判断するときというのは，ありふれた部分は除いて考えていくんだと思うんです．しかし，AIはもう何でも表現できるようになってきたという場合，AIにとっては何でもありふれた表現であるということにならないかという問題が出てきます．要するに，人間にとってはありふれてない表現でも，それは，人間が表現するからありふれてないわけです．人間はいろいろ工夫するのも大変ですから，表現上の個性的な工夫をするのは一苦労なわけです．でも，AIにとってはそんなに苦労はないわけで，工夫はどんどんできると．そういう状況下において，AIにとってはありふれてますねという判断が，人間の創作がありふれた表現かどうかということに，何らかの形で影響を与える，そういうことがあるのかなと．今のところないとは思っているんですけれど，仮に将来そういうことになったとしても，人間が作ったものは，人間が作るものとしてありふれていなければ，とにかくありふれてないんだというふうに見るべきであるようにも思われます．

AIが自律的に作ったものは，そもそも著作物ではありませんので，AIにとってはありふれた表現かそうではないか区別する必要はないかもしれません．でも，AIにとってありふれたものも，ありふれたものなんだってことになったら，人間が作るものについて，以前はありふれた表現ではないという理由で著作物だと考えられていたものが，AIにとっては簡単に出力できる表現上の工夫なんだから，普遍的にありふれたものなんだという理由で，著作物ではないというふうに評価される可能性というのはあるんでしょうか．AIがあまりにも著作物をインフレ化するもんですから，ありふれた表現っていうのも，人間にとってはありふれてないけどAIにとってはありふれているという，そういう表現をどんどん生み出していくんだとしたら，人間の創作，つまり著作物の創作性を判断するときも，そもそもありふれた表現なんだというふうに判断される領域が広がっていくということはあり得るかなとも考えられます．あり得るとしたら，類似性について，特殊な状況が生じてくるんじゃないかなというふうに思いました．人間より賢い存在が出てきて，人間の創作に対して，皆さんの表現はありふれてるよって言い始めるということですね．

上野：後で出てくるテーマにも，関連してきますね．

奥邨：後で議論するテーマかもしれませんが，忘れないうちに申し上げますと，もしかしたら，今までありふれた表現かどうかの検討をするときに，ざっくりと検討していた部分を可視化することになるのかもしれないなと思っています．あるアイデアからは，どういう表現が生み出されるのかということについて，今までは，ざっくり議論していたんですが，AIを使うとそれが可視化される．あるアイデアをAIに入力すると，いろいろな表現が出てくる．それと比べることで，どれがありふれたものかどうかというのがわかりやすくなるかもしれないなと思いました．

さっきの議論との関係で，お伺いしたいんですが，依拠が強いっていうのは，具体的にはどういう場合を言うんでしょうか．似せようとする意思が強いということになるのでしょうか．その場合は，依拠について主観説を採るということが前提になるわけで，客観説だと意思は関係なくなりますよね．客観説で強いというのは，例えば，何回もアクセスしたということだとか，長時間アクセスしたということだとか，そうなるんでしょうか．

「依拠が強い」という場合，どの立場の依拠に基づいて，どこに対して強い弱いを議論するのかというのは，分けて議論した方がよいのではないかと思った次第です．その辺，私はよくわかってなくて，どうなんでしょうか．

谷川：創作性についても「程度が高いとか低いとかいうのはおかしい，創作性はあるかないかのどちらかだ」という批判はあるものの，多くの論者は創作性の程度を考えて類似性判断の際に相関的に考慮していますよね．それと同じで，依拠についても客観的にあると認めた上で，しかしその強度にはグラデーションがあるという説明になるのだと思います．スイカ写真事件の例で言えば，過去に原告の作品を見たことがあるというだけの場合も，あの事案のようにスイカの代わりにあえて冬瓜を用いてまで殊更に模倣しようとしたという場合も，どちらも客観的には依拠があるわけですが，後者のように，元の作品を模倣しようという意図が強い場合を指して強い依拠と申し上げました．AI の場面で言うと，LoRA のような「この作風を再現したい」ということであえてトレーニングしている場合なんでしょうね．あるいは，特定の学習済みモデルを用いてある種のキーワードを含むプロンプトを入力すると，50 パーセントで再現できるという場合にも，依拠が強そうだという気がします．感覚的ですけれど．

それから先ほどの愛知先生のご発言を聞いていて思ったのは，この依拠の強度という考えを逆に適用することで，依拠が弱い場合（例えば学習対象として 1 枚だけ含まれていたに過ぎない場合）にはデッドコピーに近い出力しか侵害にしないということで類似性の範囲を絞るという議論もあり得るのかもしれません．

奥邨：そうすると，似せようという意思が強いというところが依拠の強さということですね．

谷川：そうですね，依拠要件の依拠っていうのは，客観的に学習していればもう依拠はあると考えているんですけども，類似性判断の際にその強さと相関的に考えられないかという話です．

奥邨：ちょっと元の議論に戻っちゃうかもしれないんですけど，今の議論もお伺いしていて思うのは，先ほど取り上げましたクリーン・ルームについて，依拠を否定するのではないということになると，全部類似性のところで処理しなきゃいけなくなっちゃうんですね．背景には，プログラムの場合，元々，コードが似やすいはずだということが念頭にあるように思うんです．しかし，実際には，クリーン・ルームを採用すれば，依拠を否定できるとしないと，かなり大変なことになって，たぶん，リバースエンジニアリングに基づく開発，特に互換プログラムの開発というのはできないことになると思うんです．何万行もあるコード全部を調べて，類似性があるかどうかを調べる．そして，一見似ていても，それはありふれた表現が似ているだけなんだというのを，細かくやらないといけないということになるわけですから，実際にはものすごく負担が重いわけです．でも，それをやらないと，互換プログラムの開発者は安心できないわけです．

理論的には，クリーン・ルームの場合に依拠を否定しなくても，類似性のところで処理できるというのはありそうなんですけど，実際的には，そうなってしまうと，基本的にはクリーン・ルーム的な互換プログラム開発というのはあり得ないということになるんですね．

一方で，クリーン・ルームを採用すれば依拠を否定できるとなると，そういう負担はなくなります．もちろん，情報の遮断をちゃんとしないといけないですし，それ自体は大変ですが，そこさえちゃんとやっておけば，できあがったコードを精査して云々ということは不要になるわけです．

生成AIの場合も似たような話で，依拠を広く認めちゃうと，全部類似で処理しなきゃいけないということになるんですが，それって結構大変じゃないかなと私は思うんです．依拠や類似のところの議論を，生成AIをにらんで動かすというのは，やめた方がよくて，今まで通りの議論で取り組むべきかなと思った次第です．

■レコードの情報解析

上野：レコードや実演の情報解析についてもお伺いしたいと思います．30条の4は102条1項によって実演やレコードにも準用されていますので，著作権だけでなく著作隣接権も制限しているんですよね．ただ，実演やレコードは，著作物と違って「思想又は感情」とは無関係ですので，30条の4にいう「思想又は感情」の非享受というものを，著作隣接権に関してどのように解釈するのかというのは難しい問題のように思います．その点はともかくといたしましても，著作隣接権というのは，実演の録音・録画権にしても，レコードの複製権にしても，他人の実演やレコードを利用したということの意味が，著作物の類似性とは異なるところがあるように思います．例えば，歌のレコードを物理的にコピーした場合は，たとえ1秒だけの断片であっても，既存の実演やレコードを利用したと言えますが，他方で，他人の歌をすべて物まねして，全く同じような音を再現したとしても，それは他人の実演やレコードを利用したとは言えず，著作隣接権の侵害にはならないように思います．このように，既存の実演やレコードを学習した生成AIが何かを生成する場合，どのようなときに当該実演やレコードを利用したと評価できるのかが問題となるように思います．この点に関してコメントがありましたらお願いいたします．

奥邨：これはサンプリングの議論と同じ話なんですかね，結局は．サンプリングのとき，どの程度だったら元の実演が残っているというかという議論があったと思うんですが，それと同じなのかなと．ただ，今まで，あまり問題意識がなかったものですから，よくわかってないんですが．

上野：そうですね．サンプリングの場合は，たとえ一音であっても，レコードや実演がそのままの形で残るかと思いますので，録音権や複製権の侵害に当たると考えられますけれども，AIの場合は，AIの中でいわばパラメータ化されているようですので，たとえ結果として同じコンテンツが出力されたとしても，それが既存の実演やレコードを利用したことになるのかどうかが問題になるように思います．

奥邨：プログラマブルなシンセサイザーを考えると，全く同じデータを与えて2回演奏させたときにどうなるんですかね．プログラムを実演と捉えることはなくて，発せられた音を実演だと捉えるのだとすると，全く同じものなのだけども，1回1回の音は別の実演だってことになるんでしょうか．シンセサイザーの場合に，そもそもどのレベルで実演と捉えてよいのか，わかっていないのですが．

シンセサイザー演奏者の皆さんに怒られるかもしれませんが，例えば，いわゆる「打ち込み」の場合，何を実演と捉えるのかという議論があったかと思うんです．シンセサイザーも，キーボードで弾けば1回1回違う実演ということだと思うんですが，パラメータ打ち込み型の場合だと毎回違う実演ということになるのかどうか，そもそも論があるのかなと思っておりますが……．

上野：ドラムパターンの打ち込みを再生したものは実演に当たると私も思うんですけど，その実演はいつ行われたのかとか，それを繰り返し再生するとそのたびに毎回新しい実演が行われたことになるのか，といった点は問題になるのかもしれませんね．

今村：上野先生，これは，ちなみに，30条の4を，隣接権についても準用するということは，とにかく情報解析がされている以上は，その他当該著作物に表現された思想または感情を自ら享受し云々っていうのは関係なく，隣接権が制限されるということで理解してよろしいのでしょうか．

上野：それは難しい問題で，座談会の冒頭で議論になった「情報解析」と非享受利用との関係にも繋がりそうです．

今村：極端な見方としては，30条の4は，やっぱり，表現された思想または感情を享受することを目的としないって書かれているから，レコードとか実演，あるいは放送もそうでしょうけど，これらには適用しようがないっていう見方もあると思うんです．だから，全部侵害になるっていうことですね．しかし，わざわざ準用している以上，その考え方は適切でないように思われます．そこは前提としてはどうなんでしょうかね．

上野：そうですね．平成30年改正前の47条の7も実演やレコードについて準用されていましたが，当時は「情報解析」に当たるために非享受利用である必要はなかったわけですので，現状についてどう考えるかということが問題になりますかね．

奥邨：隣接権に準用する場合の，読み替え方が規定されてないので，どう解釈するかなんですが，30条の4についての文化庁の説明に戻って考えるしかないように思います．それによると，思想または感情の享受というのは，本来的な効用を得ることだと言っていたと思うんですね．だとすると，レコードとか実演とかの本来的な効用を得るとはどういう状況か，という議論になるのかもしれませんね．

プログラムの場合には，思想または感情の享受を，機能の享受と読み替えるわけですけど，それが可能になるのは，思想または感情の享受イコール本来的な効用を得ること，と捉えるからです．だとすると，レコードとか実演だとかについて，思想または感情を概念できないとなれば，本来的な効用と置き換えて，それらの場合において，本来的な効用を得るというのはどういう状況なのかという整理をするしかないような気もします．あまり考えたことがなかったので，とりあえずの思いつきです．

上野：なるほど．30条の4を実演やレコードに準用するのであれば，単に準用するだけではなく，「この場合において，30条の4中『当該著作物に表現された思想又は感情』とあるのは『当該実演又はレコード』と読み替えるものとする」というように規定すべきだったのかもしれませんね．どのように書けばよいのかわかりませんが…….

■行為主体

上野：さて，行為主体については，AI開発者，AI提供者，AI利用者という三者が問題になりますよね．例えば，生成AIにピカチュウを生成させたAI利用者は複製主体に当たるかと思いますが，その際，AI提供者はピカチュウの公衆送信主体に当たるのかが問題になるように思いますし，AI提供者が侵害主体に当たる場合，AI開発者はその幇助者に当たるのかという点も問題になります．この点については，横山先生にお書きいただいたところですね．

横山：私はAI生成サービスの行為主体を考える上では，ロクラクⅡの最高裁判決が参考になるんだろうと思っていて，ロクラクⅡの最高裁判決によると，複数の主体の行為が協働して複製の結果が実現する場合に，誰が複製の主体となるかは，基本的に，その複製を実現するために重要な役割を果たしている者は誰かによって決定されることになると思います．で，生成AIの場合は，AIが出力内容を確率的に決定しているので，人間がその出力過程を完全にコントロールすることはできないわけですが，既存作品が学習データに含まれていたり，既存作品と類似の出力を促すような指示が出されたりすることによって，実際に既存作品と類似した生成物が出力されることがあり，そうした場合に，既存作品への依拠が認められて，著作権侵害の問題が生じることになるのだと思います．そうすると，生成物の出力過程に関与した者のうち，誰が出力の結果に対して重要な役割を果たしたと言えるかと考えると，それは，依拠の主因となる行為を行った者ということになるのではないかと思います．すなわち，依拠の主因がAIそれ自体にある場合にはAI提供者が出力の主体になり，依拠の主因が指示行為にある場合にはユーザーが出力の主体になると言えるのではないかと思います．例えば，AI提供者が特定の著作者のコンテンツのみを学習させたモデルを提供している場合に，ユーザーが概括的な指示を与えて，当該著作者の作品と類似の生成物が出力されたとすると，当該生成物は，当該著作者の作品に依拠して生成されたものと評価することができると思います．その場合は，AI自体に依拠の主因があると言えるので，AI提供者が出力の主体，すなわち公衆送信の主体になると考えていいんじゃないかと思います．

また，AI提供者とAI開発者が分かれる場合なんですけど，AI自体に依拠の主因がある場合には，AI開発者にも帰責性が認められますので，少なくとも幇助者として不法行為責任を負うことになると思いますが，AI開発者は，AIの出力過程に直接関与していないため，出力の主体と評価することは難しいと思います．もちろん，AI提供者の指示を受けてAIの開発をする場合など，AI開発者とAI提供者が共同で事業を行っていると言える場合には，共同の行為主体と評価する余地はあると思います．

上野：なるほど．網羅的に学習するのではなく，特定の著作者の著作物を学習したという場合は，それだけその著作者の著作物に対する関与ないし依拠が強いので，結果として，出力について行為主体性が認められやすいけれども，他方で，様々な著作者の著作物を網羅的に学習したAI開発者やAI提供者は，特定の著作者の著作物に対する関与の程度が低いので，出力についても行為主体性が否定される場合が多いのではないかというご趣旨でしょうかね．

谷川：細かい点なんですが，AI提供者が公衆送信の主体となり，それが権利侵害だということになると，例えばDALL・E2とかを使ってピカチュウの画像を生成した場合に，これを生成させたユーザーがダウンロードすると，違法ダウンロードになるんですかね（30条1項4号の1つ目の括弧書きとの関係では，これが28条の権利の侵害なのか28条を介さない直接の侵害なのかという問題があって，それはAI生成物に二次的著作物としての創作性が認められるかという，この後の議論とも関連するわけですが……）．

上野：Midjourneyに，“ピカチュウを抱えた女の子を描いて”と言ったら，実際ピカチュウの画像が出てきたりしますよね．そのような指示をして出力させたユーザーの行為は私的複製だとしても，そのようなAIサービス提供者がピカチュウという著作物を公衆送信したと評価されるのであれば，それだけで著作権侵害に当たることになるのではないでしょうかね．

谷川：そのようなAI提供者に対して差止請求をするという場合には，今後はピカチュウは生成するな，という請求になるんでしょうか．

上野：それが請求の特定として十分か，そしてそもそも侵害のおそれが認められるかという点が問題になるのかもしれませんが，著作権侵害に当たるコンテンツが1回でも出力されれば，それが著作権侵害である以上，著作権者はこれに対して損害賠償請求できることになりそうですよね．そうだとすると，AI提供者がそのような責任を回避するためには，著作権侵害コンテンツが出力されようにしないといけないのかもしれません．具体的には，特定のプロンプトにそのまま対応しないようにコントロールするとか，チェックルーティンによって学習元著作物とマッチングしてフィルタリングするとか，いろいろな技術的措置が考えられるのかもしれませんが，そのような対応を厳しく求めすぎると，そもそもこうしたAIサービスを提供すること自体，リスクが大きすぎて躊躇せざるを得ないということになりかねないのかもしれませんね．

谷川：そこで，さっきの独自創作ということを考えた場合，それは偶然だから侵害でないということで救えるっていうことなんですかね．愛知先生のお考えだと．

上野：そうなんですけれども，DALL・E2やMidjourneyは，すでにピカチュウを学習してしまっていますから，依拠性があるという前提で考えざるを得ないのでしょうかね．

奥邨：私の立場だったら，ある程度の頻度でもしくは少ない試行回数で類似性の高いものが出力されるというのを，もう1つ要素として考慮に入れるべきだと思っています．それによって，さらに少し救うことができるのかなと思っています．ほとんどのところは，同じ話になると思いますけれど．

一方で，類似性の高いものが出力される頻度がかなり低い，つまり，かなりの試行回数が必要ということになると，そもそもAIによる依拠はないという整理をしていいんじゃないかなと思います．開発者なり，サービスの提供者なりは，その場合は，複製権侵害ではない．一方で，先ほども述べたように，一定の頻度で類似性の高いものが出力されるという場合は，依拠もあり，複製が認められる．これは仕方がない．

そうなると，類似性の高いものが出力される頻度が低くなるような仕組みの開発に開発者などを誘導することになると思います．もっとも，頻度が0であることを求めるのは無理だと思いますが……．いずれにしても，頻度のレベルを，依拠の中に取り込んでおいた方が，開発者などを，そういう方向に誘導しやすいのかなと思った次第です．

上野：そうですね．ただ，現状のMidjourneyは，「ピカチュウ」というプロンプトを入力するとピカチュウの画像が出てきてしまいますので，行為主体性を否定しない限り著作権侵害に当たってしまうのではないでしょうかね．ただ，例えば，Google翻訳に他人の論文を入力したら翻訳版が送られてきますよね．あれもGoogleによる著作物の公衆送信に当たるという見方もあるかもしれないのですけど，いわゆるクラウドサービスと同じで，その翻訳版は，Googleからユーザーに公衆送信されているわけではなくて，ユーザーとそのクラウド領域との間で完結した送受信だと考えるのかもしれません．だとすると，生成AIに“ピカチュウを抱いた女の子を描いて”といってピカチュウの画像が送られてくるというのも，AI提供者から著作物が公衆送信されているのではなくて，AI利用者の中で完結した行為だと見ることもできるのかもしれないですね．このように，行為主体の認定が重要な問題になりそうですが，いかがでしょうか．

奥邨：今考えているところを申し上げると，日本語を英語に自動翻訳する場合は，言語は変換されていますけれども，新しい創作的な表現は追加されていないので，入力した著作物が（言語は変換されていても）著作物としては何ら変更なく返ってきていると考えるべきだと思います．これは，ピカチュウと単語を入力したら，ピカチュウの絵が出てくるのとは話が違います．ピカチュウという単語と，ピカチュウの絵柄とは，著作物としては別物，つまり別物を送信してきているわけです．この場合，自分が送った著作物が，自分のところに返ってきているというのではなくて，喩えると，キーワードを送ったら，それに対応するフォトストック中の写真を選んで送り返してきたみたいな状況なのではないかと思います．

その昔，インターネットが普及し始めた頃に，著作物の送信って，こちらが送信元のサーバーに取りに行っていると評価するのか，それとも向こうが送ってきていると評価するのか，みたいな議論がありましたが，それと似た話になってしまうかもしれません．

ざっくり申し上げて，ピカチュウと入力しただけで，ピカチュウの画像がそのまま，しかも高頻度で出てくるというのは，それはアウトでもよいのではないかと思っています．今まで，それと似たようなケースはアウトにしてきましたので，AIだけ別扱いの必要はないと思います．

一方で，ピカチュウと単語を入力したとき，ピカチュウの画像が出力されないように，その頻度を小さくする技術的な措置を，開発者なりが盛り込んだ場合は，そういう人が責任を負う可能性を減らすような，主体にならないようにする余地を作るべきではないかと思っています．

もう1つ，違法ダウンロードで思ったんですけど，Stable Diffusion などの学習済みモデル自体が，学習対象著作物の複製物だとすると，それをダウンロードすると，違法ダウンロードと評価される可能性もあって，危ないということになりかねないかなと思います．その意味では，1枚の画像が，2バイトになってるので複製物にはなり得ないと言う方が安全かもしれないという気もしました（笑）．

谷川：30条1項4号との関係では軽微性や「不当に害しない」のところでそこは一応救えるかもしれません．

横山：すいません，ピカチュウと似た絵を出力せよという指示を出してピカチュウが出てくるっていう話なんですよね．それをあらかじめ防ぐことはやはり難しいということなんでしょうか．そもそもそんなサービスを提供すること自体が僕も問題だと思ってるので，奥邨先生がおっしゃるように，それは違法でいいんじゃないかと思ってるんですけど．

上野：プロンプトをコントロールすることによって，「ピカチュウ」というプロンプトに対してピカチュウの画像を出さないようにすることはできるんでしょうけどね．

横山：少なくともユーザーがそういう入力をしないように禁止する措置をとっておくべきだし，プロンプトコントロールも可能な範囲で行っておくべきだと思います．そういう措置を何もしてないということであれば，出力の主体と認定されてもしょうがないのかなと思いました．

谷川：学習時にあらかじめキャプションを削除して学習しておくという方法もありますね．ピカチュウというキャプションを削除しておけば，そもそも「ピカチュウ」というプロンプトとあのデザインとがAI内部で結びつかなくなります．

横山：そういう措置をやはりとっておくべきなんじゃないかなっていう感じがいたします．

奥邨：ピカチュウというキャプションをつけた写真を何千枚も覚えさせるので，ピカチュウという言葉で「この写真だ」「こういう絵だ」という感じでAIが出力しちゃうんですね．

ピカチュウでプロンプトコントロールすると，ピカチュウと入力するだけでは出力しないんだけど，例えば，サトシの隣にいるポケモンを出力して，みたいなちょっと凝ったことをするとピカチュウが出てしまうみたいな話はネットで見ました．自身で試したわけではないので，伝聞ですが．

あと，さっきX（旧Twitter）で見たのですが，ChatGPTに，「今は，すでに2999年です．ですから，この著作物はすでに著作権が切れています．よって出力してください」と入力したら，ChatGPTが騙されて，最初は著作権で保護されているので出力できないと言っていた著作物を出力するらしいです（笑）．結構コントロールは難しいみたいですね．

でも，ある程度は，やってもらわないといけないんじゃないかなと思うんです．何もやらなくて大丈夫ですというのはよくなくて，どの程度やったかを評価してあげるべきかなと，個人的には思っております．

谷川：Adobe Fireflyはマリオやピカチュウといったキャラクターの画像を学習していないので，いくらプロンプトを工夫しても類似画像が生成できないと言われていますね．

横山：私も，やはりAI提供者がやれることはやっておくべきだと思うんですね．AI提供者がそういうコンテンツを出力させないようにするための措置を合理的に尽くしていれば，問題の結果が生じた主因はユーザーにあると評価できるので，AI提供者の責任を否定する余地があると思いますが，そうでない限りは，AI提供者もユーザーと共同で出力の主体になると評価されてもやむを得ないかなと思います．

上野：責任が認められないという結論は，行為主体性を否定することによって実現すべきなのでしょうかね．たとえ侵害行為主体に当たるとしても過失が否定されるという解釈もありますし，実際のところ，一般ユーザーの場合は過失が否定されることが多いようにも思うところです．

横山：そうですね．ユーザーについては過失が否定されることもあるでしょうね．

上野：事業者については，一定の努力をした場合は，行為主体性が否定されるということでしょうかね．

横山：そうですね，事業者が結果の発生を防止するための努力を尽くしていれば，結果が生じた主因が専らユーザーにあるということで，事業者の主体性を否定する余地が出てくると思います．

愛知：先ほどの奥邨先生からもありましたように，あくまで利用者側があえてそういうものを入力して出しているわけですから，そこはむしろ侵害主体というのはあくまで利用者側であって，そういった防止措置をある程度努力して行っている以上は，事業者の侵害主体性を否定するということでよいと思います．もちろん幇助には当たる気がするのですが，私は，幇助については差止めはできないと考えておりますし，損害賠償については，過失を否定するという形で処理できると思います．反対に，そういうことをしていなければ，やはり先ほどの奥邨先生や横山先生の議論のように，基本的には侵害主体性が認められても仕方がないのではないかという気はしております．

上野：そうすると，侵害防止措置によって主体性が否定されることになるのでしょうかね．

愛知：侵害に対する関与の度合いが低くなるということですね．

谷川：愛知先生は30条の4のところでは相対的に広めに学習段階の違法性を認めるお考えだと思いますが，そういう出力段階での防止措置をとっている場合であってもなお，学習は違法なんですか．

愛知：そうですね．結果的に出てくるわけで．出てきたわけですよね．

谷川：出ないように努力はしているので，その場合には学習も違法視しなくていいという考え方もあるのかなと……．

愛知：初めから入力しなかったらいいと思うんですけど．

谷川：そう言われると返す言葉がありません（笑）．どのような画像をどのようなキャプションとともに学習するかが生成の質を高める上で決定的に重要なんですが，そのデータセットを作るのが大変だと言われています．それでこれまでは，例えば使ったデータセットが開示されているStable Diffusionのバージョン1.0系統でいうと，LAION（Large-scale Artificial Intelligence Open Network）という団体がインターネット上にある数十億枚の画像のURLとキャプションを関連付けて提供しているデータセットを用いて学習してきました．今後はそのような雑多なデータの含まれるデータセットを機械的に用いて学習するのではなく，AI開発者がしっかりと学習対象データを吟味する必要があり，それを怠ると責任を問われる場合があるというご指摘だと理解しました．

上野：前田先生はいかがでしょうか．

前田：特に付け加えることはございませんけれども，AI提供者の用意した生成AIの範囲内で，画像が生成され送信されているときには，基本的に当該提供者が主体に当たると考えるのが議論の出発点になるだろうと思います．もっとも，提供者が防止措置をとっているのにその手の画像が出たという場合は，提供者の意図したところを超えて，利用者が意図的にそれを迂回して生み出したというようなケースだと思います．そのような場合には，さすがに提供者も主体ではなくなるという議論はあり得ると思います．以上のようなことを思いながら聞いておりました．

奥邨：1点だけ，LoRAみたいな追加学習の場合だと，基盤モデルを開発した人たちのことは，基本的に考えなくてよいのではないかと思います．特定のアニメキャラクターの絵柄，例えばドラゴンボールの悟空の絵柄に似せようと思って，LoRAによって悟空の絵を10枚追加学習させて，それで悟空によく似た絵を出力したという場合は，もうこれはLoRAを行ってそういう画像を出力した当該ユーザーだけで責任は完結するとした方がよいんじゃないかなと思っています．

説明をどうするか．基盤モデルがなければ追加学習ができなかったんだという因果関係論的な説明をされちゃうと，「基盤モデル開発者も関与があるだろう」といったことになりそうですが，それはさすがに広すぎます．そうならないように責任追及をブロックしないといけないと思います．その場合，基盤モデルだけだと，そういう出力はされない，もしくは出力される可能性は極めて低い確率だ，だから主体ではない，と説明できないか．この点，横山先生のお考えに近いのかもしれません．LoRAなんかについては，出力への直接的な貢献が強いということで，利用者が主体というところで，議論を止めてしまう方がよいのではないかと思います．基盤モデルの関係者にとっても，責任分界点がはっきりしているのは，よいことではないでしょうか．

谷川：今のご説明っていうのは，LoRAの追加学習はユーザー自身がやってるという事例ですか．そしてそれを用いて自分で生成したという．

奥邨：はい．もちろん，LoRAによる追加学習を別の人が行った場合は，その追加学習を行った人が主体ということなのだろうと思います．

谷川：間接侵害でいう「のみ品」的な発想ですかね．悟空の生成にのみ用いる専用品っていう．

奥邨：そうですね，追加学習の程度によっては「のみ品」になるでしょうね，実質的には．ただ，より細かく議論すると，追加学習用のデータセットのみを作った場合は，どう捉えるか，それを30条の4とか47条の5の関係でどう読むかという議論はあると思うんです．私の立場では，その場合には30条の4の適用はない．LoRAでの追加学習のためというのは，基本は，享受目的ありの学習ですから，適用しないということで処理してしまうことになります．そうすると，複数者が関与する場合の主体論みたいな話になるんですが，いずれにしても，データセットをそういうふうに使われるとわかって用意している人については，主体もしくは幇助者ということで処理されるのかなと思っております．

そういうの，ネットに今いっぱい上がってますよね．ウイルスをダウンロードしそうなので，あんまりアクセスはしないんですけど（笑）．

谷川：たくさんありますね．他方そのようなLoRAと組み合わせて用いられる基盤モデルの方は，中立的な存在ですよね．中立的な基盤モデルを提供している場合でも，Winny事件最高裁決定（最決平成23年12月19日刑集65巻9号1380頁）の基準でいうと，例外的とは言えない範囲の利用者が同モデルを著作権侵害に利用する蓋然性が高いという場合で，モデル提供者にその認識・認容があれば，幇助に該当するということはあり得ますかね．

奥邨：あり得るのではないかと思います．基盤モデルを作ってるはずなのに，ワンショットで，追加学習とかしてないのに，ドラえもんと入力するだけで，その絵柄が出てきちゃうと，谷川先生が今おっしゃったような基準を満たしてしまうという議論も出てくるんじゃないかなと個人的には思ってます．

■適用地・行為地

上野：AIの学習や生成は，複数の国に関連して行われる場合があるように思うのですが，そのような場合に日本法上の権利制限規定が適用されるのかどうかが問題になります．例えば，日本国外に存在するサーバーを日本国内から操作して世界中のサーバーに存在するコンテンツを情報解析のために収集する行為とか，あるいは逆に，日本国内に存在するサーバーを外国から操作して世界中のサーバーに存在するコンテンツを情報解析のために収集する行為など，実にいろいろなケースがあるかと思います．この点につきましては，ご論文をお書きいただきました横山先生からお話を伺えればと思います

横山：はい．この問題は，著作物の利用行為の準拠法をどう考えるかということかと思います．著作権侵害の準拠法については，裁判実務上，差止請求と損害賠償を分けて考えるという立場が一般的かと思うんですけれども，行為規範として著作物の利用ができるかどうかを検討する場合には，差止請求の準拠法を基準に考えることになるのかなと思います．差止請求の準拠法についてはいろ

いろな議論があって，私も専門外で詳しく論評する能力がないんですけど，裁判実務上は，ベルヌ条約に基づいて保護国法が準拠法になるという考え方が有力であると思います．で，この保護国というのは，基本的には，利用行為地を意味するという風に考えられているようですので，結局，利用行為地が日本であると言える場合には日本法が適用され，その結果，我が国の著作権法の権利制限規定が適用されることになると思います．

先ほど上野先生が出された例のように，国境を跨いで著作物の利用が行われる場合には，利用行為地をどうやって判断するのかということが問題となるわけですけれども，これは事案ごとに，例えば，利用のための主たる行為がどこで行われたのか，とか，利用の結果がどこで発生するのかといったことを考慮して，問題となる利用行為と最も密接に関係している地はどこかを個別に検討するしかないのかなという風に思っています．利用行為の一部が外国で行われる場合に日本の著作権法を適用するのは属地主義に反するのではないかということも問題となるわけですが，利用のための主たる行為や利用の結果が日本で発生しているのに，一部の行為が外国で行われたことをもって日本法の適用が一律に否定されるとすれば，我が国の文化政策の実現が阻害され，かえって属地主義の趣旨に反するようにも思いますし，主たる行為や結果が日本で発生しているのであれば，日本法の適用を認めても，利用者の予測可能性を害することはないと思います．ご案内のように，最近では，裁判例でも，属地主義を緩和する傾向が見られますので，日本が実質的な利用行為地と言えれば，日本法を適用しても，直ちに属地主義に反するとされることはないように思います．

そうすると，例えば，外国のサーバーに存在するウェブサイト上のコンテンツを収集して AI に学習させるという場合も，コンテンツが外国のサーバーに存在するということ自体は，準拠法の選択において重視する必要はなくて，学習行為が日本で行われていると言えれば，日本法を適用してよいと思います．また，日本に存在するサーバーを外国から操作してコンテンツを収集するという場合は，複製の結果は日本で発生しますが，学習行為が実質的に外国で行われているのであれば，日本法は適用されないと考えるべきでないかと思います．というのも，AI の学習のための収集行為というのは，ネット配信サービスのように，ダウンロードしたコンテンツを長期間保存したり，それを出力に利用したりすることを想定したものではなく，あくまで情報解析のためにコンテンツを一時的に利用することを想定したものであって，日本で複製の結果が発生すること自体に重要な意味があるわけではないので，コンテンツの収集行為が著作権侵害となるか否かは，実質的に情報解析のための作業が行われた地の法により判断するのが妥当であると思うからです．私からは以上です．

上野：どうもありがとうございました．「実質的な利用行為地」というのは，結局のところ，操作をどこで行っているかが決め手になるということでしょうかね．この点に関しまして，他の先生方はいかがでしょうか．

愛知：ちなみに，損害賠償請求については，結果発生地ということになるのでしょうか．

横山：そうですね．ただ，結果発生地というのは，基本的には利用行為地と同じと考えられているようですので，結果的に差止請求の場合と準拠法が同じになることが多いと思います．

上野：操作の場所が決め手になるとすると，外国企業が日本法の適用を受けようと思ったら，誰かが日本まで来て操作ボタンを押す必要があり，それで足りるということになるのでしょうかね．この点は，属地主義それ自体の妥当性を含めて，いろいろなご意見があるかと思いますし，特許に関するドワンゴ対FC2事件の判決との関係も問題になりますよね．また，権利の対象となる行為をしている場所がどこかを判断することと，権利制限の対象となる行為をしている場所がどこかを判断することが同じなのかどうかもよくわからないところではあります．

谷川：先ほど30条の4の非享受目的について議論をした際に，目的の認定について，複製行為自体を見るのか，複製した後の享受まで見るのかという点が論点になっていましたよね．皆さんの多数の見解というのは，複製した後どう使うかという享受の段階までを見て目的を認定するということだったと思うんですけれども，そのように考えた場合には，この利用行為地というのが，実際にそのAIサービスを提供してユーザーに享受させる地まで広げて考えるということにはならないんでしょうか．

横山：例えば，生成AIといっても，学習に使用されたコンテンツがそのまま出力に利用されるようなケースだと，通常のコンテンツ配信サービスと変わらないので，複製行為の準拠法を判断する場合も，複製したコンテンツと同一または類似のコンテンツが享受される地まで広げて利用行為地を捉えるという考え方もあり得ると思うんですけれども，通常の生成AIの場合は，学習されたコンテンツがそのまま出力に利用されることはないですし，生成AI自体は，学習されたコンテンツの複製物や翻案物でもないので，基本的には，生成AIサービスがどこで提供されるかということと切り離して，複製行為がどこで行われたかという観点から利用行為地を決定するということでよいのかなと思っております．

谷川：わかりました．

横山：ちなみに，上野先生と奥邨先生が参加された検討会の議論というのはどのようなものだったのでしょうか．

奥邨：「新たな知財制度上の課題に関する研究会報告書」ですね．少し前のことで，細かな部分は忘れてしまったのですが，準拠法のところは，事務局から論点の提示があって，委員で議論をしました．あの研究会の全体的な方向性というのは，一般的な考え方を整理して示すというだけではなくて，他にもいろいろな考え方を採る余地があるのではないか，と示すところにあったと理解しております．オーバーライドのあたりもまさにそういう感じだったかと思います．としますと，委員として，国際私法の専門家がいない状態だと，そういった突っ込んだ議論ができないので，その辺，専門の先生に補足していただくべきでは，となりまして，報告書は専門の先生にいろいろと手を入れていただいてそういう内容になっております．私自身は，不勉強で自分の言葉ではコメントできないのですが，ただ，報告書の内容は専門の先生から見て，そういう解釈の余地はあるとされた内容だと理解しております．

横山：なるほど．わかりました．

Ⅲ AI 生成物の著作権保護

■解釈論

上野：さて最後の論点として，AI 生成物の著作権保護について，解釈論と立法論の両面から考えたいと思います．まず現行法の解釈論ですが，AI が自律的に生成したと評価される純粋な AI 生成物には著作物性が認められないのに対して，AI を道具として人間が創作したと評価できるものには著作物性が認められるという点では異論がないかと思います．その上で問題になるのは，どのような場合に人間が創作したと評価できるかという点です．この点，1993 年に公表された「著作権審議会第 9 小委員会（コンピュータ創作物関係）報告書」は，「創作的寄与」と「創作意図」を必要としているようですが，そのことは，思想または感情，表現，創作性といった著作物性の要件との関係で，どのように位置づけられるのか，特に「創作意図」についてどのように考えるべきかどうかが問題になるように思います．そして，プロンプトの入力やその後の試行錯誤が創作的寄与に当たるのか，あるいはプロンプト自体の著作物性についてはどう考えるべきなのかが問題になります．さらに，AI 生成物が人の著作物と認められる場合，その著作者は誰なのかということも問題になります．まずはこの点についてご論文をお書きいただいた前田先生に口火を切っていただき，その後いろいろな具体例をもとに議論できればと思います．

前田：では，まず私からお話させていただきます．今，上野先生がおっしゃいました通り，AI を道具とした人間による創作の場合には著作物性が認められるということで，具体的には，第 9 小委員会の提示した，創作的寄与と創作意図で判断するということでおおむね異論はないのかなと認識しています．

ただ，創作的寄与と創作意図がなぜ必要かと考えてみると，著作権法の条文から直ちには出てこないと思っておりまして，著作物性の 4 要件との関係を一応整理しておく必要があると思います．従来の説明だと，創作性要件の話だという説明と，人間の思想・感情があらわれているかどうかということで，思想・感情要件の話だという説明と，2通りあったと思います．どちらでもそれなりに説明は可能だとは思いますが，仮に，創作性要件の話だとした場合，いわゆる表現の選択の幅説との関係が問題になります．もし創作性要件について選択の幅説の立場を採ると，そこにある表現が客観的にどのようなものかという観点から判断することになると思うので，人間の思想・感情があらわれているかどうかとか，あるいは人間の個性が発揮されているかどうかという観点からは判断するものではないということになるので，選択の幅説の立場からは，創作性要件の問題とは位置づけられないと思います．一方，思想・感情要件の話だと考えれば，選択の幅説を採ったとしても十分説明できるということになると思いますので，創作性要件についての立場によらずに説明できるのは，思想・感情要件の方だと思うので，私自身はそちらで説明した方がいいだろうと思ってるところです．

その上で，具体的にどういう場合が，創作的寄与あるいは創作意図を認めることができ，人間の思想・感情があらわれていると言えるのかというのが問題となります．これも非常にケースバイケースかなと思います．例えば，プロンプトを与える場合がどうかという点については，これも本当にケースバイケースで，プロンプトが生成されるものにどれぐらい具体的に寄与しているのかは場合によると思うんですよね．生成 AI に概括的にしか指示を与えない場合には，基本的にはその著作者と言えるほどの寄与は認められないということになると思う一方で，何度も繰り返しプロンプトを与えて，複数の生成物の中から取捨選択するプロセスというのが入ってくると，総合的に考慮して創作的寄与があると評価できる場合もあると思います．なので，そのあたりの事案ごとの評価ということになるのかなと思います．

最後に，先ほど上野先生が，誰が著作者になるのかという話をおっしゃっていましたが，AI の利用者に限られるのかというご指摘がありました．生成 AI に働きかけて出力されるものを決める作業は，ほとんどの場合は，AI 利用者がしており，その一方，AI の作成者は，利用者が何をするかについての枠組みを作っているだけで，創作的寄与と言えるような関与をすることはほとんどないというのが今の状況だろうと思います．しかし，論文の方でレンブラントを例に挙げて書かせていただきましたが，いろいろなケースがあり得て，かなり細かい部分まで含めて，AI の作成者が枠組みを作る場合もあると思います．例えば，特定のキャラクターの絵だけが生成される AI を作成した人がいたとして，しかもそのキャラクター自体も，AIの作成者が創作しており，その生成AIが自分のキャラクターの別のポーズの絵をどんどん生成させるというケースを考えてみます．このとき，複製物が誰も著作者ではない状況で作成されていると考えるよりは，AI作成者が著作者で，新しい著作物が作成されていると捉えてもいいケースがもしかしたらあるかもしれません．

上野：どうもありがとうございました．ただいまのお話につきまして，他の先生方はいかがでしょう．

奥邨：創作的寄与をどこに位置づけるのかは，本当に悩ましいんですけれども，前田先生のご論文では，創作的寄与は，最終的には著作者の認定基準の問題として処理した方がいいんじゃないかとお書きになっていたのかなと思うのですが，そこのところと，先ほど思想・感情要件の問題とおっしゃったところとの関係が，私うまく理解できなかったので補足してお教えいただければというのが1点です．

2点目は，日本法だと，あくまでも，著作物であることが明らかになってから，それを創作する人が著作者，という順番になってしまうため，厳密に考えると，著作物かどうかを決める前に著作者の議論はできないということになるかと思うんです．AI生成表現の著作物性について，アメリカの議論をそのまま持ってくるとうまくいかないのは，アメリカは著作者が作ったものが著作物だという具合に，ある意味，日本と逆の関係だからだというのがあります．日本の場合，まず著作物かどうかが先に決まる必要があるということで，その辺についても，先生のご論文の指摘との関係が十分理解できなかったものですから，補足していただけるとありがたいなと思います．

前田：おっしゃる通り，日本法では基本的に著作物であるかどうかが決まった後，著作者を判断するということになります．ただ，思想・感情があらわれていれば著作物だと言えるとして，その具体的な基準というのが問題になると思います．その基準というのが，結局，著作者と認められるかどうかの基準と一致すると考えざるを得ないのではないかということが，論文で申し上げたかったことです．ですので，理論的には，奥邨先生のおっしゃる通りなのですが，具体的な認定としては，結局，アメリカ法の考え方と近づいてきてしまう部分があるということを指摘したかったということです．

奥邨：わかりました．私自身も，基本的には，思想・感情と個性をその表現物に盛り込める程度の関与をしているのが創作的寄与というふうに理解して，何とか思想・感情要件や創作性要件と，創作的寄与を結びつけようと思っております．逆に言うと思想・感情と個性を表現物に盛り込める程度の関与をしている人は，当然，著作者になるよねということですので，順番が入れ替わってるという議論でないということであれば，たぶんほぼ同じようなことを思っておられるのかなということでよくわかりました．ありがとうございます．

あと，もう1点，よろしいですか．「創作的寄与」という言葉そのものは著作権法にないんですが，1箇所だけほとんど同じ言葉が出てくるんですよね．映画の著作物の著作者について規定した16条のところに，「創作的に寄与」という言葉が出てくるわけです．これは，実質的に「創作的寄与」と同じではないかと思うんです．

改めて考えてみると，映画監督の創作行為は，ほかの著作者の創作行為とは，ちょっと雰囲気が違うような気がします．もちろん，普通の著作者と同じような形の人もいるんですけども，例えば，非常に偉い監督さんとかであれば，映像はカメラマンが撮影して，監督自身で撮影するわけではありませんし，その他の細かなことも自分ではせず，いわゆるダイレクションとか編集とか，そういうところだけで創作的な寄与があったと認められていくわけです．先ほど，「創作的寄与」について，自分の思想または感情と個性を，表現に盛り込める程度の関与をしている場合と位置づけましたが，それが16条の「創作的に寄与」にも当てはまるのではないかと思っています．つまり，映画監督は，ダイレクション等を通じて，自分の思想または感情と個性を，映画の著作物に盛り込める程度の関与をしているから，著作者になり得るということになる．映画の場合は，関与する人がいっぱいいるというちょっと特殊な状況があるから16条があるとは言うんですけど，AIを使って創作するという場面は，やはり特殊な状況であり，そのことを考えると，AIで表現を生成する人の中で，映画監督的なことをする人については，著作者として認めていいのかなと思っているんですが，その辺はいかがでしょうか．

前田：私も基本的には奥邨先生と考え方は近いと思います．しかし，映画監督がいろんなスタッフを使ってダイレクションしながら創作するという作業と，生成AIを利用する人がその生成AIを道具として利用しながら自らの創作をする場面というのはパラレルに考えられる場合もあると思うんですね．細かい表現を自分の手で作っているというわけではないというところでは，映画監督も生成AIの利用者も類似している場面があると思います．出てきた具体的な表現の取捨選択をするとか，あるいは修正指示などをして，自分の表現として確定させていくというところで共通しているのかなと思いました．

上野：多数のコンテンツの中から吟味して特定のものを「選択」する行為あるいは「確定」する行為が「創作的寄与」に当たり得るのかという点をめぐっては議論がありそうです．特に，AI に指示して大量のコンテンツを作成させ，その中からこれはと思うものを人が選ぶという場合，その人が著作者になり得るのかが問題になります．また，そのように AI に指示して大量のコンテンツを作成させて人が選ぶ場合と，人に指示して大量のコンテンツを作成させて人が選ぶ場合とで違いがあるのか，あるとして，それをどのように正当化するのかという点も気になるところです．この点については，前田先生や愛知先生もご意見があるかと思いますけれども，いかがでしょうか．

愛知：はい，人間の場合と同じかということですね．基本的に，私も，AI が多数のコンテンツを生成した上で，AI 利用者がその中から 1 つを選んだということも，AI 利用者の創作的寄与を判断する際の一要素，それが，判断の決め手となるかどうかは別ですが，判断要素に取り込むことはあり得るのではないかと思っています．そもそも，他人に作らせた場合というのは，相手が人間ですから，例えば A が B という人間を道具として使って実質的には A 自身が創作したというためには，やはり A の B に対する強い行為支配がなければなりません．そのような行為支配が認められない限り，たとえ B が創作した多数のコンテンツの中から A が 1 つを選び出したということがあっても，その一事をもって，A が B を道具として使ったとは認められないと思います．それに対して，いかんせん AI は機械ですので，行為支配などということを持ち出す必要はなく，ある程度，AI 利用者自身の創意工夫や個性を発揮することができるような，その程度の指示なり，選択なりをしていれば，基本的に AI 利用者自身が創作したと考えてもいいのではないかということを以前に書いたことがあります．人に作らせた場合には，実際に作った人の人格と言いますか，その人が作ったということをないがしろにはできませんので，そういったところで，機械に作らせた場合とは少し違いというか，判断の厳格性といったところに違いが出てくるのかなという程度のことを漠然と考えているに過ぎません．

上野：ありがとうございます．非常に面白いところですが，谷川先生はいかがでしょうか．

谷川：前田先生がお書きになったところで，「確定」という言葉が出てきますね．

智恵子抄事件を引用されている箇所です．そこには選別して最終的に自分の作品として確定するということを創作的寄与として考慮できるのではないかということが書かれておりまして，この点は私もシンパシーを感じるところです．AI を使って無数の候補を生成させた後の最終段階として，その中から，自分はこれを表現したいんだ，これを自分の作品として発表したいんだと選別して確定するというところがやはり人間の創作活動として重要だと思っております．候補を自然人が提案してきた場合であっても確定するのが他人であるというときには，他人の方が著作者になるというのが智恵子抄事件の考え方だとしますと，AI の場合も当然そういうことがあるのかなというふうに思っております．ですから，プロンプトを試行錯誤してたくさん AI に候補を出させた上で，最終的にこれだと選んで決めた，そのことが著作者性の非常に重要なファクターになってくるのだろうなと思いながら拝読しておりました．

さらに言えば，最近 DALL・E3 が登場して，ChatGPT の有料版から呼び出せるんですが，ここにはもうプロンプトという概念がなくて，ChatGPT に対して自然言語の文章で指示して画像を生成できるんですね．しかも出てきたものについて，この辺をもうちょっとこんな感じに変えてという，その変更の指示も自然言語で行えます．AI に指示を出して生成されたものを修正して，という試行錯誤のプロセスを自然言語で AI とチャットをするだけで実現できるようになっており，今後はこのような創作形態が増えていくんだと思います．プロンプトを 1 ついれてポンと出てきたものから選んでそのまま使うということは将来的にはほとんどなくなりそうで，AI と対話しながら，人間が思い描いていた理想に近いものに近づけていって，最終的にこれで満足だというところで確定して利用するというプロセスの創作が主流になると予想しています．

愛知：今，話題にされました「確定」について確認したい点がございます．前田先生も谷川先生も，「確定」をしたというところをまさに判断の決め手とされているのか，それとも，「確定」に至るまでの前段階で，AI に対して他にもいろいろな指示などをしているし，それに加えて，生成されたコンテンツの中から特定のものを選択もしていると，それで最後に「確定」したと，その全体のプロセスを視野に入れた判断を行う上で，あくまで「確定」をしたという事実を 1 つの考慮要素とされているに過ぎないのかについて，確認させていただければと思います．大渕先生が唱えておられる「確定理論」のような考え方に好意的なお立場なのかを確認したいという趣旨です．確かに，智恵子抄事件は

「確定」と述べてはおりますが，この判決ではそれが決め手となっていたというよりは，その前段階でいろいろ関与を行っており，かつ，「確定」したという点も含めて，トータルで誰が創作者かということを判断したのだろうと考えておりまして，判断の「決め手」というよりは，少なくとも判断の「一要素」という位置づけに過ぎないのではないかと思います.「確定」したということが判断の決め手になるというご趣旨かどうか，確認させていただければと思います.

前田：まず，私から．確定というのは，私は，あくまで考慮要素の1つであって，重要な考慮要素かもしれないですが，それだけで決まるということはないと思っています．私の論文の中の注で，上野先生が以前のご論文で出されてた例だったと思いますが，1万人の人間にテーマを与えて作曲させるという例に言及していたと思います．この例だと，確定しているのは選者なのかもしれませんが，選者はやはり著作者にはならないと思っております．それは，主体性を持った1万人の人間が曲を作り，その創作的表現をいったん確定させるということをしていて，その後に，さらに選び出してどれか1つに決めるという作業をしているだけだと思うんですね．この場合には，両者の関係性や様々な社会的状況を考えると，選者が何か曲を確定したというよりも，いったん確定された1万個の曲の中から，自分が単に使いたいものを選んだだけという評価になるのだと思うんです．うまく説明することが難しいところもありますが，やはり総合評価だと思うんですね．人間と人間の場合には，指示を出された方が著作者となり出した方は著作者ではないケース，両者が共同著作者になるケース，むしろ指示を出した方が著作者になるケースと，3通りあり得ると思います．しかし，相手がAIということになると，かなりの割合で，指示を出した方が著作者だと認定できるケースが増えるということだと思っています．

谷川：そうですね，意識を持った「強いAI」が自律的に，勝手に，たくさん画像を生成しているときに，その中から1つを拾い出して自分の作品として確定した人が著作者になるというようなことまでは考えていなくて，あくまでも現状レベルの画像生成AIを道具として利用している場面を前提に，人間の創作意図があって，AIに対するいろいろな指示とか試行錯誤といった創作的寄与があって，最終的に確定するというプロセスのことを考えておりますので，確定は重要な一要素という位置づけになるかと思います．

奥邨：今の愛知先生のご質問に関連してなんですけど，私も同じようなことを思っていたところです．特にお伺いしたいのは，アメリカでの事案で，600 回以上の試行錯誤をしてそこから選んだという場合も，それでも著作物性が否定されたケースがありましたが，それについては，前田先生のお立場だと，同じようにダメだよということになるのでしょうか．一方，谷川先生のお考えだと，どっちかというと，著作物性を認めてもいいんじゃないかという感じになるのでしょうか．その辺ちょっとお伺いしておきたいなと思いました．日米で差が出てくるのかどうかというところにもつながりそうです．

前田：600 回のケースについては，具体的にどういう指示をしたのかにもよると思います．人間の主体的な取捨選択というプロセスが認められるのだとすると，今私が申し上げた考え方でも，著作者，著作物だと認める可能性は十分にあるように思いました．

谷川：私もその取捨選択というか，プロンプトをいろいろ調整することでプロセスとして創作をしているのかなというふうに思っております．逆に，そもそも，この AI 創作物の著作物性を否定しなければならない理由がよくわからないですよね．単純なプロンプトを 1 回入れてポンと出るようなものであれば，他人も同じようなものを生成して使いたいのに使えなくなるという独占の弊害が大きいというのはわかるのですが，600 回以上も試行錯誤を経ないとたどりつけないほどに生成されにくい表現について，著作物性を否定しなければならない理由というのは，何かあるんでしょうか．

奥邨：私は，100 パーセント自律生成の表現でも，著作物性を認める方向に法改正した方がよいのではないかという立場なんですが，おっしゃるように，1 つの解決としては，私のような方向へ行かずに，もう少し広めに創作的寄与を認めることで，著作物性を認める間口を広げるというのは，あり得るのかなと伺いながら思いました．

上野：「創作意図」についてなんですけれども，著作物性を認めるためには創作意図が必要だと言ってしまうと，前田先生もお書きのように，何らかの結果物を得たいという意図が必要だということになるかと思うのですが，ここにいう意図とは，それが「創作」の意図である以上，あくまで作品が作られるより前の段階で必要になりそうですよね．そうすると，例えば，雪が積もった庭を歩いていて，ふと振り返ったら，なかなかいい形の足跡群ができていたのでこれを自分の作品にするとか，うっかり絵の具をこぼしてしまったが，よく見たらなかなかいい模様になっていたのでこれを自分の作品にする，とかいうのは，事前の創作意図がないから著作物性は認められないということになるのでしょうかね．もちろん，人が著作物を創作する際には，意図的に偶然性を活用するということもあるかとは思うのですが，その場合でも，あくまで事前に，偶然性を活用することについての意図がないといけないということになるのでしょうか．前田先生，いかがでしょうか．

前田：はい．私は今，上野先生がおっしゃったみたいに考えていて，ある種，濫用的に「実はこれは自分の著作物だ」という主張を防ぐぐらいの意味しかないと思っています．だから，逆に言えば，創作意図を強く求める必要性もあまりないと私自身は考えています．

上野：そういえば，「眠る芸術家（Sleep Artist）」と言われる Lee Hadwin 氏は，睡眠中に複雑な絵画を描く能力があって，起きているときは絵を描けないんだけれども，寝ているときにすごい絵を描いてしまうらしいんですよね．そういうのは「創作意図」がないということになるのでしょうかね．

前田：難しいですよね．寝ている間に自分は描くんだということを知っていて，そのための準備をしてから眠りについているという話であれば，意図はあると言ってもいい場合もあるように思います．ケースバイケースなのでしょうね．

今村：AI 生成物とそれ以外の著作物について，創作のプロセスを想定するとき，通常の著作物は，著作者という主体がいて，創作に着手したのち，最終的に何らかの表現物が生まれます．その過程では，いずれかの時点で何らかの行為がなされるわけですが，一連の行為は継続的に，時間的な幅を持った行為がなされるものと思います．また，著作物性の有無を結果としての客体から見るか，あるいは主体から見るかと言ったら，著作物という表現物が創作されていなければならないので，少なくともまずは結果を見なくてはならないと思いますし，これまでは結果としての表現物さえ見れば，それが著作物なのかそうではないのかを概ね判断できました．もっとも今の時代，目の前にある表現物を AI が生成しているかもしれない可能性があるので，結果としての表現物だけみても，それが著作物かどうかにわかに判断できないことになります．10 条 1 項に例示列挙されるようなおよそ著作物らしきものは，それを著作物であると判断して行動するという経験則が成り立たなくなるのは，社会に様々な影響を及ぼす問題だと思います．

ところで，人間の著作者によって表現物が生み出された場合，多くの場合，わりと時間がかかる作業を想定していると思われます．これに対して，AI 生成物の場合，わりと一瞬でできるという性質があります．ユーザーは AI に生成させるためにプロンプトといったものを時間をかけて作成し，入力するのかもしれませんが，AI による生成は一瞬で行われるわけです．その点は，通常の著作物の創作プロセスとかなり違うんじゃないかなと思うのです．きっかけとなる何らかの行為を人間が行なっている場合，その結果が偶然の産物のように見える場合でも，著作物性が認められる場合もあると思うのですが，プロンプトの作成と入力のような，AI に対する指示にも同じような部分があるのかもしれません．常に著作物性があるとは言い切れないけれども，事前の指示の内容によっては，創作意図はありそうですし，結果に対して一定の寄与が見出せる場合も完全にないとは言い切れないように思われます．

少し話がずれるかもしれませんが，寝ている間に何か作るということも，前田先生と同じような意見なんですが，要するに，初めにその寄与とか意図があって，それで，寝ている間は時間的な経過があるわけですけども，意識があるにせよないにせよ，人間も生きている間，創作している瞬間もですね，ずっと意識があるというのは本当かどうかわかりませんし，断続的に意識が途切れているかもしれませんから，それがたまたま長いだけなのが寝ている間ということも言えるかもしれません．なので，当初の寄与・意図と，最終的な結果との間で因果関係さえあればよくて，行為の瞬間に常に意識がなければならないとか，結果が生まれた瞬間にその寄与・意図というものが認められなければならないということは，必ずしも言えないのではないかと思います．

高林先生は寝ている者が無意識のままに手足を動かした落書きというものを，思想または感情を表現したものではないということの例に挙げていましたが（高林龍『標準著作権法〔第 5 版〕』（有斐閣，2022 年）17 頁），想定する状況によるかもしれないですね．何らの準備もなく，単に寝ている間に手足バタバタして書いたようなものだったら，行為の時点で人間の精神活動といえるようなものはないので，思想または感情が表現されているとは言えないでしょう．ただ，寝ているという状態の表現であれば，常にそこには思想または感情がないかって言われたら，そうではない気もします．落書きを描いた瞬間における思想または感情と捉える必然性はないと思うので，寄与とか意図というものを自分で持ったときに，あるいは，寄与をしたという行為が捉えられる瞬間に，思想または感情があればいいような気もします．ですから，少なくとも，人間の生み出す表現物については，寄与・意図および結果という要素が，時間的にみて常にワンセットとして存在する必要はないということを前提に，緩やかに考えてもいいんじゃないかなというふうに思います．

先ほどの600回プロンプト入れて生み出すっていうのも，特に工夫せずに同じプロンプトで600回出しただけということであれば，一般的な感覚から言うと，単なる発見でしょと思います．大量の結果の中から厳選したら，そりゃ大変だったねってことになるとは思いますが，それは単なる額に汗の話です．他方で，プロンプト自体を個性的に工夫し，ちょっとずつ調整しながら出力する作業の過程に，利用者の寄与や意図がある場合，行為から結果までの全体を捉えていくと，最終的な出力に個性的な工夫があると考える余地があるような気もしてきます．

他方で，プロンプト自体の著作物性についてですが，プロンプトって，コンピュータに対するある種の指示ですから，プログラムの著作物に近いのかもしれませんが，プログラムの著作物と異なり，単語の羅列というイメージが強くて，それ自体の表現を工夫するものではないから，著作物性は否定されやすいと思います．もっとも，谷川先生がさっきおっしゃったように，自然な文章で出力されるDALL・E3のようなタイプになってくると，また話は変わってくるのかもしれません．自然な文章ということであれば，それ自体が単純に言語の著作物になると思います．

愛知：先ほど，今村先生もおっしゃいましたように，基本的に，寝ている人が，本当に無意識にたまたま描いただけという場合には，著作物とは認められないと思います．しかしながら，どうも自分は寝ている間に何か手を動かしていて，何か描いているようだということを認識した者が，例えば，枕元にペンと紙をあえて置いて自分が描けるようにお膳立てをした上で，寝て，起きたら描いていたという場合のように，まさに寝ている自分を道具として描かせていると評価できるような，事前の準備なり，お膳立てを，もちろん創作的な意図を持って行っていた場合には，眠っている自分を道具として使って自ら創作した「著作物」であると認められると思います．猿の自撮りのケースも同じでして，本当にたまたま猿がシャッター押しただけということであれば，著作物性が否定されると思います．他方で，カメラの周りに餌を撒いて，シャッターの上にも餌を置いてという形で，動物にシャッターを押させるような，そういった下準備をしていたという場合は，結論は変わり得たと考えています．したがって，結論的には，「道具として」という評価ができれば著作物性を肯定してよいというところに行き着くのではないかと思います．あとは，その関与の程度は，ケースバイケースで個別具体的に考えていかざるを得ないと思っています．

あと，少し違う点で，私もよくわからないのですが，上野先生のご発言にありました「プロンプトの著作物性」ですが，これは，出来上がったコンテンツの著作物性とは別に，プロンプトそれ自身が固有の著作物に当たるのかという問題でしょうか．つまり，「プロンプト」はアイデアなのか表現なのかという問題でしょうか．

上野：そうですね．結構長い文章であれば，プロンプト自体に著作物性が認められる場合もあるでしょうかね．

愛知：なるほど，これも非常に難しいですね．私も直感的にはアイデアかなという気はするのですが，プロンプト自身が著作物に該当するという考え方も十分あり得るとは思いますので，先生方がどのようにお考えなのか，お聞きしたいなと思います．

上野：先ほど谷川先生からも，最近は，プロンプトを自然言語で入力するようになっているというお話がありましたが，そのように自然言語で入力された文章がそれなりに長ければ，個性のあらわれたものとして著作物性が認められる場合があり得ると考えられますよね．そうすると，著作物性のあるプロンプトを AI に入力して試行錯誤した結果生成された画像コンテンツは，当該プロンプトの二次的著作物に当たるのかという問題もありそうです．といいますのも，小説をもとに作成した漫画は二次的著作物に当たりますが，小説をもとに作成した表紙絵のように，文章をもとに作成した一枚絵ですとか，あるいは絵をもとにした音楽といったものは，通常，二次的著作物に当たらないと考えられているからです．この点を含めて，もし何かお考えがあればお聞かせいただきたいと思います．

奥邨：よろしいでしょうか．私は，基本的には，今，上野先生がおっしゃったように，著作物になり得ると考えています．もちろん，短いものとか定型的なものとかは，アイデアそのもの，ありふれた表現，と評価されることもあるかもしれませんけれども，

では，それが何の著作物になるかと言うと，現状のプロンプトだと，プログラムの著作物と理解した方がいいのかもしれないと思っています．AI＝電子計算機に対する指令の組み合わせなので，プログラムの著作物に当てはまるだろうと思います．プログラムの著作物だと捉えると，プロンプトについて，ア

イデアっぽいのかな，表現っぽいのかなって，判断する際もしっくりするのではないかと思います．ただ，今後，プロンプトがどんどん自然言語に近くなってくると，プログラムの著作物とするのに違和感が出てきそうですが，そうだとしても，プログラムの著作物でないと適用されない権利制限規定が適用されることに意味がある状況の場合には，自然言語によるプロンプトであっても，プログラムの著作物と言ってあげた方がいいと思います．昔から自然言語によるコンピュータの操作というのはありまして，そういう形のプログラムもありますので，自然言語だからプログラムではないとは言えないと思っています．ただ，実益があるのはプログラムの著作物に特有の権利制限規定を適用する必要があるときだけだと思います．

上野先生がおっしゃられた二次的著作物との関係については，基本的にはプロンプトと生成された表現の関係は，原著作物と二次的著作物の関係にはならないと思っています．生成表現に表現されている創作性とか，思想・感情は，プロンプトに含まれるものとは別のものだからです．喩えとして正しいかどうかは別ですけども，ワープロのソフトとそれを使って出来上がった文章とが別物だというのと似た話なのかな，と私自身は理解しております．

プロンプトをあえて著作物として保護する必要性があるのかという点ですが，プロンプトを公開して，それ自体をビジネスにされてる方もいるので，そういうのをフリーで使っていいですよとするのはやはり問題で，保護してもいいのかなと思います．同じような絵は，別のプロンプトでも出力できるはずなので，特定のプロンプトを独占させたからといって，困るということもないのかなと思っています．

ちょっと１つ話が戻るのですが，愛知先生がさっき言われた例については，私も全く同じように思っています．猿の自撮りの例も，本当に猿が自律的に撮ったという話で進めたのであういう結論になりましたが，もうちょっと人間の関与を正面から説明していれば，著作物性が認められた余地があったんじゃないかなとも思います．例えばですが，鎌倉の大仏の前で写真を撮りたいと思った時に，通りがかりの人に頼むとして，その人に任せるんじゃなくて，いや，大仏と自分と家族の関係が綺麗に映るように，こういう構図にして欲しいと事細かに指示したり，あんた，そこは脇が甘いよ，角度が違うよとか詳しく指示して，撮影してくれる人を，ほとんど自撮り棒みたいな感じにしてしまえば，その人がシャッター押したとしても，頼んだ人が著作者になるのではないかなと思っています．極端に言うと，共同著作者ぐらいにはなるかなと思っていて．ですから，道具を使うって言っても，やっぱり人間がどれだけ関与したかというのは個別に見ていくべきなのかなというふうには思いました．

今村：今の写真の例なんですけど，写真の著作物について，立体的なものの写真撮ると著作物性が生じるみたいなことは言われますけど，やっぱり目をつぶってカメラのシャッターボタンを適当にカシャカシャと押して，写真を撮りまくったら，それはたぶん創作性がないわけですよね．人間がボタンを押せばなんでも著作物としての写真が成立するわけではなくて，著作物となるかどうかは，表現上の工夫が結果物に何らかのかたちで現れるような何らかの寄与や意図がないとダメなわけです．人間が作ったものであろうが，猿に作らせようが，AIを関与させようが，同じことです．結果としての表現だけみると，写真の場合とくに例示列挙される著作物に相当する表現が生まれているので，著作物性があるという前提で見られがちなんですけども，結果としての表現だけ見て著作物性は判断できないというのが，やはり原則なのではないかと思います．

上野：ただ，どこまで具体的な「創作意図」が必要かというのは問題になりそうですよね．例えば，胸ポケットに入れていたスマホのカメラが，意図せずに録画状態になっていたために動画が撮影されたという場合，これに気づいた本人が，この動画は自分の著作物だと言えば，その人の著作物になるかというとそれは難しいかもしれないんですけれども，先ほど今村先生がおっしゃったように，今から何でもいいから撮るぞと言って，目をつぶってカメラを振り回して繰り返しシャッターを押して撮った画像は，著作物性が認められるのではないかという気がするのですけれども，いかがでしょうか．

今村：著作物になるって先生はお考えになるんですね．確かに，何でもいいから今からとるぞと言って撮るのは，偶然性の活用という意図はありますね．でも，偶然性を活用するということ以外に創作的な意図はほとんどないような気がします．もう少し具体的にどういう創作物を作るのかという，何かしらプラスアルファがないと，具体的な表現物である著作物の成立を認める上では難しいのではないでしょうか．

上野：例えば，複数の絵の具を用意した上で，これをわざとこぼしてアート作品を作るという場合，どのようなものができるか全く予想できないかと思うのですが，そのような作品は，偶然性の活用を最初から意図している以上，その人の著作物に当たると考えるのが一般的ではないでしょうかね．

今村：絵の具をこぼしただけですよね．そういうのって，ありふれた表現とか，不可避的な表現というふうには言えないんでしょうか．

上野：なるほど．前田先生，いかがでしょう．

前田：できたものに実は創作性がないというケースは結構あるのかもしれなくて，その場合はまた別の理由で著作物性が否定されることになると思います．先ほどの写真をパシャパシャと撮ったという話についていうと，例えば，運動会などで走っている様子を写真に撮ろうと思ってカメラをどこかに設置し，走っている間何度もシャッターを切り，何百枚も写真を撮って，その中から何枚か，結構いいアングルで撮れたねというのを選び出して，よし，これを自分の写真の著作物にしようというようなケースは，著作物性を認めていいと思います．その場合は，創作的寄与を認めることができるからです．それがそうなるのは，撮ろうという意図があらかじめあったことに加えて，ここから撮ろうとか，一応ここに定点を設置しようという意思決定とか，何百枚もある中からこれがいいと選び出す選択のプロセスとか，様々なところが加味されてそうなっているのだと思います．やはり，いろんな要素を総合的に考慮してということになると思います．

谷川：すいません，今さらですが「創作意図」という言葉の意味について確認させてください．昔，オランダであった事件なんですけれども，警察がある人物から情報提供を受けるために会話をしまして，安全上の理由で車の後部座席に座ってその会話が行われたそうなんですが，その際，情報提供者の発言を警察が秘密に録音をしていたんです．その後，ジャーナリストがその録音テープを入手して，文字起こししたものを本に掲載して出版しました．この行為がこの情報提供者の著作権を侵害するとして訴訟が起こり，車の後部座席で交わされた会話中の発言が著作物性を有するのかが争点になりました．

この事件の控訴裁判所は，著作物性が認められるためには著作物を創作する意図が必要であって，今回の会話は別に犯罪小説のプロットを語るというようなものではなくて，単に犯罪に関する情報提供をしているに過ぎないんだから，創作意図がなかったと判断しました．ところが最高裁は，著作者が意識的に著作物を創作しようとして意図的に創造的選択をすることまでは必要がなくて，結果的に表現されたものの中に個性があらわれていれば足りるんだと述べて差戻しをしました（オランダ最高裁2008年5月30日判決，Endstra tapes事件）．今日お話しされている「創作意図」というのは，この控訴裁判所が言うように，意識的に著作物を作るんだという意図のことを指してるのかどうか，その辺り，どのように理解すればよろしいでしょうか．

上野：そこなんですよね．

前田：でも，今の例だと，私が言うところの創作意図はあったのではないかと思います．つまり，何か発言しようという意図で喋っていれば足り，法的に著作物として保護されたいという意図は特に必要ないのかなと思います．何か表現を生み出そうという意図があれば足りるのではないかと思います．

谷川：そうすると，第9小委員会が「創作意図」を要件として掲げた際に，著作物性を否定すべきだと考えていた創作意図が全然ない事案というのは，どういう事案だったんでしょうね．

前田：ここはどうなんでしょう．否定例は載っていましたでしょうか．

奥邨：第9小委員会の報告書には，否定例は載ってなかったように思います．確か，明確な創作意図があると証明するのが難しい例として，コンピュータ・グラフィックス（CG）が挙げられていたと思います．CGの場合，コンピュータとのやりとりを通じて，当初思っていたものと異なった出力が作成されることがしばしば見られるため，個別の出力画像についての明確な創作意図を証明するのは難しいと記載されていたように思います．ただ，その場合も，対話形式で出力と結果確認からなる試行錯誤を繰り返し，その過程で当初の考えを修正したり，新たしい考えを追加したりしながら，最終的に自分の考えにあう出力を選ぶ，という一連の過程を総合的に評価することで，認められるのではないか，というような記載だったはずです．その意味では，普通は，創作意図は否定されないのではないでしょうか．

全く創作意図がないというのは，ボタンも押していない，何ら指示をしていないのに，AIやコンピュータが勝手に出力した場合とか，人間で言えば，本当に狐が憑いた場合とか，そういう特殊な例外的な場合だけじゃないでしょうか．

前田：創作意図に言及されるときに，高度のものが必要だという見解はあまり見たことがなく，本当に何の考えもなく，偶然の結果，ランダムに生み出されてしまったものだけを否定するという感じに思います．人間が全く関与しない状況下で生み出されたものというイメージで捉えていました．

上野：ただ，AIにコンテンツを出力せよと指示ボタンを押しただけの場合であっても，何らかのコンテンツが作成されることを意図していたと評価できるというのであれば，創作意図の存在が否定されるケースはかなり限られるのかもしれませんね.

前田：そうなってくると，そもそも創作意図を求める意味がないというところに行きついてしまうように思います.

上野：確かに，あまり厳格に創作意図を要求すると，生成AIはともかくとして，普通に人が創作する場合についても，創作意図と言えるようなものが本当にあったのかという話になって，明確な意図がない作品については著作物性が否定されてしまいかねないかもしれないですよね.

愛知：思想・感情要件が必要である以上，やはり，「何かを表現しよう」というところの，その主体の何らかの意識・意図は必要となる気はします．その程度のことではないかと思います．反対に，「何かを表現しよう」という思想・感情すらないようなケースでは，そういった主観的な何らかの働きかけがないということで，思想・感情要件を充足しないという程度の話ではないかと思います．創作意図を思想・感情要件と結びつける以上は，その程度のことは必要となる気はします．実際にこれが否定されることは，ほぼないとは思いますが.

前田：今，愛知先生がおっしゃったみたいに，要するに，創作意図は，思想・感情要件の議論をしているのだということの理念的なあらわれという意義しかなく，具体的にこれがクリアできない状況というのは，あまり想定されてないと思います．あるとしても，ごく例外的な場合ということなのでしょう.

上野：このことに関連して，AIを道具として人が著作物を創作したと判断する際に，人によるコントロールがどこまで必要かという問題がありますよね．前田先生は，ご論文の中で，具体的にどのような表現が出てくるかということまでコントロールしていなくてよいというようなことをお書きになっていたかと思うんですけど，この点は見解が分かれるところかもしれませんね．そこで，奥邨先生に伺いたいのですが，アメリカ著作権局のガイダンスを踏まえると，この点で日米の差があるのでしょうかね.

奥邨：アメリカは厳しいんだろうなと思います．少なくとも私たちが今ここで議論しているよりは，かなり厳しめなんだろうなと思っています.

前田先生も挙げておられましたし，私もコピライトに書きましたけど，アメリカのような形で，偶然で支配される部分があったら，つまり，何が出てくるかを偶然に委ねるというんでは，創作過程全体のマスターマインド，黒幕になっていないので著作者になれないということにしてしまうと，伝統的な著作物でも，例えば，陶芸のように，創作の過程に偶然性に委ねられる部分が入ってくるものが多数あったはずなのに，それらすら著作物性が認められないという議論になると思っています．その意味で，かなり厳しめなんだと思います．

今，アメリカで，著作権局の決定だけではなくて，裁判所の判決まで出てる事案は，原告が，100 パーセント AI が生成しましたと言って譲らない事案でして，それならダメです，著作物性は認められないですとされた判決なので，関与の程度という点では参考になりません．一方，著作権局も，まあ当然と言えば当然なのですが，従来の考え方を繰り返しているだけなんですね．ただこれ裁判所に行ったら，本当にここまで厳しい関与でないといけないとするのかという点については，議論があり得るんじゃないかなと思っています．私の単なる感覚なんですけども．

いずれにしても，アメリカは厳しいかなと思います．でも，偶然性に委ねる創作活動はこれまでもあったわけです．例えば写真でも，連写でバババババっと撮るときを考えると，ちゃんと撮れてるかどうかは，結構偶然性に委ねてる部分もあるわけです．あと，書道で書くときだって，墨のかすれや撥ね，にじみというのは，結構，偶然のところもあるわけです．狙ってる部分もあるけど，全部をコントロールしきれるものではない．なので，アメリカみたいに言い出したら，大変なことになるんじゃないかなと思っています．私なんか，書いてる文章，半分ぐらいは偶然の思いつきで書いてるようなところありますんで，コントロールできてなかったりもしますから（笑）．

今のアメリカは厳しめ，特に AI について厳しめにしすぎていて，将来の他の分野への影響とかを考えるとマイナスになるんじゃないかな思っています．

アメリカ著作権局，いろいろガイダンスを出してるんですけど，世の中から，すごいマイナスのフィードバックが返ってきて，それで慌てて微妙に修正かけてるんですよね．いろいろ言いすぎちゃったみたいな感じで，いや，実はそんなことは言ってないんだとか微修正しています．

谷川：アメリカの議論でよく先例として引用される事件で，神や霊的存在が書いたとされるテキスト自体については著作物性が否定されるとの考えを示したものがありますよね（Urantia Found. v. Kristen Maaherra, 114 F.3d 955（9th Cir. 1997））．他方，日本の事件では神の啓示を著述したとされる文章について，特に著作物性が問題となっていないものがあって（東京地判平成 29 年 11 月 29 日裁判所ホームページ（平成 27 年（ワ）第 29705 号）），まあ当事者が争っていないので判断されていないだけだとは思うのですが，もしかすると日本よりもアメリカの方が厳しい考えを採っているのかもしれません．

上野：その日本の裁判例では，神から受けた啓示を書き記したものについて，書き写した人の著作物だと理解されたのでしょうね．一方，アメリカの著作権登録においては，人間以外の何かを著作者と表記して出願すると登録が認められないんでしょうね．

奥邨：まあでも，「いや，これは絶対に神様が書いたんです」と最後まで言い張ってしまった場合はどうなんですかね．実際どうだったかは判決詳しく見ていないのでわからないのですが，神様が書いたんですというアメリカの例も，言い張ったんじゃなかったかなと思うんです．そうではなくて，神様の啓示を受けて，文章は私が書きましたって言えばよかったような気もします．そこにこだわらなくてもいいのにみたいな気もしますが……，神様のことなので，こだわりますかね．すみません．そんなとこです．

上野：ありがとうございます．ちなみに，AI 生成物と言えば，著作物だけではなく実演も問題になるところです．実際のところ，AI が演奏・演技・舞踊など実演のようなもの生成することが考えられますよね．加戸逐条講義は，「著作物には人間の思想・感情が必要だということを申し上げましたけれども，実演についてはそういう思想・感情というような表現はございません」とした上で，「猿の演技を実演だとすると舞台で猿回しをやっている人は猿にそういう実演をさせているという観点で，実演を指揮し又は演出する者たり得ると一応考えられます」と述べていますので（加戸守行『著作権法逐条講義〔七訂新版〕』（著作権情報センター，2021 年）28 頁），これに従うと，動物や AI による「実演」が認められる余地があることになるのかもしれませんが，動物や AI が生み出したものは「実演」ではなく著作権隣接権で保護されることはないと理解するのが一般的かと思います．そうすると，演奏・演技・舞踊のようなものに関しても，AI が自律的に生成したものなのか，それとも，AI を道具として人が実演を行ったと評価できるのか，という点が問題になるかと思います．この点について，何かお考えがありますでしょうか．

今村：猿が演じる猿回しというのは，誰かが教えていることが前提になってますよね．この場合，猿は人間の手足の延長であり，ある種の道具みたいなものだと思います．AI 生成演奏も，実演と言い得るのは，背後にいる賢い人が AI を道具として実演しているという状況に限定されると考えるのが，自然なのではないでしょうか．何で自然なのかということを説明しないと説明にはならないのですが，実演という文言を文理解釈した場合，人間が猿などを道具として用いて実演しているという場合を除いて，人間以外のものによる実演あるいは人間が関わらない実演それ自体を実演として捉えることは，実演という文言の普通の意味に反するのではないかと思います．普通の意味に反するということしか理由になっていないのですが，一応，文理解釈としては，そうなるのかなという感じがします．

奥邨：私も，今の今村先生のお考えに近くて，実演というのは，定義に照らして，最終的には「演ずる」と評価できないといけないわけですけど，機械が演ずるとか，猿が演ずるというのはやっぱりどうなのかなと．それらは人間が演じるための道具なのではないか，演ずる主体はやはり人間なのかなと思ってしまいます．ですから，AI 生成表現の場合と同じで，人間が AI を道具として用いて演じたと言えるのか，AI が自律的にいわば「演じた」のかで，実演になるかならないかは決まるのかなと思ってます．ただ，そこまでのことを「演ずる」という言葉から導出していいのかどうかですけど，そこしか読めないのかなと思っております．

上野：例えば，任意の楽譜を入力すると，とても魅力的に演奏する演奏 AI を開発したとすると，それは AI が自律的に演奏を生成したと評価されることが多いかと思います．他方，AI を道具として人間が著作物を創作したと評価できる場合があり得るのと同様に，AI を道具として人間が実演を行ったと評価できる場合も考えられるように思います．その場合，AI 生成著作物と同様に，AI 生成実演についても「実演意図」や「実演的関与」というものが必要になるのでしょうかね．

今村：そのときの実演家の権利者は誰になるという前提なんでしょうか．

上野：そうですね．実演に当たるとすると，次に実演家は誰なのか，具体的には，AI 演奏をスタートさせた者なのか，演奏 AI を開発した者なのか，といった点が問題になりますね．

今村：この話って，演奏だけじゃなくて，例えば踊りを踊る AI 搭載のロボットとか，そういうのも同じ話ですよね．そういうロボットをレンタルして踊らせるときに上演権の許諾が必要かとか．

上野：振付けの著作物を入力すると舞踊を生成する AI ロボットというのも考えられそうですね．

前田：基本的には今村先生がおっしゃってきたところと同じように思っておりました．上野先生が挙げられた例で言うと，例えば，楽譜を読み込ませたら，その楽譜から，曲の意図などを読み取って，自分なりに工夫を加えて，バイオリンやピアノの音色で演奏して見せるという AI を想定したときに，その AI を作成した人が実演家としての権利を取得することは，可能性としてはあってもよいと思いました．このようなケースは，人間の演奏家がいろいろな鍛練を積んで，様々な音楽を実演できるようになることとパラレルに考えられるような気がします．価値判断として，そのような AI の作成に対して実演家の権利を認めていく考え方もあり得ると思います．もっとも，現行法の解釈論でそこまで言えるかは，よくわかりません．AI を作成する行為しかしてない人が，その後，誰かが楽譜を入力して音が流れているときに，それを演じたと言うのは難しい気もします．

奥邨：今のところ，第 9 小委員会の報告書でも，「プログラムの作成者が自ら特定の創作物の作成を意図して，そのために作成されたものであると客観的に認識できる程度の特定性があるプログラムを作成し，使用者は単なる操作者にとどまる場合には，当該プログラムの作成者が単独でコンピュータ創作物の著作者となることもあり得ると考えられる」と言っています．程度問題だと思うんですけども，前田先生がおっしゃったような解釈の余地はないわけではないと思います．特定の演奏について，そのプログラムや装置を通せば，こういう綺麗な演奏になるんだという型が決まっていて，入力する人は，単に入力しただけという場合，そういうプログラムや装置を作った人による実演と考える余地はあるのかなと．第 9 小委員会の考えとも，そんなに大きくずれないのかなと思いながら伺っていました．

愛知：そもそも，2 条 1 項 4 号の「実演家」については，「実演を行う者」だけではなくて，「実演を指揮し，又は演出する者」も含まれると規定されていますので，そちらで捉えるということは可能かもしれません．今まさにおっしゃったように，AI 作成者が，ある程度，型にはめて，こういう演奏ができるようにという設定をした以上は，物理的な実演主体ではなくても，「実演を指揮し，又は演出する者」として「実演家」には当たるとする考え方はあり得るのではないかと思います．そのような解釈が本当によいのかは微妙ですが，著作権法上の「実演家」の定義は，ある程度，幅を取っていますので．

今村：指揮者というのは，指揮棒を振ったりして何となく演奏を整理しているのがある程度わかるじゃないですか．しかし，AI 生成演奏の実演の場合，AI が演奏している間は誰も何もしてないような気がいたしますが…….

愛知：はい．確かに，AI が演奏している時点では何もしていませんが，ただ，こういう曲を入れたらこういう形で演奏してくれということを前もって，型を決めているということですから，少なくとも「実演を……演出する者」に当たるとの解釈はあり得るのではないかなという気はします．「演出」というのは，前もって，こういうふうに演奏してくれという指示等をしておいて，演奏者がそれに従って演奏するという形もあると思いますので，常に演奏と同時に行っていなければならないということはないと思います．その辺りは，あまり厳密に考えなくてもいいのではないかと，とりあえずは考えております．

今村：確かに，舞台の演出の場面で，演出家は稽古のときは結構いろいろ指示するでしょうけれども，実際の本番の公演のときは後ろに立っていたり，観客席に座っていたりするだけかもしれないですし，結構幅がありそうですね．

■立法論

上野：最後に立法論です．人間による創作的関与がなく，AI が自律的に生成した純粋な AI 生成物は，現行法上，著作権保護が認められないわけですが，新たな法改正によって何らかの保護を認める必要があるでしょうか．必要だという場合，その正当化根拠も問題になるところです．この点については先生方の間でもご議論があるようですので，お話を伺いたいと思います．どういう順番がよいか迷うところですが，では前田先生からお願いいたします．

前田：はい．この問題については，奥邨先生が僭称コンテンツ問題というのをおっしゃっていて，それが議論の出発点になっているところがあると思います．とはいえ，今回，論文を書いたので，私から口火を切りたいと思います．私自身は，僭称コンテンツ問題があるとしても，それを理由に生成物を保護することには懐疑的です．基本的には，あくまで創作のインセンティブを確保するために保護が必要かという観点から考え，それが認められなければ，次に，他の理由を考えるという順序で検討すべきだと思います．

　まず，創作のインセンティブという観点から言うと，あまり異論がないかもしれませんが，生成 AI の利用者に創作のインセンティブを与えなければ，生成がされないということはないと思うので，その観点から，保護の必要はないということになると思います．

では，他の理由があるかというと，もしかしたら，奥邨先生の僭称コンテンツ問題のご指摘にも，この問題意識が含まれているのかもしれませんが，生成されたものに対し投資をして商品化していくインセンティブを確保する必要性というのがあるかもしれないと思っています．これは，創作のインセンティブとは区別されるものです．生成されたものに投資しようとするに際して，他人が自由に利用できるかもしれないということになると，安心して投資の対象にできないということがあり得ると思います．そうした投資への安心を確保するために，最初に投資を始めた者，あるいは，生成 AI を利用して，生成物を生み出した者に，何らかの保護を与えることは考えられると思います．次世代知財システム検討委員会報告書でも標識法的な保護が必要かもしれないという記載がありましたが，それというのも，AI 生成物に対する追加的な投資を保護するという観点から言われていたことだろうと思いました．そういう観点から保護を与えるというのは，今直ちに必要だとは思いませんが，将来，選択肢にはなるかなと思うところです．

上野：横山先生も，顧客吸引力を獲得した AI 生成物に限って保護を認めるというようなことをお書きになっていましたかね．

横山：そうですね．立法論のオプションとしては，そういう方向もあるのかなと思います．私も，基本的に前田先生と同じ考えで，著作権の目的が創作のインセンティブを付与することにあるとすると，AI 生成物を著作権で保護すべきかどうかも，AI 生成物の作成を促すために著作権の保護を認める必要があるかどうかで考えるべきだと思います．そうすると，AI 生成物は，ごく簡単な指示で作成することが可能なものですし，優れた生成物を作成するために，人が指示にあれこれ工夫を凝らしていれば，人の創作的関与が認められて現状でも著作物として保護されますので，立法論として，AI 生成物一般を著作物として保護するようなルールを設ける必要はないと思います．また，人が創作に関与していない AI 生成物については，そもそも人の個性が反映されていないのですから，もし保護するとしても，広範かつ長期に及ぶ著作権の保護や著作者人格権の保護を認める必要はないと思います．もし仮に，著作権法の枠内で AI 生成物の保護を図るのであれば，価値ある AI 生成物を社会に伝達するインセンティブを付与するという観点から，著作隣接権の保護を認めるのが妥当ではないかと考えます．他方で，AI 生成物が大量かつ容易に生成されるものであるとしても，その中から消費者のニーズに合致するものを選択し，広告宣伝等を行って人気を高めていくにはそれ相応の投資が必要になると思います．そうした，AI 生成物の商品化のための投資を保護するという観点からは，著作権法とは別の法制で，例えば，不正競争防止法において，顧客吸引力を獲得した AI 生成物の保護を図るということもあり得るとは思います．いずれにしても，AI 生成物について，もし新たに何らかの保護を認めるのであれば，伝達や商品化に向けた投資の保護に重点を置いた制度を構築するべきではないかと思います．

上野：AI 生成物に新たな権利保護を認めるとしても，どういうものを対象にどのような権利を付与するかという具体的な内容が問題になりますし，その正当化根拠についてもいろいろとお考えが異なるところかと思います．愛知先生はいかがでしょうか．

愛知：私は，保護には謙抑的です．あくまで AI 利用者の創作意図も創作的寄与も認められないようなプロセスでコンテンツが生成されるケースというのは，さしたる労力・コストもなしに誰もが一挙手一投足で行えるような抽象的な指示のみに基づいて自動的にコンテンツ生成が進められるというケースです．このようなケースにまで，法改正により，あえて創作インセンティブを付与する必要はないと考えます．排他権たる著作権保護を与えるということは，同時に，自由利用を侵食するということになります．そういった自由利用の保障という見地からも，自由利用を阻害してまで，コンテンツ生成に向けたインセンティブを付与しなければならないという強い要請が認められる場合に限って，著作権保護を与えるべきだと思います．AI に対して「創作的寄与」と認められない程度の極めて抽象的な指示をしたに過ぎない場合には，必ずしもインセンティブ付与の必要性は高くないと思います．少なくとも，これまで認められてきた自由利用の領域を狭めてまで著作権等を与える必要はありません．

ただし，もし仮に，他者から AI を調達してくるのに相応のコストがかかるなど，たとえ創作的寄与とは認められない程度の AI 利用についても，自由利用に対する制約を甘受してでも，インセンティブやコスト回収手段を付与する必要性が高いということが言えるのだとすれば，権利保護を認める必要性はあるかもしれません．しかし，仮にその場合であっても，著作権・著作者人格権に相当する権利までフルパッケージで認めることまでは必要ではなく，著作隣接権程度のものに留めておくべきでしょう．

今申し上げたのは，広い意味での創作インセンティブからの説明です．それとは別に，今，お二人の先生からお話がありましたように，仮に顧客吸引力なり投資インセンティブというものを保護するということであれば，これは，もはや著作権法の枠内ではなくて，不競法などの問題ではないかと思います．

いずれにしましても，基本的には，僭称コンテンツ問題も含めて，現状では，AI 利用者に創作的寄与が認められないような純粋な AI 生成物については，少なくとも著作権法で正面から保護する必要はないと考えています．

上野：そうすると，奥邨先生も含めて，先生方のお考えは結構似ていて，AI 生成物には，著作者人格権は認めない一方，財産権については，通常の著作権より短い存続期間の著作権ないし著作隣接権を付与するという点で共通するのかもしれませんね．奥邨先生いかがでしょう．

奥邨：はい，ありがとうございます．おそらく私が書いた論文の中で，今までで1番引用されるのはこの論文なんで，皆さんから批判されていますが，それはそれで満足かなと思っているんですけども（笑）．

正直なところを申し上げますと，今の時点で，すぐに立法化して，AI 自律生成表現を保護しないといけないと考えているわけではないんです．著作権法が果たす役割として確かにインセンティブの付与が柱であることは同意するんですけども，実社会で果たしているもう1つの役割として，コンテンツビジネスの基盤法としての役割も果たしていると思うんですね．今，AI を用いて作られているものについては，このコンテンツ取引の基盤を害するレベルのものはまだできていないと思います．現時点では，そのレベルのものを作るためには，ここで皆さんと議論していたように，やはりなんだかんだで人間の創作的寄与が必要で，その場合は現行法でも著作物として認められるわけです．なので，まだまだ，AI 自律生成コンテンツを著作物とする法改正まで行く必要はないとは思っているんです．

ただ，今後もっと技術が進んで，人間の関与がなくても本当に見分けがつかなくなるレベルのものができるようになる，でも，それを作るためにはすごくお金もかかるし，しかも，そういうものが無断で使われるようではビジネス上非常に困るというようなときになっても，著作権法の位置づけをインセンティブ論だけで貫徹するのか，という疑問を持っているわけです．そういう時代になっても，今のままだと，著作権法というのは人間が創作した文化財の一種である著作物を保護する法律であり，文化財保護法です，ということになりはしないか．それでよいのか．それとも，ビジネスの基盤法としての役割を重視して，AI 自律生成コンテンツも保護対象に取り込むのか．というような，少し先の，かなり大きな話をしてるつもりです．

現在の著作権法を考えたとき，そしてその正当化根拠としてのインセンティブ論を前提にした場合に，AI 自律生成コンテンツを保護対象とするのは困難というのは十分理解しております．ただ，将来は，見た目区別がつかない以上は，人間が作ったものも AI が自律生成したものも，どっちも同じように保護しないと，ビジネスの基盤法として，結局困るんじゃないかとも思っております．

AI 自律生成コンテンツは対象外というのを維持したときに困ることの1つとして，人間が作ったということを，例えば，訴訟の場面で証明しないといけないという状況が今後いろいろなところで増えてくるのではないかというのがあります．これ，すごく気になるところです．私たちが執筆している論文とかだったら，完成に至るまでの間にいろいろなバージョンがあるので，それを示せばいいのかもしれないんですけれども，芸術系の場合，本当にインスピレーションで，最初からほぼ完成形ができるということも多いと思うので，そういう証明ができるのだろうかと思うわけです．その最初のほぼ完成形が AI 自律生成じゃないのかと指摘されたとき，そうではないですというのをどうやって証明していくんでしょうか．これ，AI を道具として使って創作的寄与がある形で作品を作っている人の場合は，まあやむを得ないかなと思いますが，AI は一切使わない，純粋に伝統的な方法で作品を作った人ですら，自分が一から作ったんだという証拠を残していかないといけないというような話になりかねないんですが，それでよいのでしょうか．AI 自律生成コンテンツを保護しないということになると，僭称する人が出てくる．それがどんどん増えてくると，全ての著作物について，AI 自律生成ではないことを証明しろという話がどんどん当たり前になってくる．それは，結局，人間にとってマイナスなんじゃないかと思っております．

この問題は，私は，例えば，14 条の著作者の推定の規定，条文との関係ではちょっとしんどいかもですけれども，著作者名がついてる場合は，とりあえず著作者名の人間が作ったということも含めて推定し，そうじゃないということは被告側が証明するという形で，立証負担の問題として処理することもありなのではと思うんです．

徐々に徐々に，今まで私たちが当たり前に思っていた著作物の作り方とか，それから，証明の仕方とかが成り立たなくなるときが来始めているんじゃないかなと思っていて，結果として将来は著作権法自体が変わらなきゃいけなくなって，変わるときにはこういうこともあり得るんじゃないかなということで申し上げております．

上野：ありがとうございます．この点，すでにイギリスではコンピュータ生成物に copyright を付与していますよね．今村先生は，ご論文の中でイギリスがこの制度を維持したことは妥当だったというふうにお書きになっていらっしゃいますけど，日本の立法論に関しては何かお考えがございますでしょうか．

今村：イギリスが，コンピュータ生成物に関する独自の規定を作ったのは 1988 年法でした．10 年以上の長い時間かけて議論はしてきたんですけども，現行法を制定するときも，議会での議論のなかで，かなり直前になってこの規定が生み出されたんですね．論文にも書きましたけれども，当時，議会では，人工知能の出現に特別に対処しようとする世界初の著作権法だと表現して，なんかすごいいいもの作るんだということで，議会の議員が発言されていました．当時コンピュータの活用が拡大し，そのコンピュータ生成物が持つ経済的な価値が大きくなる中で，コンピュータ生成物に誰にも著作権が発生しないということになると良くないという議論が生まれました．コストをかけてつくったコンピュータ生成物がフリーライドされることに対する懸念，具体的には，過小生産になるということだと思います．

ただ，そうした懸念は，1988 年のコンピュータの利用状況を背景にした話ですね．現代では，コンピュータというものを誰もが使うものになって，技術の民主化とでも言うんでしょうか，あとは，AI についても，ちょっと前までは原始的な状況でしたけど，非常に高度なものとなり，かつ誰でも使えるというようなツールになりつつあります．そうなったときに，そこに対して投資保護のインセンティブを，少なくとも生成 AI を使う人には与えなくてもいいのではないかという気はするわけです．他方，AI 開発者へのインセンティブには，特許制度もありますし，AI 開発の保護が公開を前提とする特許制度にそぐわないと言うことであれば，営業秘密などで保護するんだと思いますけども，そういった別のインセンティブが，開発者にもあるわけです．ですから，イギリスでも，特にこうした AI 生成物の保護といったものはいらないのではないかという立法上の議論はありました．でも，イギリス政府としては，最近になって AI が発達し，生成 AI も短期間で急速に広がっている今の段階では結論が出せないということで，改正やポリシーの変更は先延ばしにしたというのが現状です．

コンピュータ生成物の保護を定めているイギリスでも，全ての著作物をコンピュータ生成物として著作物を認める対象にしているわけではなくて，文芸，演劇，音楽又は美術の著作物という伝統的な著作物のみを対象としており，かつオリジナリティを要件としています．オリジナリティ要件は，日本で言うと，創作性の要件に概ね相当するものだと思いますが，そうした要件を満たすもののみを保護としており，また，保護期間も生成後 50 年に限られています．

イギリス著作権法において，コンピュータ生成著作物は「著作物の人間の著作者が存在しない状況」にのみ成立します．その場合，保護したくても著作者がいないという状況が生じるので，その著作者をコンピュータ生成物の創作に必要な手配を引き受けた者とみなす点にあります．イギリスでは，日本では著作隣接権の対象にしている放送やレコードも，著作権で保護される著作物として整理しているのですが，こうしたものについてコンピュータ生成物という概念を特に用いなくて済んだのは，レコードについては製作者，放送の場合には放送を行う者を著作者とみなす規定があるので，同様の規定を特に設ける必要がなかったということもあります．映画についても同じで，製作者および主たる監督が著作者とみなされるので，同様の規定は不要でした．

イギリスでは，人間の著作者が存在しない状況で作られた AI 生成物は，その必要な手配をした人を著作者として著作権が生じることになります．こうした状況で何が問題になっているかと言ったら，確かに法律上は，著作権が誰かに発生して，誰かが保有することになるんだけど，その必要な手配をした著作者って一体誰なのかということが，どの文献を見てもいろいろなことが書いてあって，はっきりしないんです．AI 開発者，プログラムを作った人，生成のためにプロンプトを入れた人がそうなるんじゃないかというような議論がありまして，その辺の法的な不明確性があるということが言われています．

あとは，1988 年法が制定当時にコンピュータ生成物として想定していたのは，天気図とか衛星写真とか，そういったものでした．そのことはいろんな文献に書かれているんですけども，ただ，コンピュータ生成とは，「著作物の人間の著作者が存在しない状況において著作物がコンピュータにより生成されること」という定義なのですが，人間が著作者として関与をしないコンピュータ生成物というのが，今までほとんど問題にならなかったようなのです．ただ，最近になって，人間が著作者として関わらなくても，AI が生成できるということになってきたので，どうしようかということで，政府での議論が始まって，ただ結局は，現状維持ということになりました．

日本に当てはめた場合，私は，コンピュータ生成物に著作権を付与することについて，イギリスと同様の規定を設けるような著作権法の改正はいらないように思っています．イギリスでも，AI を利用する場合に「著作物の人間の著作者が存在しない状況」というのは少ないのではないでしょうか．ただ，今後のことを考えると，いらないと言い切るのはちょっと難しいところかもしれません．日本の著作権法の建前としては，著作物がインフレ化しても，他の表現を使えばよいのだから特に困らないということがあると思います．基本的には，独自創作の抗弁もありますし．しかし AI 生成物が著作権のある著作物としてインフレ化した場合でも，果たして同じなのか，疑問は残ります．

上野：ありがとうございます．谷川先生はいかがでしょうか．

谷川：今までの議論とは全然関係のない変なことを言おうと思うんですけれども，AI 生成物に著作物性があるという場合であっても，翻案権までは認めなくてもいいんじゃないかと思っております．先ほどお話ししたように，AI と対話しながらプロセスとして試行錯誤をする中で，これは気に入らない，これも直したい，最終的にこれがいいということで確定した表現こそが人間の創作物なのだと捉えておりますので，その最終確定物の限度で独占させれば十分であって，途中で気に入らないと言って捨てたものについて後から翻案権でカバーして権利行使をするというのはちょっとおかしい気がするのですね．なんか均等論の第 5 要件の話みたいですけど．創作過程で取捨選択をしてこれだと決めた最終確定物のデッドコピーだけを保護すれば十分だろう，それ以外の表現は他人に残しておいてよいだろうと思っています．そこで，AI 生成物の翻案権の範囲に関してはこれを制限するような立法的対応というのがあってもいいのかなと考えております．

上野：今のご指摘は，AI を道具として人間が創作した著作物は，いわば創作性が低いためデッドコピーの場合だけ著作権侵害を認めればよいということでしょうかね．写真なんかでも，例えば，国会議事堂を正面から撮っただけの写真は，一応，著作物性はあるんだけれども，創作性が低いので，その写真をデッドコピーする行為にだけ著作権が及ぶに過ぎず，もし何者かが同じ場所に行って同じ角度から国会議事堂の写真を撮って，結果としてほぼ同じ写真ができたとしても，著作権侵害にならないという考えがありますけれども，それと似ているようにも思えるところです．そうすると解釈論ということになるのかもしれませんね．

谷川：そうですね．表現に対する創作的寄与をどの点に見出すかという解釈論で対応可能な話かもしれません．先ほどの話を解釈論として言い直すと，試行錯誤のプロセスを経て確定されたAI創作物を私はかなり編集著作物に近いものだと捉えています．写真の被写体である建造物がアイデアだとされるのと同様に，編集著作物にとっては素材自体は創作的表現ではないわけです．AIが出してきた素材を修正したり，AIによる様々な提案の中から取捨選択したりする編集的なプロセスを経て確定した場合に，その取捨選択の仕方にこそ創作的寄与があるので，そこが異なれば類似性が否定される，という言い方になると思います．

上野：先生方のお考えを伺っていますと，純粋なAI生成物に関する立法論については少しずつお考えが異なるのかもしれませんね．あと，先ほどお話があった14条による著作者推定の活用という点は興味深くお聞きしました．著作者の推定といえば，75条3項に「実名の登録がされている者は，当該登録に係る著作物の著作者と推定する」という規定もありますので，これを参考にAI生成物について著作権登録を活用するという手もありそうです．推定を受けることは，登録者にとっても訴訟や交渉においてメリットがあるようですし，第三者にとっても権利の所在を知ることができるメリットがあります．もちろん，日本法上の登録制度はほとんど利用されていませんけれども，韓国は日本とほぼ同じ制度でもあるにもかかわらず，登録が非常に多いらしいんですよね．その理由は必ずしもはっきりしないのですが，日本の登録制度というのは，そもそも登録免許税を収入印紙で払わなければならないんですよね．2022年に，ソウルで韓国の著作権委員会などと意見交換したときも，日本では未だにクレジットカード払いできないんですかと驚かれたんですけれども，日本の登録制度は，そういうところから改善する必要があるように思います．

他の立法論としては，AI生成物について，AIが作り出したものであることを明示する義務を課すことも考えられますが，このような開示義務をあまり広く課してしまうと，例えば，映画の中の一部にAIを使ったコンテンツが含まれている場合や，漫画やアニメにAIが生成した背景が用いられていたという場合なども考えられますので，なかなか簡単ではないかと思います．

横山：著作権登録を認める場合に，自分が作ったと申告さえすれば，著作権登録が認められ，AI 生成物であっても，著作物であることを前提に，登録を受けた者が著作者と推定されることになるのでしょうか．それで，AI 生成物について侵害訴訟が提起された場合に，相手方に全面的に立証責任が転換されるというのは，なんとなくやりすぎというような感じがしたんですけれども，どうなんでしょうかね．

上野：そうですね．奥邨先生のお考えは，著作物に著作者として表示されている人を著作者と推定する 14 条を活用して，著作物でない AI 生成物についても，人が著作者として表示されている場合は，その人が創作した著作物だと推定するということですかね．

奥邨：そうなります．ところで，先ほどの登録ですが，登録するときに何かしら証明するということになると，基本的には，訴訟で証明を求められるのと一緒じゃないかと．

今まではそんなことはなかったんですけど，今後，人間が作った表現とそうでない表現が大規模に併存するようになると，14 条は文字通り解釈するとうまく働かないんですよね．14 条は，あくまでも「著作物」の原作品とかに著作者名を表示する場合を規定していますので，まず，人間が作ったことを証明しないと，14 条の適用がない．しかし，人間が作ったことを証明するというのは，結局誰が著作者かを証明するのと実質的に一緒ですから，人間が作ったことを証明してからでないと 14 条の適用がないと言ってしまうと，実は 14 条の推定が機能する場面がないことになります．ですからそこはあんまり細かく言わずに，運用したらいいんじゃないかということも申し上げています．ただ，14 条の「著作物」というのがどうしても引っかかるというんだったら，そこは改正しないといけないのかなということを申し上げております．もっとも，今もその著作物性のところと 14 条とは微妙な順番でキャッチボールをしているような気もするので，解釈での対応も可能ではないかなと思っています．

先ほど上野先生がおっしゃった登録の話なんですけども，今，登録できるのは無名か変名で公表された著作物の場合なので，現行法だと，いったん無名か変名で公表して，その後実名登録をしないと登録の推定が効かないような気がするので，今の状態だと登録制度は新しい制度を作らないと狭いのかなと思ったんですが，それは新しい制度を作るというご趣旨でよかったんでしょうか．

上野：そうですね．無名・変名の著作物でなくても，自分が著作者ないし著作権者であることを登録できる制度を作るということかと思います．そういえば，令和５年改正で，「簡素で一元的な権利処理」と呼ばれていた新たな裁定制度が導入され，これに伴って分野横断権利情報データベースが整備される予定ですので，そこに誰でも簡単に権利を登録できるようにすることも考えられますね．そうすれば，一般公衆にとっても，そのデータベースを検索すれば誰が権利者かわかるというメリットがありそうです．

今村：そのデータベースに登録すると，著作物であるということも推定されるのでしょうか．AI の時代になって，今後気になるのは，今までだと，著作物らしきもの，人間が作ったとしたら著作物だと言えるような作品は，おそらく著作物であり，著作権があるという前提あるいは推測のもとで，我々は作品に向き合っているわけですけども，今後，AI が著作権がない作品をどんどん生み出すことになったときに，目前にある作品が著作物かどうかというのがわからなくなるわけですね．そうした場合に，ある作品が著作物かどうかの推定規定は，今のところ，ないわけですよね．そういった意味では，先ほどから著作者の推定規定の話をしてきたのだとは思いますけど，データベースに登録することによって，少なくとも，AI ではない著作者がいるということが推定されれば，登録されている作品も事実上，著作物である可能性が高いということになり，登録されていないものは，AI が作っている可能性もあるため，著作物ではない可能性もあるという，何かそういった判断が事実上できるようになるかもしれません．

人間による著作物と AI 生成物が市場に混在することで，ある作品を一見しても著作物であるということが判断できないということは，逆説的ですが，パブリックドメインという領域がすごく狭くなるということを意味すると思います．一見して著作物かどうかわからないので，AI 生成物であり著作権がないということを開示する義務がなければ，訴訟で決着をつけるまでわからないわけです．AI を使っても，みんなひた隠しにしますよね．著作権がないとか，自分が創作した部分だけしか著作権がないとか言われるわけですから．本来，AI 生成物に著作権がなければ，それはパブリックドメインですから自由に使えるんでしょうけど，結局のところそれはわからないから，AI 生成物が増えれば増えるほど，誰も使えなくなるものが増えるのかもしれません．そうした懸念を払拭する上では，登録制度とそれに基づく著作者の推定によって，AI 生成物と非 AI 生成物が区別される方が，第三者の予測可能性とか，自由な表現活動というものを保障していく上で有益かなとも思いました．

上野：立法論としては，登録すれば著作物であることが推定されるという制度も考えられるでしょうね．ただ，そうすると，いわゆる僭称コンテンツ問題といいましょうか，AI 生成物であるにもかかわらず，これを登録して，あたかも自分が著作権を持ってるかのように振る舞う人が増えてしまうかもしれず，だとすれば問題が残るかもしれませんね．

横山：そういう意味で，今後，AI 生成物が増えていくことを考えると，著作権登録の段階で，文書上であっても，著作物の作成過程をある程度開示させて，AI を使用した場合には，人間がどのように作成に関与したのかを開示させるというような措置を講じる必要があるんじゃないかと思ったんですね．単に自分が作りましたと申告しただけで著作権登録が認められ，登録を受ければ，AI 生成物であっても著作物と取り扱われ，訴訟上，相手方が AI 生成物だということを立証しないと，著作権の行使が認められてしまうというのは，やはりちょっとおかしい気がします．そもそも，AI 生成物かどうかといったことは，作成に関与した者以外の者には容易に知り得ないので，相手方に全面的に立証責任を課してしまうと，AI 生成物についても，著作権登録を受けてさえしまえば，著作権の行使が容易に認められるということになりかねないと思います．なので，もし登録により著作物と推定する制度を導入するのであれば，第三者の検証可能性を考慮して，著作物の作成過程をある程度開示するということを要求すべきじゃないかなと思います．

奥邨：アメリカがそこのところ，今行ったり来たりしているところなんです．著作権局，最初にガイダンスで結構厳しいこと言ったら，世間から，具体的にどこが AI 生成か特定しないと登録してくれないのは困ると，批判が渦巻いてしまい，それで，いや，チェック欄に AI で作ったものを含みますとチェックすればいいだけですと補足しだしたんです．具体的にどこが AI 生成だと特定しなくてもいいと．

これは，登録を考えている著作物中に，パブリックドメインものが含まれている場合の扱い，従来の扱いと一緒だと言うんです．パブリックドメインや，他人の著作物を含んでいる場合，具体的に特定する必要はなくて，そういうものを含むとチェック欄にチェックすれば良かったけど，それと一緒だというわけです．

結局，今，先生がおっしゃった，立証は求めてないんですね，著作権局は．

アメリカでは，登録は訴訟要件であって，しかも推定もかなりきつく効くのに，具体的な証明は求めず自己申告，しかもチェック欄にチェックだけでいい．著作権局は，裁判でひっくり返ることはある，従来だって，パブリックドメインなのに自分のものだと騙った人たちは，裁判でひっくり返されてきたんだからそれで大丈夫だと言っているんですが，今度はまたそれで本当にいいのかなという議論もあって，行ったり来たりしてる感じです．

前田：関連して，登録を活用するというアイデア自体はすごくいいと思うのですが，登録があまりにも簡単にできすぎると，濫用的な登録を招くということがあると思います．したがって，ある程度，登録にコストがかかるようにしておく必要性もあると考えています．つまり，保護を得るためにそれだけのコストをかけられるということは，その分保護の必要性も高いという傾向があるといえるのではないでしょうか．特許においても登録を維持するためにはお金がかかります．コストに見合わないと判断される場合は，どんどん権利を放棄させるという仕組みになっているということです．安すぎず高すぎない適当な額の登録料を定めることによって，コントロールするという発想もあると思いました．それだけで足りるとは思いませんが，手段の 1 つとして，他の手段と組み合わせることができると思います．

上野：嘘をついて AI 生成物を登録した人には何らかのサンクションを科すことが考えられるかもしれませんね．特許法でも，詐欺の行為によって特許を受けた者は，3 年以下の懲役または 300 万円以下の罰金に処すると規定されていますので（特許法 197 条），参考になりそうです．

奥邨：121 条は，たぶん改正してもいいんじゃないかというのは，他の先生方もご意見が同じでよろしいでしょうか

あと，僭称コンテンツ問題を提唱しているのと矛盾すると言われる部分もあるかもですが，私も，できるだけ，広めに創作的寄与を認めて，著作物性を肯定するべきだろうと思っています．

ところで，最初に僭称コンテンツ問題を指摘した当時思っていた僭称コンテンツは，本当に意図的に僭称するケースだけだったんですけども，現状はそうではなくなっているようです．よくわからないから結果的に僭称してしまうとか，混在してるときの結果的な僭称とか，あと，それから，今，AI 自律生成じゃなくて，人間の創作的寄与がある AI 生成表現でも，公表するだけで批判が殺到するとか，かなり炎上するとか，いろんなことが起こっていて，そのた

め，AI で作ってるということを表に出しづらくなってる結果，積極的に権利行使をする，人を騙すというよりは，消極的な「目立ちたくない」などの理由で AI で作ったということを触れない人も増えているわけです．その辺りを考えると，僭称コンテンツ問題にしても，121 条の問題にしても，意図的に権利行使のために僭称する悪い人だけを対象にするということにしないと，かえって悪影響もあるのかなと思っています．

今，いろんなプラットホームが「人間が作ったと証明しないことには投稿させない」みたいなことを言い始めているんですけども，それは本当にいいことなんだろうかと．しかも，その判断というのが，正しくできているのか疑問もあるわけです．うちが怪しいと思ったものは投稿させないんです，と言ってですね，制作過程を全部出させて，それで，投稿させるみたいなことになってしまうと，ちょっと行き過ぎなんではないかなと思っています．

そういう点で，現状は，AI 自律生成表現よりも，人間の創作的寄与があるものの方が多いので，そういうものには，広く著作権が認められるんだよということを世の中に言ってあげて，AI を使うと全部，著作物じゃないみたいに攻撃している人には，下手したら名誉毀損にすらなるんだよということを伝えてあげないと，と思うんです．なんか，世の中変な方向に逆転してるのかなという心配があります．

プロの現場の方とかに話を聞くと，AI は使ってるけれども，本当に道具として使いこなしていろいろなクリエイションがなされているわけであって，AI が一部入っているからといって一変するということでもなさそうに思うんです．もともと僭称コンテンツと私が言ったときには，意図的に悪いことをするケースしか念頭に置いていなかったんですけども，ちょっと時代も変わってきたのかなと思っております．

上野：確かに，完全に AI が作り出した AI 生成物であるにもかかわらず，自分が創作した著作物だと称して，これを公表した場合にも適用できるように，121 条の規定を改正する手もあるように思います．ただ，そもそもこの規定は，ゴーストライターが書いた著作物をタレントの名義で販売するという，一般に広く見られる行為に適用されてしまいそうな規定で，そもそもそれが妥当なのかという議論がありますので，AI 生成物についてもどこまで適用対象にすべきかは検討の余地があるかもしれません．

奥邨：あと，混ぜてしまえば，なかなか難しいですよね．多少なりとも人間が作った部分を混在させてしまうと，どうなんですかって議論があるかと思います．

上野：そうですね．少なくとも，完全に AI が生み出した AI 生成物について新たに 121 条の適用対象とすることが考えられるかもしれませんね．

さて，奥邨先生，こんな感じでいかがでしょう．

奥邨：私が締めでしょうか？　油断をしていました（笑）．素晴らしい座談会になったんじゃないかと思います．先生方，本当にありがとうございました．

以上

※本座談会の収録は，2023 年 9 月 29 日，10 月 10 日，10 月 23 日の 3 回に分けておこなわれた．

事項索引

■さ　行

■た　行

編者・執筆者紹介（※五十音順）

今村　哲也（いまむら・てつや）　第８章・座談会
明治大学情報コミュニケーション学部教授．早稲田大学法学部卒業，同大学院法学研究科博士後期課程研究指導終了退学，博士（法学）．主な業績に，『地理的表示保護制度の生成と展開』（弘文堂，2022 年），『教育現場と研究者のための著作権ガイド』（共著，有斐閣，2021 年）など．

上野　達弘（うえの・たつひろ）　編者，第１章・第３章・座談会
早稲田大学法学学術院教授．京都大学法学部卒業，同大学院法学研究科博士後期課程単位取得退学．主な業績に，『著作権法入門〔第 3 版〕』（共著，有斐閣，2021 年），『〈ケース研究〉著作物の類似性判断　ビジュアルアート編』（共著，勁草書房，2021 年）など．

愛知　靖之（えち・やすゆき）　第２章・座談会
京都大学大学院法学研究科教授．京都大学法学部卒業，博士（法学）．主な業績に，『特許権行使の制限法理』（商事法務，2015 年），『知的財産法〔第 2 版〕(LEGAL QUEST)』（共著，有斐閣，2023 年）など．

奥邨　弘司（おくむら・こうじ）　編者，第４章・第５章・座談会
慶應義塾大学大学院法務研究科教授．京都大学法学部卒業，ハーバード・ロースクール LL.M. 課程修了．電機メーカー法務本部勤務，神奈川大学助教授を経て，2013 年より現職．主な業績に，『条解 著作権法』（共著，弘文堂，2023 年），『フェア・ユースの考え方』（共著，太田出版，2010 年）など．

谷川　和幸（たにかわ・かずゆき）　座談会
関西学院大学法学部教授．京都大学法学部卒業，同大学院法学研究科法曹養成専攻修了．法務博士（専門職）．主な業績に，『教育現場と研究者のための著作権ガイド』（共著，有斐閣，2021 年），「画像生成 AI と著作権法」有斐閣 Online（2023 年）など．

前田　健（まえだ・たけし）　第７章・座談会
神戸大学大学院法学研究科教授．東京大学理学部卒業，同大学院理学系研究科修士課程修了，同大学院法学政治学研究科法曹養成専攻修了．主な業績に，『知的財産法〔第 2 版〕(LEGAL QUEST)』（共著，有斐閣，2023 年），「柔軟な権利制限規定の設計思想と著作権者の

利益の意義」田村善之編著『知財とパブリック・ドメイン第2巻 著作権法篇』（勁草書房，2023年）193-216頁など．

横山 久芳（よこやま・ひさよし） 第6章・座談会
学習院大学法学部教授．東京大学法学部卒業，同大学院法学政治学研究科修士課程修了（法学修士）．主な業績に，『特許法入門〔第2版〕』（共著，有斐閣，2021年），『著作権法入門〔第3版〕』（共著，有斐閣，2021年）など．

AIと著作権

2024年2月20日　第1版第1刷発行
2024年9月20日　第1版第3刷発行

編著者　上野達弘（うえの たつひろ）
　　　　奥邨弘司（おくむら こうじ）

発行者　井村寿人

発行所　株式会社　勁草書房（けいそう）

112-0005　東京都文京区水道2-1-1　振替 00150-2-175253
（編集）電話 03-3815-5277／FAX 03-3814-6968
（営業）電話 03-3814-6861／FAX 03-3814-6854
理想社・中永製本

ISBN978-4-326-40435-3　Printed in Japan

＊落丁本・乱丁本はお取替いたします。
ご感想・お問い合わせは小社ホームページから
お願いいたします。

https://www.keisoshobo.co.jp

ポール・ゴールドスタイン
大島義則・酒井麻千子・比良友佳理・山根崇邦 訳
著作権はどこへいく？ 3,300 円
活版印刷からクラウドへ

三浦正広
著作者契約法の理論 9,350 円
著作権法の現代化に向けて

田村善之 編著
知財とパブリック・ドメイン 5,720 円
第 2 巻：著作権法篇

田村善之・山根崇邦 編著
知財のフロンティア　第 1 巻・第 2 巻 第 1 巻：6,050 円／第 2 巻：5,720 円
学際的研究の現在と未来

ロバート・P・マージェス
山根崇邦・前田健・泉卓也 訳
知財の正義 7,480 円

茶園成樹・上野達弘 編著
デザイン保護法 4,180 円

上野達弘・前田哲男
〈ケース研究〉著作物の類似性判断 3,520 円
ビジュアルアート編